Ludwig Fulda

Die Gegner der zweiten schlesischen Schule

1. Band

Ludwig Fulda

Die Gegner der zweiten schlesischen Schule
1. Band

ISBN/EAN: 9783744622547

Hergestellt in Europa, USA, Kanada, Australien, Japan

Cover: Foto ©ninafisch / pixelio.de

Weitere Bücher finden Sie auf **www.hansebooks.com**

Die
Gegner der zweiten schlesischen Schule

Erster Teil

Johann Christian Günther

Herausgegeben

von

Ludwig Fulda

Berlin und Stuttgart,
Verlag von W. Spemann

Druck von B. G. Teubner in Leipzig

Einleitung.

Die Gegner der zweiten schlesischen Schule.

Unter dem Namen „Gegner der zweiten schlesischen Schule" faßt die Litteraturgeschichte eine Anzahl von Dichtern des endenden siebzehnten und beginnenden achtzehnten Jahrhunderts zusammen, die nur sehr teilweise mit einander in Berührung stehen und am allerwenigsten eine geschlossene Gruppe oder Schule bilden, wie dieser Name sie vermuten läßt. Er würde aber geradezu ein Mißverständnis verschulden, wollte man das Wort „Gegner" in theoretischem Sinne nehmen und glauben, diese Dichter hätten die Fehler ihrer Vorgänger klar erkannt, absichtlich zu vermeiden und systematisch zu bekämpfen gesucht. Davon kann schon deshalb nicht die Rede sein, weil die Versuche einer kritischen Betrachtung der Poesie, einer ästhetischen Wissenschaft im modernen Sinne überhaupt erst mit Gottsched beginnen. Wohl aber stehen ihre Leistungen selbst in einem mehr oder minder schroffen Gegensatz zu denen der zweiten schlesischen Schule, einem Gegensatz, wie er so in die Augen springend und so zeitlich unmittelbar früher kaum vorgekommen war, und der schon deshalb für die Litteraturentwicklung bedeutungsvoll wurde, weil er das erste Aufkeimen litterarischer Kritik bewirkte, die überall da entsteht, wo starke Kontraste Parteinahme und Polemik herausfordern. Doch noch andere

Gründe machen diese Dichter unseres Interesses würdig, wenn sie auch des rein poetisch Wertvollen nur wenig hervorgebracht haben. Es ist nicht zu vergessen, daß sie am Anfang desjenigen Jahrhunderts stehen, dessen Ende die großartigste Entfaltung und Blüte deutscher Dichtkunst gezeitigt hat, daß sie der Jugend unserer bahnbrechenden Geister noch zum Teil als bewunderte Größen vorleuchteten. Mit Recht sind sie damals verschollen, als die gewaltigen Kämpfe und Siege der Geniezeit alle Aufmerksamkeit auf Gegenwart und Zukunft richteten; mit Unrecht würde sie der Litteraturhistoriker vernachlässigen, der nicht nur den stolzen, herrlichen Bau zu bewundern, sondern auch seine unterirdischen Grundmauern zu untersuchen hat. Hier zeigt sich allerdings, daß manche Keime und Ansätze, die sich bei diesen Dichtern finden, in ihrer Weiterbildung von der wesentlichsten Bedeutung geworden sind. Sehen wir zunächst, wie es vor ihrem Auftreten auf dem deutschen Parnaß aussah.

Die volkstümliche Poesie des sechzehnten Jahrhunderts war auf dem besten Wege, sich allmählich zu einer nationalen zu erheben. Durch die neuen, mächtigen Kulturmomente der Reformation und des Humanismus mit einem überreichen geistigen Inhalt beschenkt, durch ihren volksmäßigen Ursprung innerhalb der Grenzen frischer Anschaulichkeit und bunter Lebensfülle festgehalten, bedurfte sie nur noch einer Ausscheidung des Rohen und allzu Derben, einer Veredelung der Form und des sprachlichen Ausdrucks, um der klassischen Litteratur der Renaissance in Spanien, Italien, England und Frankreich ebenbürtig an die Seite zu treten. Aus der Vereinigung eines Hans Sachs und Fischart hätte sich ein deutscher Shakespeare schmelzen lassen, und er wäre bei naturgemäßem, gedeihlichem Fortschreiten im siebzehnten Jahrhundert gewiß nicht ausgeblieben. Da aber kam der furchtbare, endlose Krieg, der nicht nur die wirtschaftlichen, sondern auch die geistigen Kräfte der Nation vollkommen aufzehrte und nur zwischen der erschreckendsten sittlichen Verrottung oder einer hoffnungslosen Verdüsterung des Gemütes die Wahl ließ. Was konnte da selbst aus einem so hohen Geiste, einem so großen Talente wie Andreas Gryphius werden, wenn es sich aus dem oft variierten Grundthema seiner Gedichte: „Die größte Kunst ist können sterben“ klar ergiebt, daß die Not der trostlosen Zeit und eigenen, schweren Mißgeschicks unaufhörlich wie ein Alp auf seiner Seele lastete? Doppelt bewundernswert ist die geistige Energie eines Grimmelshausen, Moscherosch und Logau, die ihrer sittlichen Entrüstung in Satire und Epigramm einen Ausdruck gaben, von dem sie sich wenigstens einigermaßen veredelnde Wirkungen versprechen durften; doppelt verehrungswürdig ist die kindliche Frömmigkeit und Gottergebung eines Paul Fleming und Paul Gerhard. Aber diese erfreulichsten Gestalten des Jahrhunderts waren eben nur Felsen und Inseln in einem Meer von Roheit, Unnatur und Ungeschmack. Sie alle — und das ist ihr Hauptvorzug -- stehen noch auf den volkstüm-

lichen Traditionen der Reformationszeit. Der Krieg benahm dem Volke
Bildung, Fähigkeit, Gemütsfreiheit, um fernerhin an der Litteratur einen
hervorragenden Anteil zu nehmen. Diese fiel daher in die Hände der
Vornehmen und Gelehrten, welche sie aber nicht im Sinne des Volkes
fortbildeten, sondern absichtlich sich möglichst von ihm entfernten und in
der Nachahmung halbverstandener fremder Muster und undeutscher Formen
ihrer Vornehmheit und Gelehrsamkeit die beste Folie verschafft zu haben
glaubten. Die Geschichte dieser gelehrten Dichtung des siebzehnten Jahrhunderts ist eine Komödie der Irrungen. Der große Einfluß, den ihr
Begründer Opitz bis weit ins achtzehnte Jahrhundert hinein auf die
Poesie ausübte, ist — von seinen metrischen Verdiensten abgesehen —
ein durchaus ungünstiger gewesen. Ohne selbst irgend eine der Eigenschaften zu besitzen, welche den wahren Dichter ausmachen, wußte er sich
nur durch nüchternen Verstand und sein berechnende Klugheit die Stellung
eines allbewunderten Führers und Diktators zu geben, wie sie, seltsam
genug, genau ein Jahrhundert später der noch geringer beanlagte Gottsched sich erwarb. Einen besonderen Schaden hat er durch die Bevor-
zugung des Alexandriners auch in der Lyrik angestiftet. Daß man in
dem undeutschen, eintönigen und wenig schmiegsamen Maße nicht allein
Satiren, Elegieen, Episteln und Dramen, sondern auch geradezu Lieder
abzufassen unternahm, das hat auf das Formgefühl der Dichter außerordentlich lähmend gewirkt. Wie wenig Opitz auch in das innere Wesen
lyrischer Poesie einzudringen fähig war, beweist der Umstand, daß er
ausdrücklich ein didaktisches Element für dieselbe in Anspruch nahm.
„Die Lyrica oder getichte," sagt er im Buch von der deutschen Poeterei,
„die man zur Musica sonderlich gebrauchen kan, erfordern zuförderst ein
freyes lustiges gemüte und wollen mit schönen sprüchen und lehren
häufig gezieret sein." Weder stand er auf dem Boden des Lebens,
noch besaß er die Phantasie, seine Dichtungen mit idealem Leben aus-
zuschmücken. Dieser Mangel an Phantasie, diese hausbackene Trockenheit
war es vor allem, welche die zweite schlesische Schule zu vermeiden beflissen war. Die Phantasie wurde souverän; sie sollte der Poesie neue
und ungeahnte Wirkungen erschließen. Aber schlimmer hat es sich nie
gerächt, auf Kosten aller geistigen Harmonie der Phantasie die Zügel
schießen zu lassen. Es ging diesen Dichtern, wie dem Zauberlehrling,
der den Besen zwar beschwören, aber nicht regieren kann, eben weil er
kein Meister ist. Man braucht die Namen Hofmannswaldau und Lohenstein heute nur zu nennen, um ein gelindes Entsetzen hervorzurufen.
Und doch findet man, wenn man sich die Mühe nimmt, die dicke Schale
von Schwulst und Abgeschmacktheit aufzuknacken, immerhin einen Kern
von poetischem Talent, besonders bei Hofmannswaldau. Aber wie sollte
auch eine Einbildungskraft sich nicht auf das krankhafteste verbilden, die
ihre Nahrung nicht aus der unmittelbaren Anschauung, nicht aus den
Empfindungen der Seele empfing? Die Unanschaulichkeit verlor sich ins

a*

Phrasenhafte und dies nicht selten in den offenbaren Unsinn. „Die Wiege blüht nicht ohne heiße Thränen", heißt es einmal bei Hofmannswaldau, und ein andermal behauptet er, daß „alles, was man schaut, nach Ambertropfen schmecket". Was aber das schlimmste bei diesen Dichtern war, sie stellten es aus Vornehmthuerei geradezu für eine Gnade hin, daß sie etwas schrieben und veröffentlichten, sie betrachteten die Poesie als einen Zeitvertreib, einen gefälligen Luxus, eine noble Passion, der sie sich mit absichtlicher Nonchalance hingaben. Dadurch haben sie die Achtung vor dem Wert und Zweck deutscher Dichtung auf lange hinaus schwer geschädigt.

Dieser höchste Grad von Unnatur hatte sich bald innerlich überlebt, und an seine Stelle trat zunächst das Bestreben nach möglichster Einfach= heit und Schlichtheit, das aber die matteste Trivialität zur Folge haben mußte, weil kein innerer Gehalt ihm Bedeutung lieh. Der Krieg hatte ausgetobt, Handel und Wandel lag überall darnieder; es galt, die ge= fährlichsten Schäden abzustellen, die schwersten Verluste zu ersetzen; der ordnende, auf praktisches Bessern gerichtete Geist der Zeit spiegelt sich in der lehrhaften, lahmen, gleichsam sich selbst aufflickenden Poesie. Hier stehen wir vor der Wirksamkeit der Gegner der zweiten schlesischen Schule, die wir in drei Gruppen sondern können. Die erste umfaßt die Hofpoeten und Satiriker, die zweite in der isolierten Erscheinung Christian Weises Roman und Drama, die dritte die Begründer der modernen Lyrik. Wir wollen jede dieser drei Gruppen einzeln betrachten.

1) Die Hofpoeten und Satiriker dieser Zeit, die man noch am ersten als eine Art von Schule bezeichnen könnte, bieten mit wenigen Ausnahmen das unerfreulichste Bild der ganzen deutschen Litteratur= geschichte. Tiefer ist sowohl die Poesie selbst, als auch die Ansicht über ihre Natur und Absicht niemals gesunken. Die platteste, verstandeskahlste Reimerei wurde ganz handwerksmäßig, ganz fabrikartig betrieben. Zu allen freudigen und traurigen Veranlassungen wußte der poetische Leier= kasten seine lahmen Melodieen aufzuspielen, und hatten ehedem nur Ade= lige und Fürsten von Wappendichtern und Pritschenmeistern sich selbst und ihre Feste besingen lassen, so stieg der Kult dieser seichten Gelegen= heitspoesie nun auch zu den Bürgerlichen hinab und gewann eine er= schreckende Ausbreitung. Kein Philister heiratete mehr, ohne in einem womöglich zotenhaften Gedichte sich und seine Braut lobpreisen zu lassen, und das Leichencarmen hatte in der Rechnung für Begräbniskosten seinen regelmäßigen Platz. Wie derartige Produkte mit übertriebenen Schmeiche= leien um sich warfen, davon kann man sich schwer einen Begriff machen; bei den unbedeutendsten Anlässen wird der ganze Olymp und sämtliche Helden der Vergangenheit und Gegenwart aufgeboten, und der Ange= sungene muß es sich gefallen lassen, mit all diesen Größen in einer Reihe zu paradieren. Bei gänzlicher Phantasiearmut herrscht die ermüdendste Breite, bewirkt durch das Bestreben, womöglich mit dem ganzen schweren

Geschütz wunderlicher Gelehrsamkeit und verworrener Belesenheit imponie=
rend aufzurücken. Geradezu widerlich werden diese Beräucherungen, wenn
sie sich an Fürsten und Mächtige richten und die Hoffnung auf Lohn,
oder der Wunsch, Karriere zu machen, allzu deutlich durchblickt. Diese
unselige Gelegenheitspoesie hat noch lange im 18. Jahrhundert nach=
gespukt, bis Goethe darauf hinwies, daß allerdings jede wahre Dichtung
Gelegenheitsdichtung sei, daß aber die Gelegenheit nicht dem äußeren,
sondern dem inneren Leben angehören müsse.

Der Begründer dieser Richtung ist der Freiherr von Caniß
(1654—1699), als Mensch von liebenswürdigem Charakter und untadel=
hafter Reinheit der Gesinnung, als Dichter von so gut wie gar keiner
Beanlagung. Die dürre Reimprosa, welche er den bombastischen Schlesiern
gegenüberstellte, war ihm mehr durch die Dürftigkeit und Schwunglosig=
keit seiner eigenen Phantasie, als durch theoretische Erkenntnis geboten.
Beweis genug dafür ist die Thatsache, daß er in seiner bekannten Satire
von der Poesie zugleich den Schwulst bekämpft, zugleich Hofmannswaldau
und Lohenstein anpreist und lobt. Trotzdem gewährt er uns noch das
erfreuliche Bild eines edlen und wohlmeinenden Mannes, dem auch hie
und da eine gewandte und ansprechende Strophe gelang. Wir werden
uns mit ihm, wie mit seinem Schüler Benjamin Neukirch (1665—1729)
im zweiten Bande noch eingehender zu beschäftigen haben. Der letztere,
ein geistvoller Kopf, wenn auch ebenfalls kein Dichter, war in seiner
Jugend auf den Bahnen der allbewunderten Schlesier gewandert und
hatte sich dann an Caniß angeschlossen. Viel bewußter als diesem war
ihm das Bestreben den herrschenden Geschmack zu bessern. Er nimmt
deshalb eine bedeutende Stellung ein, weil er der erste war, der einer
litterarischen Richtung kritisch gegenübertrat und mitten in dem allge=
meinen Bewunderungsdusel die Behauptung aufzustellen sich nicht scheute,
daß die deutsche Poesie noch sehr weit von ihrem Gipfel entfernt sei.
Wenn er auch die Schlesier nicht systematisch bekämpft hat, so hat er es
doch mehrmals in seinen gewandten und flüssigen Satiren deutlich aus=
gesprochen, daß man zu einfacherem und natürlicherem Stil zurückkehren
müsse. — In eine weit niedrigere Sphäre des Geistes und Charakters
gelangen wir mit dem Hofpoeten und Ceremonienmeister am branden=
burgischen und später am sächsischen Hofe, Johann von Besser (1654—
1729. Die zudringliche Kriecherei seiner Beilagergedichte und endlosen
„Staats= und Lobschriften" macht ihn geradezu ungenießbar. Die wenigen
Gedichte, welche nicht gerade fürstlichen Festivitäten gewidmet sind, er=
scheinen hölzern, ungelenk und arm an jeder dichterischen Erfindung. Um
ein Beispiel seiner ekelhaften Speichelleckerei zu haben, braucht man nur
das Poem herauszugreifen, welches sich betitelt: „Über den Tod Wachtel=
chens, Sr. Churfl. Durchl. schönen Hündchens, welches in der Geburt
mit seinen Jungen geblieben." Am Schluß wird aus dem Leben Wachtel=
chens die Lehre gezogen:

„Wie sehr man streben soll, (kann dieß ein Hund erwerben)
In Friedrichs Gnad' und Huld zu leben und sterben."

Noch tiefer steht sein Nachfolger und Biograph Johann Ulrich
König (1688—1744), der das Handwerk im gleichen Sinne fortsetzte
und ein Heldengedicht „August im Lager" schrieb, von dem glücklicher
Weise nur der erste Gesang fertig geworden ist. Er darf sich wohl rüh-
men, die niedrigste Ansicht vom Wesen der deutschen Poesie gehabt zu
haben, die jemals ausgesprochen worden ist. „Die Poesie", sagt er am
Anfang seiner Lebensbeschreibung Bessers, „hat nicht selten manchem ihrer
Lieblinge die Bahn zu seinem Fortkommen bereitet. Ein recht aufgeweckter
Kopf, den sie ihrer Gaben in einem reichen Maße würdiget, weiß durch
Vermittelung dieser Kunst seine übrige Geschicklichkeiten an den Tag zu
legen, bei Höhern einen Zutritt und folglich den Weg zu seiner Beförderung zu finden." — Es kann nicht unsere Aufgabe sein, die sämtlichen
Reimer hier namhaft zu machen, welche in Bessers und Königs Fußstapfen
traten und mit Lob-, Leichen- und Heldengedichten die Litteratur über-
schwemmten. Nur zwei seien noch herausgegriffen. Der eine ist Christoph
Heinrich Amthor (1678—1721), der zwar zu den Bewunderern der
zweiten schlesischen Schule gehörte, aber in seinen eigenen Produkten ganz
die nunmehr herrschende Reimprosa nachzuahmen beflissen war. [Seine
durchweg aus Gelegenheitssachen bestehenden Gedichte sind höchst trocken
und langweilig, und sein origineller Vorbericht gesteht mit erheiterndster
Offenheit, daß sie ihm selbst langweilig wurden. „So ist auch bereits
droben erwähnt, wie unangenehm es sei, und wie satt man des Verse-
machens kriege, wenn man seine Muse immer bei einerlei Vorfällen von
Hochzeiten, Leichen und dergleichen anspannen soll, und dennoch ist ein
großer Teil von gegenwärtigen Gedichten nur bei dergleichen Gelegenheiten von mir entworfen worden, weil ich schon von verschiedenen Jahren
her nicht viel Zeit auf andere freiwillige Arbeit mehr zu verwenden
übrig gehabt, wann ich auch schon bei diesem oder jenem Vorfall Lust
dazu bekommen." — Der andere ist Johann Valentin Pietsch
(1690—1733), der durch ein Lobgedicht auf den Prinzen Eugen die
Professur für Poesie in Königsberg erwarb und dort der Lehrer des
jungen Gottsched wurde, welcher ihn als einen der größten Dichter pries.
Trotzdem ragen auch seine Reimereien in nichts über die der übrigen
Wasserdichter hervor. Mit wahrem Behagen wendet man sich von all
diesen unerquicklichen Erscheinungen zu dem vortrefflichen Epigrammatiker
Christian Wernike, dem wir im zweiten Bande gleich Canitz und Neukirch eine eingehendere Betrachtung widmen werden. Hier sei nur erwähnt,
daß er der einzige von allen Gegnern der zweiten schlesischen Schule war,
der ganz rückhaltlos und viel energischer als Neukirch mit den Traditionen
derselben brach und ihrer Überwindung seine rege Wirksamkeit zuwandte.
Obwohl er trotz dieser gegnerischen Stellung die poetische Begabung von
Hofmannswaldau und Lohenstein, die er nur auf falschen Wegen glaubte,

beſcheiden verehrte, zog er ſich dadurch die heftigen Angriffe von Poſtel
und Hunold zu, welche als die erſte litterariſche Fehde in Deutſchland
Bedeutung und Berühmtheit erlangt haben.

2) Die ausgedehnte Thätigkeit Chriſtian Weiſes (1612—1708),
die wir ſpäter ausführlich zu würdigen haben, ſei hier nur erwähnt, in-
ſoweit es der allgemeine Zuſammenhang erfordert. Weiſe iſt von der
Canitzſchen Schule ſo gut wie unabhängig; er iſt ſchon viel früher als
Canitz aufgetreten, zu einer Zeit, wo Hofmannswaldau und Lohenſtein
noch lebten. Polemiſch trat er dieſen nie entgegen; aber ſeinem innerſten
Weſen nach ſtrebte er vor allem nach Natürlichkeit, und es iſt beſonders
charakteriſtiſch für ihn, daß er keine Konſtruktion in der Poeſie gelten
laſſen will, „welche man in Proſa mit einiger Unannehmlichkeit anhören
möchte." Mit klarem Blick erkannte er, daß in einer Zeit, die vom
dreißigjährigen Kriege herkam, das Hauptgewicht auf vernunftgemäße
und heilſame Erziehung zu legen ſei. Er ſelbſt iſt ein ausgezeichneter
Pädagog geweſen, und der Grundzug ſeiner überaus zahlreichen und den
verſchiedenſten Gebieten angehörenden Schriften und Dichtungen iſt ein
durchaus pädagogiſcher. Dieſer lehrhafte Zweck, zu dem ihm jede Art
von Poeſie bloß das Mittel iſt, giebt beſonders ſeiner Lyrik etwas
Seichtes und Plattes. Es iſt ſehr bedauerlich, daß eben dieſe verkehrte
Anſchauung von der Poeſie ihn zu dem Irrtum gelangen ließ, dieſelbe
laſſe ſich als eine Fertigkeit unter anderen Fertigkeiten erlernen und
ausbilden, und daß er geradezu behauptete: „Sofern ein junger Menſch
zu etwas rechtſchaffnes will angewieſen werden, daß er hernach mit
Ehren ſich in der Welt kann ſehen laſſen, der muß etliche Nebenſtunden
mit Verſchreiben zubringen." Er ſelbſt widerlegte dies am beſten, indem
er in ſeinen Romanen und beſonders in ſeinen Dramen bewies, daß zum
Dichter doch noch weit mehr gehöre, als etliche Nebenſtunden Verſe zu
ſchreiben. Im Roman entwickelte er eine nicht zu unterſchätzende Erfin-
dungskraft und glückliche Laune, und im Drama übertrifft er Gryphius,
dem er an Begabung und Urſprünglichkeit weit nachſteht, durch eine aus-
gebildetere Technik und kunſtreichere Schürzung der Handlung. Auf
ſeine Zeitgenoſſen war die Wirkung ſeiner Perſönlichkeit nicht geringer,
als die ſeiner Werke, und man darf ihm wohl nachrühmen, daß er ein
Lehrer ſeiner tiefgeſunkenen Zeit geweſen iſt. Von ſeinen zahlreichen
Schülern und Nachahmern ſei hier nur der älteſte Sohn des Andreas
Gryphius, Chriſtian Gryphius (1649—1706) namhaft gemacht, der aus
dem Lager der zweiten ſchleſiſchen Schule zu ihm übergegangen war,
aber in ſeinen „poetiſchen Wäldern" weder etwas vom tiefen Geiſte ſeines
Vaters, noch die Gewandtheit ſeines Vorbildes wiederfinden läßt.

3) Unter den Begründern der modernen Lyrik verſtehen wir zwei
Männer, die hinſichtlich ihrer poetiſchen Wirkſamkeit und Bedeutung
weitaus die wichtigſten Erſcheinungen dieſes ganzen Kreiſes ſind, Barthold
Heinrich Brockes und Johann Chriſtian Günther. Nicht nur

der Zeit nach stehen beide an der Grenze einer neuen Periode deutscher
Dichtung; in ihnen selbst regen sich bereits mannigfache Keime und
Anschauungen einer jung aufblühenden Geisteswelt. Hier sehen wir uns
aus der Stickluft ausgelebter Formen und Anschauungen unmittelbar in die
Frische geistigen Werdens und Wachsens versetzt. Ein halbes Jahrhundert
war seit dem verheerenden Kriege vergangen, auf den zerstampften, lange
brach liegenden Äckern reisten nach anbauernder, mühsamer Arbeit die
ersten Früchte, und mit ihnen zugleich gediehen die ersten Früchte
deutscher Dichtkunst. Brockes (1680—1747), ein schlichter, sinniger Geist,
erschloß der Lyrik ein neues Gebiet, indem er die ewigen Wunder der
Natur, gleich gewaltig im Größten wie im Kleinsten, die Schönheit und
Erhabenheit der Schöpfung zum Vorwurf seiner Dichtung nahm. Es war
ein überaus wichtiger Schritt, der ihn von italienischen und französischen
Vorbildern seinem persönlichen Geschmacke gemäß zu den Engländern
übergehen ließ. Er betrat damit die Bahn, welche von Pope und Thomson
zu Milton und endlich zu Shakespeare geführt hat. Die Art, wie er die
Natur betrachtet und beschreibt, ist noch trocken und lehrhaft, oft kleinlich.
Die landschaftmalende Dichtung, welche von da ihren Ausgang nahm,
hat Lessing später im „Laokoon" mit Recht aus den Grenzen reiner Poesie
verwiesen; aber es ist auch wohl zu bedenken, welche große Bedeutung die
aus der Naturbetrachtung gewonnenen Motive für die ganze neuere
Lyrik, in erster Linie für Goethe, erlangt haben. Wenn der fromm be=
schaulichen Art von Brockes noch immer etwas Mattes und Schwungloses
anhaftete, so ist Günther (1695—1723) ein Dichter im eigentlichsten
Sinn, ein feuriger, leidenschaftlich überschäumender Poet, dessen Leben
und Dichten sich in eins verflechten, dem ein Gott gegeben, zu sagen,
was er leidet und was ihn glücklich macht, was er haßt und liebt.
Hatte Brockes der Lyrik das Gebiet des Naturgefühls erschlossen, so er=
schloß ihr Günther das weit größere, tiefere Gebiet des Menschenherzens
und seiner unmittelbarsten Empfindung. So kühn und offen das eigenste
Leid, das eigenste Liebesglück hinauszusingen hat vor ihm niemand,
haben wenige nach ihm gewagt. Aber er zerschmetterte sich die Flügel an
dem Käfiggitter einer teils ängstlich traditionellen, teils niedrig rohen Welt,
zumal die maßlose Entfaltung seiner Individualität nirgends ein Gegen=
gewicht hatte. Von allen Dichtern dieses Kreises ist er der einzige,
dessen Gedichte heute noch interessieren, ja ergreifen müssen, weil sie so
menschlich wahr sind, weil uns eine für die Zeit erstaunlich gewandte
und kraftvolle Sprache darin entgegentritt.

Mit Günther schließt die Reihe der Dichter ab, welche man als
die Gegner der zweiten schlesischen Schule bezeichnet. Eine kurze Zu=
sammenfassung ihrer Leistungen und der Resultate derselben wird uns
ein mannigfaltiges und in vielen Punkten heilsames Weiterschreiten offen=
baren. Vom Schwulst und äußersten Ungeschmack wird zur Einfachheit
und Natürlichkeit übergegangen, die sich allmählich von seichter Plattheit

zum Ausdruck echter und tiefer Empfindung erhebt. Die ersten Anfänge
litterarischer Kritik und das Bestreben nach ästhetischer Beurteilung des
Geleisteten leitet zu dem bahnbrechenden Kampfe zwischen Gottscheb und
den Schweizern hinüber. Während von den Hofdichtern und ihren Nach=
folgern die Poesie zur melkenden Kuh erniedrigt wird, die sie mit Butter
versorgt, wird sie für Weise ein Mittel vernunftgemäßer Erziehung. Das
Drama, besonders das Lustspiel, hebt sich auf eine höhere Stufe der
Technik, und die Lyrik gewinnt in der poetischen Verwertung der Natur
und in der Darstellung der Gefühle und Leidenschaften des Menschen=
herzens die zwei Grundthemata, auf welche sie ihrem Wesen nach stets
angewiesen sein wird. Während Gottscheb hauptsächlich theoretisch weiterwirkt,
setzt Haller mit größerer Kraft und Tiefe die naturbeschauende Richtung
von Brockes fort, und Hagedorn wandelt mit größerer Anmut und künst=
lerischer Reife, wenn auch nicht mit gleich genialer Ursprünglichkeit, die
Bahnen Günthers. Wie lange jedoch die zweite schlesische Schule noch
nachwirkte, zeigt sich deutlich in der Warnung, welche noch im Jahre
1732 ein Kritiker der von Gottscheb redigierten „Beyträge zur critischen
Historie der deutschen Sprache, Poesie und Beredsamkeit" (Bd. I. S. 526)
allen jungen Leuten zurief, „sich doch in diese falsch berühmte Kunst der
Lohensteinischen Schreibart nicht zu vergaffen". Der letzte und größte
Gegner der zweiten schlesischen Schule war aber Klopstock, der sie mit
ihren eigenen Waffen bekämpft und endgültig besiegt hat. Denn er be=
wies der entzückten Welt, daß die Phantasie den kühnsten und freiesten
Flug wagen dürfe, wenn sie nur von den starken Schwingen gesunder
Anschaulichkeit, reiner und tiefer Empfindung und eines begeisternden
Ideengehaltes getragen sei. Sein Versuch, „der sündigen Menschheit
Erlösung" zu singen, ist gescheitert; aber er wurde der Erlöser der deut=
schen Poesie.

Es sind nur noch einige Worte über die Einrichtung der vorliegen=
den Ausgabe hinzuzufügen. Wir haben Günther, als dem weitaus an=
ziehendsten und hervorragendsten Dichter des Kreises, den ersten Band
vollständig einräumen zu müssen geglaubt. Schon die autobiographische
Bedeutung seiner Gedichte machte eine breitere Behandlung nötig, wenn
anders ein vollständiges Bild seines vielbewegten Seelenlebens erreicht
werden sollte. Im zweiten Bande werden ihm Brockes und Weise und
eine kleinere Auswahl aus Canitz, Neukirch und Wernike folgen.

Johann Christian Günther.

Johann Christian Günther wurde am 8. April 1695 zu Striegau, einer kleinen Stadt Schlesiens geboren. Sein Vater, Johann Günther, 1659 oder 1660 in Aschersleben geboren, hatte sich wenige Jahre vor der Geburt des Sohnes in Striegau als Arzt niedergelassen und sich 1694 in zweiter Ehe mit Anna Eichbander, der Mutter des Dichters, verheiratet. Er besaß jene herbe Biederkeit und einseitige Strenge, wie sie bei Menschen häufig ist, welche ihr Glück und ihre Stellung nur der eigenen mühevollen Arbeit zu danken haben, jenen in der harten Schule der Not herausgebildeten Eigensinn, der den Widerspruch und das Zuwiderhandeln gegen seine Grundsätze niemals erträgt und in den brutalsten Zorn gegen alles gerät, was sich zu den Ansichten seiner kleinbürgerlichen Rechtlichkeit nicht reimen will. Bei all diesen Eigenschaften, welche dem Sohne so verhängnisvoll werden sollten, war er ein wackerer, gottesfürchtiger und kluger Mann, der sich schöne Kenntnisse erworben hatte und sich mit liebevollem Eifer der Erziehung des einzigen Sohnes widmete. Die Mutter war eine gute, aber schwache Frau, in den späteren Jahren kränklich und dem energischen Gatten gegenüber ganz unselbständig. Ihr Einfluß auf den Sohn kann nicht groß gewesen sein. Er erwähnt sie in seinen Gedichten nur selten; desto häufiger gedenkt er mit warmen Dankesworten des Vaters, selbst noch zur Zeit ihrer gänzlichen Entzweiung. Eine drei Jahre jüngere Schwester des Dichters, Johanna Eleonora Günther, kann ihm nicht sehr nahe gestanden haben. Auch scheint ihr Charakter nicht der beste gewesen zu sein; wenigstens erwähnt er sie später als seiner Liebe zu Leonore feindlich gesinnt.

Der erste Unterricht wurde dem aufgeweckten Knaben ausschließlich vom Vater erteilt; er lernte mit großer Liebe und außerordentlicher Raschheit. Er selbst berichtet, daß die Spuren seines poetischen Talentes sich sehr frühe gezeigt haben. Sein glühender Wunsch war, zu studieren; aber der Vater war bei seinen eingeschränkten Verhältnissen und den trüben Erfahrungen, die er selbst als armer Student hatte machen müssen, durchaus dagegen. Eine hübsche Geschichte von dem achtjährigen Knaben hat uns sein erster Biograph, Steinbach, erhalten. Die Mutter reiste damals mit dem Sohne nach ihrer Vaterstadt Breslau, und der alte

J. C. Günther,
gestorben in Jena 1723.
d. 15. Mart. alt 28 Jahr

Hier starb ein Schlesier, weil Glück und Zeit
nicht wollte,
Daß seine Dichterkunst zur Reife kommen
sollte:
Mein Pilger ließ geschwind, und wandre
deine Bahn,
Sonst stakt dich auch sein Staub mit Lieb und
Unglück an.

Titelkupfer der 6. Auflage von Günthers Gedichten (1764). Vgl. S. XXXIX.

Günther gab ihr ein Schreiben an einen Dr. Preuß mit, worin er den=
selben bat, er möge dem Knaben das Studieren ausreden. Preuß stellte
ihm denn auch vor, wie mißlich es sei, mit so beschränkten Mitteln sich dem
Studium zu widmen, und wie er dabei unmöglich fortkommen könne,
wenn er nicht „was Excellentes tentiere". Diese Worte hatten nur die
Wirkung, daß der Knabe nun Tag und Nacht darüber nachsann, wie er
wohl etwas Excellentes tentieren könne.

War der Vater schon unzufrieden darüber, daß der Sohn sich das
Studieren nicht aus dem Kopf schlug, so mußte es seinen praktisch nüch=
ternen Sinn noch mehr verstimmen, als er die ersten Anfänge seiner
dichterischen Bestrebungen bemerkte. Was für ein moralisches Ungeheuer
ein biederer Arzt in Striegau sich damals unter einem Poeten vorstellte,
wird man leicht begreifen, wenn man ermißt, wie niedrig die Dichter
selbst von ihrer Kunst dachten, und daß z. B. Christian Weise in seinen
„curiensen Gedanken" (1691) den verachteten Namen „Poet" mit Ent=
schiedenheit von sich abgewehrt hatte. Der Vater mag daher mit seiner
Mißbilligung nicht zurückgehalten haben, und die natürliche Folge mußte
sein, daß der Sohn sich ihm innerlich mehr und mehr entfremdete.

Eine glückliche Wendung nahm das Geschick des Knaben, als er in
Dr. Thiem einen warmen Gönner fand, der dem Vater einen Teil der
Sorge für des Sohnes Unterhalt großmütig abnahm und anfang 1710
denselben auf die Gnadenschule zu Schweidnitz brachte, die damals erst
seit zwei Jahren bestand. Die fünf Jahre, welche Günther auf dieser
Schule zubrachte, waren die entscheidenden für seine poetische Entwicklung.
Der Rektor J. Chr. Leubscher war ein vortrefflicher Mann, dessen An=
sichten frei von aller Pedanterie und für die Zeit erstaunlich fortgeschritten
waren. Wenn er einmal im Lehrplan sagt, es lerne und sehe ein
Schulmann nicht nur alle Tage, sondern fast jede Viertelstunde etwas
Neues von seinen Schülern, so zeigt dieser Ausspruch eine Höhe pädago=
gischer Weisheit, von der selbst mancher heutige Pädagog noch etwas
profitieren könnte. Besonders wichtig war es aber für Günther, daß
Leubscher ein sehr thätiges Interesse für Poesie, speziell für deutsche
Poesie besaß und mit seinen Schülern mehrere theatralische Aufführungen
veranstaltete. Hier zum ersten mal sah Günther sein Talent nicht mehr
unterdrückt; vielmehr verschaffte es ihm bei Rektor, Mitschülern und
vielen der angesehensten Persönlichkeiten der Stadt eine große Beliebtheit,
zu der allerdings sein liebenswürdiges Wesen und seine Schönheit ihr
Teil beitrugen. Trotzdem blieb er nicht ohne Feinde, zum großen Teil
durch eigene Schuld. Schon früh übte er sich in satirischen Ausfällen
und beißenden Epigrammen gegen bestimmt gekennzeichnete Personen, ein
Hang, der von Leubscher nicht nur nicht unterdrückt, sondern sogar ge=
fördert wurde. Von solchen litterarischen Zänkereien, welche dem Vater
ein neuer Gegenstand des Ärgernisses waren, dauerte am längsten die
mit Theodor Krause, dem Herausgeber der Zeitschrift „Vergnügung

müßiger Stunden"; ſie begann 1714 und fand erſt 1720 in einer Ver-
ſöhnung der erbitterten Gegner ihr Ende. Im September 1715 verließ
Günther die Schule zu Schweidniß, nachdem ihm noch die Ehre wider-
fahren war, daß ein von ihm verfaßtes Trauerspiel „Die von Theodoſio
bereute Eiferſucht" von ſeinen Mitſchülern öffentlich aufgeführt wurde.
Dies dramatiſche Exercitium, in dem ſich ein großes poetiſches Talent
zwar nicht verkennen läßt, zeigt doch deutlich, daß das Drama Günthers
Gebiet nicht war. Die lyriſchen Schönheiten mancher Partieen, die oft
überraſchende Gewandtheit und Schmiegſamkeit der Sprache, der geiſtvolle
Humor und die ſtellenweiſe ſehr geſchickte Führung des Dialogs können
den gänzlichen Mangel dramatiſchen Aufbaues nicht erſetzen. Außerdem
bedingte die unglückliche Wahl des Stoffes große Dürftigkeit der Handlung und dadurch ermüdende Verſchleppung und Breite. Der Inhalt
iſt kurz folgender: Kaiſer Theodoſius ſchenkt ſeiner Gemahlin Eudocia
einen koſtbaren Apfel, welchen dieſe dem krank darniederliegenden Geheim-
ſchreiber des Kaiſers, dem edlen Paulinus überſendet. Dies giebt ſeinen
Feinden Anlaß, ihn beim Kaiſer zu verleumden. Theodoſius gerät in
die raſendſte Eiferſucht, läßt Paulinus gefangen nehmen und hinrichten
und Eudocia vor ein Gericht ſtellen. Ihre Unſchuld tritt hier klar zu
Tage; aber tief gekränkt zieht ſie ſich ins Kloſter zurück. Dem verzweifelnden Kaiſer verkündet der Geiſt des Paulinus ein blutiges Ende.
Die Figuren der tugendhaften Eudocia und des freilich etwas allzu wort-
reichen Narren Polylogus ſind dem Dichter am beſten gelungen; alle
übrigen Charaktere haben wenig individuelle Züge. Auch in dieſem Drama
fehlt es nicht an häufigen ſatiriſchen Anſpielungen, denen er ſpäter den
Urſprung mancher Feindſchaft zuſchrieb.

In die ſchweidnitzer Zeit fällt ſehr wahrſcheinlich auch ein großer
Teil von Günthers geiſtlichen Gedichten, auf die wir unten zurückkommen.
Nach dieſer Richtung fand er unmittelbare Anregung in der Thätigkeit
des bekannten geiſtlichen Dichters Benjamin Schmolck (1672—1737),
der Ende 1714 Inſpektor der Schule wurde und ihm demnach früh auch
als perſönliche Autorität gegenübertrat. Vor dem Schwulſt, den Schmolck
als ein treuer Anhänger der ſchleſiſchen Schule auf das geiſtliche Lied
übertrug, wurde Günther durch ſein geſundes Gefühl und ſeine kindlich
innige Frömmigkeit bewahrt. Sein eigentümliches Talent ſollte aber um
dieſelbe Zeit durch einen ganz anderen Umſtand zum Ausbruch kommen,
durch ſeine erſte leidenſchaftliche Liebe.

Schon vorher hatte er Neigung zu einem noch ſehr jungen Mädchen
empfunden, die er als Flavia oder Philindrene beſungen hat. Einige
Gedichte, die wir nicht gut anders als auf dies Verhältnis beziehen
können, laſſen ſchließen, daß die Geliebte ihm untreu wurde, oder daß er
wenigſtens an ihre Untreue glaubte. Bald darauf hatte er ihren frühen
Tod zu beklagen, und wie tief ihn dieſer erſchüttert hat, erſehen wir aus
den zahlreichen Stellen ſpäterer Gedichte, die darauf anſpielen. Aber

schon kurz darnach, etwa im Frühjahr 1715, lernte er auf dem Landgut
Roschkowitz, dem heutigen Anichkwitz, unweit von Schweidnitz an der Lohe
gelegen und vormals im Besitze Lohensteins, ein Mädchen kennen, für
das er in glühender Liebe entbrannte, das auf sein Leben und Dichten
einen entscheidenden Einfluß gewinnen sollte; es war Leonore. So
wenigstens nennt er sie in jenen Liebesliedern, die zu dem Schönsten und
Reinsten gehören, was er geschrieben hat, denen an ergreifender poetischer
Wahrheit, tiefer Innigkeit und hinreißender Leidenschaft nichts aus diesem
ganzen Zeitraum zu vergleichen ist. Aber gerade dies so einflußreiche
und wichtige Verhältnis ist von dem zeitgenössischen Biographen Steinbach
durchaus falsch und entstellt überliefert worden, und die vielen daraus
entstandenen Irrtümer haben nicht allein bis in die neueste Zeit in den
Lebensbeschreibungen Günthers sich erhalten, sondern auch auf die Chrono=
logie der Gedichte den verwirrendsten Einfluß geübt. Es ist nötig, den
Inhalt der bisherigen, durch Steinbach begründeten Tradition in aller
Kürze anzugeben. Danach sei Leonore die Tochter des Dr. Jachmann zu
Schweidnitz gewesen, habe Günther Treue geschworen, aber, nachdem man
Günther bei ihr verleumdet, schon wenige Monate nach dessen Abschied,
anfang 1716 dem reichen Herrn Täuber die Hand gereicht. Diese Untreue
habe Günther so erschüttert, daß er sich in die wildesten Ausschweifungen
gestürzt habe, um seinen Schmerz zu übertäuben. Leonorens Ehe sei sehr
unglücklich gewesen und dies habe ihn wieder versöhnt, was die rühren=
den Gedichte beweisen, welche er ihr beim Tode ihres Kindes übersandte.
Bald darauf sei ihr Mann gestorben, und der Vereinigung der Liebenden
habe nichts im Wege gestanden, als die Unversöhnlichkeit von Günthers
Vater. Da Günther dessen Verzeihung nicht habe erlangen können und
Leonore nicht mit in sein Unglück ziehen wollte, so habe er jenes Absage=
gedicht geschrieben, das sie mit Bestürzung in einem von ihr verfaßten
Gedichte erwidert, und auf seinem Sterbebette sei in rührenden Weisen
die Erinnerung an sie noch einmal lebendig geworden.

So die Überlieferung, an der nicht viel weniger als alles falsch ist.
Während Hoffmann von Fallersleben und Otto Roquette in ihren ver=
dienstlichen Monographieen über Günther derselben noch treu gefolgt sind,
suchte Tittmann in der Einleitung zu seiner Ausgabe der Güntherschen Ge=
dichte durch mehrere Hypothesen der großen Verwirrung abzuhelfen. Diese
wird geradezu eine heillose durch den Umstand, daß Günther noch eine
andere Geliebte unter dem Namen Leonore und beide wieder unter mehreren
fingierten Namen besungen hat, so daß es auf den ersten Blick ein geradezu
verzweifeltes Beginnen scheint, aus all den Lenchen, Lorchen, Magdalis,
Rosette, Hannchen, Luise, Amaranthis, Doris ꝛc. ꝛc. eine klare Vorstellung
der wichtigsten Liebesverhältnisse Günthers herauszuschälen. Erst in den
letzten Jahren ist durch die Benutzung neuer Quellen, vor allem einer
Anzahl bisher unbekannter Originalmanuskripte und Abschriften Günthers
auf der Breslauer Stadtbibliothek und der in Frage kommenden Kirchen=

bücher hier Licht geschafft worden, so daß an dem Sachverhalt, wie ihn die sehr dankenswerten Arbeiten von Kalbeck und besonders von Litzmann festgestellt haben, nicht mehr zu zweifeln ist. Die hauptsächlichsten Wider=sprüche, die sich aus ihren Untersuchungen ergeben haben, sind kurz fol=gende: Die Tochter des Dr. Jachmann, welche sich am 14. Januar 1716 mit einem gewissen Täuber vermählte, hat mit Günthers Leonore nicht das mindeste zu thun. Denn erstens hat Günther zu dieser Hochzeit ein recht handwerksmäßiges und stellenweis derb zotenhaftes Gedicht verfaßt, wie er deren auf Bestellung viele gedichtet hat, wie es aber ein leiden=schaftlicher und verzweifelnder Liebhaber niemals geschrieben hätte. Zwei=tens ermahnt er die Geliebte in einem vom 10. Juli 1716 datierten Brief zur Treue, also ein halbes Jahr nach ihrer vermeintlichen Hochzeit. Drittens endlich starb jener Täuber, wie das Kirchenbuch nachweist, erst 1724, also ein Jahr nach Günther, während Leonore noch zu seinen Leb=zeiten Witwe geworden ist. Es wäre nun nur noch zu erklären, wie Steinbach dazu kam, ein solches Märchen zu erfinden, das wenigstens ihm selbst für Wahrheit gelten mußte, da er ja zu fürchten hatte, von den noch lebenden Beteiligten Lügen gestraft zu werden. Hier hat man bisher einen ziemlich naheliegenden Umstand übersehen. Daß Steinbach sehr oft, ja überall, wo ihm direkte biographische Quellen fehlten, seine Erzählung nur aus den Gedichten selbst zusammengesetzt hat, ist zweifellos. Er selbst führt nun in diesem Falle als Beleg ein Gedicht Günthers an, betitelt: „Als er von seinem Nebenbuhler abgestochen zu werden befürchtete." (Ged. S. 560.) Es beginnt mit den Worten: „Geliebtes Kind, der schöne Täuber, der nun mein Nebenbuhler ist, macht, daß der Argwohn mir so Mark als Herze frißt." Ohne allen Zweifel ist hier „Täuber" kein Eigenname, sondern das masculinum zu „Taube". „Der schöne Täuber" bezeichnet bildlich einen schmucken, verführerischen Menschen. Nicht allein, daß Günther gerade das Wort „Taube" in diesem Sinne sehr gern an=wendet (z. B. „Die schöne Taube" Ged. S. 254) oder etwa die Liebe mit einem Taubenhaus vergleicht (Nachlese, S. 171), er hat auch an zwei andern Stellen das Wort „Täuber" angewandt. (Ged. S. 929. „So girren die Täuber", und Ged. S. 540.) Besonders schlagend ist die zweite von diesen Stellen, welche sich eben in dem Hochzeitsgedicht auf die Täuber=Jachmannsche Vermählung vorfindet. Hier benutzt Günther den Namen des Bräutigams zu Wortspielen, wie z. B. „Dein Täuber ladet dich auf eine Schnabelweide" 2c. Aus dem Angeführten geht augenscheinlich hervor, daß Steinbach, nachdem er einmal den Täuber des Eifersuchtsgedichtes für eine Person hielt, diese kühn mit dem Täuber des Hochzeitsgedichtes identifizierte und daraus seine unmögliche Geschichte spann. Ein weiterer Anhaltspunkt für dieselbe wäre es allerdings gewesen, wenn Leonore wirklich Jachmann hieß, was indessen nicht festzustellen ist. Ein Jugend=gedicht Günthers bezieht sich auf den Abschied eines gewissen Jachmann von Schweidnitz, der vielleicht mit Leonorens Bruder identisch ist, welchen

Günther einmal als Wittenberger Studiengenossen erwähnt. Wie dem auch sei, so scheint uns bis auf kleine Unebenheiten durch Kalbeck und Litzmann der Verlauf des Verhältnisses zu Leonore endgültig klargelegt, und wir schließen uns daher in der weiteren Darstellung desselben ihren Resultaten an.

Nach sorglosen Tagen ersten Liebesglückes waren Leonore und Günther nach Schweidnitz zurückgekehrt. Hier bot sich manche Gelegenheit glücklichen Zusammenseins, das nur durch den Gedanken an Günthers bevorstehende Abreise nach Wittenberg getrübt wurde. Sie muß einen regsamen, lebendigen Geist besessen haben, der wohl fähig war, dem kühnen Fluge seiner dichterischen Phantasie zu folgen. Ein schönes Zeugnis dafür ist das später bei ihrem ersten Wiedersehen entstandene Gedicht: „An Leonore, als sie sich betrübte, daß Leute ihres Geschlechtes des Studierens beraubt wären", in welchem er ihr mit ebensoviel Wahrheit als Zartsinn sagt, daß es echt weibliche Tugenden gebe und einen echt weiblichen Wirkungskreis, die diesen Mangel vollauf ersetzen. Und gewiß war es neben ihren geistigen Gaben, neben ihrer oft gepriesenen Schönheit und Anmut auch eine reine und hohe Weiblichkeit, die ihn immer wieder in ihren Bann zog und ihm geradezu ein starker sittlicher Halt gewesen ist. Wie ein guter Engel begleitet sie sein Leben, das nur dann der Schranken beraubt wird, wenn die Macht ihres Wesens nach langer Trennung die Herrschaft über ihn verliert. Ein guter Engel war sie auch seiner Poesie; nirgends mehr, als in den Leonorenliedern treten die edleren Seiten seiner Natur gewinnend und rührend hervor, und es erscheint fast, als ob er die oft mißbrauchte Leier zu ihrem Dienste stets neu besaite, damit kein unreiner Ton ihre Seele verletze. Die Trennungsstunde schlug; mit tiefem Schmerze riß er sich los und schied mit der Versicherung:

> Wohin ich geh', begleitet mich dein Bild;
> Kein fremder Zug wird mir den Schatz entreißen.

Sie hielt Wort, aber er nicht. — Ende September 1715 reiste er nach Frankfurt an der Oder ab. Hier zeigte sich zum ersten mal sein Leichtsinn und der Hang, seinen Neigungen freien Spielraum zu gewähren. Frankfurt gefiel ihm nicht, wie er selbst berichtet, und deshalb reiste er nach Wittenberg, wo er im Dezember 1715 ankam. Es ist leicht einzusehen, daß dies Umherziehen den Groll des Vaters wesentlich verstärkte, da es ihm nun vor allem darauf ankam, den Sohn zu möglichst rascher Erlernung des medizinischen Handwerks zu bewegen und in ihm eine willkommene Stütze seiner eigenen Berufsthätigkeit zu erhalten. Der leidenschaftliche, phantasievolle Jüngling war aber ganz und gar nicht dazu angethan, aus praktischen Rücksichten ein Brotstudium zu betreiben. Während ihn anfänglich der Reiz der Neuheit an die medizinische Wissenschaft fesselte, die man sich in dieser Zeit gar nicht trocken und äußerlich genug vorstellen kann, fühlte er sich bald von dem wüsten und ungebundenen Studentenleben angezogen, dem er sich mit allzuviel Begeisterung und jugendlichem Feuer hingab. Mag ihm auch oft das Bild der Geliebten warnend vorgeschwebt haben, wie so manches innige Gedicht bezeugt, das er ihr von Wittenberg aus sandte, so war er doch wie alle leidenschaftlichen Naturen machtlos gegenüber der Herrschaft des Augenblicks und seiner jedesmaligen Umgebung. Er stürzte sich in einen Strudel wilder Genüsse, aus dem sein edleres Selbst stets wieder emportauchte, um ihn tiefe Beschämung und Reue fühlen zu lassen. Schon jetzt erniedrigte er das höchste Gut, das er besaß, seine Poesie, zum Erwerbsmittel und fertigte in Menge jene Gelegenheitsreimereien, wie sie die Mode mit sich brachte, ohne sich darin viel über das hergebrachte Niveau zu erheben. Dazwischen singt er wieder die reinsten und zartesten Lieder, wie sie als unmittelbarer Gefühlsausdruck seinem Herzen entquellen. Selten ist einem Leben so deutlich der Stempel jenes faustischen Konfliktes aufgedrückt gewesen: „Zwei Seelen wohnen ach! in meiner Brust."

In solchen drückenden Gemütszuständen traf es ihn wie ein harter Schlag, daß ihm ein edler und treuer Freund, ein Rendsburger, namens Peters, durch den Tod entrissen wurde. Es war, als habe das Schicksal seinen Untergang beschlossen. Inzwischen war aber sein dichterischer Ruhm mit großer Schnelligkeit gewachsen; er wurde 1717 in Wittenberg zum Dichter gekrönt. In tragikomischem Gegensatz dazu steht die Thatsache, daß er kurz darauf ins Schuldgefängnis wandern mußte. Er war endlich froh, Wittenberg den Rücken kehren zu können und reiste im Sommer 1717 nach Leipzig, wo er einige Schulfreunde vorfand, unter andern einen seiner frühesten Freunde, Johann Gottfried Hahn (1694—1753), mit dem er fast sein ganzes Leben in intimem Verkehr geblieben ist. Unerklärlich bleibt es, wieso er sich erst im Sommer 1718 in Leipzig hat immatrikulieren lassen, wie die Leipziger Matrikel bezeugt. Bald war er der Mittelpunkt eines stets zunehmenden Freundeskreises, dessen gesellige Freuden er durch eine Reihe der frischesten und lebendigsten Trinklieder zu erhöhen wußte. Es war für ihn eine glückliche und behagliche Zeit, und mancher Freund, den er hier kennen lernte, ist ihm fürs Leben treu geblieben. Gegenüber so vielen neuen Eindrücken und Erlebnissen war das Bild der Jugendgeliebten mehr und mehr verblaßt. Während Leonore in Treue seiner Rückkehr harrte, hat er wahrscheinlich schon im Sommer 1718 vorübergehende Neigung zu einem Mädchen empfunden, das er in mehreren Gedichten als Rosette besungen hat.

Von den wichtigsten Folgen wurde aber für Günther sein Leipziger Aufenthalt dadurch, daß er in dem damals hochberühmten Professor Mencke einen warmen Gönner und Förderer fand. Günther hatte im August 1716 von Wittenberg aus seinem Freunde Hahn ein Beileidsgedicht nach dem Tode seiner Braut übersandt, welche eine Tochter Menckes war. Das Interesse Menckes für Günther mag schon darin seinen Ur sprung gefunden haben. Burckhard Mencke (1675—1732), einer der ersten Humanisten und Historiker seiner Zeit und eine gefeierte Zierde der Leipziger Hochschule, hat auf die Universitätsverhältnisse einen höchst glücklichen Einfluß ausgeübt. Gleich Thomasius war er bestrebt, die Wissenschaft aus den Fesseln trostloser Pedanterie zu befreien und die alleinherrschende lateinische Sprache durch die deutsche zu verdrängen. Auch an der deutschen Poesie nahm er warmen und rührigen Anteil, was um so bedeutsamer war, als hier zum ersten Male der tiefgesunkenen Ansicht von der Dichtkunst die Autorität eines großen Gelehrten erfolgreich zu Hilfe kam. Schon deshalb verdient er gewiß nicht das schroffe Urteil von Gervinus, wenn auch seine eigenen poetischen Versuche ganz unbedeutend und wertlos sind. Mencke nahm sich Günthers, dessen außergewöhnliche Begabung er mit klarem Blick erkannte, mit wahrhaft väterlicher Freundschaft an und hat überaus günstig auf ihn eingewirkt. Er sah ein, daß es vor allem nötig sei, dieser in sich schrankenlosen Individualität die Schranken einer festen Lebensstellung zu setzen. Er führte deshalb Günther der fast aufgegebenen Medizin wieder zu, er veranlaßte ihn zu einem umfangreichen Gedicht auf den Passarowitzer Frieden (1718), in der Hoffnung, dadurch die Augen des Hofes oder doch hochgestellter Persönlichkeiten auf ihn zu lenken. Dies Gedicht, welches ein noch alle Gemüter bewegendes Zeitereignis mit einer bis dahin geradezu unerhörten Lebensfrische, Anschaulichkeit und kühnen Realistik behandelte, übte auf die Zeitgenossen eine zündende und hinreißende Wirkung aus und ist lange für den Gipfel seines dichterischen Schaffens gehalten worden. Leider hatte es aber gerade denjenigen Erfolg nicht, welchen sich Mencke davon versprach. Das Gedicht wurde dem Kaiser und dem Prinzen Eugen übermittelt. Noch kurz vorher hatte dem schon erwähnten Valentin Pietsch (vgl. oben S. VI) ein elendes Lobgedicht auf Eugen die Professur für Poesie in Königsberg eingetragen; Günthers weit darüber erhabene Dichtung wurde ignoriert. Aber in ganz Deutschland verbreitete sich gerade durch dieses Gedicht der Ruhm seines Namens; es wurde sogar von seinen begeistertsten Verehrern eine Geldsammlung zu seinen Gunsten veranstaltet. Sein Mut und seine Schaffenslust wurden durch so entschiedene Erfolge nicht wenig gehoben, und aus jener Zeit besitzen wir einige seiner frischesten Lieder, von denen die freie Bearbeitung des Gaudeamus: „Brüder, laßt uns lustig sein" heute wohl das bekannteste von seinen Gedichten ist. Allein schon bald darauf, wahrscheinlich bereits im Herbst 1718 wurde er von einer schweren und langwierigen Krankheit befallen, die eine Folge seines ausschweifenden Lebens in Wittenberg war. Mehr als einmal glaubte er sein Ende nahe, und nur langsam erholte er sich, ohne jemals mehr den Stoß, den seine Gesundheit dadurch erlitten hatte, zu überwinden.

Nicht lange nach seiner Genesung lernte er in Leipzig ein Mädchen kennen, das ihn bald zu leidenschaftlicher Liebe entflammte. Er besingt sie seltsam genug ebenfalls unter dem Namen Leonore, und gerade dieser Umstand hat zu großen Verwirrungen Anlaß gegeben. Aber schon der Ton dieser Lieder läßt sie unschwer von denjenigen an die Schweidnitzer Geliebte unterscheiden. Sie sind lange nicht so zart und innig, oft von derb sinnlichem Charakter. Offenbar war diese Leonore eine berechnende, kokette Schöne, der die Huldigungen des schon berühmten Dichters sehr wohl behagten, ohne daß sie dieselben durch ein tiefes Gefühl erwidert hätte. Über die äußeren Umstände dieses Verhältnisses ist uns fast nichts bekannt, als daß sie eine Waise war und daß die Liebeszusammenkünfte auf dem Kirchhofe stattfanden. Des Dichters Leidenschaft muß wenigstens eine Zeitlang sehr ernster Natur gewesen sein. Die Erinnerung an die Jugendgeliebte ist gänzlich ausgelöscht, und wiederholt versichert er sie in feurigen Ausdrücken seiner ewigen Treue. Bald aber wurde das Verhältnis durch seine eigene Eifersucht gestört, die wohl kaum eine ganz unbegründete war. Die schmerzliche Entrüstung, mit der er ihr Verrat und Untreue vorwirft, das tiefe Leid, das sich in wilden, stürmischen Klagen Luft macht, zeigen, wie schwer ihm dieser Bruch geworden ist.

Inzwischen hatte Mencke sich nach einer andern Gelegenheit umgesehen, um seinem Schützling eine seiner Begabung angemessene Stellung zu verschaffen. Eine solche glaubte er gefunden zu haben, als Friedrich August der Starke, Kurfürst von Sachsen und König von Polen an Stelle seines bisherigen Hofpoeten und Ceremonienmeisters Herrn von Besser (vgl. oben S. V), dessen Fabrik ihm nicht mehr schnell genug arbeitete, „einen Menschen begehrte, der bei allen Gelegenheiten und Lustbarkeiten des Hofes im Dichten was aufsetzen konnte". Es war ein gutgemeintes, aber großes Versehen Menckes, für eine solche Stelle Günther vorzuschlagen. Er hätte wissen müssen, daß aus dieser ungezügelten Kraftnatur niemals ein Ceremonienrat zu schnitzen sei, daß niemand weniger, als der offene, arglose, leidenschaftliche Jüngling auf das Parkett eines durch und durch verderbten Hofes und zu der eingeschnürten Denk- und Lebensart eines Höflings passe. Günther selbst ging, unüberlegt genug, sofort darauf ein und begab sich im Sommer 1719 nach Dresden. Was zu erwarten war, geschah. Gleich anfangs machte er sich durch sein freies, ungebundenes Auftreten, vielleicht auch durch satirische Ausfälle, die Umgebung des Königs zu Todfeinden. Ein unbekannter Dichter, welcher auf die Stelle spekulierte — nicht Ulrich König —, soll einen Kellerbedienten bestochen haben, Günther vor der Audienz ein Glas Wein zu kredenzen, in welchen man Brechtropfen gemischt hatte. Er erschien vor dem König in unfähigem Zustande und verscherzte so gleich anfänglich dessen Gunst. Jener Unbekannte wurde dann wieder durch Ulrich König (vgl. oben S. VI) verdrängt, der allerdings für diese Stelle weit geeigneter war, als Günther. Zuerst sehr über seinen Mißerfolg verstimmt, tröstete sich Günther bald mit der Einsicht, daß er für ein solches Amt nicht geschaffen sei und niemals den angeborenen Dichteradel zum Sklavendienst erniedrigen dürfe, — einer Einsicht, die ihm nur einige Monate früher hätte kommen sollen.

Am 2. September 1719 reiste er von Dresden ab. Er hatte von dort aus der Leipziger Leonore ein letztes, versöhnliches Gedicht geschickt, das seine Leidenschaft bereits merklich erkaltet zeigt und jedenfalls ohne Wirkung geblieben ist. Nach Leipzig zurückzukehren konnte er sich wohl auch deshalb nicht entschließen, weil er Menke durch sein Benehmen am Hofe stark kompromittiert hatte. So entschied er sich denn, in die Heimat zu reisen, um des Vaters Verzeihung zu erlangen. Dieser, der noch obendrein durch einen großen Brand, welcher am 13. März 1718 einen Teil von Striegau in Asche legte, sein kleines Vermögen beinahe vollständig eingebüßt hatte, war dem Lebenswandel des Sohnes mit wachsendem Grimm gefolgt, und da alle Hoffnungen, die er auf ihn gesetzt hatte, fehlgeschlagen waren, da er nach seiner Verarmung doppelt klar einsehen mußte, daß dieser Sohn ihm niemals die Stütze werden würde, die er sich in ihm hatte großziehen wollen, so verwandelte sich sein Zorn in den erbittertsten und unversöhnlichsten Haß, den je ein Vater gegen seinen Sohn gehegt hat. Statt, wie er gewollt, ein tüchtiger Mediziner, war er ein Poet, oder was in seinen Augen ebensoviel heißen wollte, ein Vagabund geworden. Er hatte nicht nur sich selbst, sondern auch seine Familie, seinen Vater beschimpft; ja er hatte sogar durch seine satirischen Ausfälle auf heuchlerische Priester die Geistlichkeit gegen sich aufgebracht. Von einem solchen Sohne wollte der alte Günther ein für alle Mal nichts mehr wissen, und alle Versuche, die dieser in der Folgezeit machte, den Vater zu versöhnen, prallten an dessen unnatürlichem Hasse ab, den Eigensinn, Hartnäckigkeit und starre Prinzipienreiterei noch um ein gut Teil verstärkten.

Aber es war nicht allein der grollende Vater, der den unglücklichen Dichter in die Heimat zog. Mitten in all diesen Sorgen und Nöten war ihm wie ein milder Stern in dunkler Nacht das Bild der Geliebten wieder aufgestiegen, die ihn so innig liebte, die er so treulos vergessen und verlassen hatte. Mit seinem ganzen einstigen Zauber trat dies Bild vor ihn hin, und versenkt in selige Erinnerungen, in freudige Hoffnungen malte er sich trotz allem Mißgeschick eine goldene Zukunft aus. — Ende September 1719 ist er in Striegau angelangt; er kommt ins Vaterhaus als ein Flehender, er will alles wieder gut machen, Mutter und Schwester bitten für ihn — alles vergebens. Der Vater, nur zorniger gemacht, weist ihm die Thür und verbietet ihm, je wieder sein Haus zu betreten. Noch hielt ein süßer Trost den Schmerz bitterer Enttäuschung zurück; noch winkte ihm das Glück der Liebe, das ihn für alles Leid entschädigen sollte. Mit ganzer Kraft klammerte er sich an die letzte Hoffnung, und hierin wenigstens sollte er nicht betrogen werden. Leonore war ihm treu geblieben in vierjähriger Trennung. Ohne Aufenthalt eilte er durch Schweidnitz; denn sie wohnte jetzt in Borau (im Strehlener Kreise). Hier

fand das Wiedersehn der Liebenden statt. Günther war aufs tiefste er=
griffen; die Lieder, die er damals gesungen hat, sind das Schönste, was
wir von ihm besitzen. Es sind wahre Perlen der Lyrik an Innigkeit,
Zartheit und Wohllaut. Solche Klänge hat vor Goethe kein Nachfolger
Günthers wieder gefunden. Wie matt und unwahr sind dagegen die
Tändeleien Hagedorns und der Anakreontiker! — Günther mußte sich
nach einigen Wochen des reinsten und ungestörtesten Glückes sagen, daß
er jetzt mehr als je verpflichtet sei, sich eine Existenz zu gründen. Nur
so konnte er die Geliebte erringen, nur so den Vater versöhnen, dessen
Groll wie ein schwerer Druck auf seiner Seele lag. Er wählte zum Zweck
abermaligen Studierens Breslau, den Wohnort von mehreren seiner
Gönner, auf deren Rat und Unterstützung er hoffen durfte. Nur nach
schwerem Kampf gelang es ihm, dem Glück der Gegenwart zu entsagen
und abermals sich auf ungewisse Zeit von der Geliebten zu trennen; und
doch sollte diese Trennung ja nur dazu führen, sie dauernd zu vereinigen.

Im Dezember 1719 kam er in Breslau an und fand besonders in
dem Hause des Herrn Ferdinand Ludwig von Breßler eine sehr liebens=
würdige Aufnahme. Breßler, einer der angesehensten Männer der Stadt,
hatte im Jahre vorher die Anregung zu jener Geldsammlung gegeben,
welche dem Dichter die Anerkennung für sein Friedensgedicht ausdrücken
sollte. Er war seit 1712 mit Mariane von Wierth vermählt, einer
lebhaften, geistvollen Frau, die sich selbst mehrfach dichterisch versucht hat
und dem talentvollen Jüngling, dessen Dichterruhm ihrer eigenen Eitel=
keit schmeichelte, ein warmes Interesse zuwandte. Das herzliche Entgegen=
kommen ihrerseits wurde von Günther bald in feuriger Weise erwidert,
und er richtete eine Reihe von Gedichten an sie, deren Ton zuletzt über
den der Freundschaft hinausging. Auch außerdem mag Günther nicht
immer den aristokratischen Ton des Breßlerschen Hauses, in dem er nun
täglich verkehrte, getroffen haben. Es ist daher leicht begreiflich, daß
Breßler ein Mittel suchte, um Günther aus seinem Hause zu entfernen.
Er schlug ihn dem Grafen Schaffgotsch als Erzieher vor, wohl mehr um
ihn loszuwerden, als weil er ihn für diese Stelle passend gefunden hätte.
Es bleibe dahin gestellt, ob die Erzählung Steinbachs auf Wahrheit be=
ruht, Breßlers Empfehlung sei umsonst gewesen, „nachdem es einmal Ge=
legenheit gab, daß der Herr von Breßler Günther Ihro Excellenz dem Herrn
Grafen bei der Tafel vorstellen konnte, der (Günther) sich aber, wie ge=
wöhnlich, im Wein schon was übernommen". Jedenfalls war Günthers
Stellung im Breßlerschen Hause eine unhaltbare geworden und ihm da=
durch der Aufenthalt in Breslau verleidet. Er ging daher, als ihn sein
Freund Schubart aufforderte, mit ihm nach seinem Geburtsort Lauban
zu ziehen und sich dort als Arzt niederzulassen, mit leichtsinniger Bereit=
willigkeit auf diesen Vorschlag ein, ohne weiter zu bedenken, ob ihm
dieser Schritt auch wirklich eine gesicherte Existenz verspreche, um deren=
willen er die Heimat verlassen hatte. Breßler hatte ihm noch ein ansehn=

liches Reisegeld mit auf den Weg gegeben, von dem die beiden Freunde auf der Reise einen ziemlich freigebigen Gebrauch machten. Sie kehrten unterwegs bei mehreren Pfarrern ein; auch sah Günther in Zedlitz (bei Trebnitz) seine Leonore wieder. Es sollte das letzte Mal sein. Abermals einige glückliche Tage, abermals trauriger Abschied.

Im Februar 1720 kamen Günther und Schubart in Lauban an. Das Reisegeld war aufgezehrt; in Schubarts Elternhaus herrschte die größte Not, und die Patienten, auf die Günther wartete, wollten nicht kommen. Außerdem verleidete ihm noch ein boshaftes, zänkisches Weib, vielleicht Schubarts Mutter, den Aufenthalt. Schon wollte er, wieder in seinen Hoffnungen auf das furchtbarste getäuscht, Lauban verlassen, als eine neue, schwere Krankheit ihn darniederwarf und dem Rande des Grabes nahe brachte. Da lag er nun in der ärmlichen Hütte, gequält von Schmerzen und Gewissensbissen, gefoltert von einem herzlosen Weibe, von aller Welt verlassen, nur von Schubart, seinem leichtsinnigen, aber treuen Freunde gepflegt. Um so erstaunlicher ist es, welche Produktions= kraft er in dieser finstersten Zeit seines Lebens entfaltete. Erst jetzt gelangt die ganze elementare Gewalt seiner Dichternatur zum Durchbruch. In herzzerreißenden Tönen schildert er die Stürme, die sein Inneres durch= toben, bald trostlose Verzweiflung, bald rührende Hoffnung, bald inniges Gottvertrauen, bald lästernde Beschuldigungen gegen sein Geschick. Er genas endlich, aber er war körperlich und geistig gebrochen. Zwar ver= sahen ihn nun seine Gönner mit hinreichenden Mitteln, um die ersten schweren Sorgen zu verjagen: aber die frohe, leichtsinnige Hoffnung, die ihn bisher lockend und tröstend umgaukelt hatte, die ihn stets gelehrt hatte, eine Fata Morgana für eine Oase zu halten, war für immer ent= schwunden. Er kämpfte sich zu dem heldenmütigen Entschlusse durch, nicht länger ein Leben an das seine zu fesseln, welches ihm zu teuer war, um es in sein unabwendbares Verderben zu verstricken. In einem ergreifenden Gedicht, welches seine hohe sittliche Natur verrät, giebt er ihr das Wort zurück; sie soll frei sein. Seine reiche Phantasie malte sich auch gleich ein Antwortsgedicht Leonorens aus, das man früher fälschlich für Leonorens wahre Antwort gehalten hat. Diese aber lautete wohl ganz anders. Fünf Jahre lang war Leonore Günther treu ge= blieben; auch sie hatte stets auf eine glückliche Zukunft gehofft. Nun aber sah sie wohl ein, daß diese Hoffnung vergebens war, und so wider= stand sie nicht länger den Bitten eines unbekannten Freiers, mit dem sie sich wahrscheinlich schon im Herbst 1720 vermählte. Günther hatte ge= glaubt, er habe überwunden; allein bei der Nachricht von der Hochzeit brach noch einmal das Gefühl seines furchtbaren Schicksals mit vernichtender Wucht auf ihn herein und riß ihn zu verzweiflungsvollen Klagen, ja zu ungerechten Vorwürfen gegen die verlorene Geliebte hin. Erst allmählich gewöhnt er sich, Leonorens ruhig und leidenschaftslos zu gedenken, die ver= klärt in seiner Erinnerung lebt. Als er im Sommer 1722 den Tod

ihres Kindes erfuhr, sandte er ihr zwei Gedichte zum Trost, rührende
Zeugen seines reinen, tiefen Gemütes, die dem wechselvollen Liebesroman
einen versöhnenden Abschluß geben.

Mit der Hoffnung auf Leonorens Besitz schwand sein letzter Halt
und die letzte Leuchte seines Lebens. Ein abermaliger Aussöhnungs=
versuch, den er in Striegau machte, konnte den starren Vater nicht be=
wegen. Noch einmal unternahm er es nun, sich nach einer gesicherten
Stellung umzusehen. Er reiste nach Breslau, erkundigte sich nach einem
Ort, wo er sich als Arzt niederlassen könne, und man empfahl ihm zu
diesem Zweck die polnische Grenze. So wanderte er denn über Brieg
nach Creuzburg, einem polnischen Landstädtchen, nachdem er vorher bei
einem neuen Gönner, Herrn von Nimptsch in Bischdorf sich einige Zeit
aufgehalten hatte. Aber statt nun in Creuzburg, wo er sich wirklich als
Arzt niederließ, auszuharren, streifte er auf den Nachbargütern umher
und weilte besonders viel bei Herrn von Nimptsch, der ein herzliches
Interesse an ihm nahm. Da bei dieser Lebensweise sich die Patienten
selbstverständlich nur sehr spärlich einfanden, so suchte Nimptsch ein Mittel,
ihn an ein regelmäßiges Leben zu gewöhnen, und erblickte ein solches in
Günthers Verheiratung. Er glaubte auch in Eva Rosina Christina
Littmann, der 21jährigen Tochter des Pfarrers von Bischdorf, eine ge=
eignete Frau für Günther gefunden zu haben. Günther redete sich dann
bald selbst ein, daß er ernstlich in sie verliebt sei, und besang sie unter
dem Namen Phillis in einer Reihe von Liedern, deren gewandte und
zierliche Verse nichts von jener Ursprünglichkeit und Innerlichkeit haben,
welche die Leonorenlieder auszeichnen. Phillis war vorher schon einmal
verlobt gewesen und von ihrem Bräutigam verlassen worden; dies machte
sie gegen Günthers Huldigungen zuerst sehr mißtrauisch. Auch der
Vater wollte anfänglich nicht einwilligen; den fortgesetzten Bemühungen
des Herrn von Nimptsch gelang es endlich im März 1721 eine Verlobung
zustande zu bringen. Indessen stellte Pfarrer Littmann die Bedingung,
daß Günther sich zunächst mit seinem Vater aussöhne.

Jetzt flackert in Günther die löschende Hoffnung noch einmal auf;
er vertröstet die Braut auf ein baldiges, glückliches Wiedersehen und reist
in die Heimat. Diesmal kann er dem Vater als praktischer Arzt, als
Bräutigam entgegentreten; diesmal wird und kann der Vater ihn nicht
verstoßen. Aber der Alte, dessen Zorn mit der Zeit nur gewachsen war
und sich geradezu zur fixen Idee gesteigert hatte, bleibt unerbittlich wie
vorher. Wäre Günther diesmal vom Vater liebevoll empfangen, mit ge=
mäßigtem Vorwurf zur Besserung angeleitet worden, er wäre wohl noch
zu retten gewesen. So aber besaß er nicht mehr die Kraft, sich aus dem
unglücklichen Gemütszustande zu erheben, der zwischen Verzweiflung und
Stumpfheit auf= und niederwogte. Völlige Erschöpfung hinderte ihn,
seine Studien wieder aufzunehmen, und nach Creuzburg zurückzukehren
hatte er weder Mut noch Lust, zumal seine eingebildete Liebe zu Phillis

Ein Güntherisches Gedicht im Faksimile.

(Nach dem Original der Breslauer Stadtbibliothek.)

Das Gedicht ist in den Ausgaben betitelt „Abschiedsschreiben an Herrn Dreßler" (vergl. unsere Ausgabe, S. 288) Auf der Rückseite des Manuskripts befindet sich die Abresse: A Monsieur Monsieur Dressler, mon très estimé ami à Schmiedeberg. Der Abressat ist sonst unbekannt.

in unseren heißen Pfarr und aufzun ...

Da will ich nun es gute geführt
uns an die Freundschaft nicht flegten,

ist sehr freut uns sehr ganz
Gott und in ... oft ...
Gott und ... meine ...
... die auf geleite Proben.

Frankfurt am Farker /Ihre

Frankfurt a/m 23. Jan 1922.

längst erkaltet war. Unstet irrte er durch die schlesischen Städte und erwarb sich durch Gelegenheitsgedichte seinen Unterhalt.

Eine letzte glückliche Zeit war für Günther sein kurzer Aufenthalt in Landshut von April bis Juni 1722. Er wurde hier durch seinen Universitätsfreund Theodor Speer in das Haus des reichen Kaufherrn Elias von Beuchel eingeführt, dessen Sohn, Hans Gottfried von Beuchel schon vorher in freundschaftlichen Beziehungen zu ihm gestanden hatte. Eine vorübergehende Neigung fesselte ihn in Landshut an eine ver= heiratete Frau, der er einige Lieder gewidmet hat. Hauptsächlich be= schäftigte ihn aber die Ausarbeitung eines umfangreichen Deprekations= gedichtes an den Vater, das er anfänglich drucken lassen wollte, aber wahrscheinlich erst kurz vor dem letzten persönlichen Aussöhnungsversuch vollendet hat. Wenn irgend etwas, so hätte dies tief rührende Gedicht des Vaters Zorn besiegen müssen; mit beispielloser Härte verschloß er sich auch dagegen. Im Spätherbst 1722 wagte Günther auf die ein= dringlichen Vorstellungen seiner Freunde hin die letzte Annäherung. Als der Vater von des Sohnes Anwesenheit hört, wird er rasend; nach einem furchtbaren Auftritt stößt er den Verzweifelnden aus dem Haus.

Krank und hoffnungslos kam Günther im Dezember 1722 in Jena an. Rasch zunehmende Entkräftung hinderte ihn, seine Studien noch einmal zu beginnen. Schwer bedrückt durch des Vaters Fluch, aber mit Gott und Welt versöhnt starb er am 15. März 1723, noch nicht 28 Jahre alt. Schlesier begruben ihn vor dem Johannisthore.

Selten hat ein Dichter so durchaus sein Leben gedichtet und seine Gedichte gelebt, wie Günther. Seine Gedichte sind eine Tragödie in Monologen. In diesem ihrem Grundcharakter liegen ihre großen Vorzüge und ihre unverkennbaren Schwächen. Seit Jahrhunderten war es — vom Volks= und Kirchenlied abgesehen — das erste Mal, daß die tiefsten Tiefen des Menschenherzens in der Lyrik ihren unmittelbaren Ausdruck fanden. Vom zartesten Liebeslied bis zum stürmischen, ver= zweiflungsvollen Klagegedicht atmet alles den unnachahmlichen Zauber des Erlebten. In der Enthüllung innerer Erlebnisse besitzt Günther eine bisher nie dagewesene Kühnheit und beinahe naturalistische Wahrheit, und gerade dies Secieren der eigenen Seele übersteigt sehr oft die Schranken künstlerischen Maßes. Dem gegenüber ist es auffällig, wie gering seine Naturempfindung ist; verschwindend selten sind Stellen, wo ihm die Wirkung des Naturanschauens auf das Gemüt poetischer Stoff wird. Wenn er die Natur herbeizieht, so geschieht es nur, damit sie einen Kontrast zur eigenen Stimmung oder eine Verstärkung derselben bewirke, oder auch damit sie anthropomorphisiert eine thätige Rolle in seinen Schicksalen und Kämpfen übernehme. Alle diese Züge legen Zeugnis ab für eine maßlose Subjektivität, welche, auf ein künstlerisches Niveau herabgemildert, das lyrische Genie recht eigentlich bezeichnet. Nicht allein die Natur ist es übrigens, welche er anthropomorphisiert, sondern alles Leblose und in weitestem Sinne alles Abstrakte überhaupt. Sein unbewußtes Streben nach Anschaulichkeit, welches bei dem innerhalb der zweiten schlesischen Schule Gebildeten doppelt für seine urwüchsige Begabung spricht, läßt ihn alle Eigenschaften und Vorgänge, alle Tugenden und Laster in irgend einer Art versinnlichen und gleichsam handelnd einführen. Er versteht es ferner in bewundernswerter Weise, uns gleich anfangs mitten in die Stimmung hineinzuversetzen und oft mit großer dramatischer Lebendigkeit uns zu Miterlebenden, ja fast zu Mithandelnden des Dargestellten zu machen. Dabei unterstützt ihn eine reiche Phantasie, der eine übergroße und bei seiner Jugend staunenswerte Belesenheit hilfreich zur Seite steht. Wegen seiner lebendigen Anschaulichkeit hat man ihn manchmal volks= tümlich genannt und als dem Volkslied nahestehend bezeichnet; dies aber ist nicht zutreffend. Er steht nach Ursprung, Stil und Sprache durchaus auf dem Boden der gelehrten Dichtung, deren Richtung er geläutert und fortgebildet, aber niemals verlassen hat. Das eigentlich Volkstümliche, dem Fleming mit Vorliebe nachging, hat er mit Absicht vermieden.

Seine zahlreichen Satiren zeigen einen scharfen Witz und eine klare, gesunde Weltanschauung; die Polemik ist nie ohne Geist, oft nur allzu derb und grob. Eine prosaische Beantwortung der albernen Schmähschrift eines gewissen Magister Fritsche von Goldberg ist an treffender Prägnanz und gewandter Dialektik ein kleines Meisterstück, in welchem Kalbeck nicht mit Unrecht schon einen Hauch Lessingschen Geistes findet. Viele seiner poetischen Episteln, die er später nur etwas fabrikmäßig anfertigte, bergen in leichter, gefälliger Form wirklichen Gedankengehalt und die Resultate seiner Beobachtung. Von den geistlichen Gedichten lassen sich einige an kindlicher Innigkeit, an ernster Größe der Empfindung den besten Schöpfungen eines Fleming und Gerhard an die Seite stellen. Es ist doppelt bedauerlich, daß die eigene Not und die herrschende Unsitte der Zeit ihn einen Teil seiner Produktionskraft in jenen auf Bestellung ge= zimmerten Fest= und Trauergedichten vergeuden ließ, in welchen man nur mit Mühe etwas von den guten Eigenschaften seines Talentes entdecken kann. Diese Entweihung der Kunst ist sehr entschuldbar inmitten einer Welt, der das eigentliche Wesen der Kunst noch gänzlich verschlossen war. Wirkliche Dichtungen sind diese Arbeiten aber nicht; sie sind vom kultur= historischen, nicht vom poetischen Standpunkt zu beurteilen und haben daher in der deutschen Nationallitteratur keinen Platz. Über Günthers einziges Drama haben wir bereits gesprochen; es erübrigt noch kurz anzuführen, daß er eine Anzahl von Epigrammen verfaßt hat, denen jedoch meist die feine Zuspitzung fehlt, wie wir sie von dieser Gattung verlangen. In einer Reihe lateinischer Gedichte zeigt er eine sichere und gewandte Beherrschung der lateinischen Sprache, deren er sich auch in Briefen mit Vorliebe bedient hat.

Es darf nicht verschwiegen werden, daß jene Maßlosigkeit, welche

ihm im Leben so verhängnisvoll geworden ist, auch auf viele seiner Ge=
dichte unheilvoll eingewirkt hat. Die Wahrheit und Innerlichkeit der
Leidenschaft kann uns über eine Reihe von Stellen nicht hinwegtäuschen,
die in ihrer groben, oft rohen Sinnlichkeit allen Anstand und Geschmack
aufs tiefste verletzen. Allerdings müssen wir auch hier einen großen Teil
der Schuld den Sitten und Anschauungen einer Zeit beimessen, in welcher
die Lüsternheit unter dem Namen Galanterie salonfähig war. Die fort=
gesetzten Greuel des Krieges, das Zeitalter Ludwigs XIV. und die über=
treibende Nachahmung desselben in der sitten= und gewissenlosen Wirtschaft
der meisten deutschen Höfe hatten jene unglaubliche Versunkenheit der so=
genannten guten Gesellschaft herbeigeführt, deren grellstes und widerlichstes
Zeugnis der allgemeine Brauch war, das Hochzeitmahl durch ein möglichst
zotenhaftes Gedicht zu würzen. Was Günther auch auf diesem Gebiete
nur allzu bereitwillig leistete, kann heute nur ekelhaft wirken. Daß ihn
zu solchen Ausschreitungen mehr die Mode, als seine eigene Natur ver=
leitete, dafür sind die Leonorenlieder ein hinlänglicher Beweis. Sie sind
sämtlich von einer Lauterkeit und Zartheit, welche roh sinnlichen Menschen,
unter die man Günther manchmal gerechnet hat, fremd ist.

In Form und Sprache hat Günther alle seine Zeitgenossen und
Vorgänger weit übertroffen; ja, wir möchten sein bleibendstes Verdienst
gerade darin suchen, daß er die poetische Ausdrucksfähigkeit und die Mittel
des lyrischen Stils sehr wesentlich weitergebildet hat. Gottscheds, ja selbst
Bodmers poetische Sprache steht derjenigen der klassischen Periode ferner
als die Günthers. Auch ist der feine Takt zu rühmen, mit welchem er
meist das passende Metrum für jede Stimmung findet, oder richtiger
aus jeder Stimmung heraussühlt. Es ist schade, daß er trotzdem dem
Alexandriner noch einen sehr großen Spielraum läßt. Sonst ist er
außerordentlich erfinderisch in neuen Reimverschlingungen und Strophen=
bildungen, ohne daß irgend eine dieser Formen etwas Gekünsteltes an
sich hätte. Der Reim ist meist so leicht und ungezwungen, daß man eine
mühelose Improvisation vor sich zu haben glaubt, und allerdings scheint
Günther sehr rasch und leicht produziert zu haben. Trotz aller Sprach=
gewandtheit hat er jedoch das Ringen mit der Sprache, die eben noch
steif und ungelenk war, nicht immer verbergen können. Oft stört uns
nach einigen Strophen von untadelhafter Schönheit plötzlich ein ganz
plumper, umständlicher, unbeholfener Ausdruck, wo ihm offenbar eine
gefälligere Wendung noch nicht zu Gebote stand. Dagegen hält sich seine
Sprache freier von dialektischen Eigentümlichkeiten, als die irgend eines
anderen schlesischen Dichters. Reime von i auf ö (z. B. Sinnen —
können), wie sie sonst bei den Schlesiern ganz gewöhnlich sind, hat er
sich nur in seinen frühesten Gedichten erlaubt. Bereichert hat er die
Sprache noch besonders durch zahlreiche neue, meist sehr glücklich gebildete
Composita.

Bei der Beurteilung der Güntherschen Poesie ist wohl zu bedenken, daß er noch nicht 28 Jahre alt war, als er starb, ein Lebensalter, in welchem selten ein Dichter die Höhe seines Schaffens erreicht hat; in seinen Gedichten ist bis ans Ende ein stetiger Fortschritt unverkennbar. Günthers Einfluß auf die deutsche Litteratur ist nach unserem Dafürhalten bisher unterschätzt worden. Es ist eine starke Einseitigkeit, wenn man die Einwirkung des einen Dichters auf den anderen etwa nur in Reminiscenzen suchen will. Das Hauptgewicht jeder Litteraturentwicklung liegt neben der Vertiefung des Ideengehaltes in der Fortbildung von Sprache, Stil, Form, kurz derjenigen Momente, welche wir unter dem Namen der Technik zusammenfassen. Auf die Entwicklung der Technik, welche sich in der Poesie ebenso genau verfolgen läßt, wie z. B. in der Malerei, ist bis jetzt noch viel zu wenig Gewicht gelegt worden, und doch ist dies allein der Weg, die wunderbaren Fortschritte, welche die deutsche Sprache innerhalb weniger Jahrzehnte des 18. Jahrhunderts gemacht hat, recht zu würdigen und zu erklären. Und gerade unserem Günther, dem meist gelesenen Dichter seiner Zeit, ist unter denjenigen Männern ein Ehrenplatz zuzuerkennen, welche auf diesem Gebiete die förderlichste Thätigkeit entfalteten. Was Thomasius und seine Anhänger theoretisch anbahnten, die Hebung und Anerkennung der Muttersprache, dafür hat Günther praktisch gewirkt. Auch sein direkter Einfluß auf Hagedorn und besonders auf den jungen Gellert ist kein geringer gewesen. Vor allen aber war es Goethe, der von Günthers Liebesliedern deutliche Einwirkung erfahren hat. Mit Recht hat neuerdings Schröer (Die deutsche Dichtung im neunzehnten Jahrhundert. S. 419 ff.) auf die Familienähnlichkeit des leipziger Liederbuches und der Güntherschen Liebeslyrik hingewiesen.

In jenem berühmtesten Urteil, das über Günther gefällt worden ist, im siebenten Buch von „Dichtung und Wahrheit" hat Goethe mit warmer Pietät die geniale Begabung und die Verdienste seines unglücklichen Vorgängers anerkannt. Die kurze, aber unübertreffliche Charakteristik schließt mit den bekannten, oft citierten Worten: „Er wußte sich nicht zu zähmen, und so zerrann ihm sein Leben wie sein Dichten." Die tiefe Wahrheit dieser Worte zeigt uns klar, wie hoch Goethe an sittlicher Kraft, an sittlichem Maß Günther überragt; aber sie läßt uns auch fühlen, daß sich die Genien des Glücks ebenso einstimmig zu Gunsten des Götterlieblings, wie zu Ungunsten des untergegangenen Jünglings verschworen. Man vergleiche mit Goethes strengem, aber liebevollem Vater den hartherzigen Vater Günthers, mit Goethes großen Freunden Herder, Merck, Jacobi Günthers leichtsinnige Kumpane, mit dem edeln Karl August den sittenlosen Friedrich August den Starken, welcher „einen Menschen begehrte, der bei allen Gelegenheiten und Lustbarkeiten des Hofes im Dichten was aufsetzen konnte"; man erwäge hundert andere Dinge, die dem einen zur Förderung, dem anderen zum Untergang ausschlugen, und, ohne daß dieser Vergleich die Erhabenheit unseres größten Dichters schädigen könnte, darf er uns doch veranlassen, jenem Urteil über Günther ergänzend und

milbernd seine Umkehrung beizufügen: „Sein Leben und Dichten zerrann
ihm, und so mußte er sich nicht zu zähmen." Die neuere Litteratur=
geschichte hat über Günther fast durchgängig mit gleichem Lobe und mit
gleichem Tadel wie Goethe geurteilt. Es ist um so seltsamer, daß ein
Meister wie Gervinus ihn in durchaus verwerfendem, ja beinahe von
persönlicher Gereiztheit zeugendem Tone bespricht; man hat dies Urteil
längst als hart und ungerecht erkannt, und es hat auch keine weiteren
Verteidiger gefunden.

Günthers hervorragende Bedeutung ist von seinen Zeitgenossen und
von den ersten Schriftstellern der folgenden Generation bereitwillig an=
erkannt worden. Schon kurz nach dem Erscheinen der ältesten Ausgabe
schrieb Günthers treuer Gönner, Burckhard Mencke, eine Besprechung der=
selben in die „Deutschen Acta Eruditorum" (Th. 101. S. 344). Sie
gipfelt in den Bemerkungen: „Günthers Gedichte fließen unvergleichlich,
sind voll Feuer und führen was ungemein Reizendes bei sich" und „So
würde Herr Günther ohnfehlbar einer der größten Poeten geworden sein,
welche Deutschland erzeuget, wenn er zur gehörigen Reise gekommen, etwas
gesetzter worden und in nützlichen Wissenschaften weiter gegangen wäre."
Als dann im Jahre 1735 die erste Gesamtausgabe der Güntherschen
Gedichte erschienen war, brachten die von der leipziger deutschen Gesell=
schaft unter Gottscheds Protektorat herausgegebenen „Beiträge zur critischen
Historie der deutschen Sprache, Poesie und Beredsamkeit" (Bd. IV. Stück
11. S. 169—190. 1736 eine eingehende Recension derselben, deren
Verfasser Gottsched selbst war. „Günthers Gedichte" heißt es hier „sind
zehn Jahre her in ganz Deutschland so begierig gekauft und gelesen wor=
den, daß man längst Ursache gehabt sich zu wundern, warum doch der
Verleger keine bessere Auflage davon ans Licht gestellet hat". Die neue
Ausgabe wird in ihrer Ausstattung und Anordnung mit Recht schwer
getadelt; dann geht Gottsched auf die Gedichte selbst über. Er macht es
zunächst dem Herausgeber zum schweren Vorwurf, daß er Günthers
Trauerspiel „Theodosius", „dieses jämmerliche Stücke" der Aufnahme
wert gehalten; er wendet sich gegen des Dichters regellose Phantasie und
schlechte Sitten. „Allein" fährt er fort „wer darf es wagen, diesen
Helden, womit sich sein Vaterland so viel weiß, in seinen poetischen Ehren
anzutasten? Was ist so unleidlich als Schlesien, wenn man an seinen
Poeten etwas aussetzet?" Trotzdem hat er für die Verdienste Günthers
warme Worte der Anerkennung: „Seine natürliche Fähigkeit zur Dicht=
kunst ist unstreitig eine der allerbesten gewesen, die jemals ein Deutscher
gehabt hat." „Was die Gedichte selbst anlangt, so haben sie fast durch=
gehends ein sehr fließendes Wesen, ein richtiges Silbenmaß und eine
richtigere, regelmäßigere Sprache, als man in vielen unserer Dichter an=
merket." Gottsched schließt mit der Drohung, auch noch an anderen ge=
feierten Schlesiern „die Stärke der heutigen gesunden Vernunft zu ver=
suchen".

Diese Kritik rief erbitterte Streitigkeiten hervor. Die bereits mehr=
fach erwähnte Biographie Günthers von Steinbach hat ihre Spitze in
der Polemik gegen Gottsched und seine Anhänger. Steinbach glaubte
nicht allein sein angegriffenes Vaterland verteidigen zu müssen, sondern
hielt dies auch für die beste Gelegenheit, sich für die absprechende Beur=
teilung seines deutschen Wörterbuches, welche in den „Beiträgen" unmittelbar
auf die Kritik der Güntherschen Gedichte folgt, zu rächen. Gottsched wird
mit Schimpfworten völlig überschüttet, und wenn auf der anderen Seite
Günther um so eifriger gelobt wird, so merkt man doch sehr deutlich,
daß es dem Verfasser mehr um seine Tendenz als um seine ästhetische
Überzeugung zu thun ist. Steinbachs plumper Angriff wurde von einem
anonymen Schüler Gottscheds in einem gewandten, durchweg maßvollen
und angemessenen „Schreiben an Herrn Doktor Steinbach in Breslau"
zurückgewiesen. Der Streit gab endlich noch zu einer sehr geistvollen
Satire Anlaß, welche ebenfalls anonym erschien unter dem Titel: „Ge=
spräche zwischen Joh. Christ. Günthern aus Schlesien in dem Reiche der
Todten und einem Ungenannten in dem Reiche der Lebendigen, in welchem
Beide des Erstern 1738 zu Breslau gedruckten Lebenslauf beurteilen;
und bei dieser Gelegenheit ihre Gedanken über einige itzt lebende deutsche
Dichter und Dichterinnen eröffnen. Nebst einer Zueignungsschrift an
Seine Hochedlen, den Herrn D. Steinbach in Breslau. Das Erste Stück.
1739." — Die von seinem Witz und überlegener Laune zeugende Schrift
ist von G. Eitner (Johann Christian Günther's Biograph Dr. Steinbach
und die Gottschedianer. Gymnasialprogramm, Breslau, 1872.) mit nicht
geringer Wahrscheinlichkeit dem bekannten Satiriker Christian Ludwig
Liscow (1701—1760) zugeschrieben worden.

Schon vor Gottsched hatte sein späterer Gegner, J. J. Bodmer, sich
über Günthers Poesie ausgesprochen, und zwar in dem Lehrgedicht:
„Charakter der deutschen Gedichte" (Zürich 1734. Auch in den „Beiträgen",
Stück 20. S. 624 ff. und in den „Gedichten in gereimten Versen".
Zweite Auflage, Zürich, 1754). Er stellt Günther mit Haller zusammen:

Zween andre führt der Ruhm mit ihm (Canitz) auf einem Wagen,
Den hat uns Schlesien und den die Schweiz getragen.
Gieb acht, wie der Affect in Günthers Rede blitzt,
Wiewohl ihn die Vernunft mit schweren Waffen schützt.
Wenn er sein Elend klagt, muß jeder sich ergeben;
Nur um des Vaters Herz mußt' Erz und Panzer schweben.
Sieh dann, wie Haller dort mit starkgesetztem Mut
Verräterische Blick' ins Menschen Busen thut
Und selbst auch der Vernunft, die uns zu Menschen machet,
So wie der Tugenden und ihrer Ohnmacht lachet.

Ihr Stylus sticht hervor nach sehr besondrer Art,
Des Schlesiers ist stark, nachdrücklich, doch was hart,

Dieweil er stets ein Ding, das vor sich nicht bestehet,
Kein eignes Wesen hat und nur mit andern gehet,
Als was selbständigs malt, mit Geist und Thun beseelt;
Gut, wenn's mit Maß geschieht. Wahr ist es, er erwählt
Ein metaphorisch Bild mit glücklichem Verstand
Von Landesübungen, und weist des Künstlers Hand,
Indem er Sprüchen selbst der Neuheit Anmut borget,
Und alles fällt ihm ein und kommt ihm unbesorget.

Eine ganz ähnliche Beurteilung in Reimen erschien einige Jahre später
in den „Beiträgen" (Stück 29. S. 173 ff.), nach Steinbach bereits vorher
als selbständige Schrift veröffentlicht. Sie ist betitelt „Versuch einer
Kritik über die deutschen Dichter" und hat einen gewissen G. E. Müller
zum Verfasser. Die wichtigsten Stellen über Günther lauten:

Doch Günther hat zuletzt zu unserm Ruhm gezeigt,
Wie weit die deutsche Kunst bei klugen Köpfen steigt.
Sein scharf geübter Sinn lehrt ihn die Laster kennen
Und jeden Thorheitsknecht bei seinem Namen nennen.

—————————

Kein Wort darf ohne Kraft und überflüssig bleiben:
Das macht, er denkt erst wohl, dann pflegt er wohl zu schreiben.
Sein Ausdruck ist geputzt, nicht kindisch, hoch, nicht schwül,
Geht oft von Regeln ab und fehlt doch nicht ihr Ziel.

—————————

      — Er weiß den Schmerz natürlich vorzutragen,
Und wie er ihn empfindt, so pflegt er auch zu klagen.
Kurz, Günther ist ein Geist, der ohne Tadel bleibt,
So lang er nach Natur und guten Sitten schreibt.

Daß man auch späterhin Günthers Friedensode ganz besonders hoch=
stellte, beweist eine sehr ausführliche Besprechung derselben ebenfalls in
den „Beiträgen" (Stück 17. S. 63—89), deren Verfasser unbekannt ist.
Die Ode wird „eines von den schönsten Gedichten des berühmten Günthers"
genannt; vieles Einzelne wird daran ausgesetzt; aber im allgemeinen
überwiegt die Bewunderung den Tadel.
      Wie bereits angedeutet, nahm Günther auch noch in den Augen
der folgenden Dichtergeneration eine sehr angesehene Stellung ein. Hage=
dorn nennt ihn im Vorbericht zu seinen Oden und Liedern den „feuer=
reichen", und den frühverstorbenen Cronegk (1731—1757) zog ein ahnungs=
volles Mitgefühl zu dem unglücklicheren Schicksalsgenossen hin. Das
Gedicht unter dem Titel „Günthers Schatten", welches er ihm gewidmet
hat, ist in mehr als einer Beziehung von dem größten Interesse. (Vgl.
Cronegks Schriften, Leipzig, 1761. Bd. 2, S. 132—138.) Der Dichter

fingiert, daß ihm im Schlafe der Schatten Günthers erscheint. Dieser verteidigt sich zunächst gegen ungerechte Vorwürfe:

> — Verführung und Beschwerden
> Verderbten mein Genie; gieb alle Schuld der Zeit,
> Den Sitten unsrer Welt, des Vaters Strengigkeit.
> Auch dir hat die Natur den feur'gen Geist gegeben,
> Der mich entzündet, frei und ungezähmt zu leben.

Günther belehrt Cronegk über das wahre Wesen der Poesie und des dichterischen Schaffens. Zuletzt bricht er in Worte aus, die auch vom Standpunkt Cronegks wahrhaft prophetisch sind. Er weissagt das Herannahen eines goldenen Zeitalters deutscher Dichtung, einer von aller falschen Nachahmung befreiten nationalen Poesie. Es ist bedeutsam genug, daß diese Worte gerade Günther in den Mund gelegt sind; denn sein ganzes Wirken war die erste und wichtigste Prophezeiung einer gewaltigen Zeit.

> Glaubt ja nicht allzufrüh, die goldne Zeit im Dichten
> Sei schon in Deutschland da. Zwar itzt stimm' ich mit ein:
> Weil Preußens Friedrich lebt, kann sie nicht ferne sein.
> Flieht jenen falschen Witz, der späte Römer schwächte,
> Der Frankreich halb regiert und euch beherrschen möchte.
> Sucht Witz und Schönheit nicht auf allzusteiler Spur:
> Wollt ihr erhaben sein, so folget der Natur.
> Nichts ist erhabener! O Jüngling, meine Lehren
> Sind nicht allein für dich; ganz Deutschland soll sie hören.
> Was dir mein Mund entdeckt, schreib deinem Vaterland;
> Im Hain erwart' ich dich! — So sprach er und verschwand.

Aber noch innerhalb dieses Zeitraums fand in dem Urteil über Günther ein Umschwung statt. Man entsetzte sich über die unleugbaren Rohheiten einzelner Gedichte und vergaß darüber das Gute nach Verdienst zu würdigen, zumal die immer lebhafteren Kämpfe und Bestrebungen der unmittelbaren Gegenwart die ganze Aufmerksamkeit gerade der Besten auf sich zogen. Mit dem ersten Auftreten Klopstocks begann endlich eine Reihe von litterarischen Großthaten, welche eine objektive Würdigung der vorangegangenen Leistungen vollständig unmöglich machten. Dieser Umschwung läßt sich am deutlichsten bei Gellert verfolgen, der in seiner Jugend zu den begeistertsten Anhängern Günthers zählte und ihn später um so schonungsloser verurteilte. Charakteristisch sind seine eigenen Worte hierüber, die uns sein Biograph J. A. Cramer mitteilt: „Auf der Fürstenschule hat das Lesen der Güntherischen Gedichte aus meinem Geiste einen feuerspeienden Ätna gemacht, der alle um sich herumliegenden gesunden Gegenden verheerte und die in meiner Seele aufkeimenden

Pflanzen von Vernunft in Asche verwandelte. Ich habe daher in den Jahren meines gereinigten Geschmackes Günthern nie ohne Ekel in die Hände nehmen können." Die letzte Besprechung wurde Günther 1766 in der "Allgemeinen deutschen Bibliothek" (Bd. 3, S. 253) anläßlich der Ausgabe der Gedichte von 1764 gewidmet. Seine Werke werden hier als "die ganz schwache Dämmerung eines schönen Tages" bezeichnet und die Berechtigung einer neuen Auflage derselben in Frage gestellt. Von da an ist Günther so gut wie verschollen. Es ist kaum erklärlich, daß ein noch kurz vorher so allgemein beliebter und viel gelesener Dichter von keinem einzigen unter den großen Führern der Litteratur an irgend einer Stelle erwähnt wird. Selbst Herder und Lessing haben trotz ihrer ausgedehnten litterarhistorischen Arbeiten niemals auch nur seinen Namen genannt. So blieb es dem Urteile Goethes in "Dichtung und Wahrheit" vorbehalten, das Interesse für den Verschollenen wieder wachzurufen, und schon in Goethes Todesjahr erschien die Monographie von Hoffmann von Fallersleben.

Wir reihen hieran gleich eine kurze Übersicht der hauptsächlichsten Spezialarbeiten über Günther. Von zeitgenössischen Schriften ist hier außer der mehrfach erwähnten Biographie von Christoph Ernst Steinbach († 1741), deren vollständiger Titel lautet: "Johann Christian Günthers, des berühmten schlesischen Dichters Leben und Schriften. Gedruckt in Schlesien 1738. Auf des Verfassers eigene Unkosten"*), die bereits 1732 erschienene untergeschobene Selbstbiographie Günthers nachzutragen. Sie ist betitelt: "Joh. Christian Günthers aus Schlesien curieuse und merkwürdige Lebens- und Reisebeschreibung, welche er selbst mit poetischer Feder entworfen und an einen guten Freund überschicket, nebst einem Anhang einiger von ihm verfertigten noch ungedruckter Briefe. Schweidnitz und Leipzig, George Böhm, 1732." Es ist dies eine zwar sehr geschickte, aber darum nicht minder verwerfliche Buchhändlerspekulation, welche das stets wachsende Interesse für Günthers Leben und Dichten für sich auszubeuten versuchte. Noch im selben Jahr brachten die "Beiträge" (Stück 2, S. 247—267) eine Besprechung des Buches, welche den Betrug aufdeckte und entrüstet zurückwies. Wie sehr diese Besprechung im Recht war, dafür wäre der beste Beweis, daß nicht der mindeste Versuch einer Widerlegung unternommen wurde, wenn es eines solchen Beweises überhaupt noch bedürfte. Niemand wird in diesen monotonen Alexandrinern Günthers Stil und Sprache erkennen, wenn auch offenbar deren Nachahmung angestrebt ist. Dazu wimmelt das Buch von biographischen Widersprüchen und Unmöglichkeiten und hat deshalb auch als Quelle für Günthers Leben nur einen sehr problematischen Wert.

In unserm Jahrhundert eröffnete, wie bereits erwähnt, Hoffmann von Fallersleben die Reihe der Güntherbiographen in der verdienstlichen

---

*) Steinbach nennt sich auf dem Titel nicht; die Vorrede ist mit dem Pseudonym "Karl Ehrenfried Siebrand" unterzeichnet.

Schrift „Johann Christian Günther. Ein litterarhistorischer Versuch. Breslau, 1832" (wieder abgedruckt in den „Spenden zur deutschen Litteraturgeschichte. Leipzig, 1844. Bd. 2. S. 117 ff.). Ihm folgte Otto Roquette mit seiner trefflichen Monographie: „Leben und Dichten Joh. Christ. Günthers. Stuttgart, 1860." Gleich anziehend ist die mit seinem psychologischem Verständnis durchgeführte Lebensbeschreibung wie die überaus zartfühlige Charakteristik der Gedichte. Eine neue, auf Grund der seitherigen Forschungen umgearbeitete Auflage dieses Buches wäre sehr wünschenswert. Eine kürzere Darstellung giebt Quedefeld unter dem Titel: „J. Chr. Günthers Leben und Dichten" in einem Freienwalder Programm von 1870. Den neu aufgefundenen Schatz von Originalmanuskripten, Abschriften und Einzeldrucken Güntherscher Gedichte auf der Breslauer Stadtbibliothek verwerteten zuerst Max Kalbecks „Neue Beiträge zur Biographie des Dichters Johann Christian Günther, nebst einem Anhange, welcher die wichtigsten handschriftlichen Inedita der Breslauer Stadtbibliothek enthält. Leipzig, 1879." Unabhängig von diesem Funde veröffentlichte Berthold Litzmann gleichzeitig in der Zeitschrift „Im Neuen Reich", 1879. II, S. 517—531, eine scharfsinnige Untersuchung hauptsächlich der Leonorenfrage, betitelt: „Zur Biographie und Charakteristik Johann Christian Günthers". Litzmann vereinigte dann die Verwertung des Breslauer Fundes und die Resultate eigener, eingehender Forschung in der gründlichen und dankenswerten Schrift: „Zur Textkritik und Biographie Johann Christian Günthers. Frankfurt a. M. 1880." Mit großem Fleiß ist hier eine Menge neuen Materials zusammengetragen, dem wir viele Notizen, besonders über Personalien, entnehmen konnten. Auch in Bezug auf den Text hat uns dieses Buch sehr wesentliche Dienste geleistet. Die neueste Publikation über Günther ist das ebenso umfangreiche, als seltsame Buch von Gregor Konstantin Wittig, die mit großem Pomp auftretenden „Neuen Entdeckungen zur Biographie des Dichters Johann Christian Günther aus Striegau in Schlesien. Striegau, 1881." Dies Werk eines redseligen und gänzlich unsystematischen Lokalpatriotismus bringt in ermüdendster Breite eine Menge von sehr uninteressanten Mitteilungen über des Verfassers Jugend, Leben, persönliche Verhältnisse und Neigungen, sowie über Striegau, wie es einst war und wie es jetzt ist. Zwischendurch ziehen sich wie drei rote Fäden die drei ganz haltlosen Hypothesen, Günthers rechte Mutter sei bald nach seiner Geburt gestorben und habe einer bösen Stiefmutter Platz gemacht, Phillis habe nicht Eva Christina Littmann geheißen und die untergeschobene Selbstbiographie sei ein echtes Werk Günthers. Diese sämtlichen „Entdeckungen" sind in eine Form gekleidet, welche mit aller Grammatik und Stilistik in ewigem Streite liegt. Das Brauchbare, was in dem 54 Seiten Vorwort und 362 Seiten Text umfassenden Buche enthalten ist, hätte sich bequem auf etwa 10 Seiten sagen lassen.

Wir haben endlich noch einige Worte den Ausgaben der Günderschen

Gedichte zu widmen. Dieselben sind so überaus zahlreich, daß nicht an der Annahme zu zweifeln ist, Günther sei der am meisten gelesene von allen Dichtern des Zeitraums gewesen. Günther selbst hat keine Aus=

Sammlung

von

Johann Christian

Günthers

aus Schlesien,

Theils noch nie gedruckten,

theils schon heraus gegebenen,

Deutschen und Latei=

nischen

Gedichten.

Franckfurth und Leipzig,
Bey Michael Hubert, 1724,

Nachbildung des Titels der ersten Sammlung Güntherscher Gedichte.

gabe seiner Gedichte veranstaltet; seine Herausgeber sind fast durchweg mit der größten Ungenauigkeit und Gedankenlosigkeit zu Werke gegangen. Auch die späteren Auflagen lassen an Korrektheit, Anordnung und Reihen=

folge das Denkbarste zu wünschen übrig. Eine eingehende Besprechung der
Ausgabenfrage und der Herausgeber findet man bei Litzmann (Zur
Textkritik ꝛc. S. 1—22). Wir beschränken uns darauf, das Feststehende
kurz mitzuteilen. Die erste Sammlung der Gedichte erschien Frankfurt
und Leipzig, 1724. Sie wurde noch viermal verbessert aufgelegt, und
zwar 1725, 1726, 1730, 1733. Eine Fortsetzung hierzu erschien 1725
(wieder aufgelegt 1726, 1730, 1733), eine zweite Fortsetzung 1727 (wieder
aufgelegt 1731, 1733), eine dritte 1735. Der Inhalt dieser vier Teile
wurde in eine Gesamtausgabe vereinigt, welche zuerst Breslau und Leipzig
1735 erschien. Die zweite Auflage (1739) war mit einem Anhang und
Register, die dritte (1742) mit einem „Leben des Autoris" vermehrt.
Eine vierte und fünfte Auflage folgten 1746 und 1751. Die Paginierung
dieser fünf gewöhnlichsten Ausgaben ist die gleiche und liegt allen Citaten
zu Grund. Eine sechste und letzte Auflage mit veränderter Anordnung
und vielfach abweichendem Text erschien 1764. Endlich ist der „Nachlese"
zu gedenken, welche die inzwischen noch gesammelten und aufgefundenen
Gedichte zusammenfaßt, die in den Gesamtausgaben nicht enthalten sind.
Sie erschien Breslau 1742, in zweiter, verbesserter und vermehrter Auflage
1745, in weiteren Auflagen 1751 und 1760. Goedeke (Grundriß, II, S. 538)
führt noch drei andere Drucke der Nachlese von 1752, 1765 und 1766 an.
Diese Angabe ist deshalb sehr zweifelhaft, weil kaum anzunehmen ist, daß
innerhalb eines Jahres zwei Auflagen der Nachlese nötig wurden zu einer
Zeit, wo das Interesse an der Güntherschen Poesie schon ganz erkaltet war.

Eine Auswahl von Gedichten Günthers hat Julius Tittmann als
sechsten Band der Goedeke-Tittmannschen Sammlung: „Deutsche Dichter
des siebzehnten Jahrhunderts" 1874 herausgegeben und mit einer aus-
führlichen, auch für die Biographie verdienstlichen Einleitung versehen.
Eine kleinere Auswahl hat neuerdings Litzmann für die Reclamsche Uni-
versalbibliothek besorgt.

Was die Anordnung der vorliegenden Ausgabe betrifft, so mußte
es gemäß dem Charakter der Güntherschen Dichtung als oberster Grundsatz
gelten, eine möglichst strenge chronologische Ordnung herzustellen. Einigermaßen hatten hier Tittmann und Litzmann vorgearbeitet; wir haben auf
diesem Wege weiterzuschreiten versucht. Wo die Gründe für die Datierung
keine zwingenden sind, wurde dies ausdrücklich bemerkt; kleinere Ab-
weichungen von der chronologischen Reihenfolge haben wir uns nur dann
erlaubt, wenn es durch Inhalt und Stimmung geboten schien, innerlich
Zusammengehöriges nicht auseinander zu reißen. Die geistlichen Gedichte,
die sich sämtlich nicht datieren lassen, sind nach dem Vorgange Tittmanns
in einen besonderen Abschnitt verwiesen, jedoch deshalb den weltlichen
vorangestellt, weil sie zum größten Teil wahrscheinlich der früheren Zeit
angehören. Die weltlichen Gedichte sind in fünf Bücher gesondert, ent-
sprechend den fünf Lebensabschnitten der Schuljahre in Schweidnitz, der
Universitätszeit in Wittenberg und Leipzig, der Heimkehr und der Leiden

Sammlung

von

Johann Christian Günthers,

aus Schlesien,

bis anhero herausgegebenen

Gedichten,

Auf das neue übersehen,

und in einer bessern Wahl und Ordnung
Mit einem Anhang und Register,

Nebst des Autoris Leben und einer Vorrede

von den so nöthigen als nützlichen Eigenschafften der Poesie

an das Licht gestellet.

Vierdte Auflage.

Mit Königl. Pohln. und Churfürstl. Sächs. Allergnädl. Privilegio.

Breßlau und Leipzig,
Bey Michael Hubert. 1 7 4 6.

Nachbildung des Titels der vierten Auflage der Güntherschen Gedichte.

in Lauban, des Creuzburg-Bischdorfer Aufenthalts und endlich der kurzen Periode von den letzten glücklichen Tagen in Landshut bis zu des Dichters Tod. Denjenigen Gedichten, mit welchen ein neues Jahr beginnt, ist die Jahreszahl noch besonders beigefügt. Der Text ist durch Vergleichung der verschiedenen Ausgaben und Benutzung von Litzmanns Kollation der Breslauer Manuskripte möglichst gereinigt. Die Überschriften der einzelnen Gedichte in den Originalausgaben sind beibehalten worden, obschon sie fast ausnahmslos nicht von Günther selbst herrühren. Sie sind trotz oft unglaublicher Geschmacklosigkeit so charakteristisch für die Zeit, daß es unthunlich erschien, sie fortzulassen oder gar durch andere zu ersetzen. In Sachen der Orthographie mußte davon abgesehen werden, die Schreibart der Ausgaben getreu wiederzugeben, die so inkonsequent und verworren ist, wie in allen Drucken aus dieser gänzlich unorthographischen Zeit. Die Schreibart derselben beibehalten hieße die Willkür und Gedankenlosigkeit des Setzers, nicht die Eigentümlichkeiten des Dichters aufbewahren. Wir haben eine einheitliche Rechtschreibung durchzuführen versucht, welche sich aber von allem Modernisieren altertümlicher Formen ferngehalten hat. Möge es dieser Ausgabe gelingen, einem der hochbeanlagtesten deutschen Dichter neue Freunde zu gewinnen, einem Dichter, der in jenem faustischen, jenem allgemein menschlichen Kampfe des Strebens und Irrens unterging, weil dem Irrtum und der Ungunst aller Verhältnisse das Streben erlag, auf den aber gerade deshalb auch ein versöhnender Gnadenstrahl aus den Worten der Engel fällt, welche Fausts Unsterbliches tragen:

Wer immer strebend sich bemüht,
Den können wir erlösen.

Ludwig Fulda.

Zu dem auf Seite XI nachgebildeten Titelkupfer der Gedichte Günthers (1764) ist noch zu bemerken, daß das auf demselben befindliche Porträt des Dichters schwerlich authentisch sein dürfte. Das irrtümliche „26 Jahr" erklärt sich aus falscher Datierung einer Stelle der Gedichte. (Vgl. S. 267, V. 155.) Die Grabschrift ist von Günther selbst verfaßt und bereits in einer Epistel von 1719 mitgeteilt. (Ged. S. 771)

Gedichte

von

Johann Christian Günther.

Die Gegner der zweiten schlesischen Schule 1.

Geistliche Gedichte

in einem Buch.

1. Abendlied.

Mel.: Herr, es ist von meinem Leben.

Abermal ein Teil vom Jahre,
Abermal ein Tag vollbracht,
Abermal ein Brett zur Bahre
Und ein Schritt zur Gruft gemacht.
Also nähert sich die Zeit
Nach und nach der Ewigkeit;
Also müssen wir auf Erden
Zu dem Tode reifer werden.

Herr und Schöpfer aller Dinge,
Der du mir den Tag verliehn,
Höre, was ich thränend singe,
Laß mich würdig niederknien:
Nimm das Abendopfer hin,
Das ich heute schuldig bin!
Denn es sind nicht schlechte Sünden,
Welche mich dazu verbinden.

Treuer Vater, deine Güte
Heißet überschwenglich groß;
Drum erquicke mein Gemüte,
Sprich mich ledig, frei und los!
Gieb der Buße stets Gehör,
Denn dein Knecht verspricht nunmehr,
Dein Gesetze, deinen Willen
Nach Vermögen zu erfüllen.

Das Verdienſt der vielen Wunden,   25
Die mein Heiland ſcharf gefühlt,
Hat in ſeinen Todesſtunden
Deine Zornglut abgekühlt.
Schweig, wenn dieſes Löſegeld
Meiner Schuld die Wage hält,   30
Und beſchicke mich im Schlafe
Durch kein Aufbot deiner Strafe.

Laß mich an der Bruſt erwarmen,
Die am Kreuze nackend hing!
Wiege mich in deſſen Armen,   35
Der den Schächer noch umfing!
Stelle mir der Engel Chor
Als die beſte Schildwacht vor!
Satan möchte ſonſt ein Schrecken
In der Finſternis erwecken.   40

Schütze den, der meiner Liebe
An das Herz gebunden iſt,
Daß kein Fall ſein Ohr betrübe,
Das vielleicht den Zeiger mißt.
Stärk ihm den betrübten Geiſt,   45
Wenn er bittre Salſen ſpeiſt,
Und laß noch in dieſem Leben
Uns einander wiedergeben!

Trag das Alter meiner Eltern
Auf den Flügeln deiner Hut,   50
Tritt vor ſie die Schwachheitskeltern,
Mehre derer Hab' und Gut,
Die mir jemals Guts gethan;
Nimm dich meiner Freundſchaft an
Und verzeih den Läſterzungen,   55
Über die ich oft geſprungen.

44. Zeiger, Uhr, eigentlich Waſſeruhr (zu: ſinten, verſiegen). — 46. Salſen, Salſe (fem.) = geſalzene Brühe. — 51. vor, für, ſtatt

Segne die gerechten Waffen
Deiner werten Chriſtenheit,
Uns den Frieden herzuſchaffen,
60 Den der Feind zu ſtehlen dräut!
Halt den Schatten rechter Hand
Über unſer Vaterland,
Daß die drei berühmten Plagen
Weder Vieh noch Völker ſchlagen.

65 Gute Nacht, ihr eitlen Sorgen!
Ich begehre meiner Ruh';
Jeſus ſchließet bis auf morgen
Auge, Thür und Kammer zu.
Sanftes Lager, ſei gegrüßt,
70 Weil du deſſen Vorbild biſt,
Das ich dermaleinſt im Grabe
Sicher zu gewarten habe.

2. Abendlied.

Der Feierabend iſt gemacht,
Die Arbeit ſchläft, der Traum erwacht,
Die Sonne führt die Pferde trinken;
Der Erdkreis wandert zu der Ruh',
5 Die Nacht drückt ihm die Augen zu,
Die ſchon dem ſüßen Schlafe winken.

Ich, Schöpfer, deine Kreatur,
Bekenne, daß ich auf der Spur
Der Sünder dieſen Tag gewandelt;
10 Ich habe dein Verbot verletzt,
Mich dir in allem widerſetzt
Und wider meine Pflicht gehandelt.

57—60 bezieht ſich vielleicht auf den Türkenkrieg (1716—18) und böte in dieſem
Fall einen Anhaltspunkt für die Datierung. — 63. Die drei berühmten Plagen, Peſt,
Hungersnot, Überſchwemmung.

Doch weil ein Quintchen Vaterhuld
Viel tausend Centner meiner Schuld
Durch dein Erbarmen überwieget,   15
So gieb Genade vor das Recht
Und zürne nicht auf deinen Knecht,
Der sich an deinen Füßen schmieget.

Der Beichte folgt das Gnadenwort:
Steh auf, mein Sohn, und wandre fort!   20
Die Missethat ist dir erlassen;
Drum kann mein Glaube ganz getrost,
Ist Welt und Satan schon erbost,
Bei deiner Wahrheit Anker fassen.

Mein Abendopfer ist ein Lied,   25
Das dir zu danken sich bemüht,
Die Brust entzündet Andachtskerzen;
Gefällt dir dieser Brandaltar,
So mache die Verheißung wahr:
Gott heilet die zerschlagne Herzen.   30

Du bester Anwalt, Jesu Christ,
Der in den Schwachen mächtig ist,
Komm und vollführe meine Sache!
Beweise, daß dein teures Blut,
Was ich verbrochen, wieder gut   35
Und auch die Sünder selig mache.

Du Geist der Wahrheit, breite dich
Mit deinen Gaben über mich!
Dein Wort sei meines Fußes Leuchte!
Vergönne mir dein Gnadenlicht   40
Auf meinen Wegen, daß ich nicht
Mir selber zur Verdammnis leuchte.

Herr, deine Hand sei mein Panier,
Dein Antlitz aber zeige mir
Auch in dem Traume mein Vergnügen:
Die Einsamkeit betrübt den Geist,
Doch, wo du meine Seite schleußt,
So darf ich nicht alleine liegen.

Das müde Haupt sinkt auf den Pfühl,
50 Doch, wo ich ruhig schlafen will,
So muß ich deinen Engel bitten;
Der kann durch seine starke Wacht
Mich vor dem Ungetüm der Nacht
Um meine Lagerstatt behüten.

55 Soll mir der Pfühl ein Leichenstein,
Der Schlaf ein Schlaf zum Tode sein,
Ja, soll das Bette mich begraben,
So laß den Leichnam in der Gruft,
Bis ihn die letzte Stimme ruft,
60 Den Geist im Himmel Friede haben.

Will aber deine Gütigkeit,
Die alle Morgen sich verneut,
Mir heute noch das Leben borgen,
So wecke zeitlich mich darauf,
65 Nicht aber durch ein Unglück auf
Und laß mich vor das Danklied sorgen.

3. Als er Gottes Liebe und Barmherzigkeit anflehte.

Mein Gott, ich kenne deine Liebe,
Du ziehst mich, doch ich folge nicht.
Ach hilf doch nur dem schwachen Triebe,
Der mir nur stets zuwider spricht,
5 Und mehre das getreue Sehnen,
Das dir mit Thränen
Gewiß dein Vaterherze bricht.

Ich bin verdammt, ich bin ein Sünder:
Dies weiß ich, doch erbarme dich!
10 Du rufest die verlaufnen Kinder,
Du hörest, komm und rette mich!
Ach, rette die bedrängte Seele;
Die Marterhöhle
Mehrt Kreuz und Jammer innerlich.

Du bist ein Arzt und hilfst dem Kranken: 15
Mein Aussatz greift schon ziemlich weit.
Der Glaube stärke die Gedanken,
Worein der Satan Zweifel streut.
Doch will ich hier mit Glauben schweigen,
Und du wirst zeigen: 20
Es wirkt die Reu' zur Seligkeit.

Der Glaube wirket durch die Werke,
Allein die Werke helfen nichts:
Mein Glaube kommt von deiner Stärke,
Du bist der Vater alles Lichts.   25
Du wirst mich auch bei finstern Zeiten
Zur Tugend leiten;
Sprich nur ein Wort, ach, so geschicht's.

Ach, so geschicht's, daß ich erkenne,
Was dein Gesetz und Wort befiehlt;   30
Denn ob ich gleich vor Liebe brenne,
So ist doch alles blind gezielt,
Wenn nicht mein äußerstes Verlangen
Dich zu umfangen
Schon auf der Welt den Himmel fühlt.   35

Ich sterbe, so wie alle müssen;
Es ist der Tod der Sünden Sold.
Verklagt mich endlich mein Gewissen,
Genug, mein Heiland ist mir hold.
Ich wälze mich in seinem Blute   40
Mit freiem Mute;
Schimpft, Welt und Satan, wie ihr wollt.

Es kommt ein Tag, der alles richtet,
Mein Heiland richtet, klagt mich an!
Der Feind, der mich und alle sichtet,   45
Hat doch mit allen nichts gethan,
Mit allen, welchen seine Liebe
Durch heil'ge Triebe
Die Eitelkeit verbittern kann.

23. Allein die Werke = die Werke allein. — 38. endlich, am Ende (meines Lebens). 49. Eitelkeit, die Nichtigkeit des Irdischen.

Ich weiß nicht, wenn und wo ich sterbe,
Doch sterb' ich allemal vergnügt,
Sofern ich nur den Trost erwerbe,
Daß dir mein Herz im Schoße liegt.
Erdrücke mich in deinen Armen,
Denn dein Erbarmen
Macht, daß mein Herz die Not besiegt.

4. An Gott.

Was kann ich armer Mensch davor,
Wenn Not und Angst zur Sünde zwingen?
Herr, neige dein gerechtes Ohr,
Ich will ein kleines Opfer bringen.
Es blutet weder Schaf noch Rind,
Ich habe Weihrauch angezünd't,
Nicht Weihrauch, den die Bäume schwitzen:
Ein ängstlich Herz und treu Gebet,
Du hast es ja noch nie verschmäht,
Soll wider Zorn und Rache schützen.

Die Größe deiner Majestät
Erkenn' ich aus den kleinsten Dingen,
Dein Arm, der über alles geht,
Kann Wasser aus dem Felsen zwingen.
Du sprichst ein Wort, so wird es Licht,
Bedroh das Meer, es regt sich nicht,
Befiehl, so wird die Flut zu Flammen;
Du winkst, so steht der Sonnenlauf,
So thun sich Tief' und Abgrund auf
Und werfen Erd' und Stern' zusammen.

Du zürntest ehmals, großer Gott,
Da wuchs das Wasser über Berge,
Der Starken Hochmut war dein Spott,
Auch Riesen fielen durch die Zwerge.
Ägypten trotzt und stärkt sein Heer,
Ein Stock verjagt es in das Meer,

Da schwamm Volk, König, Roß und Wagen.
Der Wind bringt Fleisch, die Wüsten Brot,
Manasse fällt, du schickst ihm Not,
Er weint, du änderst Kett' und Klagen.   30

Dein Nam' und Weg ist wunderlich,
Du wirst auch mir zu helfen wissen;
Ich hoff', ich trau' dir, zeige dich,
Mein Lästrer wird sich schämen müssen.
Kein Unglück schlägt die Zuversicht: 35
Du kannst, du mußt, du läßt mich nicht,
Die Buß' ist hier, der Trost schwebt oben.
Kein menschlich Ansehn hebt die Pein;
Getrost, mein Herz, so muß es sein,
Wir sollen bloß den Höchsten loben.   40

---

5. Als er Gott um Beständigkeit im Guten anflehte.

Welch süß= und holder Gnadenstrahl
Verwandelt mich von innen?
Was raubt so bald mir auf einmal
Die alten Wünsch' und Sinnen?
Mein Herz ist froh, mein Geist wird frei   5
Und reißt der Lüste Band entzwei,
An dem er stark gehangen.

Ach Gott, erhalt den guten Trieb
Und treib aus Funken Flammen;
Jetzt hab' ich deine Rechte lieb,   10
Jetzt lern' ich mich verdammen,
Jetzt find' ich Lust in Kreuz und Pein:
Die Seele muß geläutert sein
Und über Felsen steigen.

---

29. Manasse, König von Juda. Vgl. 2. Könige 21, V. 1 ff. und 2. Chron. 33, 1 ff.

15 Laß jetzo die Barmherzigkeit,
Mein Vater, dich nicht halten,
Nein, laß vielmehr durch Schlag und Leid
Mein feſtes Herz zerſpalten,
Schmeiß deinen Zorn in Fleiſch und Blut,
20 Weil ſo ein Schmerzen linder thut,
Als Balſam auf der Scheitel.

Mein ewig Glücke kann kaum blühn,
Wofern ich ruhig lebe
Und, dort den rechten Schatz zu ziehn,
25 Mich nicht der Welt begebe.
Gewohnheit iſt ein eiſern Kleid,
Zerreiß es durch die Traurigkeit
Gewaltig ſtarker Pfeile.

Verflucht ſei Sorgen, Fleiß und Zeit,
30 Die ich der Welt verpfändet
Und auf den Dienſt der Eitelkeit
So ſinnlos angewendet!
Verflucht ſei alle Wiſſenſchaft,
Die nicht mit deiner Weisheit Kraft
35 Des Nächſten Heil gebeſſert.

Mein Heiland, hilf mir wider mich
Mit deiner Demut kämpfen
Und lehre mich vernünftiglich
Auch fremde Schwachheit dämpfen!
40 Komm, ſtelle meine Sünd' ans Licht
Und laß dein holdes Angeſicht
Mich ſtets zur Beßrung reizen.

—   — —

21. dort, im Jenſeits.

6. Glaube und Hoffnung.

Mein Vertrauen gründet sich
Auf zwei Pfeiler, die nicht wanken:
Glaub' und Hoffnung führen mich
Durch die engen Lebensschranken
An das Ziel, wo Kampf und Streit 5
Lorbeerkränze prophezeit.

Eher wird ein morsches Rad
Neunzig Centner und den Wagen,
Als ein zweifelnder Soldat
Einen Zweig voll Palmen tragen; 10
Läufer, die der Kranz erhitzt,
Eilen, ob der Fuß gleich schwitzt.

Ohne Glauben, ohne Licht:
Niemand tritt im Finstern sicher.
Ohne Glauben siegt man nicht; 15
Redet selbst, ihr stummen Bücher:
Abrahams Gerechtigkeit
Ist des Glaubens Ehrenkleid.

Auch die Hoffnung stärkt das Herz:
Kreuz und Christ sind gerne Brüder. 20
Hält nun gleich ein herber Schmerz
Meine Großmut an und wieder,
Ach, so fällt mir dennoch ein:
Nach den Thränen schmeckt der Wein.

Niemals wird ein Heldenmut 25
In der Kummersee ersaufen;
Noä Kasten trotzt der Flut,
Bis die Wasser sich verlaufen.
Wer den Hoffnungsanker hat,
Findet stets ein Ararat. 30

30. Ararat. Vgl. 1. Mos. 8, 4

7. Trostlied.

Endlich wird die Hoffnung, endlich
Einmal an dem Ziele stehn;
Ist die Welt jetzt unerkenntlich,
Kann sie doch wohl in sich gehn,
5 Wenn die Zeit die Unschuld rettet
Und dem Haupte weicher bettet,
Wenn der Neid durch manche Nacht
Schlaf und Feder schwerer macht.

Die Gewißheit deiner Freude,
10 Liebstes Endlich, stärkt den Geist,
Wenn die Ungeduld im Leide
Mut und Anker niederreißt.
Seh' ich jetzt erzürnte Sterne,
Seh' ich dennoch in der Ferne
15 Ein versprochnes Kanaan
Von den Unglücksbergen an.

Wurden ehmals Jakobs Kinder
Von Ägyptens Last gepreßt,
War die Marter doch gelinder,
20 Als die mir das Auge näßt.
Jene kam vom wilden Feinde,
Meine kommt vom nächsten Freunde;
Ach, dergleichen herbe Pein
Dringt zu tief und schmerzlich ein.

25 Ich verbeiß' es doch so lange,
Als nur immer möglich ist;
Judas spinnt zu seinem Strange,
Wenn er falsch und freundlich küßt;

Trostlied. So wird das Gedicht in der 6. Aufl. betitelt; die früheren überschreiben
„Trost=Aria". — 7–8. Litzmann (Gedichte von J. Chr. Günther, Leipzig) entnimmt einer
alten Abschrift des Gedichtes die ansprechende Lesart:

Dem der Neid durch manche Nacht
Schlaf und Feder schwer gemacht.

Joab muß mit grauen Haaren
Endlich doch noch blutig fahren,   30
Und der Fall des Simei
Rächt die Majestät noch früh.

Schmückt, ihr Heuchler, eure Tücke
Noch so heilig, als ihr wollt,
Breitet Blumen auf die Stricke,   35
Schenkt nur Gift und Tod in Gold!
Dies mein Herz bleibt unaufhörlich
Allzeit so getrost als ehrlich;
Eure Bosheit und mein Heil
Findet endlich doch sein Teil.   40

—

8. Der allzeit fröhliche Christ.

Alles ändert auf der Welt
Nach der Macht verborgner Schlüsse;
Nur Geduld besteht und hält
Auch im tiefsten Unglücksrisse;
Reicht nun sie mir Stab und Licht,   5
O so fällt mein Glücke nicht.

Stürme sind zur See gemein,
In dem Leben muß man leiden;
Niemand ist so hoch noch klein,
Alle Fehler zu vermeiden.   10
Keiner kann auch durch sein Flehn
Lauter helle Wolken sehn.

Und daher ist's blind und toll,
Gottes Ordnung zu bedauren;
Ist ihr Weg auch dornenvoll,   15
Nimmt man doch nicht Trost vom Trauren.

29. Joab, Davids verräterischer Feldhauptmann. Vgl. 2. Sam. 3, V. 22 ff. — 31. Simei, Widersacher Davids. Vgl. 2. Sam. 16, V. 5—13 und 1. Könige 2, V. 8 f, 36—46. — Der allzeit fröhliche Christ. Das Gedicht ist ein akrostichisches, wie jene Zeit sie sehr liebte; wir besitzen von Günther eine ganze Anzahl solcher Gedichte. Die Anfangsbuchstaben der Verse ergeben den Namen: Anna Rosina Klugin, gebohrene von Benckelt. Die Adressatin war eine Schwester des Hans Gottfried von Benckel(t) in Landshut (Vgl. Einleitung S. XXVI).

Gram und ſelbſtgemachter Tort
Eilt mit uns in Abgrund fort.

20
Bricht ein Hauskreuz in das Herz,
Oder flicht der Feind uns Stricke,
Hat die Mißgunſt ihren Scherz,
Redet falſcher Freunde Tücke:
Eitler Kummer immerhin!
Nichts bewegt den feſten Sinn.

25
Es entſpringt der Helden Mut
Von dem redlichen Gewiſſen,
Ohne welches Geiſt und Blut
Niemals wahre Ruh' genieſſen.
Bei dem ſtärkſten Hagelſchnei'n
30
Erntet Unſchuld Roſen ein.

Unſers Leidens Kampf und Joch
Krönt die Hoffnung jenes Lebens.
Harte Stürme treffen doch
Edle Seelen nur vergebens.
35
Luſtig hier und ſelig dort:
Treuer Himmel, halt dein Wort.

—

9. Als er ſich wegen ſeines guten Gewiſſens tröſtete.

O was für Wolluſt fühlt mein Sinn,
Nachdem ich ſchon ſo würdig bin,
Der Wahrheit wegen Schmach zu leiden;
Es komme, was verfolgen kann,
5
Und ſetze mit der Marter an!
Ich trotze Feind und Spott mit Freuden.

Von nun an ſoll mein Fleiß nicht ruhn,
So viel nur möglich recht zu thun,
Wenn ſolche Luſt daraus entſpringet;
10
Der Satz: ich bin mir nichts bewußt,
Der iſt ein Felſen meiner Bruſt,
Wovon mich keine Welle dringet.

Hier schwör' ich, großer Gott, vor dir:
Dein Ohr und Auge zeuge mir,
Ich hab' ein Herz voll Schwachheitsfünden; 15
Doch wirst du solches auch voll Reu',
Ohn' Eigennutz und Heuchelei
Und gegen jeden redlich finden.

Das ist, ich merk' und fühl' in mir
Die Neigung sehnlicher Begier, 20
Mit allen Menschen gut zu leben;
Und wär' es mir anheim gestellt,
So wollt' ich jedem in der Welt
Das glücklichste Verhängnis geben.

Gott, rechne mir zu deiner Zeit 25
Den Vorsatz zur Gerechtigkeit
Und stärk' ihn durch den wahren Glauben,
Und laß ihn meine Tröstung sein,
Wenn Unruh', Jammer, Angst und Pein
Mir alle Lust auf Erden rauben. 30

Dies, was ich oft aus Schwachheit thu',
Das decke mit der Liebe zu,
Die Feind und Neid erkennen müssen;
Mein Leben führ' ich kümmerlich;
Du willst so, ich bescheide mich, 35
Erhalt mir nur ein gut Gewissen.

10. Die Früchte eines guten Gewissens.

Wie selig lebt ein frei Gemüte,
Das weder List noch Rachgier hegt,
Und das des weisen Schöpfers Güte
Auch in der größten Not erwägt,
Ja, das in allem, was es übt, 5
Gerechtigkeit und Wahrheit liebt!

Sein kluger Sinn verträgt die Thoren
Und sieht sie bloß mit Mitleid an;
Er schätzt die Stunde vor verloren,
10   Worin er keinem Guts gethan;
Er bessert eigner Schwachheit Schuld
Und hat mit fremder gern Geduld.

Die Fehler sind sein Tugendzunder
Und lehren ihn bescheiden sein;
15   Er sieht mit Lust des Höchsten Wunder
Und nimmt verborgne Weisheit ein.
So heftig auch der Kreuzdorn sticht,
Flucht er doch dem Verhängnis nicht.

Kein Undank macht sein Wohlthun müde,
20   Kein Strafwort seinen Zorn erhitzt;
Er sucht mit eignem Schaden Friede,
So oft nur dieser andern nützt:
Er scheut und reizet keinen Feind
Und redet allzeit, wie er's meint.

25   Er strebt nicht mit Gewalt nach Dingen,
Die über sein Vermögen gehn;
Er sucht sich nirgends hoch zu schwingen,
Als da, wo fromme Seelen stehn,
Die Seelen, deren Beispiel zeigt,
30   Wie hoch Verstand in Demut steigt.

Ein solches Herz mag ohne Waffen
Durch See und Wüste sicher ziehn,
Es darf, wenn böse Mäuler klaffen,
Nicht schamrot in den Winkel fliehn;
35   Sein Wandel widerlegt den Neid
Und ist sein schönstes Ehrenkleid.

Wovor sich andre fürchten müssen,
Gespenster, Träume, Höll' und Tod,
Das tritt sein weiser Geist mit Füßen,
40   Und wenn ihm noch die Sünde droht,
So eilt es Salems Hügeln zu
Und holt sich dort Gewissensruh.

Und hört es endlich auch die Stunde,
Die mit dem Leben Abend macht,
So giebt es mit getroſtem Munde   15
Den Eitelkeiten gute Nacht,
So bleibt es ſelig dort und hier.
Gott, ſo ein Herz beſchere mir!

---

11. Der gewiſſe Troſt.

Der Herr führt meine Sache,
Drum ſcheu' ich keinen Feind.
Die Mißgunſt tob' und lache,
Weil mir kein Glücksſtern ſcheint.
Die Läſtrer kützeln ſich   5
An meinen Unglückspfeilen;
Gott wird die Wunden heilen,
Und deſſen tröſt' ich mich.

Drückt mich der Sünden Menge,
Mein Heiland ſchwächt die Laſt;   10
Er hilft aus dem Gedränge,
Wenn mich die Furcht umfaßt.
Das Schrecken tiefer Nacht
Muß unverzüglich weichen,
Wenn mich das Siegeszeichen   15
Des Kreuzes tapfer macht.

Bin ich anjetzt verlaſſen
Und alles Troſtes leer,
Mein Geiſt, du mußt dich faſſen,
Sonſt wird die Not zu ſchwer.   20
Im Himmel lebt ein Freund,
Der wird mir nicht entfallen,
Obgleich die Welt von allen
Mich zu entblößen ſcheint.

[12.] Geistliche Gedichte. 21

25 Muß ich mich in der Fremde
Um Brot und Wasser mühn
Und mit dem nassen Hembe
Mein Blut vom Leibe ziehn,
Ich will dem Höchsten traun,
30 Er wird die Armut wenden
Und mir mit starken Händen
Mein eignes Hüttchen baun.

Rast immerhin, ihr Spötter,
Macht meiner Thränen viel!
35 Vielleicht macht auch das Wetter
Aus euch ein Unglücksziel.
Ich wünsch' es nimmermehr;
Darum bekehrt euch lieber.
Ihr seid noch nicht hinüber;
40 Worauf trotzt ihr so sehr?

Herr, führe meine Sache!
Ich übergebe dir
Den Lohn und auch die Rache;
Steh meiner Schwachheit für!
45 Und laß mir doch einmal
Den Tag des Heils erscheinen;
Du siehst mein bittres Weinen
Und schätzest meine Qual.

12. Der Seelen Unsterblichkeit.

Seele, wirf den Kummer hin,
Deiner Hoheit nachzudenken,
Und laß dir den freien Sinn
Durch des Leibes Last nicht kränken;
5 Diese Bürde, so man trägt,
Wird in kurzem abgelegt.

Die Gefangenschaft vergeht,
Stahl und Fessel müssen brechen;
Unsers Lebens Alphabet
Ist ja noch wohl auszusprechen;　　　　10
Macht doch auch die ganze Zeit
Keinen Punkt der Ewigkeit.

Sklaven werden endlich frei,
Und der Kerker aufgebrochen,
Wenn des Todes Tyrannei　　　　15
Ihren Feinden Hohn gesprochen.
Ja, der längste Richterstab
Reichet selten bis ins Grab.

Heiden mögen mit der Gruft
Ihren Hoffnungsport verschließen,　　　　20
Und wenn das Verhängnis ruft,
Thränen vor Verdruß vergießen,
Weil sie dieser Wahn betrügt,
Daß der Geist zugleich verfliegt.

Unser Glaube bricht die Bahn　　　　25
Durch den Kirchhof in das Leben;
Wer die Welt nicht grüßen kann
Lernt ihr zeitlich Abschied geben,
Denn er glaubet, daß der Geist
Sich der Sterblichkeit entreißt.　　　　30

Nun wohlan, ich bin bereit,
Meine Glieder hinzulegen;
Denn des Todes Bitterkeit
Führet uns auf Dornenwegen
In des Himmels Rosenfeld,　　　　35
Wo die Wollust Tafel hält.

13. Die chriſtliche Geduld.

Banges Herze, lerne doch
Dich in dein Verhängnis ſchicken
Und das ſchwere Kreuzesjoch
Durch Geduld vom Halſe rücken,
5   Weil dem Auge, wenn es weint,
Alles doppelt größer ſcheint.

Gerne tragen ſchwächt die Laſt,
Willig leiden ſtärkt die Hände;
Wer das Ruder mutig faßt,
10   Macht der Schiffahrt bald ein Ende,
Welche man in dieſer Welt
Durch das Meer der Trübſal hält.

Zwar iſt es kein ſchlechtes Werk,
Sich im Kummer fröhlich zeigen;
15   Wer vermag wohl einen Berg
Ohne Schwitzen auf zu ſteigen?
Doch ein Weiſer zwingt das Leid
Durch der Sinnen Tapferkeit.

Nur getroſt, betrübter Geiſt!
20   Friſch gewagt, iſt halb gewonnen;
Was dein Fernglas Wolken heißt,
Iſt ein Himmel voller Sonnen,
Die des Kummers trübe Nacht
Den Kometen ähnlich macht.

25   Unſer Glaube nimmt den Troſt,
Weil die Qual nicht ewig währet.
Dem, der mit der Hoffnung loſt,
Iſt das Kleinod oft beſcheret;
Aus dem Leiden ohne Ruh'
30   Führt ſie uns nach Glückſtadt zu.

Die chriſtliche Geduld. 80. Glückſtadt, ſymboliſch. Vgl. in einem andern Ge=
dichte (Ged. S. 103, 6. Aufl. S. 80): „Endlich ſieht man Freudenthal".

Ich verschweige, was mich drückt
Und bin in dem Höchsten stille:
Gott hat mir es zugeschickt,
Und vielleicht ist es sein Wille,
Daß nach Klageliedern bald   35
Auch ein Halleluja schallt.

— · —

14. Als er sich aus der Welt wünschte.

Von der Welt!
Ist ein Wort, das mir gefällt;
Denn wer wollte bei den Drachen
Länger hier Gesellschaft machen?
Drum der Schluß ist festgestellt.   5
Von der Welt!
Ist ein Wort, das mir gefällt.

Herz und Sinn
Denkt nach Salems Freistatt hin,
Und die eingesperrte Seele   10
Lechzt in dieser Marterhöhle,
Wo ich ein Gefangner bin.
Herz und Sinn 2c.

Drum wohlan!
Fort, mein Fuß, in Kanaan!   15
Fleuch Ägyptens Brot und Schimmel,
Denn die Sehnsucht nach dem Himmel
Setzt dir schon die Flügel an.
Drum wohlan 2c.

Gute Nacht!   20
Grab und Gruft ist schon gemacht.
Müden Schenkel, legt euch nieder,
Müden Augen, schließt die Lider,
Bis der große Tag erwacht.
Gute Nacht 2c.   25

Als er sich aus der Welt wünschte. 15. in, nach.

Komm, o Tod!
Komm, du Heiland aller Not!
Komm! Ich rufe nicht vergebens,
Denn die Sonne meines Lebens
30 Zeiget schon ihr Abendrot.
Komm, o Tod 2c.

—

15. Bußgedanken.

Ich höre, großer Gott, den Donner deiner Stimme;
Du hörest auch nicht mehr, ich soll von deinem Grimme
Aus Größe meiner Schuld ein ewig Opfer sein.
Ich soll, ich muß, ich will, ich gebe mich darein,
5 Ich trotze deinem Zorn, ich fleh' nicht mehr um Gnade,
Ich will nicht, daß dein Herz mich dieser Straf' entlade.
Du bist kein Vater mehr, als Richter bitt' ich dich:
Vergiß vorher dein Kind, hernach verstoße mich.

16. Weihnachtsode.

Die Nacht ist hin, nun wird es Licht,
Da Jakobs Stern die Wolken bricht;
Ihr Völker, hebt die Häupter auf
Und merkt der goldnen Zeiten Lauf.

5 Du süßer Zweig aus Jesse Stamm
Mein Heil, mein Fürst, mein Schatz, mein Lamm!
Ach, schau doch hier mit Freuden her,
Wie wenn mein Herz die Wiege wär'.

Ach komm doch, liebster Seelenschatz!
10 Der Glaube macht dir deinen Platz,
Die Liebe steckt das Feuer an,
Das auch den Stall erleuchten kann.

Weihnachtsode. Dies Gedicht gehört nach Sprache und Stil zweifellos in Günthers
früheste Zeit. Seiner kindlichen Innigkeit wegen schien es der Aufnahme wert.

Ihr Töchter Salems, küßt den Sohn!
Des Höchsten Liebe brennet schon.
Kommt, küßt das Kind! Es stillt den Zorn.   15
Ach, nun erhebt der Herr mein Horn.

———

17. Die Vergnügung einer gläubigen Seele bei der Geburt ihres Heilandes.

Kantate.

Weint, ihr Sünder, weint vor Freuden!
Jauchzt, ihr Völker, kommt, ihr Heiden,
Betet euren Leitstern an!
Kommt, hier scheint er in dem Stalle;
Kommt, hier zeigt er nach dem Falle,   5
Was uns wieder heben kann.

Gott wird ein Mensch! Das leugnet die Vernunft,
Das faßt allein der Glaube.
Die Unschuld eilt zur Wiederkunft
Und bringt, wie Noä Taube,   10
Das Zeichen der verlaufnen Sündflut mit.
Die Schlange fühlt, was ihr den Kopf zertritt.
Es ist des keuschen Weibes Samen,
Vor dessen Namen
Der Tod erschrickt, die Hölle bebet   15
Und alle Völker dieser Erden
Erlöst und selig werden.
Gott wird ein Mensch, Gott läßt sich wiegen,
Gott kleidet sich in unser Fleisch und Blut.
O Botschaft voll Vergnügen!   20
So hört und seht, wie Liebe Wunder thut.

---

16. mein Horn. Horn ist in der Bibelsprache Symbol der Kraft. Vgl. 1. Sam. 2,
V. 10 und Grimm, Wb. 4, 2. 1817. — Die Vergnügung einer gläubigen Seele ꝛc.
Die aus Italien stammende Kantate, bestehend in abwechselnden Arien und Recitativen,
oft in dialogischer Form, war zu Günthers Zeit eine besonders für Festgedichte aller Art
sehr beliebte Form. (Vgl. S. 31.)

Wo gehn die Schwäne mit den Raben,
Gerechte mit der Bosheit um?
Gott thut's mit sündlichen Geschöpfen
25 Und macht aus bösem Thon und Töpfen
Gefäße vor sein Heiligtum.

Und dies thut Gott und seine Liebe.
O unaussprechlich süße Triebe
Ganz unverdienter Huld!
30 Der Heiligste von allen Menschenkindern
Verbindet sich mit Sündern
Und übernimmt die fremde Schuld
Mit unsrer niedrigen Gestalt.
Gott wird nicht alt,
35 Und Gott wird gleichwohl jung.
O hoh' Erniedrigung,
O schöne Post voll Wunderwerke,
O wahres Widerspiel!
Nun kriegt die Schwachheit Stärke,
40 Nun sieht der Väter Sehnsucht auch ihr Ziel,
Nun findet die Verzweiflung Rat,
Nun flieht die Missethat,
Nun blüht das Heil der Frommen,
Nun werden die Verfolgten aufgenommen,
45 Nun wird das schmerzliche Verlangen
Von Simeon mit Armen aufgefangen,
Nun stirbt der Tod, nun sind wir frei,
Und sieh, so ist nun alles neu!

O güldene Zeiten, o selige Stunden!
50 Der Alte der Tage wird jetzund ein Kind,
Durch welches die Erde den Himmel gewinnt.
Nun werden des Belials Bande gebunden.
Jauchzt, Völker, kommt, Heiden, beweint den Verlust
Und ehret den König aus Davids Geblüte
55 Und ehrt ihn und liebt ihn mit reinem Gemüte
Und bähnt ihm den Einzug in Herzen und Brust.

———•———

56. bähnt, dialektisch für „bahnt". Vgl. S. 117.

Weltliche Gedichte

in fünf Büchern.

1. Ein guter Freund das beste Vergnügen.

1712?

Mein Vergnügen heißt auf Erden
Ein vertrauter Freund allein;
Wenn ich den kann habhaft werden,
So stimmt Herz und Lippen ein,
5 Und die Losung ist das Pfand:
Freundschaft ist das schönste Band.

Hier giebt sich ein holdes Gosen
Tausendfacher Anmut an,
Wo man stets die Zuckerrosen
10 Der Vergnügung brechen kann,
Und ein recht gelobtes Land.
Freundschaft ist das schönste Band.

Strebt vor mir nach eitlem Gute,
Blinde Thoren, spät und früh!
15 Mir ist gar nicht so zu Mute;
Dies verlohnt sich wohl der Müh!
Was ist Geld? Ein glatter Sand.
Freundschaft ist das schönste Band.

Ein guter Freund das beste Vergnügen. Es ist zu beachten, daß Günther in seiner frühesten Lyrik dem Volkslied noch weit näher steht als später, wo er offenbar mit Absicht volkstümliche Wendungen vermied. Den Refrain, den z. B. Fleming sehr häufig angewandt hat, finden wir bei Günther nur selten, und die bei Fleming ganz gewöhnliche doppelte Negation (V. 39 f.) hat er sich später kaum mehr erlaubt. — 7. Gosen, das Land in Unteregypten, das Jakob und seinen Söhnen zum Wohnsitz angewiesen wurde. — 13. vor mir, meinetwegen.

Andre mögen sich mit Sorgen
Um des andern Gunst bemühn
Und vom Abend bis an Morgen
An dem Liebesjoche ziehn;
Mir beliebt kein solcher Tand.
Freundschaft ist das schönste Band.   20

Lieben ist ein stetes Leiden,   25
Das manch heimlich Weh gebiert
Und bei seinen seltnen Freuden
Tausend Kummer mit sich führt,
Ein vermyrrhter Zuckertand.
Freundschaft ist das schönste Band.   30

Freundschaft kann aus allen Sachen,
Wenn der Liebe Garn zerreißt,
Honigseim aus Wermut machen,
Der mit lauter Anmut speist,
Sie haßt allen Unbestand: 35
Freundschaft ist das schönste Band.

An ihr treff' ich aller Orten
Ein so groß Vergnügen an,
Das ich gar mit keinen Worten
Nicht genug beschreiben kann.   40
Dieses Kleinod stiehlt niemand.
Freundschaft ist das schönste Band.

Nichts soll meinen Sinn besiegen,
Wahre Freundschaft soll allein
Auf der Welt hier mein Vergnügen   45
Und der stete Wahlspruch sein,
Der mir allen Harm entwandt:
Freundschaft ist das schönste Band.

---

29. vermyrrhter Zuckertand, mit Myrrhe getränkt. Myrrhe ist der bittere Saft des arabischen Balsambaums. — Der Ausdruck ist ganz im Stil der zweiten schlesischen Schule. — 41 f. niemand – Band. Die Bindung einer hochtonigen mit einer tieftonigen Silbe im Reime ist ebenfalls eine der volkstümlichen Poesie entlehnte Licenz.

2. Als er sich zur Gelassenheit bei seinem Verhängnisse resolvierte.

1713?

Immer sich gelassen weisen
Trifft nur bei der Großmut ein,
Und des Himmels Schicksal preisen,
Es mag noch so seltsam sein,
5   Sind zwei solche Wundersachen,
Die uns alles leidlich machen.

Es sind nur gemeine Blätter,
Die man bald verwelken sieht,
Wenn das warme Sommerwetter
10   Kaum von ihrer Gegend zieht,
Da uns doch mit tausend Freuden
Andre stets die Augen weiden.

Geister, die vom Himmel stammen
Und die Tugend edel macht,
15   Setzen Freud' und Leid zusammen,
Weil ihr beides zugedacht
Der, den wir mit unsern Sinnen
Nimmermehr begreifen können.

Worzu nützt das viele Denken,
20   Wenn uns alles widrig geht,
Als daß wir die Sinne kränken,
Da doch nichts zu ändern steht?
Denn was Gottes Rechte schließen,
Wird man stets erdulden müssen.

25   Rosen in der Welt zu brechen,
Wo wir uns nicht dörften scheun,
Daß uns keine Dornen stechen,
Wird wohl was unmöglichs sein;
Denn dergleichen Rosensträuche
30   Wachsen nur im Himmelreiche.

Als er sich zur Gelassenheit bei seinem Verhängnisse resolvierte. 14. die, Acc. plur. — 16. ihr, sehr undeutlich. Es muß entweder auf „Tugend" bezogen werden oder wahrscheinlicher auf ein aus „Geister" zu entnehmendes fem., wie etwa „Seele". — 17 f. Sinnen — können. Die meisten schlesischen Dichter reimen ihrer Dialektaussprache gemäß i auf ö ohne Anstoß; Günther hat es später vermieden. — 26. dörften. Dörfen neben dürfen bis in die Mitte des 18. Jahrhunderts. Vgl. Grimm, Wb 2. 1721.

Drum, du Schatz von allen Schätzen,
Edelste Gelassenheit,
Du sollt mich auch noch ergötzen,
Und wenn alle Grausamkeit
Durch Verhängnis hier auf Erden   35
An mir wollte Meister werden.

———

3. Dein Abschied, werter Freund, erfordert dieses Blatt,
   Das Phöbus' Lorbeerbaum zwar nicht getragen hat;
   Doch wirst du meiner Pflicht ein holdes Auge schenken,
   So soll auch allezeit an seinen Jachmann denken

                    Johann Christian Günther, Stregensis A. L. Cultor.

                    Kantate.

                    1711.

Ihr Musen, steigt von eurer Höh',
Ihr Pierinnen, steigt von dem Parnaß hernieder,
Bringet eure süßen Lieder,
Bringt sie unsern Grenzen wieder;
Es hindert euch kein Schnee.   5
Die Tyrannei
Des Winters geht vorbei,
Sie ist entwichen,
Sie ist verstrichen,
Und wir sind frei   10
Von ihrer Sklaverei.
Wohlan!
Ihr Töchter Jovis seht, was eure Flöte kann.
Die Nachtigall
Beut euch aus Eifersucht   15
Durch ihrer Stimme Schall
Und Singen einen Wettstreit an.
Ich höre schon, wie sie dem Tereus flucht,
Ich höre sie der Schwester Herzeleid
In den verjüngten Hainen   20
Beklagen und beweinen;

Dein Abschied rc. „Georg Kaspar Jachmann verließ am 5. April 1714 die Schweid=
nitzer Schule." (Litzmann.) — A. L. Cultor, Artis Lyricae oder Artium liberalium.
— 18 ff. Über die Sage von Tereus, Profne und Philomela vgl. Ovid, Metam. 6, 424 ff.
— Nr. 3. 2. Pierinnen, Musen, Töchter des Königs Pieros.

Doch unter solcher Traurigkeit
Vergißt sie nicht der Zeit,
Vergißt sie nicht der schönen Zeit,
25   Wo Chloris Blumen streut.
Ihr wohlberedter Mund
Thut den Jägern in den Wäldern,
Thut der Ceres auf den Feldern,
Macht den Wald- und Wassernymphen,
30   Macht der Syrinx in den Sümpfen
Die gute Botschaft kund,
Der Frühling sei fast nah,
Der Frühling sei schon da!

     Erwünschten Frühlingstage,
35   Ihr Boten meiner Ruh'!
     Laßt mich im Grünen liegen
     Und bringet mir Vergnügen
     Und bringt mich selbst darzu,
     Daß ich noch einmal sage:
40   Erwünschten Frühlingstage,
     Ihr Boten meiner Ruh'.

Die warme Luft
Hat die Vögel aus der Kluft,
Hat die Tauben von den Dächern,
45   Hat die Tauben aus den Löchern
In das freie Feld geruft,
Da, wo der Flora Kuß
Den verliebten Zephyrus,
Der gegen sie vor Liebe brennt,
50   Der sie vor seinen Schatz erkennt,
Der sie der Schönheit Ausbund nennt,
Mit Wollusttau benetzen muß.
Er aber bindet ihre Schoß
Von der Gefangenschaft der Nordenwinde los,
55   Er läßt sie auf den bunten Auen
Die Pfänder seiner Treu',

25. Chloris, lat. Flora, Blumengöttin. — 30. Syrinx, Nymphe, von Artemis in ein Schilfrohr verwandelt.

                                          3*

Die Zeugen seiner Leckerei,
Die Kinder seiner Liebe schauen.
Ach, Flora, spricht er, deine Pracht,
Ach, Schönste, rufet er, dein Gang   60
Hat viele Buhler krank,
Hat viele Buhler frisch gemacht,
Hat vielen Buhlern schon das Leben
Genommen und gegeben.

     Ermuntert euch, ihr blöden Sinnen   65
     Und macht euch in das Blumenfeld!
     Die Erde geht nicht mehr im Leide,
     Drum schickt die Augen in die Weide,
     Drum laßt die Seele Luft gewinnen,
     Zerreißt, was sie gebunden hält.   70

Ach aber, ach, vergällte Frühlingslust,
Die meiner Brust
Nichts als lauter Weh gebieret,
Nichts als lauter Wohl entführet!
Durch den Verlust   75
Wird erst der Sachen Wert gefunden,
Und wenn der Schatz verschwunden,
So zeiget erst die Zeit
Desselben Kostbarkeit.
Ein Freund,   80
Der es nicht anders sagt als meint,
Ist so gemein als wie ein schwarzer Schwan
Und wie die Raben,
Die weiße Flügel haben.
Trifft man bisweilen gleich dies rare Wildbret an,   85
So fängt man doch dergleichen Vögel selten,
Und wenn wir hundert Netze stellten,
So gehn sie doch niemals zu Paaren ein.
Ich muß gewiß ein Sohn der weißen Henne sein,
Weil des Glückes Sparsamkeit   90
Seine Huld an mir verschwendet
Und mir, was zehne oft zu suchen fleißig sind,
Daß es der eilfte doch nicht find't,

Mein Jachmann, jetzt durch dich gewähret.

95 Ach aber, ach, zu früh gefräht!
Der Ausgang lehrt zu spät,
Daß, wenn des Glückes Sonne brennet,
Ein Ungewitter sich errege:
Ich fühle schon die harten Schläge,
100 Woburch des Himmels Neid
Und der Schickung Grausamkeit
Mich von meinem Freunde trennet.

Verdrießlicher Frühling, verhaßter April!
Dein strenges Geschicke
105 Macht, daß mich das Glücke
Der edelsten Freundschaft entledigen will.
Verdrießlicher Frühling, verhaßter April!

Geh, Bruder, geh,
Dein Gang thut mir
110 In meinem Herzen weh
Und in der Seele bange;
Jedoch es währt nicht lange,
So komm' ich bald zu dir,
So kommst du bald zu mir.
115 Wer so wie du den Frühling seiner Jugend
Nicht müßig zugebracht,
Dem hat die Arbeit Ruh',
Die Last oft Lust gemacht.
Die Ehre folgt der Tugend;
120 Sie giebt sich dir auch zum Gefährten an;
Drum mache, daß ich bald an deinen Doktorhut
Ein Carmen heften kann.
Der Umgang und die Zeit
Hat schon in unser Blut
125 Die Freundschaft eingeschrieben;
Verreise nur nicht die Vertraulichkeit
Und höre niemals auf, mich auch entfernt zu lieben!

95. zu früh geträht, sprichwörtlich. — 126. Verreise, vergiß während der
Reise.

Der Abschied ist genommen,
Doch nicht in Ewigkeit,
Doch nur auf kurze Zeit,   130
Doch nur aufs Wiederkommen.

4. An Flavien.

Nun warte, Flavia, das will ich dir gedenken!
Du kennst den schmerzlichen Verdruß,
Wenn Lieb' und Sehnsucht warten muß,
Und kannst mich so empfindlich kränken.
Ich weiß ja nicht, woran ich bin,   5
Ob Falschheit oder Not dir Fuß und Willen binde?
Hier schick' ich bei der kahlen Linde
Aus Eifer und aus Angst so Fluch als Seufzer hin. —

Du nennst mir Zeit und Ort, du schwurst mir, gleich zu kommen,
Ich lausch', ich zähl', ich hoff' und fleh',   10
Das Mondlicht hat, so viel ich seh',
Fast um ein Viertel zugenommen.
Es täuscht mich Schatten, Hahn und Wind,
Ich mein', ich seh' dein Bild, so sind es nur Gedanken,
Und regt sich was um Strauch und Planken,   15
So schleich' und zisch' ich nur: Ach, kommst du? Komm, mein Kind!

Die Nacht ist niemands Freund. Sie ist vielleicht erschrocken;
Verliebte sieht kein Blendwerk an;
Die Mutter ist nicht schuld daran,
Denn jetzo ruhn Gestrick und Rocken   20
Wie? Wenn das Mägdchen untreu wär'?
Dies kenn' ich auch zu gut, es thut mir nichts zum Possen.
So geh' und mach' ich tausend Glossen
Und sinne, doch umsonst, mit Unruh' hin und her.

An Flavien. Das Gedicht kann sich nach Namen und Inhalt wohl nur auf Günthers
erstes Liebesverhältnis beziehen (vgl. Einl. S. XIV), obwohl man geneigt wäre, bei der
großen Gewandtheit der Sprache und dramatischen Anschaulichkeit auf eine spätere Ent-
stehungszeit zu schließen. — 6 ff. Man beachte den fein durchgeführten Parallelismus:
Falschheit - Not; Eifer (= Eifersucht) - Angst; Fluch — Seufzer.

25 Ach, warum ließ ich dich doch einmal aus den Armen?
Mein Weinen schmelzt und mehrt den Teich,
Ich werd' auf einmal grau und bleich,
Es möchte Stern und Stein erbarmen.
Ach, sollte morgen doch das Eis
30 Die trauernde Gestalt dir noch im Spiegel zeigen!
Du würdest vor Erschreckniß schweigen,
Indem wohl deine Schuld nicht einen Vorwand weiß.

Du scherzest wohl nicht gar? Das will ich ja nicht hoffen,
Es käm' uns beiden hoch zu stehn.
35 Was hör' ich dort vor Thüren gehn?
Was seh' ich vor ein Fenster offen?
Hilf Himmel! Welcher Anblick fällt?
Ist dies nicht Scandors Haar? Ist dies nicht meine Schöne?
So hast du, listige Sirene,
40 O Ansehn voller Schimpf, mich darum hergestellt?

Den Streich vergeß ich nicht, es sei denn nach der Strafe.
Die Rache sei von nun an scharf
Und gebe, wo ich wünschen darf,
Daß eure Brunst den Tag verschlafe.
45 Das Schrecken mache Spiel und Kuß,
Die Hitze deinen Leib, die Ohnmacht ihn zu Schanden,
Bis, wenn du trostlos aufgestanden,
Dein eigner Mund mir selbst die Thorheit beichten muß.

5. Abschied von seiner ungetreuen Liebsten.

Wie gedacht,
Vor geliebt, itzt ausgelacht.
Gestern in die Schoß gerissen,
Heute von der Brust geschmissen,
5 Morgen in die Gruft gebracht.

Abschied von seiner ungetreuen Liebsten. Das Gedicht findet sich hand=
schriftlich in einem Taschenbuche Günthers von 1715 und scheint demnach bei derselben Ge=
legenheit, wie das vorhergehende, entstanden. (Vgl. Einl. S. XIV.) Die höchst auffallende
Ähnlichkeit mit dem allbekannten Hauffschen Lied „Reiters Morgengesang" hat zuerst Titt=

Dieses ist
Aller Jungfern Hinterlist:
Viel versprechen, wenig halten,
Sie entzünden und erkalten
Öfters, eh ein Tag verfließt.   10

Dein Betrug,
Falsche Seele, macht mich klug.
Keine soll mich mehr umfassen,
Keine soll mich mehr verlassen;
Einmal ist fürwahr genug.   15

Denke nur,
Ungetreue Kreatur,
Denke, sag' ich, nur zurücke
Und betrachte deine Tücke
Und erwäge deinen Schwur.   20

Hast du nicht
Ein Gewissen, das dich sticht,
Wenn die Treue meines Herzens,
Wenn die Größe meines Schmerzens
Deinem Wechsel widerspricht?   25

Bringt mein Kuß
Dir so eilends Überdruß,
Ei so geh und küsse diesen,
Welcher dir sein Geld gewiesen,
Das dich wahrlich blenden muß.   30

mann (Gedichte von Günther, Leipzig 1871, S. 41) beachtet. Man vergleiche Strophe 1
und 8 unseres Gedichtes mit der 2. und 3. Strophe bei Hauff:

         Kaum gedacht,
         War der Lust ein End' gemacht.
         Gestern noch auf stolzen Rossen,
         Heute durch die Brust geschossen,
         Morgen in das kühle Grab!

         Ach, wie bald
         Schwindet Schönheit und Gestalt!
         Thust du stolz mit deinen Wangen,
         Die mit Milch und Purpur prangen,
         Ach! die Rosen welten all'!

Bin ich arm,
Dieses macht mir wenig Harm;
Tugend steckt nicht in dem Beutel,
Gold und Schmuck macht nur den Scheitel,
35 Aber nicht die Liebe warm.

Und wie bald
Mißt die Schönheit die Gestalt!
Rühmst du gleich von deiner Farbe,
Daß sie ihresgleichen darbe,
40 Ach, die Rosen werden alt.

Noch auffälliger wird die Übereinstimmung, wenn man die Lesarten des alten Manu-
skriptes betrachtet, welche Litzmann mitteilt. (Zur Textkritik u. Biographie J. Chr. Günthers
Frankfurt a. M. 1880. S. 30 f.) V. 38: „Prahlest du mit deiner Farbe." — V. 40: „Ach,
die Rosen sterben bald." — Daß diese Übereinstimmungen, zu denen auch noch die des
Versmaßes kommt, keine zufälligen sein können, liegt auf der Hand, und es ist jedenfalls
Litzmann beizustimmen, wenn er annimmt, das Günthersche Gedicht sei in den Volksmund
übergegangen und habe allmählich die rein subjektiven Strophen verloren, während die-
jenigen allgemeineren Inhaltes sich ziemlich wortgetreu erhielten. Ob bereits Günther
wenigstens nach einer bekannten Melodie dichtete, wie Litzmann will, oder ob die Melodie
erst später entstand, ändert an der Sache nichts. Günther hat dasselbe Versmaß noch
zweimal angewandt. (Vgl. unten S. 162 und oben S. 24.) Unterdessen ist auch das
lang vergeblich gesuchte Zwischenglied zwischen Günther und Hauff aufgefunden worden.
Hauff selbst schreibt: „Nach einem schwäbischen Volkslied" und hat von Günthers Gedicht
natürlich keine Ahnung gehabt. Dies schwäbische Volkslied, wie es bei einer Hochzeit in
Wurmlingen bei Tübingen von Bauernburschen gesungen wurde, hat ein anonymer Ein-
sender im „Schwäb. Merkur" 1881, Nr. 205 mitgeteilt. Es lautet:

> Wie gedacht, wie gedacht,
> War aller Freud' ein End' gemacht;
> Gestern Lust und Freud' genossen,
> Heute durch die Brust geschossen,
> Morgen in die Gruft gebracht.
>
> Ach, wie bald, ach, wie bald
> Verliert die Schönheit ihre Gstalt;
> Prangst du gleich mit deinen Wangen,
> Die wie Milch und Purpur prangen,
> Sieh, die Rosen werden alt.
>
> Ach, wie viel, ach, wie viel
> Zwei, drei Röslein auf ein'm Stiel;
> Schönste Blümlein in dem Garten,
> Welke Rosen auf dich warten,
> Breche ab, was dir gefällt.
>
> Sieh, das ist, sieh, das ist
> Aller Mädchen ihre List:
> Sich entzünden und erkalten,
> Viel versprechen, wenig halten,
> Eh' ein Tag vorüber ist.
>
> Weg von mir, weg von mir,
> Falsche Seele, weg von mir;
> Ich erkenn' ja deine Tücke,
> Bei dir find' ich wenig Glücke;
> Hätt' ich niemals dich gesehn.

Weg mit dir,
Falsches Herze, weg von mir!
Ich zerreiße deine Kette,
Denn die kluge Henriette
Stellet mir was beßers für.   15

6. Als er sich der ehmals von Flavien genoßnen Gunst noch erinnerte.

Erinnert euch mit mir, ihr Blumen, Bäum' und Schatten,
Der oft mit Flavien gehaltnen Abendlust!
Die Bäche gleißen noch von Flammen treuer Brust,
In der wir wertes Paar des Himmels Vorschmack hatten.
O göldne Frühlingszeit! Mein Herz, was kommt dir ein?   5
Du liebest Flavien; sie ist ja nicht mehr dein.

Hier war es, wo ihr Haupt mir oft die Achsel drückte,
Verschweigt, ihr Linden, mehr, als ich nicht sagen darf;
Hier war es, wo sie mich mit Klee und Quendel warf,
Und wo ich ihr die Schoß voll junger Blüten pflückte.   10
Da war noch gute Zeit! Mein Herz, was kommt dir ein?
Betrübt dich Flavia? Sie ist ja nicht mehr dein.

7. Als er seine Liebe nicht sagen durfte.
1715.

Ich leugne nicht die starken Triebe
Und seufze nach der Gegenliebe
Der Schönheit, die mich angesteckt.

Hier hat sich also noch Günthers 2. Strophe erhalten und ebenso die letzte, in die einige
Bestandteile der 1. übergegangen sind. Das Motiv vom Reiter scheint demnach ausschließlich
Hauff anzugehören. Eine merkwürdigere Wandlung, als vom Güntherschen Gedicht zum
schwäbischen Volkslied und über die Umgestaltung Hauffs hinweg zum allgemeinen deutschen
Volkslied läßt sich nicht leicht denken, und selten laßen sich die Schicksale eines Liedes so
deutlich Schritt für Schritt verfolgen, wie hier.
44. Henriette, sonst ganz unbekannt. — Als er sich der ehmals ꝛc. Litzmann
bezieht das Gedicht auf den bald darauf erfolgten Tod Flaviens, den Günther auch sonst
noch oft erwähnt und beklagt. Wahrscheinlicher ist es nur eine wehmütige Resignation
anläßlich ihrer Untreue. (Vgl. Einl. S. XIV.) — Als er seine Liebe nicht sagen
durfte. Das Gedicht bezieht sich auf seine neu entstehende Liebe zu Leonore. (Vgl. Einl.
S. XV ff.)

Der Traum entzückt mir das Gemüte,
5   So oft mir mein erregt Geblüte
Dein artig Bild auch blind entdeckt.

Allein die Ehrfurcht heißt mich schweigen;
Ein Sklave darf die Ketten zeigen
Und in der Not um Rettung schrein:
10   Nur ich muß diesen Trost entbehren
Und darf den Jammer nicht erklären:
Das heißt ja zweifach elend sein.

Indessen, darf der Mund nicht klagen,
So wird dir doch mein Auge sagen,
15   Wie tief mein Herz verwundet sei.
Erwäge nur Gestalt und Mienen,
Sie werden dir zum Zeugnis dienen:
Ich kann und mag nicht wieder frei.

Mich deucht, du nimmst es wohl zu Herzen;
20   Erhalt' ich das in meinen Schmerzen,
Daß dir mein Feuer wohl gefällt,
So will ich heimlich gerne brennen
Und dir sonst nichts als dies bekennen,
Du seist die Schönheit dieser Welt.

8. An Doris, welcher er seine Liebe bei Gelegenheit eines Traumes entdeckte.

Auf der blumenvollen Heide,
An der schattenreichen Bach
Sann ich jetzt der Augenweide
Des vergangnen Traumes nach,

---

11. erklären, gestehen. — An Doris 2c. Trotz der Bemerkung in der Ausgabe von 1727 „Im Namen eines guten Freundes", welche bei der leidenschaftlichen Unmittelbarkeit des Gedichtes wenig glaubwürdig klingt und auch in den späteren Ausgaben wegblieb, haben wir kein Bedenken getragen, das Gedicht zu den Schweidnitzer Leonorenliedern zu stellen, zu denen es nach Stil, Ton und Inhalt augenscheinlich gehört. Der Name „Doris" darf dabei nicht irre machen; nennt er die Geliebte doch auch Magdalis und erst später Leonore. Es ist leicht erklärlich, daß er anfänglich in dem zu wählenden Pseudonym schwankte und daß er es erst ganz allmählich wagte, die Geliebte unter ihrem wahren Namen zu besingen. (Vgl. Einl. S. XV.)

Der mich darum drückt und quält,   5
Weil mir nunmehr wachend fehlt,
Was mir deine Lust vermählt.

O was waren das für Glieder!
O welch schöner Selbstbetrug
Riß mich vor Entzückung nieder!   10
O, da küßt' ich kaum genug,
Bis die Morgenröte kam
Und aus Mißgunst oder Scham
Bildnis, Lust und Schlummer nahm.

Unaussprechliches Ergetzen,   15
Soll ich dich nicht wiedersehn?
Nein, nach solchen teuren Schätzen
Darf ich wohl nicht wachend flehn.
Setzt dein Schatten meiner Ruh',
Schönste Doris, schon so zu,   20
Denke, was dein Antlitz thu.

Deiner Augen scharfes Blicken
Zeigt mir einen hohen Geist,
Der zum Herrschen und Entzücken
Gleiche Kraft und Anmut weist.   25
Dieses ward ich mit Gefahr
Meiner Freiheit nächst gewahr,
Als dein Strahl die Glut gebar.

Doris, halt es nicht für Scherzen;
Ich verachte Spott und Neid,   30
Hätt' ich auch noch tausend Herzen,
Blieben alle dir geweiht.
Trag' ich einen Tropfen Blut,
Welcher dir kein Opfer thut,
So verzehr' ihn Gift und Glut.   35

Die Vergnügung wahrer Liebe
Ist nicht eben so gemein;
Der Gemüter gleiche Triebe
Müssen ihre Quelle sein.

40 Prüfe mich und sei vergnügt,
Daß ein Herz, so du besiegt,
Auch mit Ehrfurcht vor dir liegt.

Von der Wiege bis zur Bahre
Ist gar oft ein kurzer Schritt.
45 Doris, nimm die besten Jahre
Und die Lust der Jugend mit,
Eh der Lippen Mai verblüht,
Und die Zeit, so plötzlich flieht,
Farbe, Mut und Lust entzieht.

50 Kommt mein Ziel an Lebensschranken,
Wünsch' ich von der Phantasie,
Daß dein Bildnis in Gedanken
Mich der Welt vergnügt entzieh';
Dieses wünsch' ich und dabei,
55 Daß der Spruch der Grabschrift sei:
Klug, verschwiegen und getreu.

9. Madrigal. Von der Liebe.

O Liebe!
Was vor innig süße Triebe
Hegst du nicht in deiner Brust!
Würden doch nur die Verächter
5 Einmal unsrer Wollust Wächter,
Schwör' ich bei Amönens Gunst,
Daß sie erstlich selbst nicht wüßten,
Ob der Himmel zeitlich sei
Und darnach vor Scham und Reu'
10 Nur vom Zusehn sterben müßten.
Das thäten sie,
Das thäten deine Triebe,
O Liebe!

Madrigal. Von der Liebe. Das Madrigal, eine italienische Form (= Schäfer-
lied), wurde in Deutschland schon Ende des 16. Jahrhunderts eingeführt. 1653 gab
Kaspar Ziegler ein besonderes Buch darüber heraus. (Vgl. Koberstein=Bartsch II, 92.) —
6. Amöne = die Anmutige, Pseudonym für Leonore.

10. Madrigal. An seine Magdalis.

Mein Kind, ich bin der Huld nicht wert,
Die mir von deiner Hand so häufig widerfährt;
Drum zürne nicht, wenn ich
Mich in dies seltne Glücke
Nicht, wie ich sollte, schicke,   5
Und glaube sicherlich:
Würdiget dein Gnadenstrahl
Meine Lippen noch einmal,
Deinen schönen Mund zu küssen,
So werd' ich fürchten müssen,   10
Daß nicht die Wollust dieser Zeit
Durch ihre Süßigkeit
Mir die Lust zum Himmel raube,
Und ich der Gegenwart mehr als der Zukunft glaube.

11. Sonett. An seine Magdalis.

Nicht anders leget sich die Blumengöttin an,
Wenn ihr der nahe Lenz die Wiederkunft erlaubet,
Als meine Magdalis, von der man heute glaubet,
Sie habe der Natur es weit zuvor gethan.
Der Neid, so nichts an ihr als dieses tadeln kann,   5
Daß sie die Schönheit auch mit ihrer Schönheit schraubet,
Wird von der Majestät selbst des Gesichts beraubet
Und findet nichts um sie vor seinen Lästerzahn.
Ach, wohlgestaltes Kind, dein Halstuch tröstet mich,
Weil es die Lieberei der grünen Hoffnung träget,   10
Mein Wünschen sei erfüllt, mein Bitten habe dich,
Mein Seufzen deine Brust zur Gegengunst beweget;
Da nun dein zarter Flor mir dieses wissend macht,
So ist mein Kuß bereits auf Botenlohn bedacht.

Sonett. An seine Magdalis. Das älteste deutsche Sonett (in 5silbigen Versen) rührt her von Christoph Wirsung (1500—1571); Sonette in Alexandrinern dichtete zuerst Paul Melissus (1539—1602). — 6. schraubet, zum Wettstreit auffordert. — 10. Lieberei, Livree. Der Entstellung scheint volksetymologische Umdeutung zu Grunde zu liegen.

12. Sonett. An eben die Vorige.

Das Glücke muß fürwahr mich als sein Schoßkind lieben
Und das Verhängnis mich zu quälen müde sein,
Weil du, getreues Kind, mir nach so mancher Pein
Dein unverfälschtes Herz zum Eigentum verschrieben.
5 Mein Schiff, das Wind und Meer an manchen Fels getrieben,
Lauft den Vergnügungsport mit vollen Segeln ein,
Und meine Hoffnung kann sich schon im Geiste freu'n,
Nachdem dein freies Ja den Zweifel aufgerieben.
Versiegle nun den Bund durch einen feuchten Kuß,
10 Bis dich des Priesters Hand mir völlig überreiche,
Und glaube, daß mich selbst der Himmel strafen muß,
Wofern mein Wankelmut dein Bild in mir verstreiche.
Drum liebe nur getrost, denn die Beständigkeit
Wirkt mir den Hochzeitrock und auch das Leichenkleid.

13. Sonett. An die Vorhergehende.

Mein Kind, was zweifelst du an meiner Redlichkeit,
Die ihresgleichen doch in deiner Brust verspüret?
Wo meiner Adern Blut nur einen Tropfen führet,
Der sich nicht tausendmal vor dich zu sterben freut,
5 So wünsch' ich ihm den Fluch, den Ebals Felsen dräut
Und Kains Fuß erfährt; der Stern, so mich regieret,
Und dessen Trieb in mir die reine Glut gebieret,
Folgt nicht wie ein Planet dem Wechsel dieser Zeit.
Mein Sinnbild ist ein Ring, der Denkspruch: Sonder Ende;
10 Denn wer nicht ewig liebt, der liebet nimmermehr.
Mein Engel, giebst du nun dem Argwohn kein Gehör,
So lege mir dein Herz in die getreuen Hände;
Ich sichre, dieser Schatz wird deinem Saladin
Kein Räuber, kein Verlust, auch nicht der Tod entziehn.

Sonett. An eben die Vorige. 12. verstreiche, verwische. — Sonet: An
die Vorhergehende. 5. Ebals Felsen. Vgl. 5. Mos. 27, V 13 ff — 13. Ich sichre,
versichre.

14. An Leonoren.

Du zwingst mich, wertes Kind, dir vieles vorzusagen,
Du suchst in Wort und Schwur das Zeugnis meiner Treu'
Und forschest, ob ich auch, wie du, beständig sei:
Mein Engel, liebst du rein, so brauchst du nicht zu fragen.

15. Als er Lenchens Augen küßte.

Ihr Bogen voller göldnen Pfeile,
Ihr schwarzen Augen voller Glut,
Erlaubt mir, daß ich mich verweile
Und führt den Kuß in Nerv und Blut,
Damit er Lenchens Herze lehre,   5
Wie nah ich ihm schon angehöre.

Ich schmeck' auf euch, ihr warmen Lider,
Die Frucht, so dort in Eden stund;
Ihr wälzt euch brünstig hin und wieder
Und streift den aufgelegten Mund   10
Und wißt mit euren weichen Sachen
Der Lippen Spielwerk nachzumachen.

Die Venus hat viel treue Seelen,
Der zehnte kennt die Wollust nicht;
Mein Kind, wir wollen sie verhehlen,   15
Und wenn ein andrer Rosen bricht,
So küß' ich deine Sonnenlichter
Und merke keinen Splitterrichter.

So zwinkert unter meiner Zunge,
So, schönen Augen, kützelt sie;   20
So geht die Regung halb zu Sprunge,
So kostet's mich nur halbe Müh'
Zu sehn, zu fühlen und zu glauben:
Ihr könnt die Freiheit zwiefach rauben.

Als er Lenchens Augen küßie. Lenchen, Abkürzung von Leonore.

25   Doch fürchtet euch vor keinen Bissen
     Und glaubt nur, daß ihr sichrer seid,
     Als wenn mein geil= und starkes Küssen
     Den Mund mit Narden überstreut;
     Ich will euch drücken und nicht schonen,
30   Ihr müßt mir nur die Lust verlohnen.

     Ihr müßt euch nämlich abwärts lenken,
     Wenn Nebenbuhler prächtig gehn;
     Will Lenchen einen Blick verschenken,
     So sollt ihr mir zu Diensten stehn.
35   Verschließt euch Fremden, die ihr dienen,
     Und öffnet euch vor meinen Mienen.

     Bekommt sie ein Versuchungsschreiben,
     In dem viel süße Worte sind,
     So laßt den hellen Vorwitz bleiben
40   Und stellt euch wie mein Amor blind;
     Hingegen, will sie meines lesen,
     So thut, als wäret ihr genesen.

     Und darum mach' ich euch die Freude
     Und darum küß' ich euch so scharf,
45   Jetzt dies, jetzt das, jetzt alle beide,
     Damit nicht eines zürnen darf,
     Und, wenn ich mit dem rechten spiele,
     Das link' aus Rach' aufs andre schiele.

16. An seine Leonore.

     Schicke dich, geliebtes Kind,
     In die unruhvollen Zeiten;
     Dann und wann kann Sturm und Wind
     Unverhofft in Hafen leiten.
5   Nun ist wohl niemand besser dran,
     Als wer getreu und klug und ewig lieben kann.

---

27. geil, in der alten, besseren Bedeutung: fröhlich, frisch. — 28. Narden = Nardenöl, Salböl der Alten.

17. Der verliebte Kummer.

Die Liebe weckt an diesem Morgen
Den Kummer der verliebten Sorgen
Mit mir gar zeitig wieder auf;
Die Seufzer wachen in dem Munde,
Die Thränen suchen aus dem Grunde　5
Des Herzens ihren alten Lauf.

Die Schmiedin meiner süßen Kette
Zieht meine Faulheit aus dem Bette,
In welchem sie der Schlaf noch wiegt.
Ihr Auge schläft, ich aber weine;　10
Die Einsamkeit sitzt auf dem Steine,
Der mir an meinem Herzen liegt.

Ach, denk' ich, bringt dies nahe Scheiden
Von ihrer Brust ein solches Leiden,
Da nur ein Zimmer uns zertrennt,　15
Wer wird doch meine Wunden heilen,
Wenn Land und Luft uns einmal teilen
Und Schweidnitz mir kein Brot mehr gönnt?

Die Zähren mühn sich, meine Klagen
Mit stummer Sprache nachzusagen,　20
Allein die Angst vertrocknet sie.
Ach, wem vertrau' ich diesen Jammer?
Der freien Luft? Der tauben Kammer?
Und beides ist vergebne Müh'.

Die Redlichkeit von deinem Herzen,　25
Getreues Kind, weicht meinen Schmerzen,
Die Heimlichkeit der schweren Not.

Der verliebte Kummer. 11. sitzt, so steht im Originalmanuskript. Die Ausgaben lesen sinnlos „siegt", bezw. „singt". — 13 ff. Wendungen, wie „dies nahe Scheiden"
und „Wenn Land und Luft uns einmal teilen", deuten auf eine bald bevorstehende Trennung
hin, sprechen aber entschieden gegen Litzmanns Annahme (a. a. O. S. 33), das Gedicht sei am
Tage des Scheidens von Schweidnitz entstanden. Die Stimmung des Gedichtes ist die der
Furcht vor baldigem Scheiden, nicht die des unmittelbaren Abschiedes. — 26. getreues
Kind, die letzten vier Strophen sind an eine Freundin Leonorens gerichtet, welche die Vertraute ihrer Liebe war.

Mich deucht, die Last wird halb so leichte,
So bald ich dir den Kummer beichte,
30 Der mir den letzten Abschied droht.

Schnitt' ich mein Elend in die Linden,
Erzählt' ich es den sanften Winden,
So seh' ich überall Gefahr:
Dort kann der Vorwitz scheeler Augen
35 Bald Nahrung zu der Mißgunst saugen,
Hier macht es Echo offenbar.

Von dir weiß ich, verschwiegne Seele,
Daß deine Zunge stets verhehle,
Was dir ein guter Freund vertraut;
40 Ich suche Trost, laß mein Begehren
Der Unschuld diesen Wunsch gewähren,
Der jetzt auf deine Großmut baut.

Erfülle, was ich such' und glaube,
Erbarme dich der flücht'gen Taube,
45 Die deine Schoß zur Freistatt wählt;
Sie kümmert sich um ihren Gatten
Und sucht in deiner Bäume Schatten
Die Ruh', so ihr zu Hause fehlt.

18. Abschied.

Schweig du doch nur, du Hälfte meiner Brust!
Denn was du weinst, ist Blut aus meinem Herzen;
Ich taumle so und hab' an nichts mehr Lust,
Als an der Angst und den getreuen Schmerzen,
5 Womit der Stern, der unsre Liebe trennt,
Die Augen brennt.

28. halb so leichte; man sollte erwarten: halb so schwer. — 36. Echo, nur im
Manuskript. Das Wort ist in den Ausgaben nur durch Striche angedeutet. — 44. Der
flücht'gen Taube, Leonore.

Die Zärtlichkeit der innerlichen Qual
Erlaubt mir kaum, ein ganzes Wort zu machen.
Was dem geschieht, um welchen Keil und Strahl
Bei heißer Luft in weitem Felde krachen,　　　　　　10
Geschieht auch mir durch dieses Donnerwort:
Nun muß ich fort.

Ach harter Schluß, der unsre Musen zwingt,
Des Fleißes Ruhm in fremder Luft zu gründen,
Und der auch mich mit Furcht und Angst umringt!　　　15
Welch Pflaster kann den tiefen Riß verbinden,
Den tiefen Riß, der mich und dich zuletzt
In Kummer setzt?

Der Abschiedskuß verschließt mein Paradies,
Aus welchem mich Zeit und Verhängnis treiben;　　　20
Soviel bisher dein Antlitz Sonnen wies,
So mancher Blitz wird jetzt mein Schrecken bleiben.
Der Zweifel wacht und spricht von deiner Treu':
Sie ist vorbei.

Verzeih mir doch den Argwohn gegen dich;　　　　　　25
Wer brünstig liebt, dem macht die Furcht stets bange.
Der Menschen Herz verändert wunderlich;
Wer weiß, wie bald mein Geist die Post empfange,
Daß die, so mich in Gegenwart geküßt,
Entfernt vergißt.　　　　　　　　　　　　　　30

Gedenk' einmal, wie schön wir vor gelebt,
Und wie geheim wir unsre Lust genossen;
Da hat kein Neid der Reizung widerstrebt,
Womit du mich an Hals und Brust geschlossen,
Da sah uns auch bei selbst erwünschter Ruh'　　　　35
Kein Wächter zu.

Genug! Ich muß; die Marterglocke schlägt!
Hier liegt mein Herz, da nimm es aus dem Munde
Und heb es auf; die Früchte, so es trägt,

---

72. verändert, verändert sich. — 31. vor, zuvor.

40 Sind Ruh' und Trost bei mancher bösen Stunde,
Und lies, so oft dein Gram die Leute flieht,
Mein Abschiedslied.

Wohin ich geh', begleitet mich dein Bild,
Kein fremder Zug wird mir den Schatz entreißen;
45 Es macht mich treu und ist ein Hoffnungsschild,
Wenn Neid und Not Verfolgungssteine schmeißen,
Bis daß die Hand, die uns hier Dörner flicht,
Die Myrten bricht.

Erinnre dich zum öftern meiner Huld
50 Und nähre sie mit süßem Angedenken!
Du wirst betrübt, dies ist des Abschieds Schuld,
So muß ich dich zum erstenmale kränken,
Und fordert mich der erste Gang von hier,
So sterb' ich dir.

55 Ich sterbe dir, und soll ein fremder Sand
Den oft durch dich ergetzten Leib bedecken,
So gönne mir das letzte Liebespfand
Und laß ein Kreuz mit dieser Grabschrift stecken:
Wo ist ein Mensch, der treulich lieben kann?
60 Hier liegt der Mann.

19. An Leonoren.

Ich nehm' in Brust und Armen
Den schweren Abschiedskuß.
Der Himmel hat Erbarmen,
Indem er trennen muß.
5 Ich küß', ich wein' und liebe,
Mein treues Lorchen spricht,
Sie habe gleiche Triebe;
Wie aber, weint sie nicht?

Leonorens Antwort.

Du suchest ja dein Glücke,
Das hier wohl nicht mehr blüht;   10
Ich hasse das Geschicke,
Das uns von sammen zieht.
Ach, sähst du meine Schmerzen —
Ich schweige, wertes Licht;
Ich liebe dich von Herzen,   13
Und darum wein' ich nicht.

20. Als er Abschied von ihr nahm.

Mein Engel, lebe wohl! Die Zunge kann nicht mehr,
Der Kiel erbebt und starrt, die Angst bestürmt mich sehr;
Doch, Kind, erfreue mich, Gott und die Zeit wird lehren,
Daß sie der Frommen Wunsch, der Liebe Seufzer hören.

21. Hier, Schweidnitz, schenken dir drei tugendhafte Brüder
Als Zeugen ihrer Pflicht die treuen Abschiedslieder;
Die Einfalt hat sie schlecht und eilends ausgedacht,
Ja selbst durch ihren Sohn auf dieses Blatt gebracht.

Erwäge dein Vergnügen,
Beglücktes Vaterland;
Des Himmels Segenshand
Will dich auf Rosen wiegen,
Dein Unstern ist verbannt;   5
Was dich bisher gekränket,
Wird nun ins Grab gesenket,
Beglücktes Vaterland.

Hier, Schweidnitz, schenken dir drei tugendhafte Brüder rc. Günther
und zwei seiner Schulfreunde.

Europa wird erſchüttert,
10   Der Rheinſtrom ſchwillt vor Blut,
Weil ſich des Mavors Wut
An allen Enden wittert;
Nur uns verſchont ſein Brand,
Man ſieht in dieſen Grenzen
15   Kein blankes Schwert mehr glänzen;
Beglücktes Vaterland!

Flieht, bange Mordkometen!
Uns iſt die Ruh' beſchert,
Und Frankreichs Würgeſchwert
20   Erreicht nicht die Sudeten;
Der Harniſch ziert die Wand,
Der Degen füllt die Scheide,
Drum ſprechen alle beide:
Beglücktes Vaterland!

25   Die Muſen kommen wieder,
Die freien Künſte blühn,
Mars wirft die Trommel hin
Und ſinget Klagelieder.
Da, wo man Palmen fand,
30   Muß jetzt der Lorbeer grünen
Und dir zu Kränzen dienen,
Beglücktes Vaterland.

Dich, Schweidnitz, nimmt das Glücke
Vor andern in den Schoß,
35   Des Himmels Gnadenlos
Baut deiner Wohlfahrt Brücke;
Du trägſt der Weisheit Pfand
Von ſeiner Huld zu Lehne,
Drum rufen deine Söhne:
40   Beglücktes Vaterland!

---

12. wittert, wittern läßt. Unter des „Mavors Wut an allen Enden" iſt der eben
beendete ſpaniſche Erbfolgkrieg und der nordiſche Krieg, ſowie der beginnende Türkenkrieg zu verſtehen. — 29. Palmen, des Friedens. — 35. zu Lehne, alter Dativ, mhd.
ze lēhene.

Dein Wachstum soll bekleiben,
Dein Segen ewig sein;
Des Glückes Sonnenschein
Soll stets dein Leitstern bleiben.
Dein festes Liebesband   45
Hat uns bisher gezogen,
Drum sind wir dir gewogen,
Beglücktes Vaterland.

Anhang einiger Epigramme.

22. An die Spötter seiner Poesie.

„Ist Damon nicht ein fauler Thor?"
So sprechen viel der reichen Brüder,
„Er bringt kein großes Werk hervor,
Und was er macht, das sind nur Lieder.
Er scherzt mit Gärten, Kuß und Hain,   5
Will ruhig und verborgen sein
Und weder Schatz noch Staat erwerben;
Sagt, ist wohl Damon weis' und klug?"
Ihr Narren, thut er nicht genug?
Er lernt ja leben und auch sterben.   10

23. Suum cuique.

Man schreibt und überhäuft Recht, Regeln und Gesetze,
Der allgemeinen Ruh' das Wachstum zu verleihn;
Durchgeht man oft das Buch, so findet man Geschwätze.
Zwei Worte sind genug und schließen alles ein.

41 bekleiben, festwurzeln. „So mögt ihr denn im Dreck bekleiben." Goethe. —
Anhang einiger Epigramme. Die meisten dieser Epigramme fallen wohl in die
Schweidnitzer Zeit; wir haben sie deshalb hier zusammengestellt, ohne einen sicheren An-
haltspunkt für die Datierung jedes einzelnen zu haben.

5 Wer gute Tage ſucht, der mag die Wahrheit hören:
Man gebe (denn ſo will Natur und Chriſtentum),
Was jedem zugehört, dem Höchſten Dank und Ruhm,
Dem Nächſten Lieb' und Rat, ſich ſelber Straf' und Lehren.

24. Honor virtutis praemium.

Die Ehre bleibet wohl der wahren Tugend Kind,
Dies ſieht man in der Welt, dies hört man in den Schulen;
Seht, wie ſo ſchön nunmehr das Sprichwort Kraft gewinnt:
Der, ſo die Tochter will, muß mit der Mutter buhlen.

25. Auf den Bav.

Bav meint, ich glaubte nichts. Allein iſt Bav wohl klug?
Ich glaube, daß mir Gott Brot, Seligkeit und Leben,
Ihn aber uns aus Zorn zum Prediger gegeben;
So glaubt ein frommer Chriſt, und ich mit ihm genug.

Auf den Bav. Auf wen das Epigramm geht, iſt nicht ſicher feſtzuſtellen. Vielleicht geht es auf Benjamin Schmolck (vgl. über ihn Einl. S. XIII); dies ſucht Wittig nachzuweiſen (Neue Entdeckungen ꝛc. S. 134 ff.), dem widerſpricht aber das verehrungsvolle Gedicht, das Günther aus Wittenberg an Schmolck richtete (vgl. unten S. 59). Wahrſcheinlicher iſt es auf Pfarrer Lachmann in Brieg zu beziehen. (Vgl. Litzmann a. a. O. S. 85.)

Zweites Buch.

1715—1719.

1. An seine Magdalis.

Mein Engel, nimm von mir so viel getreue Grüße,
Als Tropfen mir anjetzt aus Kiel und Augen gehn,
Als Seufzer ich vor dich in diesen Brief verschließe,
Als Thränen dir vielleicht auf deinen Rosen stehn.
Die Erde schläft und ruht, ich aber wach' und träume,   5
Weil deine Liebe mich mit offnen Augen wiegt.
Ich schreib' und weiß nicht was; du siehst es aus dem Reime,
Der nun aus Schweidnitz kommt und lahme Füße kriegt.
Das Joch der Einsamkeit schlägt meinen Leib darnieder,
Dem Nacht und Finsternis die müde Seite schleußt,   10
Die ungewohnte Streu fühlt selbst den Schmerz der Glieder,
Die ein verborgnes Weh von ihrem Lager reißt.
Der Mangel deiner Brust bestürmet mein Gemüte
Und ist ein scharfes Schwert, das durch die Seele dringt;
Gedenk' ich deiner Treu', so wallt mir das Geblüte   15
Wie ein zerfloßnes Erz, das mit dem Feuer ringt.
Bald schwächt die Ungeduld die Tapferkeit der Sinnen,
Bis der verwegne Mund auf den Geburtsstern flucht,
Bald strafet die Vernunft mein thörichtes Beginnen,
Bald seh' ich was von dir, das mich zu trösten sucht.   20
Ach, wie vergnügt mich nicht die Arbeit deiner Hände,
Die mir in dem Horaz die Verse abgezählt!
Die Sehnsucht schildert mir dein Bildnis an die Wände,
Dem zu der Ähnlichkeit nichts als das Leben fehlt.

An seine Magdalis. Das Gedicht trägt in den Ausgaben die Datierung: „Von
Frankfurt an der Oder. 1715, den 15. Nov."

25 Dies ist der Lebenslauf, den ich anjetzo führe;
Wer mag wohl, wertes Kind, dein Zeitvertreiber sein?
So viel ich raten kann und aus der Neigung spüre,
So stimmt vielleicht dein Mund zu meinen Klagen ein.
Mich deucht, du schickst den Fuß zur Wehmut in die Kammer,
30 In welcher unser Kuß oft sichre Zuflucht fand,
Mich deucht, du klagst bereits dem Fenster deinen Jammer,
Bei dem dein erstes Ja mich an dein Herze band.
Wie aber? Läßt dich auch die Tadelsucht zufrieden?
Es ahnt mir allerdings: Ihr Stachel wird nicht ruhn,
35 Dir, da des Himmels Hand uns ihr zur Lust geschieden,
Durch das Verleumdungsgift der Lästrer weh zu thun.
Allein Geduld, mein Kind! Befiehl nur Gott die Rache,
Thu recht und scheue nichts. Wen das Gewissen schützt,
Der spricht der Mißgunst Hohn und hat die beste Sache,
40 Ob gleich der Neider Schwarm auf seine Scheitel blitzt.
Ein solcher Übergang währt selten in die Länge;
Die Freundin, welche dir so manches beigebracht,
Wird mit der Zeit schon sehn, (ach, daß es Gott verhänge!)
Wie endlich allzuscharf das Messer schartig macht.
45 Die Zeit verhindert mich, dich länger aufzuhalten,
Indessen lebe wohl, bedenke meinen Rat!
Laß die entbrannte Glut des Herzens nicht erkalten
Und liebe den, der dich um deine Liebe bat.

2. Schreiben an Herrn Benjamin Schmolcke.

Davids Harfe, großer Mann, die dein Finger künstlich spielet,
Wenn die Andacht deiner Brust einen Trieb von oben fühlet,
Warnet jetzo meine Leier, da mein Phöbus als ein Kind
Deiner mir erwiesnen Güte auf ein reines Danklied sinnt.
5 Ich durchgeh' den Helikon, einen Baum vor dich zu finden,
Ich verwunde manchen Ast, ich zerritze manche Rinden,
Das Gedächtnis deines Namens der Verwesung zu entziehn;
Aber ach, der stumpfe Griffel schilt mein thörichtes Bemühn.

42. Die hier erwähnte Friedensstörerin ist unbekannt. Vgl. S. 63, V. 19. — Schreiben
an Herrn Benjamin Schmolcke. Die Ausgaben datieren: „aus Wittenberg, den
20. Dez. 1715." (Über Schmolcke vgl. Einl. S. XIII).

Mir gerät kein guter Strich, sondern lauter falsche Züge,
Daß ich selbst aus Ungeduld wider mich zu Felde liege, 10
Und das Wort: Berühmter Schmolcke, kommt der Feder sauer an,
Weil es selbst die schwache Zunge langsam buchstabieren kann.
Wundre dich nun also nicht, daß ich deinen Ruhm verschweige,
Denn mein Fuß ist nicht geschickt, daß er diesen Berg ersteige,
Wo das Chor der deutschen Dichter deiner Muse Platz gemacht, 15
Welche dir schon in der Wiege ihren Lorbeer zugedacht.
Jetzt befiehlt der kurze Rest von dem hinterlegten Jahre
Meiner alten Schuldigkeit, daß sie keinen Weihrauch spare:
Nimm den Mund voll reiner Wünsche, großer Schmolcke, von
 der Pflicht
Eines dir verbundnen Knechtes, dem die Not den Willen bricht. 20
Deines Amtes schwere Last, als die Mutter grauer Haare,
Mindre sich je mehr und mehr bei dem Wachstum deiner Jahre,
Bis der wiederholte Wechsel vieler Zeiten deinen Geist
Hier aus einem Paradiese in das andre langsam weist.

3. An seine Magdalis.

Erzählt, ihr kalten Nordenwinde,
Die Seufzer meiner Schäferin,
Verkündigt dem verlaßnen Kinde,
Daß ich der alte Redlich bin,
Und macht ihr diese Botschaft kund: 5
Das Herze liebet wie der Mund.

Des Monden Antlitz sieht die Fluten
Der stummen Wehmut kläglich an;
Die Geister wollen mir verbluten,
Weil ich mein Kind nicht sprechen kann. 10
Ich denke der vergangnen Zeit,
Von der mich die Verschwendung reut.

---

17 hinterlegten, zurückgelegten. — An seine Magdalis. 2 meiner
Schäferin, Dativ. — 9. Geister, Lebensgeister.

Der Elbstrom fällt mir in die Augen,
Sein Eis erhitzet meinen Geist;
15 Ach, könnt' ich jetzt die Küsse saugen,
Die mich zuvor vollauf gespeist,
Ich wollte meinen Fuß bemühn
Und gar von hier nach Breslau ziehn.

Geliebtes Schweidnitz, das Vergnügen,
20 So mich bei dir im Schoße trug,
Wird nicht so bald mein Herz besiegen,
Das von der Wollust heftig schlug,
Wenn die getreue Magdalis
Mich brünstig in die Armen riß.

25 Die Zeiten sind bereits gestorben;
Drum fluch' ich der Vergänglichkeit,
Die mir und ihr den Schmerz erworben,
Den unser Abschied prophezeit,
Da mich das werte Sachsenland
30 Von meiner Schäferin getrannt.

Getrannt, doch nur auf kurze Jahre!
Verliebte Sehnsucht, fasse dich!
Der Kummer findet seine Bahre,
In dieser Hoffnung tröst' ich mich
35 Und lege mir den Wahlspruch bei:
Bedrängt, geduldig und getreu.

4. Beschluß eines Schreibens an Magdalis.

1716.

Die Zeit kann alles möglich machen;
Drum fasse dich nur mit Geduld!
Der Himmel blitzt, die Spötter lachen;
Getrost! Es ist nicht unsre Schuld.

---

30. getrannt, getrennt; alte, sogenannte rückumlautende Form. (Vgl faßten,
S. 70, V. 32.)

Der Anfang unsrer reinen Liebe   5
Ist Unruh', Unglück, Hohn und Pein,
Das Mittel ist nicht minder trübe,
Doch soll das Ende lustig sein.

So lebe wohl, du edles Herze,
Und denk' an deinen Philimen!   10
Er wandert jetzt mit herbem Schmerze
Und möchte fast vor Angst vergehn.

Dies, was ihn stärkt, das sind die Küsse,
Womit du ihn vorher versehn;
Die Post ist da, mein Kind, ich schließe: 15
Gott lasse deinen Wunsch geschehn!

5. Schreiben an seine Magdalis.

Wie hör' ich das von dir, betrübte Magdalis,
Daß deine Schönheit weint und sich dadurch verzehret?
O trauervolle Post, o allzuharter Riß,
Der mich in kurzer Zeit dem Tode selbst gewähret!
Mein Kind, bedenke mich; was beugst du mir das Herz,   5
Weil ich erfahren muß, daß mir dein Ohr nicht glaube?
Warum vergrößerst du den ungemeinen Schmerz?
Dein Zweifel zwingt mich fast, daß ich mein Leben raube.
Denn lebt' ich nicht vor dich, so sucht' ich meinen Tod
Durch Feuer, Messer, Strick, Stahl, Brunnen, Gift und Degen,   10
So könnt' ich meinen Leib, den die entstandne Not
Von allen Seiten reißt, auf meine Bahre legen.
So aber, ob mich gleich des Glückes Mißgunst haßt
Und alle Wetter sich auf meinen Kopf verschwören,
Ertrag' ich mit Geduld die Bürde schwerer Last,   15
Dir einzig und allein Vergnügen zu gebären.
Hingegen deine Brust traut mir die Falschheit zu,
Dein Vorwurf setzet mir ein Messer an die Kehle;

Schreiben an seine Magdalis. Die Ausgaben datieren: „Aus Wittenberg 171.
den 10 Juli." (Vgl. Einl. S. XV.)

Glaubst du, daß Günther dies, was deine Freundschaft, thu,
20 Von der ich jeden Tag ein neues Unglück zähle?
Mein Kind, eröffne mir, wer hat dein Haupt verrückt?
Hat wohl ein Maul voll Gift das Feuer ausgegossen,
Das meine Redlichkeit in deine Brust geschickt?
Ist meiner Schwester Brief ein angestellter Possen?
25 Die Liebe, welche du vergangnes Jahr erkannt,
Erduldet nimmermehr, daß sie dein Herz verdente,
Und fühlest du nicht mehr das fest verknüpfte Band,
In dem ich täglich mich je mehr und mehr verschränke?
Wo dir ein Tropfen Blut noch in den Adern springt,
30 Der meine Glut behält und mich sein eigen nennet,
So reiß die Furcht entzwei, die deine Großmut zwingt,
Und wisse, daß mein Herz noch in der Asche brennet.
Warum soll dich der Gram mir vor der Zeit entziehn?
Womit hab' ich verdient, dich blaß und tot zu schauen?
35 Mir stand der Hoffnungsbaum in allem Wetter grün;
Jetzt will ihm deine Qual so Stamm als Ast verhauen.
Wär' ich ein Wetterhahn, der ihm die Freude macht,
Wenn er ein Frauenbild durch seine List betrogen,
So wär' ich wert, daß mich die Mutter umgebracht,
40 Eh ich die erste Milch aus ihrer Brust gesogen.
Wo nur des Höchsten Gunst mir diesen Wunsch verleiht,
So soll der Donner eh mich in die Tiefe stürzen,
Als mein vergebner Schwur durch Unbeständigkeit
Dir, angenehmes Kind, die Lebenslust verkürzen.
45 Wie manche schöne Nacht sieht mich der blasse Mond
In stiller Einsamkeit am Kummerfaden spinnen!
Ich fresse mir das Herz; die Angst, so mich bewohnt,
Läßt keinen Augenblick mich Lust und Luft gewinnen.
Das macht, weil Wittenberg mir so zuwider scheint,
50 Daß mir kein Freudenstern darinnen aufgegangen;
Gott kennet meine Not; ich habe keinen Freund,
Als den, der über mich dergleichen Qual verhangen.

---

19. was deine Freundschaft; zu ergänzen ist: thut. Über die klatschsüchtige Freundin vgl. oben S. 59, V. 42. — 21. meiner Schwester, welche offenbar Günthers Liebesverhältnis feindlich war. (Vgl. über sie Einl. S. X.) Die Lesart „deiner Schwester" in der 2. und 3. Aufl. der Gedichte (S. 624) ist nur ein Druckfehler. — 26. verdente, verkenne. — 37. Der ihm die Freude macht. Die Stelle scheint fehlerhaft überliefert; Sinn: dem es Freude macht. Jedenfalls ist „ihm" reflexiv zu nehmen = sich.

Jedoch die Zuversicht, so mein Gemüte stillt,
Sagt mir, es sei noch nicht der Abend aller Tage;
Weil nun aus Aloe ein Schmerzensmittel quillt,   55
So hab' ich einen Trost in meiner steten Plage.
Mein Engel, meine Lust, mein Leben und mein Licht,
Vor die ich tausendmal mit Freuden sterben wollte,
Sei munter, unverzagt, entsetze dich nur nicht,
Wenn auch die ganze Welt dich scharf verfolgen sollte.   60
Wir werden dermaleinst einander wiedersehn
Und unser bißchen Brot in süßer Eintracht speisen;
Ich bin schon halb entzückt und halt' es vor geschehn,
Weil Gott und Himmel es mir in Gedanken weisen.
Die Mutter, welche dich noch als ein Kind gesäugt,   65
Soll dann gewiß an mir den Schwiegersohn erfahren,
Der als ihr rechtes Kind Lieb' und Gehorsam zeigt;
Ihr Alter mehre sich mit lauter Segensjahren.
Dein Vater lebe so, wie es sein Wunsch verlangt,
Es müssen Glück und Heil ihm als zwei Sklaven dienen;   70
Dein Bruder, der bei uns der Künste Fleiß erlangt,
Erhebe seinen Ruhm bis an die Himmelsbühnen.
Ich habe schon genug, bringt mich nur Gott zur Ruh',
Daß ich mit dir, mein Kind, dies Elend bauen könne;
Dein teuerster Besitz sagt mir die Wollust zu,   75
Die ich in dieser Welt des Himmels Vorschmack nenne.
Der Schwester, die vor dich anjetzt den Vorspruch thut,
Soll alles, was sie will, ein gutes Ziel erreichen;
Der Höchste schütze sie mit seiner Gnadenhut,
Sein Engel wolle nie von ihrer Seite weichen!   80
Und dir, mein andres Ich, thu' sich der Himmel auf,
Damit des Glückes Tau auf deine Scheitel regne,
Es komme keine Not in deinen Lebenslauf,
Bis mir dereinst mit dir mein Augentrost begegne.
Willst du, daß eine Post von meiner Sterblichkeit   85
Mit ganz geschwinder Faust an deine Thüren klopfe,

---

55. Aloe, bildlich für Leib, Trübsal: der bittere Aloesaft ist zugleich „Schmerzens=
mittel", d. h. Arznei. — 71. bei uns, wohl in Wittenberg, wo er studierte. — 74. dies
Elend bauen, unverständlich, wahrscheinlich fehlerhaft. — 77. Den Vorspruch thut,
Fürsprache einlegt. Die nähere Bezeichnung ist undeutlich. Vielleicht ist „Vorsprung" zu
lesen und anzunehmen, daß die (vielleicht jüngere) Schwester Leonorens sich um diese Zeit
verheiratete und deshalb einen „Vorsprung" vor Leonore that, welche auf den Dichter
warten sollte. Über ihre Ehe, welche eine unglückliche war, vgl S. 133, V. 61 ff.

So gräme dich nur ab und wisse, daß dein Leid
Und wiederholtes Ach den Atem mir verstopfe.
Hingegen sehnst du dich nach meiner Wiederkunft,
90 So mache Geist und Sinn in deinem Herzen munter;
Den Kummer hebt kein Gram, wohl aber die Vernunft;
Verfolgst du deinen Schmerz, so bringst du mich hinunter.
Das größte, was ich jetzt von dir erbitten will,
Ist, daß mich dein Gebet dem Himmel übergebe,
95 Damit sein Eifer mich (hier schweigt die Feder still)
Nach so geraumer Zeit des Zornkelchs überhebe.
Indessen thu' ich stets, was meines Amtes ist:
Ich werde meinen Fleiß an guten Künsten üben
Und dich, so wahr mein Kuß in diese Zeile fließt,
100 Getreue Magdalis, bis an mein Ende lieben

— —

6. An Leonoren.

Zwischen Ufer, Thal und Klüften
Ließ der treue Saladin
Mit den kühlen Abendlüften
Tausend heiße Seufzer fliehn,
5 Weil kein längst gehoffter Brief
Seinem Wunsch entgegen lief.

Die Gewalt verliebter Schmerzen
Warf ihn kraftlos in das Gras,
Wo er mit bedrängtem Herzen
10 Und gestütztem Arme saß;
Endlich wollte seiner Pein
Brust und Herz zu enge sein.

Zeuch nur, sang er, schöne Gegend,
Deiner Triften Reizung ein!
15 Jetzo bist du nicht vermögend,

An Leonoren. Das Gedicht wird von den Ausgaben wegen der sinnlosen Be=
ziehung von „Paradies" (B. 47) auf einen „Spazierort vor Jena" in das Jahr 1723 ge=
setzt; dem Inhalt nach gehört es zweifellos in die Zeit der ersten Trennung von Leonore,
also in die Wittenberger Periode. Litzmanns Annahme, das Gedicht sei in Lauban ent=
standen (1720), ist deshalb unwahrscheinlicher, weil die tiefe Sehnsucht nach der Heimat
durchaus auf das erstmalige Scheiden hinweist.

Mein Gemüte zu erfreun,
Dessen Schwermut diesen Fluß
Mit den Thränen stärken muß.

Mit den Thränen, die mein Leiden
Billig Scheidewasser nennt,　　　　　　　　　20
Weil es nach dem schweren Scheiden
Augen, Haut und Seele brennt
Und die Lippen schmerzlich frißt,
Die der Abschied roh geküßt.

Leonore, laß dich finden!　　　　　　　　　25
Irr' ich, oder rufst du nach?
Sagt, ihr schattenreichen Linden,
Sage, du verschwiegner Bach,
Ob nicht die, so mich regiert,
Dann und wann herumspaziert.　　　　　　　30

Würd' ich auf den Blumenbeeten
Jetzo doch nur so beglückt,
Nur in eine Spur zu treten,
Die ihr netter Fuß gedrückt,
Sollt' es, scheint der Trost gleich klein,　　　35
Mir doch Trost genug verleihn.

Seht, so schwärmt mein blind Verlangen,
Das mich hin und wieder reißt;
Der durch Leonorens Prangen
Zärtlich eingenomm'ne Geist　　　　　　　40
Bildet sich um jeden Hain
Seiner Schönen Ruhplatz ein.

Nein, mein Geist, du irrst im Bilde;
Zieh den Ort genauer an:
Diese Tiefen, dies Gefilde　　　　　　　　45
Ist kein schlesisch Kanaan,
Und zum Paradies allhier
Mangelt nichts als Lorchens Zier.

21. roh, d. h. so daß die Haut aufsprang. — 44 ff. Litzmann (Günthers Ged. S. 106
Anm.) hat sich durch den Umstand, daß die Ausgaben den Ausdruck „Paradies" falsch ge-
deutet haben, zu der Ansicht verleiten lassen, als biete die Stelle wirklich dem Verständnis Schwierigkeiten; er hat deshalb ganz unnötiger Weise die Strophe V. 43—48

50 Male dir die Lust auf Erden,
    Adams ersten Aufenthalt,
    Nebst den Mienen und Gebärden
    Seiner kläglichen Gestalt
    Und betrachte, wenn er flieht,
    Wie betrübt er rückwärts sieht.

55 Siehst du dies, so sieh darinnen
    Mich und meinen Zustand an,
    Dessen Qual kein künstlich Sinnen
    Und kein Kiel entwerfen kann;
    Evens Anmut blüht in dir,
60 Adams Unruh folget mir.

    Da ich mich entfernt betrübe,
    Lernt mein Geist erst mit Verdruß,
    Wie getreu und stark er liebe,
    Weil er dich verlassen muß,
65 Und die Angst entrißner Brust
    Lehrt den Wert vergangner Lust.

    Von den Spitzen derer Hügel
    Seh' ich oft ins Vaterland;
    Hätt' ich doch nur Taubenflügel
70 Oder Dädals Zauberhand,
    Um nur, wie zuvor geschehn,
    Dich, mein Engel, noch zu sehn.

    Dich, o Sonne meines Lebens,
    Dich, o Ursprung meiner Glut!
75 Ist's denn, leider, ganz vergebens,
    Daß mein Mund so kläglich thut?
    Nein, ich weiß, dein klingend Ohr
    Stellt dir oft mein Leiden vor.

---

hinter V. 60 gestellt. Der Zusammenhang ist einfach der: Günther hat durch die Trennung
von der Heimat und der Geliebten das Paradies verloren (V. 45—48), und ebenso be=
trübt, wie einst Adam dem Paradies den Rücken lehrte (V. 49—54), ist auch er in seiner
jetzigen Einsamkeit (V. 55—58).
     67. derer Hügel, so lesen die 3., 4., 5. und 6. Auflage der Gedichte. Die andere
Lesart „dürrer", welche Tittmann und Litzmann in den Text aufgenommen haben, ist
jedenfalls weniger geschmackvoll.

Ist der Tag der Erd' entwichen,
So verwehrt dein Bild die Ruh';   80
Kommt ein Ostwind her gestrichen,
Kehr' ich ihm das Antlitz zu;
Denn mich deucht, er bringe mir
Manchen sanften Kuß von dir.

Wo ich sitze, steh' und liege,   85
Stehst und liegst du neben an,
Daß ich auch die kleinsten Züge
Deiner Bildung zählen kann;
Greif' ich aber mit der Hand,
Fang' ich nichts als Luft und Wand.   90

Hätt' ich nur von tausend Küssen
Manchen, den ich kaum genoß,
Weil ich, ohn' es selbst zu wissen,
Oft in trunkner Lust zerfloß;   95
O wie ratsam wollt' ich ihn
Jetzt aus deinen Lippen ziehn!

Was zu thun? Die Zeit heißt warten,
Wenn uns Glück und Not probiert;
Frost und Schnee verstellt den Garten,
Bis der Lenz die Stöcke ziert,   100
Da uns denn der Rosen Pracht
Nach dem Winter holder lacht.

Also, liebste Leonore,
Trägt auch meine Redlichkeit
Unter diesem Trauerflore   105
Noch ein grünes Hoffnungskleid
Und verspricht sich noch, so schön
Neben dir bald bunt zu gehn.

Sammle nur auf jene Stunde,
Die die Wiederkunft bestimmt,   110
Neuen Geist und Kraft im Munde,

95. ratsam, bedächtig — 99. verstellt, entstellt.

Stärke, was im Auge glimmt;
Ja, verspar' auf diesen Tag
Alles, was entzücken mag.

115　O mit was vor süßem Lallen
Werden wir alsdenn, mein Kind,
An und um einander fallen,
Bis die Zunge Kraft gewinnt
Und durch holde Wort' entdeckt,
120　Was wir innerlich geschmeckt.

Echo mag indes mein Klagen
In der grünen Einsamkeit
Durch die weiten Förste tragen;
Dort erwart' ich, liebste Zeit,
125　Dich, du Bote neuer Ruh';
Ich will warten; eile du!

7. Auf die Morgenzeit bei Erinnerung Leonorens.

Ich seh' dich zwar, du angenehmer Morgen,
Und zwar nicht sonder Zärtlichkeit,
Und diese zwar zu Lust und Leid
Vergangner Ruh' und gegenwärt'ger Sorgen,
5　Denn wenn bei deinem Blick mir ins Gedächtnis fällt,
Wie oft dein holder Stern auf Leonorens Wangen
Durch seinen Wiederschein mir doppelt aufgegangen,
So fühl' ich einen Trost, der Not und Kummer hält.

Ich ließ den Schlaf vergebens auf mich warten,
10　Und wenn mein Fleiß die finstre Nacht
Mit Kuß und Büchern hingebracht,
So zogst du mich gleichwohl noch in den Garten;
Da träufelte mir erst das süße Mannabrot
Noch reicher als dein Tau vom allerliebsten Munde,
15　Da macht' ich oftermals mit unserm süßen Bunde,
Ich glaub', aus Eifersucht, Auroren noch so rot.

Dies war ein Rest der ehmals güldnen Zeiten,
Die bloß die Liebe wieder schenkt,
Die Liebe, so auf nichts gedenkt,
Als durch die Bahn des Lebens froh zu schreiten.   20
Da hatt' ich noch ein Herz, dem konnt' ich noch vertraun,
Da scheut' ich keinen Fall, der unser treu Gespräche
Durch Argwohn oder Neid und Lügen unterbräche;
Da sprach ich oft mit Recht: Hier laß uns Hütten bau'n!

Da sagt' ich ihr die heimlichsten Gedanken,   25
Und was auch ihr von Freud' und Gram
Sonst niemals auf die Zunge kam,
Das brach vor mir des Herzens enge Schranken;
Die Geister übten sich bei selbst gelaßner Ruh,
An Scherz und Redlichkeit einander zu besiegen,   30
Die Leiber wußten auch ihr Teil davon zu kriegen
Und satzten durch den Kuß einander feurig zu.

Ach, Schweidnitz, ach du Bild von Salems Thoren,
Du Lustplatz meiner jungen Zeit,
Die sich den Musen ganz geweiht,   35
Was hab' ich nicht mit dir vor Fried' und Heil verloren!
Ich seh' durch Thrän' und Angst, und sieh, du bist nicht da,
Des Tages tausendmal mit größrer Angst zurücke,
Als jen' gefangnes Volk, das mit betrübtem Blicke
Die Gegend Kanaans aus Babels Fenstern sah.   40

Jetzt hab' ich nichts, Verdruß und Angst zu stillen,
Als etwan die Verzweiflungslust;
Jedoch, was quäl' ich selbst die Brust?
Verliert euch nur, ihr angenehmen Grillen,
Verliert euch, bis mir einst ein beßrer Glücksstern scheint.   45
Jetzt will ich durch Gefahr mit Fleiß und Hoffnung wagen;
Zwei Pfeiler helfen mir die schwere Bürde tragen:
Die Vorsicht in der Höh' und hier mein treuer Freund.

---

32. satzten, sogenannte rückumlaufende Form. (Vgl. getrannt S. 61, B. 30.) —
48. Hier mein treuer Freund; Peters aus Rendsburg. Günther hatte bald darauf
seinen Tod zu beklagen. (Vgl. unten S. 113 f., B. 88 ff.)

8. An einen guten Freund.

1717.

Freund von der alten Welt, an Treue, nicht an Jahren,
Es küßt dich meine Pflicht durch dieses stumme Blatt
Und wünschet stets von dir ein Glücke zu erfahren,
Das der Polykrates zu seiner Schwester hat.

5 Die Zeit verändert sich, und Tithons goldner Wagen,
Als dessen Wiederkunft die langen Nächte hemmt,
Hat abermals ein Jahr an jenen Ort getragen,
Woher kein Rückweg geht und niemand wieder kömmt.
Die Römer stritten einst mit köstlichen Geschenken,

10 Wenn des Saturnus Spiel der Knechte Lust vernahm,
Ein Gönner schonte nichts, den andern zu bedenken,
Der ihm, wo nicht zuvor, doch schon entgegen kam.
Dort flogen Münzen, Pracht, Geschmeide, Stoff und Bänder,
Wein, Schalen, Zuckerwerk und Bilder her und hin;

15 Was anders zeigten wohl dergleichen Ehrenpfänder,
Als den in Lust und Leid ergebnen Freundschaftssinn?
Jetzt sollt' ich den Gebrauch an dir mit Recht erneuren;
Mein Bruder, zürne nicht, daß mich der Notzwang quält,
Weil Dichter insgemein, auch ohne viel Beteuren

20 Ein Volk wie Petrus sind, dem Gold und Silber fehlt.
Wir zahlen mit der Hand, doch nur papierne Gelder,
Wie Frankreichs Ludewig, wenn ihm der Sold gebricht;
Kein solches Bergwerk ziert der Musen Lorbeerwälder,
Als wie den reichen Harz, in den Hannover sticht.

25 Der Phöbus, unser Herr, trägt weder Tasch' und Beutel
Noch Geld und Geldeswert, wie ein Apostel thut;
Er schätzet dies Metall vor seine Faust zu eitel
Und scheint darinnen fast den Kapuzinern gut.
Könnt' ich in einen Sack von Rosinobeln greifen,

An einen guten Freund. Das Gedicht ist nach Leipzig gerichtet, wie aus V. 143 hervorgeht; der Adressat ist wahrscheinlich Günthers Schulfreund Johann Gottfried Hahn (1694—1753), der 1714—1717 in Leipzig Medizin studierte. (Vgl. Einl. S. XVII.) — 1. Freund von der alten Welt; wir würden sagen: aus der guten, alten Zeit. — 4. Polykrates, Tyrann von Samos (565—522). Die Sage, auf die hier angespielt wird, ist bekannt aus Schillers „Ring des Polykrates". — 5. Tithons goldner Wagen. Tithon ist der Gemahl der Eos. Die Ausgaben lesen fehlerhaft „Titans". — 7. an jenen Ort, die Vergangenheit. — 10. Des Saturnus Spiel, die Saturnalien, römisches Volksfest vom 17.—23. Dezember. — 29. Rosinobel, eigentlich Rosenoble, englisches Goldstück.

Wär' ich ein Kaufmannskind, das viel auf Banko legt,　　30
Und ließe der Parnaß mir teure Früchte reifen,
Die der Alcinous in seinen Garten trägt,
So würd' ich, dient' es auch zu meinem größten Schaden,
Viel Hekatomben thun und dir als ein Poet
Den starken Pegasus wie ein Kamel beladen,　　35
Das zu dem Mahomet nach Mekka opfern geht.
Dies ist kein Werk vor mich, und Wollen und Vollbringen
Sind Dinge, die bei mir in keinem Bunde stehn;
Thut dir ein Lied genug? Die Redlichkeit mag singen
Und dich, so weit sie kann, bis ans Gestirn erhöhn.　　40
Dies etwan hab' ich noch bei allem Mangelleiden,
Daß mir Kalliope ein heitres Antlitz giebt
Und daß ein Freud wie du, so sehr mich andre neiden,
Der Tadelsucht zu Trotz mein schlechtes Spielen liebt.
Das Urteil macht mich stolz, das deine Feder schreibet,　　45
Viel bild' ich mir auf dich, nichts auf mich selber ein;
Der Geist, so dann und wann mich auf den Pindus treibet,
Will künftighin von dir noch mehr entzündet sein.
Brächt' ich es nur so weit, den meisten zu gefallen,
Die in gebundner Kunst nicht fremde Gäste sind,　　50
Ich schlüge Zorn und Haß und das verdammte Lallen
Des murrenden Gerüchts mit Großmut in den Wind.
Es geht nicht anders her, dies sind der Mißgunst Sitten,
Daß, weil der Dichter lebt, er wenig Ruhm erlangt,
Noch, eh die Parzen ihm den Faden abgeschnitten,　　55
Sein wohlverdienter Kranz auf Marmorsäulen prangt.
Die Unart eitler Welt lobt selten ein Gedichte,
Wenn nicht die Hand schon faul, die es geschrieben hat,
Der Tod gebiert uns erst ein grünendes Gerüchte,　　·
Die Ehrenwiege bleibt des Sarges Lagerstatt.　　60
Homer war seiner Zeit ein schändliches Gelächter,
Nur Schäfer hörten zu, wenn der von Askra sang,
Virgil erfuhr den Spott der giftigen Verächter,
Eh er durch seine Gruft die bösen Mäuler zwang.
Vielleicht hört mich das Ohr des Vaterlandes nennen,　　65

---

32. Alcinous, König der Phäaken; über seinen Garten vgl. Odyssee 7, V. 112—132.
— 54. weil, so lange als. — 62. Der von Askra, Hesiod.

Wenn seiner Enkel Kind die deutschen Schwäne zählt,
Vielleicht wird Opitz mich als seinen Schüler kennen,
Wenn der Elysen Feld uns dermaleinst vermählt.
Der Hochmut bläst auch mir den Wahn nicht in die Ohren,
70 O nein, ich seh' es wohl, was Lohenstein gethan,
Denn Gryph und dieser stehn in den berühmten Thoren
Der grauen Ewigkeit, wie Hoffmann, oben an.
Sind doch nicht alle gleich, die nach dem Kaiser reiten;
Was schadet's, daß auf mich die letzte Stelle fällt?
75 Genug vor meinen Ruhm, wenn in den späten Zeiten
Mein Buch, das jetzo keimt, nur einen unterhält.
Zwar sollt' es mir vergehn, die Saiten anzustimmen,
Da mich des Unglücks Hand in Kummerlauge wäscht
Und durch die scharfe Flut, wenn Kopf und Kiel entglimmen,
80 Den Zunder, der kaum fängt, den Augenblick verlöscht.
Der Kuckuck überschreit des Phöbus Nachtigallen,
Ein nächtliches Holla durchdringt das Fensterglas;
So zierlich kann es kaum aus jener Höhle schallen,
In welcher Cacus einst mit seiner Flaute saß.
85 Der halbgebrochne Klang ersauft im Wermutsbade;
Ich schätze Wittenberg der Insel Patmos gleich,
Des Elbstroms Ufer ist mein pontisches Gestade,
Hier macht mich Leid und Gram, wie dort den Naso, bleich.
Jedoch was will man thun? Auf das Verhängnis fluchen?
90 Was hat ein Hund davon, der in die Steine beißt?
Wer weiß, kann mich nicht bald ein Ebedmelech suchen,
Der den Propheten dort aus Schlamm und Grube reißt?
Die Leier bleibt mein Trost; wohl dem, der seinen Wunden,
Die ihm die Schickung schlägt, dergleichen Pflaster kauft:
95 Die Leier, so mir selbst der Phöbus eingebunden,
Als mich die Musenschar aus ihrer Flut getauft.
Da sitz' ich früh und spät, da spiel' ich mit Vergnügen,
Diana nimmt gar oft die Harmonie in acht;

66. Die deutschen Schwäne; Schwan war dieser Zeit ein sehr geläufiger und beliebter Ausdruck für Dichter. — 71. Gryph, Andreas Gryphius. — 72. Hoffmann, von Hoffmannswaldau. — 73. sprichwörtlich. — 76. Mein Buch, das jetzo keimt, seine Gedichte. — 84. Cacus, ein Riese, Sohn des Vulkan, von Herkules getötet. Vgl. Livius 1, 7, 5—7 und Vergil, Aen. 8, 193—267. „zierlich" V. 83 ist natürlich ironisch auf-zufassen. — 86. Patmos, Felseninsel im ägäischen Meer, römischer Verbannungsort; der Sage nach hat sich der Evangelist Johannes dort aufgehalten. — 87 f. Anspielung auf das Exil des Naso (Ovid) am schwarzen Meer. — 91. Ebedmelech, ein Mohr, der Jeremias aus der Grube befreite. Vgl. Jerem. 38, V. 6—13.

Dabei laß' ich den Dampf des edlen Weihrauchs fliegen,
Den uns Virginien durch London übermacht.　　　　　　　　100
Bald kommt der Cypripor, ich muß des Knabens lachen,
Bringt einen starken Packt von Krausens Schmiererei
Und schneidet, mir dadurch die Stunden kurz zu machen,
Die Frucht des Müßiggangs zu Jidibus entzwei.
Bald spricht mir Venus zu und singt mir in die Flöte,　　105
Bis sie den hohlen Ton der frühen Glocke hört,
Und uns das Rosenpferd der frühen Morgenröte
In der Vertraulichkeit verbuhlter Lieder stört.
O selig hoher Stand! Gott woll' es nie verhängen,
Daß mir der Delius eh als mein Geist entflieh';　　　　　110
Es mag mich Wind und Sturm und Blitz und Hagel drängen,
Ich liebe meinen Reim, so lang' ich Atem zieh'.
Daß mich kein Purpurtuch nach der Geburt empfangen,
Als ich den ersten Blick in dieses Leben that,
Daß meine Zimmer nicht mit den Spalieren prangen,　　115
Worauf der stolze Fuß des reichen Kröfus trat,
Daß mir des Adels Von den Namen nicht verlängert,
Daß mich des Himmels Gunst als ihren Stiefsohn hält,
Daß kein erworbner Schweiß den leeren Kasten schwängert
Und mir kein teurer Wein den Magen aufgeschwellt,　　120
Dies alles, edler Freund, ist mein geringster Kummer,
Da mir der Helikon sein schattig Thal erlaubt
Und dessen stiller Hain durch einen sanften Schlummer
Und manchen süßen Traum die Qual von außen raubt.
Ich gönn' es andern gern, bei Hofe groß zu werden　　125
Und vor den Spiegel sich in weicher Tracht beschaun,
Es fahre Kunz und Max mit drei Paar weißen Pferden,
Es laß' ihm Trax ein Haus von Alabaster baun:
Kein eifersücht'ger Gram soll mich darüber drücken,
Und meine Niedrigkeit sieht auf der hohen Bahn　　　　130
Den Wachstum ihres Thuns mit unverwandten Blicken
Als ein Versuchungsbrett und einen Fallstrick an.

---

102. **Krausens Schmiererei.** Über Günthers mehrjährige litterarische Fehde mit
Theodor Krause in Schweidnitz vgl. Einleitung S. XII f. — 104. **Die Frucht des Müßig=
gangs**, spöttische Bezeichnung der Krauseschen Zeitschrift: „Vergnügung müßiger Stunden 2c."
(1713—1732). — 110. **Der Delius**, der delische Gott, Apollo. — 119. **kein erworbner
Schweiß**; man sollte umgekehrt erwarten: kein schweißvoller Erwerb. Die Lesart ist so
wunderlich, daß die Annahme eines Fehlers nahe liegt. Vielleicht ist statt „Schweiß"
„Schatz" zu lesen. — 128. **ihm**, reflexiv: „sich".

Ein kräftiger Verstand, ein Alter ohne Sorgen,
Ein Ehstand sonder Hohn, mein treues Saitenspiel,
135 Ein klein= und eigner Herd, ein Leben ohne Borgen
Und ein gesunder Leib sind meiner Wünsche Ziel.
Wie aber, daß ich mich ins Schreiben so verliebe?
Ich halte dich, mein Freund, von beßrer Arbeit ab;
Geh, warte deines Amts, das einem Stundendiebe,
140 Der ich jetzt worden bin, so viel Gehöre gab.
Der Segen aus der Höh' sei stets mit deinem Fleiße,
Auf dessen Wirkung sich schon mancher Kranker freut,
Es ehre dich der Kranz der grundgelehrten Pleiße,
Der Seine, Maas und Themf' nicht mehr die Spitze beut.
145 Ist es dein Bruder wert, so setze deine Güte,
Die mich ermuntern kann, nicht sonder Zusatz fort
Und suche stets bei mir ein redliches Gemüte,
Das diesen Wahlspruch führt: Das Herze wie das Wort.
Die Namen, so sich jetzt in meinen Vers nicht schicken,
150 Bekommen ebenfalls den Gruß von meiner Hand;
Erinnre, daß sie nur den Sinn zu Grabe schicken,
Mit dem uns Schweidnitz schon auf ewig fest verband.
Kommt ihr von ohngefähr in Fröhlichkeit zusammen,
Leert auf mein Wohlergehn bisweilen Glas und Krug!
155 Gebraucht der Frühlingszeit, kühlt eure Jugendflammen
Und sprecht von Günthern nur: Er ist noch gut genug.

———

9. Lob des Winters.

Verzeiht, ihr warmen Frühlingstage,
Ihr seid zwar schön, doch nicht vor mich;
Der Sommer macht mir heiße Plage,
Die Herbstluft ist veränderlich;
5 Drum stimmt die Liebe mit mir ein:
Der Winter soll mein Frühling sein.

149 f. Günthers übrige Freunde in Leipzig. — 151. zu Grabe schiden, d. h. bis
zum Grab bewahren.

Der Winter zeigt an seinen Gaben
Die Schätze gütiger Natur,
Er kann mit Most und Äpfeln laben,
Er stärkt den Leib und hilft der Kur,   10
Er bricht die Raserei der Pest
Und dient zu Amors Jubelfest.

Der Knaster schmeckt bei kaltem Wetter
Noch halb so kräftig und so rein,
Die Jagd ergetzt der Erden Götter   15
Und bringt im Schnee mehr Vorteil ein;
Der freien Künste Ruhm und Preis
Erhebt sich durch den Winterfleiß.

Die Zärtlichkeit der süßen Liebe
Erwählt vor andern diese Zeit;   20
Der Zunder innerlicher Triebe
Verlacht des Frostes Grausamkeit;
Das Morgenrot bricht später an,
Damit man länger küssen kann.

Der Schönen in den Armen liegen,   25
Wenn draußen Nord und Regen pfeift,
Macht so ein inniglich Vergnügen,
Dergleichen niemand recht begreift,
Er habe denn mit mir gefühlt,
Wie sanfte sich's im Finstern spielt.   30

Da ringen die getreuen Armen
Mit Eintracht und Ergetzlichkeit,
Da lassen sie den Pfühl erwarmen,
Den oft ein falsches Dach beschneit,
Da streiten sie mit Kuß und Biß   35
Und wünschen lange Finsternis.

Das Eis beweist den Hoffnungsspiegel,
Der viel entwirft und leicht zerfällt;
Ich küsse den gefrornen Riegel,

---

30. sanfte, behaglich, angenehm. — 37. beweist, bedeutet.

40   Der mir Amanden vorenthält,
So oft mein Spiel ein Ständchen bringt
Und Sait' und Flöte schärfer klingt.

Ich zieh' den Mond- und Sternenschimmer
Dem angenehmsten Tage vor;
45   Da heb' ich oft aus meinem Zimmer
Haupt, Augen, Herz und Geist empor,
Da findet mein Verwundern kaum
In diesem weiten Raume Raum.

Euch Brüder hätt' ich bald vergessen,
50   Euch, die ihr nebst der deutschen Treu
Mit mir viel Nächte durch gesessen,
Sagt, ob wo etwas bessers sei,
Als hier bei Pfeifen und Kamin
Die Welt mitsamt den Grillen fliehn.

55   Der Winter bleibt der Kern vom Jahre,
Im Winter bin ich munter dran,
Der Winter ist ein Bild der Bahre
Und lehrt mich leben, weil ich kann;
Ihr Spötter redet mir nicht ein;
60   Der Winter soll mein Frühling sein.

10. Als er sich nicht verlieben wollte.

Das laß' ich wohl bleiben, daß ich mich verliebe;
Was heißt sich verlieben? Am Narrenseil ziehn,
Sich täglich um kindische Possen bemühn.
Wenn mancher bei stiller Zufriedenheit bliebe,
5   So wäre der Beutel viel besser bestellt;
So aber vertändelt mein Närrchen das Geld.

Als er sich nicht verlieben wollte. Das Gedicht, welches allem Anschein nach
in die erste Leipziger Zeit fällt (Winter 1717/18), ist mehr ein für den frohen Kreis be-
stimmter Scherz, als ein Ausdruck wahrer Gefühle, da Günther gewiß um diese Zeit noch
seine Leonore im Herzen trug.

Ich liebe ja selber mein eigen Vergnügen
Und trinke dagegen ein Köpfchen Kaffee
Und suche zuweilen den Wechsel in Thee,
So werd' ich die Schwindsucht im Beutel nicht kriegen,　10
Und sollt' ich was zahlen, so zahl' ich für Wein,
So darf ich bei Freunden kein Eigensinn sein.

Denn wer sich so zeitig zum sklavischen Leben
Und zu der verdrießlichen Männerzunft schickt,
Hat öfters die Hosen mit Seufzen geflickt;　15
Er würde wahrhaftig was anders drum geben,
Dafern es nur könnte mit Ehren geschehn,
Sich wieder in voriger Freiheit zu sehn.

Drum laß' ich's wohl bleiben, daß ich mich verliebe;
Ich liebe mich selber und schone mein Geld.　20
Es liebe die Mädel, wem solches gefällt;
Sie machen den Beutel zum löchrichten Siebe,
Auch trifft es gar selten am Ende so ein:
Was lieben und dennoch kein Narre nicht sein.

11. Daß man die frohen Stunden noch mitnehmen sollte.

Das Haupt bekränzt, das Glas gefüllt!
So leb' ich, weil es Lebens gilt,
Und pflege mich bei Ros' und Myrten.
Fort, Amor, wirf den Bogen hin
Und komm, mich eiligst zu bewirten!　5
Wer weiß, wie lang ich hier noch bin?

Komm, bring ein niedliches Kosser,
Komm, geuß der Sorgen Panacee,
Den güldnen Nektar in Krystallen!
Seht, wie die kleinen Perlen stehn!　10
Mir kann kein beßrer Schmuck gefallen,
Als die aus dieser Muschel gehn.

Daß man die frohen Stunden noch mitnehmen sollte. 8. Panacee, Universalmittel.

Mein Alter ist der Zeiten Raub,
In kurzem bin ich Asch' und Staub;
15 Was wird mich wohl hernach ergetzen?
Es ist, als flöhen wir davon.
Ein Weiser muß das Leben schätzen,
Drum folg' ich dir, Anakreon.

Werft Blumen, bringt Cachou und Wein
20 Und schenkt das Glas gestrichen ein
Und führt mich halb berauscht ins Bette.
Wer weiß, wer morgen lebt und trinkt?
Was fehlt mir mehr? Wo bleibt Brunette?
Geht, holt sie, weil der Tag schon sinkt!

12. Studentenlied.
1718.

Brüder, laßt uns lustig sein,
Weil der Frühling währet
Und der Jugend Sonnenschein
Unser Laub verkläret;
5 Grab und Bahre warten nicht;
Wer die Rosen jetzo bricht,
Dem ist der Kranz bescheret.

Unsers Lebens schnelle Flucht
Leidet keinen Zügel,
10 Und des Schicksals Eifersucht
Macht ihr stetig Flügel;
Zeit und Jahre fliehn davon,
Und vielleichte schnitzt man schon
An unsers Grabes Riegel.

15 Wo sind diese, sagt es mir,
Die vor wenig Jahren
Eben also, gleich wie wir,
Jung und fröhlich waren?

19. Cachou, Bisamkugeln. — Studentenlied. Das heute noch gesungene Lied
zeigt an einigen Stellen, besonders im Anfang, Anlehnung an „Gaudeamus igitur", von
dem es auch die Melodie entlehnt hat. — 2. Weil, so lange als.

Ihre Leiber deckt der Sand,
Sie sind in ein ander Land
Aus dieser Welt gefahren.

Wer nach unsern Vätern forscht,
Mag den Kirchhof fragen;
Ihr Gebein, so längst vermorscht,
Wird ihm Antwort sagen.
Kann uns doch der Himmel bald,
Eh die Morgenglocke schallt,
In unsre Gräber tragen.

Unterdessen seid vergnügt,
Laßt den Himmel walten,
Trinkt, bis euch das Bier besiegt,
Nach Manier der Alten.
Fort! Mir wässert schon das Maul,
Und, ihr andern, seid nicht faul,
Die Mode zu erhalten.

Dieses Gläschen bring' ich dir,
Daß die Liebste lebe
Und der Nachwelt bald von dir
Einen Abriß gebe!
Setzt ihr andern gleichfalls an,
Und wenn dieses ist gethan
So lebt der edle Rebe.

13. Studentenlied.

Müdes Herz,
Laß den Schmerz
Mit dem Atem fahren!
Lebst du doch
Jetzo noch
In den besten Jahren.

Thoren denken vor der Zeit
An die Nacht der Eitelkeit;
Gnug, wenn uns das Alter zwingt
Und den Kummer mit sich bringt.

Alle Not,
Die uns droht,
Kommt von eignem Wahne;
Daß das Weh
Bald vergeh',
Bohrt man nicht im Zahne.
Unser mürrischer Verdruß
Ist wie ein gesalzner Fluß,
Der, je mehr er Thränen reizt,
Wang' und Auge schärfer beizt.

Brüder, wir
Sind jetzt hier,
Und wer weiß, wie lange?
Jeder Schritt
Ist ein Tritt
Zu dem letzten Gange.
Nehmt die Wollust zum voraus
Und besucht das Freudenhaus,
Eh ein ungewisser Tag
Uns der Bahre liefern mag.

Glaubt doch nur,
Epikur
Macht die klügsten Weisen;
Die Vernunft
Seiner Zunft
Sprengt die Foltereisen,
Die der Aberglaube stählt,
Wenn er schlechte Seelen quält
Und des Pöbels blöden Geist
In die Nacht des Irrtums reißt.

---

8. Die Nacht der Eitelkeit, d. h. der Nichtigkeit, die Nacht des Todes.

Diese Nacht
Giebt uns Macht
Frank und frei zu leben;
Jeder Stern
Sieht es gern,   45
Daß wir Feuer geben;
Unsre Büchsen sind zwar Thon,
Aber sie verjagen schon
Aller Grillen starkes Heer,
Wenn es noch so heftig wär'.   50

Nehmt doch wahr,
Wie sogar
Tote Kräuter lehren!
Laßt uns noch,
Laßt uns doch   55
Ihre Warnung hören!
So verfliegt der sachte Rauch,
So verfliegt das Leben auch,
Und die Asche malet hier
Unsers Leichnams Bildnis für.   60

Nun wohlan,
Nehmt doch an!
Hier ist Engelländer,
Dessen Dampf
Trotzt den Kampf   65
Aller Tobaksschänder.
Kostet auch den Wurzner Saft!
Gerstenblut macht Brüderschaft;
Treu und offenherzig sein
Fließt mit diesen Strömen ein.   70

Dieser Schlung,
Dieser Trunk
Geht auf das Vergnügen
Derer, die
Schoß und Knie   75
Fein gemächlich fügen.

67. Wurzner Saft. Wurzen an der Mulde, Stadt in der Nähe von Leipzig.

Fort, ihr Brüder, trinkt und schreit,
Weil ihr noch in Leipzig seid
Und man in der schönen Stadt
60   Doch kein ewig Leben hat.

14. An Rosetten.

Ihr drückt mich zwar, ihr schwanenweiche Hände,
Ihr drückt mich zwar, doch leider nur aus Scherz.
Ihr fühlt den Puls, ihr merkt die schnellen Brände,
Ach, führt sie doch Rosetten in das Herz!
5   Meldet ihr dabei
Den Ursprung solcher Qual,
Und sagt, es sei
Nichts anders als ein Strahl.

Ein holder Strahl der feuerreichen Blicke
10   Steckt unverhofft den Sitz der Freiheit an;
Da diese flieht, so bleibt kein Trost zurücke,
Als den mir noch die Liebe geben kann;
Aber ach, auch die
Giebt Finsternis auf Licht
15   Und zeigt zu früh,
Wie leicht die Hoffnung bricht.

Die Hoffnung bricht; ach Kind, du könntest retten,
Du siehst und hörst viel Sehnsuchtszeichen gehn:
Ich wünsche mir das Glücke deiner Ketten,
20   Es giebt es selbst mein Finger zu verstehn.
Ach, erbarm' dich noch!
Und folgt auch kein Gehör,
Vergeß' ich doch
Dein Wesen nimmermehr.

An Rosetten. Die Datierung dieses und der drei folgenden Gedichte ist nicht sicher;
doch ist es das wahrscheinlichste, daß sie sich auf eine vorübergehende Neigung in Leipzig,
etwa im Sommer 1718, beziehen.

15. An eben dieselbe.

Ach, was ist das vor ein Leben,
Niemals recht verliebt zu sein!
Nichts kann Trost im Unglück geben,
Als ein Kuß voll süßer Pein

Reizt mich nicht an große Titel,
Oder rühmt mir etwan Geld;
Schöne Redlichkeit im Kittel
Ist mein höchstes Gut der Welt

Neider fluchen, Spötter kränken,
Alles hoff' ich auszustehn,
Laß mir nur dein Angedenken
Auf den Hoffnungsrosen gehn.

Nach dem Hauche deiner Lippen
Gieht der Sehnsucht schneller Kahn:
Ist die Lieb' ein Meer voll Klippen,
Nimm nur mich zum Anker an!

16. An die vorhergehende.

Ich untersteh' mich, dir, galant und treues Kind,
Ein schlecht gesetztes Lied verwegen darzureichen;
Doch weil dein Schluß und Wort sein schönster Inhalt sind,
So wird ein holder Blick auf dessen Zeilen streichen
Die Tinte scheint sehr bleich; was macht es? Sie erschrickt,
Mit solcher Klimperei dein Auge zu beschweren;
Dein Auge, dessen Strahl so scharf als Sonnen blickt,
Kann leicht den fahlen Saft wie mich in Brand verkehren.
Und ist auch dies Papier in etwas schmal und klein,
So scheint mir doch der Stern von deiner Sanftmut größer;
Daher versprech' ich mir ein gütiges Verzeihn,
Drum table nicht die Schrift, mein Herz ist desto besser

17. An eben die vorige.

Versteht ihr auch, ihr sanften Hände,
Warum euch mein Verlangen drückt?
Die Freiheit, merk' ich, geht zum Ende
Und wird mir mit Gewalt entrückt;
5   Ich such' und denk' euch zu bewegen,
Mir stärkre Fessel anzulegen.

Ach, fragt nur eurer Schönen Herze,
Von dem ihr Blut und Feuer kriegt;
Es weiß vielleicht von diesem Schmerze,
10   Den mir ihr Auge zugefügt,
Ihr Auge, dessen Blick und Lachen
Mir größre Pein als Hoffnung machen.

Und hätt' ich auch noch sonst zu hoffen,
So wehrt es mir die kurze Zeit;
15   Es steht kein Weg zum Umgang offen;
Komm, selige Gelegenheit,
Und schaffe, daß ich zeigen könne,
Wie zart und rein mein Herze brenne.

Ich weiß, die artige Rosette
20   Erklärte sich vor meine Treu',
Wofern sie erst geprüfet hätte,
Wie gleich ihr mein Gemüte sei,
Und wenn sie aus Erfahrung wüßte,
Was manch' Verliebter dulden müßte.

25   Ich bin mit mancher umgegangen,
Die noch wohl liebenswürdig wär';
Bis jetzo blieb ich ungefangen;
Du, schönes Kind, kömmst ungefähr
Und rührst mich gleich zum erstenmale
30   Auch nur mit einem holden Strahle.

27. Bis jetzo blieb ich ungefangen; es kommt ihm auf eine kleine Lüge nicht an. Die Ausgaben lesen sinnlos: „bleib". — 28. ungefähr, zufällig.

Die kurze Luft der Abendstunde
Vermehrte diese Leidenschaft,
Da nahm ein Kuß vom schönen Munde
Das Herze völlig in Verhaft;
Es hieß zwar nur im Scherz und Spielen,　　　　35
Allein ich kann es anders fühlen.

Dein Bildnis kam darauf im Schlummer
Dem träumenden Gedächtnis ein;
Mich deucht, ich klagte dir den Kummer,
Du schienest nicht erzürnt zu sein;　　　　40
Da gab mir der verhaßte Morgen
Vor falsche Wollust wahre Sorgen.

Dies alles ist wohl nicht vergebens,
Der Himmel paart oft wunderlich;
Zum Troste des betrübten Lebens　　　　45
Begehrt' ich sonst kein Kind als dich;
Die Liebe könnte Mittel zeigen,
Und heute — doch ich muß nur schweigen.

**18. Auf den zwischen Ihro Röm. Kaiserl. Majestät und der Pforte
1718 geschlossenen Frieden.**

Eugen ist fort. Ihr Musen, nach!
Er steht, beschleußt und ficht schon wieder,
Und wo er jährlich Palmen brach,
Erweitert er so Grenz' als Glieder.
Sein Schwert, das Schlag und Sieg vermählt　　　　5
Und, wenn es irrt, aus Großmut fehlt,
Gebiert dem Feind ein neues Schrecken
Und stärkt der Völker Herz und Macht,
Die unter Adlern, Blitz und Nacht
Die Flügel nach dem Monden strecken.　　　　10

Auf den zwischen ꝛc. Der Friede von Passarowitz wurde am 21. Juli 1718 ab=
geschlossen. Vgl. über dies lange Zeit berühmteste Gedicht Günthers die Einl. S. XVIII.

Die Walstatt ist noch naß und lau
Und stinkt nach Türken, Schand' und Leichen;
Wer sieht nicht die verstopfte Sau
Von Äsern faul und mühsam schleichen?
15 Und dennoch will das deutsche Blut
Den alten Kirchhof seiner Wut
An jungen Lorbeern fruchtbar machen,
Und gleichwohl hört der dicke Fluß
Des Sieges feurigen Entschluß
20 Aus Mörsern und Kartaunen krachen.

Es schnaubt des Überwinders Roß,
Es schäumt und riecht den Streit von fernen,
Das Glücke mengt sich in den Troß,
Um von Eugen Bestand zu lernen.
25 Die Luft ertönt, das Ufer bebt,
Der Reuter brennt, das Fußvolk strebt,
Den wilden Haufen anzurennen,
Und wer nicht schärfer sinnt als sieht,
Der dörfte, wenn die Mannschaft zieht,
30 Ihr Heer ein fliegend Herze nennen.

Nur drauf, du Kern der deutschen Treu',
Nur drauf, du Kraft aus Hermanns Hüften!
Beweise, wer dein Ahnherr sei,
Und krön' ihn auch noch in den Grüften!
35 Dein Haupt, dein Beispiel, dein Eugen
Läßt alle, die ihm widerstehn,
Ein tödliches Verhängnis wissen;
Er steht, er eilt, er würgt dir vor;
Es ist noch um ein eisern Thor,
40 So wird die Pforte springen müssen.

Dort, wo der Zeiten Eigensinn
Die Brücke des Trajans zertrümmert,
Dort wirf die Augen vor dir hin,
Dort merke, was so schwärmt und schimmert.

13. Die verstopfte Sau. Die entscheidende Schlacht fand bei Belgrad statt (1717). —
39 f. Wortspiel. Eisernes Thor heißt die Stromenge der Donau bei ihrem Durchbruch durch
die Karpathen bei Orsova; Pforte ist die bekannte Bezeichnung des osmanischen Reiches. —
42. Die große Steinbrücke, die Trajan um 101 über die Donau bauen ließ, lag unterhalb
Orsova, bei der heutigen serbischen Stadt Klabova.

Es rauscht wie Panzer und Gewehr,   45
Es ist ein römisch Geisterheer,
Es sind die Seelen alter Helden;
Sie kommen, deinen Mut zu sehn,
Und werden, was durch ihn geschehn,
Der Ewigkeit voraus vermelden.   50

Braucht, tapfren Sieger, braucht das Heft
In Gegenwart so seltner Zeugen,
Die, wo mich nur kein Blendwerk äfft,
Aus jenem dunkeln Reiche steigen.
Warum? Sie wollen nicht allein   55
So schlecht= und faule Zeugen sein,
Sie helfen euch im Sieg und Schlagen;
Denn hat ihr Schatten gleich kein Herz,
So kann er doch wohl hinterwärts
Den Feind mit kaltem Schauer plagen.   60

Gieb acht, erschrocknes Morgenland!
Du kennst den Blitz, des Adlers Stärke,
Er waffnet unsers Helden Hand
Und zielt auf größre Wunderwerke;
Hier Schwert des Herrn und Gideon!   65
Auf, blasse Türken, auf, davon!
Nein, steht und lernt noch besser fühlen.
Hier schlägt der Degen und der Mann,
Den Gott kaum tapfrer wählen kann,
Euch Hitz' und Wahnwitz abzukühlen.   70

Ihr übereilt euch! Schritt vor Schritt!
Ihr kommt mit Roß, Kamel und Wagen;
So bringt uns fein das Werkzeug mit,
Den Raub bequemer weg zu tragen.
Nun strengt euch an! Es giebt Gefahr;   75
Nun hinkt um Mahomets Altar,
Nun fleht ihm mit gesenkten Waffen;
Nun ruft doch laut, nun schreit doch zu,
Er hält vielleicht noch Mittagsruh',
Er dichtet oder hat zu schaffen.   80

76 f. Anlehnung an 1. Könige 18. V. 26 f.

Umsonst! Der stumme Götz ist taub;
Ihr mögt euch selbst zu Hülfe rufen.
Kommt, seid ihr Männer, holt den Raub!
Wir reißen aus, verfolgt die Stufen;
85 Was säumt ihr denn? Was steht ihr da?
Wie? Geht euch unser Schaden nah?
Wie? Macht euch unsre Zagheit müde?
Probiert sie! Weh uns, Amurath!
Du sinnst auf eine große That;
90 Was kömmt heraus, was suchst du? Friede.

Ha! Sinkt dein Hochmut schon so tief?
Du scherzest oder hast vergessen,
Wie grausam nächst dein Meineid rief,
Als wollt' er uns von weitem fressen.
95 Wie stimmt dein dort vermeßnes Schrei'n
Mit dieser Demut überein?
Ja, Not macht oft Gebet aus Flüchen;
Ja, ja, dein Herz und auch dein Mond
Sind beid' an eine Zeit gewohnt
100 Und zeigen sich nur zum Verkriechen.

Du hast auch wohl wahrhaftig Zeit;
Denn zwischen deinem Stehn und Weichen
War nunmehr sonst kein Unterscheid,
Als unsers Angriffs Losungszeichen.
105 So manche Klinge stund schon bloß,
So mancher Donner schlug schon los,
Dir Hals und Lästern abzukürzen;
Europa selbst beschloß schon fest,
Dein stolz Serail, dein Hurennest,
110 Von seinem Rand ins Meer zu stürzen.

Byzanz erkenn' anjetzt den Wert
Von Rudolfs göttlichem Geblüte
Und küsse Karls gereiztes Schwert!
Es hat nicht minder Schärf' als Güte:

81. Stufen, Tritte, Spuren. — 112. Rudolfs, von Habsburg. — 113. Karls, Kaiser Karls VI.

Du fehlst, es straft; du flehst, es schenkt   115
Und wird durch Demut abgelenkt
Und läßt sich siegend überwinden.
Ihn selbst zwingt nichts als Buß' und Reu';
Wer lehrt dich, dumme Tyrannei,
Dergleichen kluge Waffen finden?   120

Wie kannst du, Schutzgott deutscher Ruh',
Der frechen Schar so bald vergeben?
O fahre mit dem Donner zu!
Ihr Fall wird doch dein Lob erheben.
Doch nein, du zeigst auch hier dein Reich   125
Und fesselst Feind und Zorn zugleich
Und brauchst die Keule nur zum Schützen;
Die Sanftmut krönt dich mehr als Gold;
Denn, wenn du strafen mußt und sollt,
So willst du nur dem Sünder nützen.   130

Hört, Frevler, die ihr weder Rat
Noch Trost, noch Schutz, noch Ablaß findet
Und nach vollbrachter Missethat
Die Zuflucht an die Fersen bindet:
Faßt, sucht ihr Rettung und Erhör,   135
Die Hörner des Altars nicht mehr!
Auch Joab kann nicht sicher flüchten.
Kommt, faßt des sanften Kaisers Knie!
Hier liegt sein Herz, hier giebt sich's Müh',
Die Thorheit mit Geduld zu richten.   140

Verwegne Feder, halt doch ein
Und schone Karls vollkommne Gaben;
Sonst werden wir die ersten sein,
Die diese Freistatt nötig haben.
Die Wahrheit haßt die Malerei,   145
Dein Lob macht doch kein Konterfei;
O trag' ein ehrerbietig Schweigen
Und weis' in Habsburgs Ahnensaal
Und sprich: Karl faßt sie allzumal;
So kannst du seine Größe zeigen.   150

137. Joab. Vgl. S. 16, Anm. zu V. 20.

Zurück, ihr Musen, in das Feld!
Dort sproßt der Ölzweig aus den Lanzen,
Irene flicht ein Zauberzelt;
Geht, springt mit ihr auf Wall und Schanzen!
155   Die Schwerter werden sichelkrumm,
Das Glücke schmelzt die Kugel um
Und geußt den Helden Ehrensäulen;
Die Freudenglut frißt Kraut und Lot,
Das Stücke wirft mehr Lust als Tod
160   Und darf nicht mehr gefährlich heulen.

Schläft Naso noch um jenen Ort,
Wohin ihn das Geschrei begraben,
So wünscht' ich mir ein Allmachtswort,
Nur ihn dadurch erweckt zu haben.
165   Jetzt dächt' er nie ans Vaterland,
Jetzt würde sich so Harf' als Hand
In Karls Person und Ruhm verlieben;
Jetzt wär' Eugen sein Lobgesang,
Jetzt spräch' er: Cäsar, habe Dank!
170   So glücklich hast du mich vertrieben.

Die Freude zieht sich weit herein
Und wächst mit Meilen und in Städten,
Die unter Tau und Sonnenschein
Vor Leopolds Geschlechte beten.
175   Der Tempel raucht von heil'ger Pflicht,
Die Priester tragen Recht und Licht
Und liegen vor den Dankaltären.
Vornehmlich sieht das hohe Wien
Die Opferflammen aufwärts ziehn
180   Und von der Türken Beute zehren

Die Regung macht mich ungeschickt,
Das frohe Deutschland abzureißen;
Wohin des Adlers Aufsicht blickt,
Da muß dies Jahr ein Halljahr heißen.

---

158. Kraut und Lot, Pulver und Blei. — 159. Stücke, Geschütz. — 161. um jenen Ort; Tomi (Temesvar) am schwarzen Meer. Vgl. S. 73, Anm. zu V. 87 f. — 162. Geschrei, Gerücht. — 169. Cäsar, Augustus. — 182. abzureißen, zu schildern. — 184. Halljahr, Jubeljahr.

Der Friedensherold bläst und jagt   185
Und wird von groß und klein gefragt;
Der Greis läßt Stock und Schwachheit fallen;
Die Jugend spielt, die Kindheit singt,
Und das, was noch aus Brüsten trinkt,
Erklärt sich durch ein holdes Lallen.   190

Hier kommt ein junger Ritter an
Und findet in dem nächsten Garten,
Der alle Straßen zeigen kann,
Sein schönes Kind mit Schmerzen warten.
Da geht es an ein Zärtlichthun,   195
Da läßt der Kuß den Mund nicht ruhn,
Da stockt das zitternde Willkommen,
Da wird, was immer schmeicheln mag,
Als wär' ein andrer Hochzeittag,
Mit Hand und Mienen vorgenommen.   200

Dort spitzt ein voller Tisch das Ohr
Und horcht, wie Nachbars Hans erzähle;
Hans ißt und schneidet doppelt vor
Und schmiert sich dann und wann die Kehle;
Da, spricht er, Schwäger, seht nur her,   205
Als wenn nun dies die Donau wär',
(Hier macht er einen Strich von Viere,)
Da streiften wir, da stund der Feind,
Da ging es schärfer als man meint;
Gott straf! Ihr glaubt mir ohne Schwüre.   210

Dort muß ein tapfrer Witwensohn
Der Mutter neuen Trost erwerben,
Und schliefe nicht der Vater schon,
So müßt' er jetzt vor Freude sterben.
Das gute Weib ist froh und rennt   215
Und ändert gleich ihr Testament

201—210. Diese Strophe, ein prächtiges Genrebild, erregte wegen ihres damals ganz
unerhörten kühnen Realismus unter den Zeitgenossen großes Aufsehen. In einer umfangreichen Kritik des Gedichtes in den „Beyträgen zur critischen Historie ꝛc." (Bd. V, Stück 17,
S. 63—89) wird ihrer ästhetischen Berechtigung eine überlange Besprechung gewidmet.

Und flucht dem falschen Totenscheine
Und denkt: Nun hab' ich einen Stab
Und weiß, wer einmal um mein Grab
220 Aus treu= und reinem Herzen weine.

So sah der Griechen Jubel aus,
Als dort nach zehn Belagrungsjahren
Der Dardaner verwünschtes Haus
In geilem Feuer aufgefahren.
225 Korinth und Argos und Athen
Ließ Kampfplatz, Stall und Schulen stehn
Und lief, die Schiffe zu empfangen;
Weib, Kind und Kegel drang an Port,
Und keins verstund sein eigen Wort
230 Vor Jauchzen, Fragen und Verlangen.

Mich deucht, die Zeitung nährt sogar
Auch unbeseelte Kreaturen:
Der Hundsstern brennt und eifert zwar,
Und doch erquickt der Lenz die Fluren.
235 Wald, Förste, Thäler, Berg und Hain
Gehn hier und dar ein Bündnis ein,
Die süße Nachricht auszubreiten;
Die Nymphen scherzen um den Sand
Und sprützen mit geübter Hand
240 Viel Bogen nasser Lustbarkeiten.

So weit die Donau, wie sie soll,
In christlichem Gehorsam fließet
Und mehr begierd= als wasservoll
Sich unter Karls Gebot ergießet,
245 So weit vermehrt sie ihre Lust
(Denn Freude zieht das Blut zur Brust)
Durch Beitrag aus den kleinen Flüssen,
Die jetzt den stündlichen Tribut,
Weil große Freude viel verthut,
250 Geschwind und doppelt liefern müssen.

231. die Zeitung, die Nachricht (vom Frieden). — nährt, erfreut.

Dort kommen Drave, Sau und Theiß
Und bringen ihr viel starke Fluten;
Hier wächst sie durch des Sieges Schweiß
Und durch der Janitscharen Bluten.
Damit so fleucht ihr schneller Lauf   255
Und hält die Wellen nirgends auf,
Als wo sie sich mit Fleiß verweilen,
Um, wo ich also reden mag,
Dem Ister einigen Geschmack
Von unsrer Freiheit mitzuteilen.   260

Nun sieh doch, wo du etwas siehst,
Du böses Ismaelsgeschlechte,
Du kommst, so oft du auswärts ziehst,
Dem Donner allemal zu rechte.
Dein toller Hund, dein stumpfer Zahn   265
Fällt Reich und Adler kraftlos an
Und muß so Blut als Haare lassen;
Dein Einbruch ist so gut als Flucht:
So geht's, wer fremde Schläge sucht,
Kriegt meistens Spott und Strick zu fassen.   270

Du sündigst auf Vergebung los,
Und außer Karls Verdienst und Glücke
Ersieht die Sonne nichts so groß,
Als deines Hochmuts Schwäch' und Tücke.
Dein Frevel kämpft mit eigner Qual   275
An Vorzug, Länge, Stärk' und Zahl
Und siegt sich selber zum Gehöhne.
Geh, trag nur den verwirkten Hals,
Ja gar den Aufschub deines Falls
Von Österreichs Geduld zum Lehne.   280

Nur glaube nicht, verschnittner Schwarm,
Dein Meineid sei so durchgekommen,
Nachdem sein ganz zerschellter Arm
Zehn Jahr zur Heilungsfrist genommen.

---

259. Ister, Donau. — Geschmack, Empfindung. — 262. Ismaelsgeschlechte.
Die Türken stammen der Sage nach von Ismael, dem Sohne Abrahams und der Hagar.

285   Der Friede, den die Not nur faßt,
      Und den du halb erbettelt hast,
      Erlöst dich nicht vom Zorngerichte;
      Nein, nein, verstockter Pharao,
      Die Langmut lacht und thut nur so,
290   Damit sie deine Bosheit sichte.

      Zerreiß den falschen Alkoran,
      Er hat dich lange g'nug betrogen;
      Dein letzter Fall rückt endlich an
      Und steigt mit unsern Siegesbogen.
295   Die Rach' ist kein vergeßlich Weib;
      Sie dringt zwar langsam auf den Leib,
      Allein mit desto schärferm Streiche.
      Dein angemaßter Kaiserthron
      Erschrickt und wankt und wittert schon
300   Die Eitelkeit gestohlner Reiche.

      Du, dem zu Lieb' Eugenius
      Des Aufgangs Untergang verschoben,
      Du, dem des Allerhöchsten Schluß
      Sein hohes Strafamt aufgehoben,
305   Komm fort und eil' aus Blut und Schoß,
      Komm, eil' auf unsre Zeiten los,
      Komm, komm aus Karls geweihten Lenden!
      Es hält sich Asien gefaßt,
      Dir ehstens, angenehmer Gast,
310   Sein reiches Erbland zuzuwenden.

      Was zieht sich vor ein Vorhang weg?
      Ich seh' den Schauplatz später Zeiten:
      Dort hör' ich einen Scanderbeg,
      Dort seh' ich einen Gottfried streiten;
315   Die Palmen grünen um sein Haupt,
      Man heult, man jauchzt, man schlägt, man raubt,

302. Des Aufgangs. Aufgang (Orient) für Türkei wegen des Wortspiels. —
313. Scanderbeg, Alexander Castriota († 1467) verteidigte die Unabhängigkeit Albaniens
gegen die Türken. — 314. Gottfried, von Bouillon.

Kein Kreuzzug macht ein solches Lärmen;
Der Erden größt= und dritter Teil
Zerreißt der Sarazenen Heil
Und würgt den Hund mit seinen Därmen.   320

Der Nil erschrickt, Damaskus brennt,
Es raucht auf Askalons Gebürgen,
Und durch den ganzen Orient
Herrscht Unruh', Hunger, Pest und Würgen.
Der Jordan steht wie Mauren da,   325
Als käm' ein andrer Josua;
Er kommt auch, doch aus deutschem Samen.
Wie heißt er? Ja, die Schickung winkt
Und raubt mir, weil der Vorhang sinkt,
Stand, Vorwitz, Schauplatz, Held und Namen.   330

Was macht in Ungarn der Soldat
Vor grausam klägliche Gebärden?
Er dringt sich vor den Kriegesrat
Und hört voll Unruh' Friede werden.
Er murrt, er zörnt, er schilt den Bund,   335
Wodurch der abgewiesne Hund
Der heurigen Gefahr entgangen,
Und ehrt' er nur nicht den Eugen,
So sollt' er sich wohl unterstehn,
Den Krieg von frischem anzufangen.   340

Sein Eifer hat auch ziemlich recht;
Es muß die Tapferkeit verdrießen,
Wenn Kleinmut ihren Fortgang schwächt
Und Thränen statt des Blutes fließen.
Sie sucht nur Wehr und Widerstand,   345
Sie sucht mehr Ruhm als Leut' und Land
Und giebt nur ein verbittert Lachen,
Wenn, eh ihr Degen Wunder thut,
Feind, Zelt, Geschütz und Hab und Gut
Den Siegeswagen enge machen.   350

Ihr guten Deutschen, laßt's nur sein
Und sprecht den tapfern Zorn zufrieden!
Die Lorbeern gehn gleichwohl nicht ein,
Sie grünen mitten in dem Frieden.
Der Palmbaum ist nicht schlimm versetzt,
Wofern ihn fettes Ufer netzt;
Das hofft man auch von euch zu schreiben.
Geht, zieht ans Meer und kämpft und sucht
Iberiens verlorne Frucht
In Welschlands Gärten aufzutreiben.

Hält hier der Stillstand euren Mut,
So kann er dort mit Nachdruck blitzen;
Nicht anders pflegt der Adern Blut
Nach kurzer Stemmung scharf zu sprützen.
Dort spannt ein neuer Friedensbruch
Ein neu und feindlich Segeltuch;
Geht, geht und zeigt dem Niedergange
Ein schwarz und blutig Abendrot,
Damit die Flotte, so euch droht,
Den Port in Charons Kahn erlange.

Wo schweif' ich hin? Wo bleibt mein Held?
Entzieht er sich vielleicht der Erde?
Wie, oder hebt sich nur sein Zelt,
Damit es nicht entheiligt werde?
Ja, ja, ich seh' die Ewigkeit,
Sie webt und stickt sein Ehrenkleid,
Umgiebt sein Bildnis mit den Sternen
Und führt es zum Vergöttern auf;
Nun mag der Enkel Lebenslauf
Den Vorzug unsrer Tage lernen.

O Prinz, o großer Prinz, wie weit,
Wie weit entfernst du dich dem Neide
Und auch sogar der Möglichkeit,
Daß etwas deinen Kranz beschneide!

---

353 ff. Spanien (Iberien) hatte während des Türkenkrieges den Frieden gestört und
Sardinien und Sizilien angegriffen; so drohte gerade jetzt ein neuer Krieg auszubrechen.

Homer, behalt dir den Achill,
Äneas bleibe, wo er will,
Sie sind am längsten groß gewesen;
Sie weichen doch mit Ehren aus;
Denn dies ist auch ein Lorbeerstrauß,
Dem stärksten Palmen nachzulesen.

Die Seele weiß von keiner Ruh',
Sie zeugt Gedanken aus Gedanken:
So, teurer Held, verfährst auch du
In deinen weiten Lebensschranken;
Dein Eifer braucht Gelassenheit,
Das Wesen seiner Tapferkeit
Besteht in lauter klugen Siegen;
Dein Alter blitzt so spät als früh;
Was wollte wohl die Poesie,
O Held, zu deinen Ehren lügen?

Genung, genung vor deinen Ruhm,
Genung mit blutigen Geschäften!
Trag Helm und Schild ins Heiligtum
Und laß es an die Cedern heften!
Auch Großmut macht dem Alter Raum;
Es blüht ja schon der Mandelbaum
Auf deinen lorbeerreichen Haaren.
Genieß doch einmal deine Ruh'
Und sieh nunmehr auch andern zu,
Wieviel sie unter dir erfahren.

Karl ist allein geschickt und wert,
Getreue Dienste zu belohnen,
Karl, der wie Gott nichts mehr begehrt,
Als daß die Völker sicher wohnen,
Karl, dessen Ohr vom Himmel nimmt,
Was sein Befehl der Welt bestimmt,
Die kein Verhängnis mehr vergnüget,
Karl, dessen Geist den Thron erhöht
Und noch so weit darüber geht,
Als Feind und Ehrfurcht drunter lieget.

Ihr, die ein glücklich Feuer treibt,
Dem hohen Maro nachzukommen,
Was macht es, daß ihr sitzen bleibt?
Ihr habt nicht rechten Stoff genommen.
425 Ihr sinnt, ihr schreibt mit Angst und Müh',
Reimt Fabeln und vergeht wie sie.
Kommt, wollt ihr hoch und ewig leben,
Kommt, setzt die goldnen Federn an
Und schreibt, was Gott und Karl gethan!
430 Der Adler wird euch mit erheben.

Ja, schreibt nur, was ihr hört und seht;
Hier gilt erzählen mehr als dichten.
Europa jauchzt und Stambol fleht;
Wer weist mir dieses in Geschichten?
435 Die Vorsicht, so das Reich bewacht,
Erklärt den Zwiespalt in die Acht
Und lehrt uns mit versöhnten Blicken,
Es werde dies sein mächtig Haupt,
Was Unrecht, List und Neid geraubt,
440 Den Barbarn aus den Klauen rücken.

Das Erbteil Josephs lebt in Ruh'
Und nährt sich von des Bruders Glücke;
Der Schäfer lacht, sein Vieh nimmt zu,
Die Lämmer werden feist und dicke.
445 Elysiens gelobtes Land
Treibt Handel, bringt das Feld in Stand
Und baut so Korn= als Weisheitshäuser;
In Welschland blüht ein neuer Sieg;
So lehren beides Fried' und Krieg:
450 Der sechste Karl der größte Kaiser!

Der sechst' an Zahl, der erst' an Ruhm:
Ihr Zeiten, lernt den Titul fassen!
Er zieret noch kein Altertum,
Er fliegt allein in unsern Gassen;

7*

Er giebt der Fama Geist und Schall,   455
Verewigt Felsen und Metall
Und heiligt die geritzten Bäume;
Ja, was das größte Wunder schafft,
So stärkt des großen Namens Kraft
Die Ohnmacht meiner schlechten Reime.   460

Herr, so vermögend wirkt dein Geist
In kalt' und schläfrige Gemüter.
Ich, den nur Wind und Hoffnung speist,
Besitze weder Kunst noch Güter;
Ich leir' im Winkel, Not und Staub   465
Und bin ein eingeteilter Raub
Von so viel ungeneigten Fällen,
Die, hab' ich gleich die Pallas lieb,
Und käm' auch oft ein guter Trieb,
Mir dennoch Fleiß und Lust vergällen.   470

Und sieh, o Herr, auf einmal reißt
Mich deines Purpurs Anblick höher,
So schnell, daß nichts geschwinder heißt;
Was red' ich? Siegt Eugen nicht eher?
Dein Scepter führt mich auf die Spur;   475
Drum trotz' ich Schwachheit und Natur,
Du nimmst sie, wie den Feind, gefangen.
Herr, wächst dein Alter wie dein Reich,
So hoff' ich mir noch viel von euch,
Ihr deutschen Schwäne, zu erlangen.   480

Den welken Lorbeer hab' ich schon,
Nun mangeln noch Verdienst und Leben;
Dies muß ein Mäcenatensohn
Und jenes Karls Regierung geben.
Die Allmacht lasse nur dein Haupt,   485
Wofern es unsre Sünd' erlaubt,
Nicht eher Stern' und Himmel zieren,
Als bis ein Alexander weint,
Dem eine Welt zu enge scheint,
Des Vaters Thaten auszuführen.   490

Ich, Herr, dein tiefster Unterthan,
Will, bleib' ich auch im Staube sitzen,
Noch mehr auf deiner Ehrenbahn
Als vor dem Elendsofen schwitzen.
495   Verstoß mich an den kalten Bär,
Ich geh', und gern, und find' ein Meer,
Dein Lob in ewig Eis zu schreiben;
Denn weil mir Augen offen stehn,
Soll Karl und Tugend und Eugen
500   Die Vorschrift meiner Musen bleiben.

                    ·
                    ·

19. Aria zu einer Abendmusik.

Befördert, ihr gelinden Saiten,
Den sanften Schlummer süßer Ruh'!
Rhodante legt die müden Glieder,
Der Arm wird schwach, das Haupt sinkt nieder
5   Und schlägt die holden Augen zu.

Ihr angenehmen Nachtbetrieger,
Ihr süßen Träume, schleicht herein
Und sucht, wie Bienen jungen Rosen,
Der schönsten Seele liebzukosen
10   Und nehmt so Herz als Lager ein.

Ergetzt sie mit den schönsten Bildern,
Die Scherz und Lieb' erdichten kann.
Entdeckt ihr mein getreu Gemüte
Und steckt das zärtliche Geblüte
15   Mit stark- und frischem Zunder an.

Der Himmel wacht mit tausend Augen,
Doch nicht so gut als meine Treu;
Die wacht und läßt sich nichts ermüden,
Bis daß sich Leib und Geist geschieden,
20   Und trägt dein liebstes Konterfei.

468. weil, so lange als.

Schlaf, Engel, schlaf voraus und liege
Im Schoße der Zufriedenheit;
Denn eine Nacht voll Scherz und Küssen
Wird bald dein Bett erweitern müssen,
Und diese Nacht braucht Munterkeit.　　　　25

Schlaf, bis der Morgenröte Flügel
Der Welt die Farben wieder bringt.
Die Eintracht mein- und deiner Flammen
Stimmt mit dem Glücke so zusammen,
Als jetzt mein Abendopfer klingt.　　　　30

— —

20. Scherzhafte Gedanken über die Rosen.

An Rosen such' ich mein Vergnügen,
An Rosen, die die Herzen ziehn,
An Rosen, die den Frost besiegen
Und hier das ganze Jahr durch blühn,
An Rosen, die wir bei den Linden,　　　　5
Sonst nirgends leicht so reizend finden.

Man lobt die bräunlichen Violen,
Sie sind auch ihres Lobes wert;
Doch weil sie nur die Kinder holen,
So bin ich nicht vor sie erklärt　　　　10
Und wähle mir die holden Strahlen,
Womit die vollen Rosen prahlen.

Erhebt mir nicht die Kaiserkronen,
Die sonder Kraft und Balsam sind;
Entfernt euch mit den Anemonen:　　　　15
Ihr Nam' und Ruhm ist nichts als Wind;
Narzissen sind im besten Lande
Ein Abriß von dem Unbestande.

Die Rose trägt das Blut der Götter
Und ist der Blumen Königin;　　　　20
Ihr Antlitz sticht das schönste Wetter

Scherzhafte Gedanken ꝛc. 18. Abriß, bildliche Darstellung. — 21 sticht hin, übertrifft.

Und selbst Aurorens Wangen hin.
Sie ist ein Stern der milden Erden
Und kann von nichts verfinstert werden

25   Die Ros' erquickt die blöden Sinnen
Und hat das beste Zuckerrohr;
Ihr göldner Umfang bricht von innen
So wie die Sonn' aus Nacht hervor.
Die Rose nährt die süßen Triebe
30   Und reizt die Liebe selbst zur Liebe.

Mit Rosen schmück' ich Haupt und Haare,
Die Rosen tauch' ich in den Wein,
Die Rose soll vor meine Jahre
Die allerbeste Stärkung sein.
35   Die Rose zieret meine Flöten
Und krönt mich mächtigen Poeten.

Auf Rosen mach' ich gute Reime,
Auf Rosen schläfet meine Brust,
Auf Rosen hab' ich sanfte Träume
40   Von still= und warm= und weicher Lust,
Und wenn ich einst von hinnen fahre,
So wünsch' ich Rosen auf die Bahre.

O dörft' ich nur bei einer Rose
Wie Bienen Honig naschen gehn!
45   Ich ließe wahrlich unserm Bose
Den schön= und teuren Garten stehn
Und wollt' es mir bald angewöhnen,
Mich nie nach fremder Kost zu sehnen.

Mit dieser Rose will ich scherzen,
50   Und hier erschreckt mich nicht der Dorn;
Denn bei verliebt= und schönen Herzen
Ergetzt uns oft ein kleiner Zorn,
Und so viel Anmut abzubrechen
Verachtet man ein kurzes Stechen.

---

45 Bose, Besitzer eines berühmten Gartens in Leipzig

21. Lob des Knastertobaks.

Nahrung edler Geister,
Aller Sorgen Meister,
Du mein Element,
Was man jetzo Knaster nennt,
Komm und laß die müden Sinnen   5
Wieder Ruh' gewinnen.

Auf dem Erdenkreise
Kommet deinem Preise
Kein Getränke gleich;
Auch der Ärzte drittes Reich   10
Flicht dich deiner Kraft zum Lohne
Um Hygäens Krone.

Nach den Lorbeerreisern,
Die vor allen Kaisern
Unsern Karl erhöhn,   15
Sollst du über alles gehn,
Was aus Erd' und Wurzel steiget
Und den Gipfel neiget.

Deine Kraft und Stärke
Macht durch Wunderwerke   20
Allen Kummer zahm;
Mißgunst, Furcht, Verdruß und Gram
Fliehn, so bald ich dich empfinde,
Schneller als die Winde.

Deine Tugend heilet,   25
Deine Macht erteilet
Und gebiert die Ruh';
Will der Schlaf nicht bald herzu,
Kann ich ihn mit deinen Waffen
Bald ins Zimmer schaffen.   30

---

1). der Ärzte drittes Reich. Die medizinische Fakultät ist nach der alten Rang-
ordnung die dritte.

Kommt der lichte Morgen,
Bringt der Tag die Sorgen,
Macht der Mittag warm,
Stütz' ich ruhig Kopf und Arm
35   Und gebrauche deiner Kräfte
Edle Nektarsäfte.

Die dich nicht vertragen
Und zum Schimpfe sagen,
Du verderbst die Luft,
40   Mögen in des Schinders Gruft,
Ja, zum Teufel selber kriechen
Und was bessers riechen.

Kommt ein junges Häschen
Mit dem weißen Näschen,
45   Das nach Bisem stinkt,
Soll es, wenn es dich verdringt,
In den aufgerollten Haaren
Glut und Dampf erfahren.

Wer dich gar nicht brauchet
50   Und nicht stündlich schmauchet,
Ist des Mauls nicht wert,
Weil er die Natur verkehrt
Und die Gaben, die dich zieren,
Niemals will probieren.

55   Laß die Kanzeln schmälen!
Ihre Diener fehlen
Und betrügen sich,
Wenn sie, teurer Knaster, dich,
Da sie dich nicht brauchen können,
60   Teufels Abbiß nennen.

Andre mögen sitzen
Und die Lippen spitzen,

---

60. Teufels Abbiß ist der volkstümliche Name einer Pflanze (scabiosa succisa).
Vgl. Grimm, Wb. 1, 13.

Bis ihr Mägdchen will!
Gelt, du hältst mir immer still
Und vermehrest meine Plagen
Durch kein Hörnertragen.

Laß den ekeln Frauen
Vor dem Dampfe grauen!
Die, so klüger sind,
Sprechen: Allerliebstes Kind,
Mich ergetzet deine Pfeife,
Die ich selbst ergreife.

Rom verbrannte Leichen
Auf den Zimmetsträuchen;
Muß ich von der Welt,
Hab' ich schon voraus bestellt,
Daß die Lauge deiner Asche
Meinen Körper wasche.

Held, vor dessen Schwerte
Stambol rückwärts kehrte,
Ewiger Eugen,
Will dein Blitz durch Ungarn gehn,
Ei, so laß doch nur der Bohnen
Und des Knasters schonen.

Bursche fangen Grillen;
Aber wenn sie füllen
Und die Pfeifen glühn,
Muß der Schmerz so weit entfliehn,
Als die span'sche Degenklinge
Vor dem tapfern Binge.

Rosmarin und Nelken
Schwinden, wenn sie welken,
An Gefälligkeit;
Du gefällst zu jeder Zeit;
Denn dein Ruhm gedörrter Blätter
Grünt durch alle Wetter.

20. Binge, wohl ein Freund aus dem Leipziger Kreise; sonst unbekannt.

Sind uns unsre Waren
An den Fels gefahren
Und ins Meer versenkt,
Brüder, laßt euch ungekränkt!
Blätter, die die Mohren rösten,
Können wieder trösten.

Epheu krönt Poeten,
Doch um meine Flöten
Soll Tobakskraut blühn.
Brüder, macht euch zum Kamin
Und verjagt mit diesem Pfeile
Eure Langeweile.

Hört den Winter rasen,
Hört den Nordwind blasen!
Hört, er pfeift und fährt.
Kommt, wir wollen um den Herd
Seinem kalt- und stolzen Wüten
Ruhig Trotz gebieten.

Wollt ihr Ländern raten,
So verpflügt die Saaten,
Haut die Wälder aus,
Macht uns ein Tobaksfeld draus
Und verzäunt es mit den Reben,
Die uns Freude geben.

Top! Es leben alle,
Die bei diesem Falle
Der Tobak ergetzt!
Drum, ihr Brüder, raucht und netzt,
Bis der Blick vom andern Tage
Uns zu Bette jage.

Junge, schneide Knaster!
Dieses Lebenspflaster

100

105

110

115

120

125

124. netzt, trinkt.

Ist ein Polychrest.
Dem, der uns nicht rauchen läßt,   130
Soll anstatt der Nerv= und Flachsen
Ein Tobaksstrunk wachsen.

22. Als er seinem harten Schicksal nachdachte.

Wie kannst du doch so viel vergebens klagen
Und unerhörte Seufzer thun!
Ach laß einmal die Augen ruhn
Und thu dir selber weh, die Schläge stumm zu tragen.
Du siehst ja wohl einmal, verworfnes Menschenkind,   5
Daß Glück und Gott nicht mehr der Unschuld Freunde sind.

Du wurdest ja mit Angst zur Angst geboren,
Die dir ein blutig Morgenrot
Schon in der Mutter Schoß gedroht,
Der Mutter, die durch dich so Wunsch als Kraft verloren.   10
Ach wäre dort dein Geist im ersten Bad' erstickt,
So würd' er jetzt nicht erst durch Thränen hingerückt.

Dich, blasser Mond, und euch, erzürnte Sterne,
Euch, deren Einfluß, Trieb und Macht
Mein Elend zeugt und auch belacht,   15
Beschwör' ich bei der Not, wodurch ich fluchen lerne:
Sagt, weil doch euer Licht in alle Winkel fällt,
Sagt, ob auch die Natur noch ein solch Stiefkind hält.

Bin ich allein zum Ärgernis erschaffen,
Und steckt mein Wesen voller Schuld?   20
Wie hat der Himmel noch Geduld!
Und warum säumt sein Zorn, mich plötzlich hinzuraffen,
Nachdem die Erd' an mir ein solch Geschöpfe nährt,
Das ihm zur Schande lebt und sonder Nutzen zehrt?

---

129. Polychrest, eigentlich: was zu vielem nützlich ist; Universalmittel. — Als er
seinem harten Schicksal nachdachte. Das Gedicht ist in den Herbst 1718 zu setzen,
wo den Dichter eine schwere Krankheit überfiel; vgl. Anm zu V 42.

25 Jedoch ich weiß, er kennt mein treu Gemüte
Und sieht des Herzens Neigung an,
Die keinen schlimm begegnen kann,
Ob gleich sein ärgster Feind ihm in die Hand geriete;
Es fehlet als ein Mensch, und darum, weil es fehlt,
30 Vergiebt es jedem gern, den gleiche Schwachheit quält.

So bist denn du auch da nicht mehr zu finden?
Dir, dir, Erbarmung, ruf' ich zu,
Da, wo der Armen Trost und Ruh',
Sich sonst gemeiniglich mit fester Zuflucht gründen;
35 Ach, hat dich irgend auch der Himmel, der mich plagt,
Nur mir zur letzten Qual aus seiner Schoß gejagt?

Sei, wo du willt, du mußt mein Leid erfahren,
Daß fast ein jedes Element
So gut als mich mein Unglück kennt.
40 Die Seufzer müssen sich mit Luft und Winden paaren;
Die Erde fühlt die Last, von Thränen wächst die Flut,
Und meiner Güter Rest entführt die wilde Glut.

Und mag's doch sein! Ich will es nicht mehr rühren,
Nachdem mich auch kein Freund mehr klagt;
45 Der Schall, so alles wieder sagt,
Mag, was mich quält und drückt, in Wald und Wüste führen!
Ich zieh' vielleicht bald nach, um bei so langer Pein
Nicht mehr ein Ärgerniß der dummen Welt zu sein.

23. Letzte Gedanken.

Nun empfind' ich's endlich auch, was Verdruß und Arbeit können
Und wie zeitig Kreuz und Gram unsrer Jugend Mark verbrennen.
Kraft und Blut und Geister schwinden, Aug' und Feuer löschen aus,
Und des Leibes schwache Säulen tragen kaum ihr morsches Haus.

42. die wilde Glut, der große Brand in Striegau am 13. März 1718, der auch
Günthers Vaterhaus in Asche legte. Vgl. Einl. S. XX. — 43. rühren, anrühren, er-
wähnen. — Letzte Gedanken. Das Gedicht wurde zuerst abgedruckt in den „Beyträgen zur
critischen Historie 2c." Bd. 1. Stück 2, S. 254—267 nach einem Manuscript im Besitze eines
Leipziger Freundes von Günther, namens Birnbaum. Der Titel, welcher, gleich den meisten

Also schließ' ich meinen Tod aus den innerlichen Zeichen, 5
Und so mach' ich mich gefaßt, ihm getrost die Hand zu reichen,
Nicht aus Ungeduld im Jammer, sondern mit Gelassenheit,
Weil mich dies die Weisheit lehret, jenes die Vernunft verbeut.
Mancher, dessen Eigensinn Gottes Allmacht schlecht betrachtet
Und den schönen Erdenkreis vor ein Haus voll Kummer achtet, 10
Flucht dem eiteln Jammerthale, wie er dieses Ganze nennt,
Und erwartet kaum die Stunde, welche Leib und Seele trennt,
Da hingegen manches Herz, wenn sich nur ein Fieber wittert,
Vor Erschrecken schlägt und bebt und aus Unmut zagt und zittert
Und, sobald des Arztes Zweifel neben ihm die Achsel zückt, 15
Mit entsetzlichem Geheule Lager, Haupt und Hals verrückt.
Beide, wo ich's sagen darf, handeln als verblend'te Thoren;
Denn der letzte sinnt nicht nach, daß ihn Fleisch und Blut geboren,
Und der erste sollte wissen, daß der Eitelkeiten Weh,
Die er am Geschöpfe tadelt, bloß in seinem Kopfe steh. 20
Freilich ist's ein harter Stoß und ein Kelch voll Myrrh' und Gallen,
Wenn ein junger Baum verdorrt und die ersten Blüten fallen;
Freilich braucht es tapfre Füße, sonder Gram dahin zu gehn,
Wo die Träger unser warten und die Bahren fertig stehn.
Doch da Schickung und Gewalt keinem etwas neues machen 25
Und das alte Muß erklingt, nehm' ich unter Scherz und Lachen
Meinen Abschied von der Erde, wie ein Gast bei später Zeit
Lustig von dem Schmause wandert und noch manchen Jauchzer schreit.
Könnt' ich leben, nähm ich's mit; muß ich fort, ich bin's zufrieden;
Diesen Notzwang leid' ich gern, weil ihn die Natur beschieden. 30
Nach der Neigung dieser Mutter lenkt sich mein gesetzter Geist,
Der die Ordnung aller Dinge seines Willens Richtschnur heißt.
Weil ich aber doch nicht weiß, welche Stunde mich entrücke,
Brauch' ich die Gelegenheit und das säumende Geschicke
Und entwerfe die Gedanken, die vielleicht ein Leser liebt, 35
Weil mir Redlichkeit und Liebe alles in die Feder giebt.
Erstlich zeug' ich von mir selbst auf mein gut und rein Gewissen,
Daß ich mich nach Möglichkeit meiner Pflicht gemäß beflissen,
Gott zu kennen und zu ehren, meinem Nächsten wohl zu thun,
Dann auch selbst in meinem Herzen in Vergnüglichkeit zu ruhn. 40

übrigen, nicht von Günther selbst herrührt, veranlaßte zu dem Irrtum, es in die letzte
Zeit (1723) zu setzen. Die überzeugende Berichtigung dieses Irrtums ist das Verdienst
Litzmanns (Günthers Ged. S. 12 ff.). Demnach ist es in Leipzig Ende 1718 während der
nämlichen Krankheit entstanden, auf die sich auch das vorhergehende Gedicht bezieht.

Falschheit, Bosheit, List, Betrug haßt' ich als die ärgsten Schlangen,
Und worinnen sich mein Fuß irgend hier und dar vergangen,
War ein allgemeines Straucheln, und den Fehltritt, so ich that,
Sah ich kaum so schnell und plötzlich, als ich um Vergebung bat.
45 Das, worauf mein Ruhm noch trotzt, ist ein ehrliches Gemüte;
Diesen Adel, diesen Schatz krieg' ich von des Himmels Güte
Mit dem Blute deutscher Eltern; dieses ward so gut gemengt,
Daß mein leicht versöhnlich Herze keinem was zu schaden denkt.
Lieb' und Lust zur Wissenschaft trieb mich von der Kindheit Jahren
50 Bis auf diesen Augenblick, stets was Höhers zu erfahren,
Und ich kann mich noch erinnern, daß ich schon ums zehnte Jahr
Um die Wirkung meiner Seele vor der Zeit bekümmert war.
Sonderlich ergetzt' ich mich an Natur- und Weltgeschichten,
Aber noch weit eifriger fühlt' ich einen Trieb zum Dichten,
55 Daß auch weder Ernst noch Zuruf, ja wohl gar kein Prügel galt,
Wenn mein Vater auf die Arbeit dieser leeren Brotkunst schalt.
Mit der Jugend wuchs die Lust zu den holden Pierinnen,
Und am deutschen Helikon wollt' ich noch wohl Platz gewinnen,
Würde nur nicht Fleiß und Fortgang mir so zeitig abgekürzt
60 Und mein Alter vor den Jahren ins Vergessungsbuch gestürzt.
Doch wie kann es anders sein, mein Verhängnis und mein Leiden
Bringen mich um Glück und Hals; (ich beklage mich bescheiden)
Was mein Herz und Leib gelitten, ist nur jenem recht bekannt,
Der mich etwa nur zur Plage in dies Marterhaus gesandt.
65 Unruh', Kälte, Hitz' und Durst, Hunger, Elend, Armut, Blöße,
Schande, Mißgunst, Ärgernis, Krankheit und Verfolgungsstöße,
Fälschliche Beschuldigungen, blinder Eifer, Elternhaß
Und verlogne Freundschaftsmäuler, o wie schmerzlich peinigt das!
Du im Himmel weißt es wohl, denn kein Mitleid wohnt auf Erden;
70 Jetzo braucht' ich's auch nicht mehr, da die Menge der Beschwerden
Mit der morschen Hütte sinket, den gefangnen Geist erlöst
Und ihn aus dem Sklavenhause in das Land der Freiheit stößt.
Mein Gehorsam opfert dir, dir, mein Vater, diese Lieder,
Ja er wirft sich jetzo selbst zwischen Lieb' und Ehrfurcht nieder
75 Und erkennt die treuen Sorgen und erwägt den treuen Fleiß,
Weil er, wo dir die nichts taugen, sonst mit nichts zu lohnen weiß.
Arme Mutter, die du jetzt mein entferntes Grab bethränest

77 Arme Mutter Über Günthers Mutter vgl. Einl. S. X.

Und vielleicht den kranken Leib auch schon an die Bahre lehnest,
Nimm samt meiner lieben Schwester eine kurze gute Nacht,
Weil die Wehmut des Gemütes Reim und Kiel zu Schanden macht. 80
Euch, ihr Lehrer, gilt es auch), so wie allen Mäcenaten,
Die mir jemals wohl gethan, die mir etwas guts geraten.
Milich ist der teure Name, dessen rein= und teures Gold
Ihr veränderlichen Zeiten hier auf ewig schonen sollt.
Glaubt, ihr Freunde guter Art, glaubt, ihr alten Schulgesellen, 85
Daß mir fast vor Herzeleid Brust und Mund und Auge schwellen,
Da ich den gelehrten Umgang (o empfindlicher Verdruß!)
Eurer mir geneigten Seelen schon so früh verlieren muß.
Deckt die leichten Fehler zu, die ich noch wohl bessern könnte,
Wenn mir nur des Himmels Gunst eine längre Frist vergönnte; 90
Doch erlaubt mir nur den Titul, daß ich, weil ich hier gelebt,
Sonder Eigennutz und Blendwerk aller Wahrheit nachgestrebt.
Sollt' auch einer unter euch um mein Grabmal Kräuter lesen,
O so wünsch' er mir dabei ein geruhiges Verwesen
Und erinnre seinen Nachbar: Hier schlief unser Bruder ein, 95
Der uns oftermals ermahnte: Brüder, laßt uns lustig sein!
Du, mein andrer Pylades, du, mein Pfeifer, wollt' ich sagen,
Machst mir noch das Sterben schwer, das ich sonst so leicht ertragen.
Das Verhängnis, dich zu lassen, ist mein allerschärfster Streich,
Und ich nenn' es gar die Hölle, wüßt' ich nicht ein Himmelreich. 100
Unsrer Freundschaft edles Band knüpfte Kunst und Fleiß zusammen;
Muß ich auch gleich Leipzig sonst als mein Jammerthal verdammen,
O so muß ich ihm noch danken, da ich besser nachgedacht,
Weil es mir aus seinen Mauren deine Liebe zugebracht.
Denke, bitt' ich, dann und wann an die wohl verbrachten Nächte, 105
(Daß mir doch die Todesnacht auch so süße werden möchte!)
Denk' an unser kluges Scherzen, denk' an jene kurze Zeit,
Die wir den verstohlnen Küssen, doch mit Unschuld eingeweiht.
David schied von Jonathan und beschenkt' ihn mit den Waffen;
Soll ich dir, mein Jonathan, auch ein treues Denkmal schaffen, 110
So empfang die beste Regel, die uns Glück und Heil gebiert:

---

83. Milich. Der kaiserliche Rat Gottlieb Milich in Schweidnitz († 1720) war Günthers
wohlwollender Gönner; auch sein Sohn Johann Gottlieb, Advokat in Schweidnitz, stand
zu Günther in freundschaftlicher Beziehung. — 96. Brüder, laßt uns lustig sein.
Vgl. Studentenlied S. 79. — 97. Pfeifer, ein Freund aus dem Leipziger Kreise, der, wie
das Gedicht selbst zeigt, damals Günther sehr nahe gestanden haben muß. — 107. jene
kurze Zeit; in den Ausgaben steht „unsre". Die bessere Lesart „jene" ist einer alten
Abschrift entnommen.

Wohl dem Menschen, dessen Weisheit Höll' und Furcht gefangen führt!
Allerliebstes Vaterland, Günther wird nicht wieder kommen;
Da ihn nun ein fremdes Grab aller Not und Last entnommen,
115 Dank' ich deinen schönen Grenzen vor das erst gegebne Licht,
Das sich allgemach verzehret und mir schon das Auge bricht.
Jetzo werd' ich dort nicht mehr die vergnügten Saiten stimmen
Noch in Philindrenens Schoß den erhitzten Nacken krümmen,
Noch an jenem Teiche schlafen, wo das Ufer oftmals sprang,
120 Wenn ich auf der Hirtenflöte meines Mägdchens Haar besang.
Schwert und Hunger, Brand und Pest weich' aus deinen Lustgefilden,
Und der Segen tränke dich, Edens Anmut abzubilden;
Wachs' und blüh' an Volk und Glücke unter Österreichs Gewalt,
Dessen Stammhaus Kaiser gebe, bis die letzte Stimme schallt!
125 Alles, was mich je geliebt, unterrichtet und gepriesen,
Was mir Trost und Rat erteilt, was mir Höflichkeit erwiesen,
Was mir eine Hand voll Wasser und ein Stücke Brot verliehn,
Dessen rühmliches Geschlechte müß' in tausend Gliedern blühn!
Wem ich etwan aus Versehn bis daher zu nah getreten,
130 Dieser glaube, durch dies Blatt sei ihm alles abgebeten.
Wem ich Ärgernis gegeben oder sonst nichts guts erzeigt,
Bleibe dennoch meiner Asche aus Versöhnlichkeit geneigt.
Doch genug, die Stunde kommt, und der Zeiger läuft zum Ende;
Warte doch noch, liebster Tod, da ich mich zur Seiten wende.
135 Laß den Schatten an dem Zeiger einen Grad zurücke gehn
Und die Sonne meines Lebens nur noch etwas stille stehn;
Denn ich muß mich allerdings, eh mir Herz und Augen brechen,
An der liederlichen Schar meiner wilden Feinde rächen.
Tretet her, ihr frechen Spötter, höre, du erhitzter Schwarm:
140 Jetzo streck' ich meinen Eifer wider deinen stolzen Arm.
Der, so allen Hochmut stürzt, fluche deinen bösen Sitten,
Die sowohl mein Ehrenkleid als mein Glück und Wohl beschnitten;
Er erleuchte deine Thorheit und bekehre deine List,
Die so schädlich als verborgen und so bös' als höflich ist.
145 Hör'! Ich fluche deiner Wut mit Geduld und Wunsch und Segen,
Unglück beßre deinen Sinn, Kummer zieh' dich von den Wegen,
Die dich zum Verderben führen, und die Not, so mich gedrängt,
Dränge dich von allen Seiten, bis sie dich zum Himmel lenkt. —

118. Philindrene ist identisch mit Flavia, Günthers früh verstorbener Jugendgeliebten. Vgl. oben S. 38 und 42, Anm. und Einl. S. XIII.

Wo verbleibt das Testament? Gut, ich teile meine Sachen;
Läßt mich gleich die Dürftigkeit keinen großen Schatz vermachen, 150
So besitz' ich doch noch manches, dessen rein= und frommer Wert
Meinen guten Willen zeiget und ihn aller Welt erklärt.
Meinen Leichnam mag der Sand, meinen Fleiß die Faulheit fassen,
Meine Fehler will ich gern der Vergessung überlassen,
Meine Thränen nimmt die Buße, meine Drangsal die Geduld, 155
Meine Sünden die Erbarmung, mein Gebet des Heilands Huld.
Die geheime Liebeskunst, so ich ziemlich ausstudieret
Und, verböt' es nicht die Zeit, einst in Deutschland aufgeführet,
Schenk' ich dem geschickten Kopf, der nach mir die Laute nimmt
Und sie mit gelehrten Griffen nach der griech'schen Cither stimmt. 160
Ihr, o Schönen dieser Zeit, ihr galanten Schäferinnen,
Anders hab' ich nichts vor euch: nehmt den besten meiner Sinnen,
Nehmt das zärtliche Gefühle und die treue Redlichkeit,
Die ich nächst in unsern Linden Leonilden eingeweiht.
Was ich noch erinnern will, ist das grünende Gerüchte 165
Meiner in der Jugendzeit schlecht verfertigten Gedichte;
Doch ich seh', sie sind nicht würdig, Glut und Untergang zu fliehn;
Warum hast du, karger Himmel, mir nicht beßre Ruh' verliehn?
Doch, gelehrter Brandenburg, spricht dein Urteil was gelinder,
O so sammle, wo du kannst, die zerstreuten Musenkinder; 170
Du verdienst dir, wie ich hoffe, an der unerzognen Schar
Dieser vaterlosen Waisen ein gewisses Dankaltar.
Etwas drückt mir noch das Herz; daß ich jetzo doch nicht wüßte,
Daß die Liebe, wenn sie trennt, gar zu heftig plagen müßte!
Komm, du Liebste meines Herzens, schau, es geht zur letzten Ruh', 175
Komm und drücke, schönste Seele, mir nur noch die Augen zu.
Ich gesteh' es offenbar in dem Antlitz aller Zeiten:
Seit mich deine Tugenden an den Liebesseilen leiten,
Hab' ich in der That erfahren, daß Verfolgung kluger Treu'

---

152. ihn aller Welt erklärt; so lese ich mit einer kleinen Korrektur, die der Sinn
zu verlangen schien. Alle Ausgaben haben: „in aller Welt", ein Versehen, dessen Grund
wohl nur in einer orthographischen Inkonsequenz zu suchen ist. — 157. Die geheime
Liebeskunst beziehen Kalbed (Neue Beiträge zur Biographie Günthers. S. 52) und
Litzmann (Günthers Ged. S. 59) ansprechender Weise auf den Plan einer Bearbeitung von
Ovids ars amandi. — 164. Leonilden, vielleicht identisch mit Rosette? Vgl. oben
S. 83, Anm. Auf die Leipziger Leonore (vgl. Einl. S. XVIII f. und unten S. 116, Anm.) kann
sich der Vers nicht beziehen, weil er diese erst nach seiner Genesung kennen lernte. —
169. Brandenburg, Freund des Leipziger Kreises. — 177. in dem Antlitz, an=
gesichts. — 178. an den Liebesseilen. Lesart der alten Abschrift. Ausgaben: „in
den Liebesseilen". — Die Verse beziehen sich auf die Schweidnitzer Leonore, deren halb
vergessenes Bild dem Kranken wieder lebendig vor die Seele tritt.

180 Bei dem halbverstohlnen Küssen starker Lebensbalsam sei.
Brich nur jetzt den Hoffnungsstab, reiß den Myrtenkranz in Stücke,
Halt den zugesagten Ring und beweine das Geschicke
Und gedenk' an deinen Dichter, der dich mit Gefahr geliebt
Und dir jetzt die kalten Thränen, den betrübten Brautschmuck giebt.
185 Glaub' es, Kind, der süße Trieb, der in mir dein Bild erlesen,
Ist kein kindisches Vergehn oder flatterhaftes Wesen.
Dein Verstand zieht kluge Seelen und entschuldigt meine Brunst;
O, was braucht es, dich zu lassen, vor so große Sterbenskunst!
Gute Nacht vor dieses Mal! Auf den Elysäerfeldern
190 Will ich, bis du nach mir kommst, unter Palm= und Lorbeerwäldern
Deines hellen Anblicks warten und, sobald nur dies geschehn,
Meine Seligkeit vollkommen, meine Flammen ewig sehn.
O, was werden wir alsdenn vor Ergetzlichkeit erfahren,
Wenn wir uns mit jener Zahl der verliebten Dichter paaren,
195 Wenn dir dort die schöne Laura, gleich wie mir Petrarch erzählt,
Wie sie beiderseits ihr Scheiden in der Eitelkeit gequält.
Welch bethörtes Fabelwerk treibt mich in den letzten Zügen?
Nein, mein Kind, wir finden dort noch ein gründlicher Vergnügen;
Davids Saiten, Assaphs Harfe und die schöne Sulamith
200 Rufen uns nach Zions Bergen, wo man Sarons Rosen tritt.
So ein ungezähltes Heer von des Allerhöchsten Knechten,
So viel tausend Heilige, so viel Seelen der Gerechten
Werden uns Gesellschaft leisten und nach überstandner Pein
Vor des Lammes Gnadenstuhle lauter Jubelchöre schrein.
205 Seele, fort! Du hast nun Zeit, deinen Frieden zu bedenken;
Aber welch ein Zweifelmut mehrt dein innerliches Kränken?
Wirst du durch dies Ganze wandern? Bist du etwas oder nichts,
Oder ein getrennter Funke von dem Wesen jenes Lichts?
Laß den Kummer! Er bethört; geh' am sichersten und glaube
210 Deines Wesens Ewigkeit. Mach' es wie die Turteltaube,
Fleuch vor Angst und Sturm und Wetter aufs Gebürge Golgatha,
Fleuch und suche sichre Ritzen, denn der Räuber ist dir nah.
Du gekreuzigte Geduld, die du leidest und doch schweigest
Und, so viel du Grausamkeit, auch Erbarmungszeichen zeigest,
215 Du mein gütiger Erlöser, Heil der Welt und Lebensfürst,
Der du erst mein Mittler worden und dereinst mein Richter wirst,

196. in der Eitelkeit, auf Erden. — 199. Assaphs, des Psalmisten.

5*

Ich ergreife dein Verdienst, ich vertraue deinen Wunden;
Hat doch auch des Schächers Herz Ruh' in dieser Freistatt funden.
Ich gesteh', ich bin ein Sünder, doch du bist auch Gottes Sohn,
Und verspreche mir das Leben so gewiß als hätt' ich's schon.
Lebe wohl, bethörte Welt, leb', ich wünsche dir's zum Possen,
Ob ich gleich in dir bisher wenig gute Zeit genossen.
Auf dem Schauplatz deiner Erde stellt' ich einen Jüngling vor,
Der vorher nicht viel besessen und doch täglich mehr verlor.
Hat sich etwa noch dein Zorn nicht genug an mir gerochen,
O so sättige dein Maul mit den abgefleischten Knochen.
Dieses Spiel mit meinem Körper gönn' ich dir zur Dankbarkeit,
Weil du mich durch so viel Stöße einmal aller Last befreit.

24. Als Selimor Amarinden seine Liebe nicht entdecken durfte.

Kantate.

171.

Ihr still- und kahl- und öden Gründe,
Behaltet dieses Wort bei euch:
Ich leid' und darf mich nicht beklagen,
Ich lieb' und fürcht' es euch zu sagen.
Die Brust der hohen Amarinde
Ist mir ein Blick ins Himmelreich.

Mit diesen Worten trug erst heute
Der arme Dichter Selimor
Der grünen Einsamkeit die lange Sehnsucht vor;
Denn weil er die Gesellschaft scheute,
So wählt' er oft das Rosenthal
Zum Arzte seiner Qual
Und zum Vertrauten seiner Liebe,
Die jetzt mit stärkrem Triebe
Durch Augen und durch Lippen brach.
Er dachte seiner Schickung nach:

Als Selimor rc. Wie aus V. 11 hervorgeht, ist das Gedicht in Leipzig entstanden (das Rosenthal, der bekannte Leipziger Spaziergang). Es ist demnach kein Zweifel, daß es sich auf den Beginn seiner Liebe zu der Leipziger Leonore bezieht, welche mit Amarinde identisch ist.

Wie lang er doch noch weinen sollte,
Und ob denn Glück und Stern
Sich ewig grausam stellen wollte.
20 Er hätte gern
Den Anfang seiner Ruh' gemacht,
Nachdem ihm die vergangne Nacht
Ein holder Strahl von Amarindens Mienen
So unverhofft ins Herz gelacht.
25 Ein andrer würde sich des Vorteils leicht bedienen;
Er aber sprach: Was hilft es dich?
Was hilft es dich, verlaßnes Kind?
Hier magst du nur die Hoffnung sparen,
Dieweil der Lenz von deinen Jahren
30 Dir sonder Fried' und Lust verschwind't.
Du weißt, daß Kunst und Treu' nicht tüget,
Wo Hoheit und Vermögen gilt;
Darum vergiß das schöne Bild,
Das deine Lust an Stand und Schönheit überwieget.

35   O ungerechter Unterscheid,
Den Wahn und Geld im Lieben setzen!
Wie glücklich war noch jene Zeit,
Da jeder nur nach Wunsch gefreit!
Man wußte weniger von Schätzen,
40   Doch mehr von Treu' und Zärtlichkeit.

So sang, so fuhr er fort:
Ich darf nur ja kein Wort
Um Amarindens Huld verlieren;
Wie würd' mich ihre Hoheit führen!
45 Mein Leib, mein Vers, mein Angesicht
Sind ziemlich zu Gefallen;
Geburt und Beutel trügt mich nicht —
Hier störten ihn die Nachtigallen,
So daß sich sein betrübter Mund
50 Fast selber nicht verstund;
Drum hielt er erstlich etwas ein
Und ließ hernach die Flöten schrei'n:

31 tüget, taugt.

Ihr kleinen Schwätzer habt gut lachen!
Ihr liebt und könnt euch glücklich machen,
Ihr scherzt und buhlt mit wem ihr wollt   55
Und braucht doch weder Schmuck noch Gold.
Die Mode wehrt euch keine Freude,
Ihr dürft vor keiner Thüre stehn;
O, stecket ihr in meinem Kleide,
Das Singen sollt' euch wohl vergehn.   60

Da seht mich hier, den Armen, mich!
Die Seufzer wälzen sich,
Die Augen brennen unter Quellen.
Von allen meinen Unglücksfällen
Ist keiner so gar elendsvoll,   65
Als daß ich sehn und meiden
Und doch noch leben soll.
O ungemeines Leiden!
O schönes Kind, verstündest du,
Wie wenig dein,   70
Wie redlich mein,
Wie gut mein Herze lieben könne!
O könntest du empfinden,
Wie viel verliebte Kunst und Treu'
In dieser Brust vergraben sei: 75
Ich weiß, du liebtest mich,
Ich weiß, du ließest dich
Den tollen Modezwang nicht binden;
Du ließest Titul, Hof und Stand
Und nähmst mich bei der Hand   80
Und folgtest mir durch Thal und Höh'
Bis an das äußerste der weiten Winterfee.

In Begleitung meiner Füße,
In Gesellschaft sanfter Küsse
Reist man freudig durch Gefahr.   85
Herzen, die einander kennen
Und durch Wüst' und Klippen rennen,
Werden keiner Furcht gewahr.

Hier schwieg der müde Selimor,
90 Zerlegte sein benetztes Rohr
Und wollte gleich den Rückweg suchen,
Und weil er noch zwei glatte Buchen
Vor seinen Gram bequem befand,
So schnitt er mit geübter Hand
95 Ein traurig Denkmal in die Rinden.
O Himmel, laß in dieser Schrift
Manch treues Aug' Ergetzung finden
Und schone, wenn dein Blitz um diese Gegend trifft!

     So tief steht Amarind' im Herzen,
100   Als hier ihr Nam' im Holz geritzt;
     Soviel vergieß' ich reine Schmerzen,
     Als hier Aurora Perlen schwitzt.
     Ich kann ihr Herz so schwer erreichen
     Als wie den Gipfel dieser Klee;
105   Doch läßt sie mir dies Liebeszeichen,
     So schweig' und trag' ich gern mein Weh

25. Die beständige Liebe.
Kantate.

     Die Schönheit ist es nicht gewohnt
     Gefangne los zu lassen;
     Ihr Auge bindet mehr als Gold:
     Wer einmal ihrer Herrschaft zollt,
5   Der muß die Freiheit hassen
     Und wird davor mit Lust belohnt.

     Dein Antlitz hält uns viel zu scharf,
     Als daß ein Mensch Erlösung hoffen darf;
     Ich lieg' in deinen Ketten,
10   Du angenehmes Kind,
     Und werde nie gesinnt,
     Mein treues Herze zu erretten.
     Das süße Joch, die leichte Last,
     Mit der du mich gebunden hast,

Ergetzt mich mit dem schönsten Spiele;   15
Denn wenn ich Schlummer fühle,
So sieht die finstre Ruh'
Den halb geschloßnen Blicken zu,
Die an die Sterne dringen
Und durch die kalte Luft   20
Den Schwur zum Abendopfer bringen,
Dem Echo öfters nachgeruft.

Ihr Wächter der gestirnten Bühnen,
Ihr güldnen Herzen jener Welt,
Vereinigt die vergnügten Triebe   25
Und lernt den Vorzug meiner Liebe,
Die meines Mägdchens Brust behält,
So lange Lenz und Wälder grünen.

Es bleibt dabei:
Du bist ein mehr als menschlich Wesen,   30
Und darum hab' ich dich
Zur Göttin auserlesen.
Der starken Zeiten Tyrannei
Bestürmet Felsen, Stein und mich,
Jedoch verzehrt sie nicht die Treu',   35
Die dir der Lüfte Weihrauch brennet.
Gefällt dir der Geruch,
Den dessen Flamme giebet,
So soll mein Leichentuch
Der kalten Gruft die Nachricht sagen,   40
Es hab' in unsern Tagen
Kein Mensch als ich so rein geliebt.

Mit deinem Namen will ich sterben,
Mit deinem Bilde geh' ich hin,
Und wenn ich nichts als Asche bin,   45
So sollt du noch den Ruhm erwerben,
Daß mich viel mehr der Liebe Macht
Als Tod und Gruft ins Grab gebracht.

---

22 nachgeruft; die schwache Form ist eine bald von der Sprache wieder aufgegebene
Neubildung. — 42 Kein Mensch als ich), keiner außer mir.

26. Aria. Als er gleichfalls zu einer anderen Zeit dicht berauscht war.

Hab' ich mich einmal vergangen,
Mach' ich es doch wieder gut,
Da mein stumm und still Verlangen
Deiner Schönheit Opfer thut,
5   Deiner Schönheit am Verstande,
Der sich auch durch Mienen zeigt,
Und die ungewohnten Bande
Machen, daß mein Herze schweigt.

Schweigen will ich mit dem Munde,
10   Da das Herz nicht reden darf;
Das Verhängnis dieser Stunde
Handelt etwas gar zu scharf.
Ich soll reimen und nicht wissen,
Was sich diesmal reimen soll;
15   Fülle nur mit deinen Küssen
Die gesuchte Strophe voll.

Küsse sind der Weg zum Lieben
Und der Geist der Poesie;
Blindlings wird man oft getrieben,
20   Daß uns eine Schönheit zieh'.
Schönheit, Bäume, Gras und Nelken,
Welche Lenz und Jugend zieht,
Müssen nach und nach verwelken,
Bis der Baum voll Mandeln blüht.

25   Blühn schon einmal diese Früchte,
Ach, so ist es wahrlich aus,
Und des Alters Schaugerichte
Sind ein erlner Blumenstrauß,

Aria. Als er gleichfalls ꝛc. Das Gedicht steht in den Ausgaben hinter einem anderen scherzhaft satirischen, welchem man den Titel gegeben hat: „Als er einen dichten Rausch hatte." Weiter konnte die Geschmacklosigkeit der Herausgeber nicht gehen, als über ein zartes Liebeslied, dessen letzte Strophe zum schönsten gehört, was Günther geschrieben hat, eine solche Überschrift zu setzen. — 24. Ein Bild für die weißen Haare des Alters. — 28. erlner Blumenstrauß, aus Erlenholz geschnitzt.

Welcher Mund und Augen locket,
Aber, wenn er tragen soll,   30
So wie die Granaten stocket,
Die nur sind zum Ansehn voll.

Mag's doch sein! Ich will verehren,
Was ich nicht genießen kann;
Willst du meine Lieder hören,   35
O so hör' auch dieses an,
Daß der Strahl von deinem Glanze,
Welcher dich vor andern ziert,
Auch den Ruhm von meinem Kranze
Mit sich auf die Nachwelt führt.   40

27. Als Leonore sich endlich zum Lieben bewegen ließ.

Eleonore ließ ihr Herze
Nicht länger unempfindlich sein;
Sie räumt' es nach so langem Schmerze
Dem wohlbekannten Dichter ein
Und ließ ihn unter Schwur und Küssen   5
Den Anfang ihrer Neigung wissen.

Sie nahm ihn in die treuen Armen
Und sprach bei zärtlicher Gewalt:
Hat ja der Himmel ein Erbarmen,
So gönnt er mir den Aufenthalt,   10
Bis daß ich in dem sanften Grabe
Das Ziel der Angst erlanget habe.

Drauf schwieg sie mit verwandten Blicken
Und strich des Dichters Angesicht,
Ergetzt' ihn durch ein Händedrücken   15
Und sprach von neuem: Ach mein Licht!
Ach, wird auch dieses mein Verbinden
Dein Herz beständig rein erfinden?

---

31. stocket, d. h. keine Früchte bringt. — 32. Die: Tittmann. Die Ausgaben lesen „Und“, was unmöglich ist. — Als Leonore rc. Im ersten Druck ist das Datum beigefügt: 26. Juni 1719. — 13. verwandten, abgewandten.

Bedenke nur, wie viel ich wage
Und was ich deinetwegen thu!
Ich eile mit Gefahr und Plage
Nach deinen schönen Lippen zu
Und breche dir allein zu Liebe
Die Ketten meiner ersten Triebe.

Ich habe nichts als dein Gemüte,
Worauf ich mich verlassen kann;
Verläßt mich jemals dessen Güte,
So ist es ganz um mich gethan,
So werd' ich allen auf der Erden
Ein Märchen und ein Greuel werden.

Dies sagte sie mit nassen Wangen
Und zog ihn eilends brünstig fort
Und führte sein bestürzt Verlangen
An den schon oft besuchten Ort,
Wo nichts als Graus und Nacht regieret
Und Tod und Stille triumphieret.

Hier fing sie brünstig an zu weinen
Und rief: Ihr Toten, zeuget mir,
Bei meiner Eltern Leichensteinen
Und ihrer Asche schwör' ich dir,
Daß mich dein Herz allein vergnüge,
Bis daß es hier versammlet liege.

Du wirst die Redlichkeit erkennen
Und, bin ich gleich ein armes Kind,
Mir ewig deine Seele gönnen.
Ich weiß zwar, wie die Männer sind;
Aus Liebe glaub' ich deinen Schwüren,
Sie werden mich wohl nicht verführen.

Der Dichter trocknet' ihre Thränen
Mit tausend warmen Küssen ab,
Und als das weich= und stumme Sehnen

---

21. meiner ersten Triebe. So liest allein die 6. Auflage der Gedichte (1701), die
übrigen: „deiner ersten Triebe", was keinen Sinn giebt.

Ihm endlich Zeit zur Antwort gab,
So zog er die geliebten Glieder
Mit diesem Trost ins Gras darnieder:

Komm her, du Nahrung meiner Flammen,   55
Komm, lege dich an meine Brust;
Hier wohnen Glut und Treu' beisammen,
Hier wallen sie nur dir zur Lust;
Hier wird, so oft das Herze schläget,
Dein Bildnis fester eingepräget.   60

Ich lebe dir allein zu eigen,
Und leb' ich gleich vor jetzt gedrückt,
So wird sich bald ein Mittel zeigen,
Das unsre Tugend höher rückt;
Alsdann soll unser Rosenbrechen   65
Die Mißgunst in das Auge stechen.

Du bist mein einziges Ergetzen,
Ich bin nächst Gott dein Schutz und Schild,
Und wie der Wert von allen Schätzen
Mir gegen dein Verdienst nicht gilt,   70
So sollt du auch nach langen Jahren
Die Dauer meiner Lieb' erfahren.

———

28. Als er sich mit ihr wieder zu versöhnen suchte.

Kluge Schönheit, nimm die Buße
Eines armen Sünders an,
Welcher dir mit einem Kusse
Gestern Abends weh gethan
Und auf deinen Rosenwangen   5
Einen schönen Raub begangen.

Ich gesteh' es, mein Verbrechen
Ist der schärfsten Strafe wert,
Und du magst ein Urteil sprechen,

10 Wie dein Wille nur begehrt;
Dennoch würd' ich zu den Füßen
Deiner Gnade danken müssen.

Aber weil ihr Himmelskinder
Eurem Vater ähnlich seid,
15 Welcher auch die gröbsten Sünder
Seines Eifers oft befreit,
Ach, so werden meine Zähren
Deinen Zorn in Liebe kehren.

Gönne mir nur dieses Glücke,
20 Bald mit dir versöhnt zu sein,
Bis nach manchem kalten Blicke
Deiner Augen Sonnenschein
Mir und meiner Hoffnung lache
Und mich endlich kühner mache.

29. Als er sie wieder zu besänftigen suchte.

Erzürnte Schöne, laß einmal
Den alten Unmut aus dem Herzen
Und deiner holden Augen Strahl
Mit angenehmen Blicken scherzen!
5 Ich habe freilich viel versehn,
Doch ist's aus Vorsatz nicht geschehn;
Es sind fürwahr nur Schwachheitssünden.
Ein Mensch, der seine Schuld erkennt,
Der muß, so sehr der Eifer brennt,
10 Auf Reu' und Buße Gnade finden.

Der Schaden, den ich dir gemacht,
Ist doch noch endlich zu ersetzen.
Ach, wüte doch nur mit Bedacht,
Du sollst mich einmal redlich schätzen.
15 Ich habe ja genug gebüßt,
Nachdem ich eine Lust vermißt,

Wozu du mich vorlängst erlesen;
Die Strafe nehm' ich willig an,
Weil sie, wie ich nicht leugnen kann,
In etwas ist verdient gewesen.   20

Von nun an aber bitt' ich dich
Bei deinen feuerreichen Augen:
Wirf Zorn und Eifer hinter sich
Und laß dir meine Demut taugen!
Dein klug= und aufgeweckter Geist,   25
Der sich aus allen Worten weist,
Macht, daß ich deinen Umgang liebe.
Fehlt mir Gelegenheit dazu,
So rate, was ich jetzund thu?
Dich ehr' ich mit verschwiegnem Triebe.   30

30. Er suchet seine erzürnte Schöne zu besänftigen.

Versöhn' ich dich mit keinem Kusse,
So brich mir nur das Herz entzwei;
Ich wasche deinen Fuß mit Thränen,
Vergieb und höre dies mein Sehnen.
Erkennen ist die beste Reu'   5
Und nicht mehr thun die beste Buße.

Du bist die Fürstin unsrer Schönen,
Der Zorn verläßt die Majestät.
Der Himmel küßt uns nach dem Schmerze;
Du bist sein Bild, trag auch sein Herze,   10
Das Sanftmut giebt, wenn Demut fleht;
Sonst dörfte dich der Pöbel höhnen.

Befiehl mir, was du willst, zur Strafe;
Ich leide gern, sei du nur gut
Und schone mich mit deinem Grolle.   15

23. hinter sich, rückwärts. Der Ausdruck wird als ein Wort empfunden; im
16. Jahrh. schrieb man meist: „hinberück".

Gesetzt auch), daß ich sterben solle,
Ich leide lieber Beil und Glut,
Als diese Marter in dem Schlafe.

20 Im Schlafe werd' ich deinem Grimme
Zur schärfsten Marter dargestellt;
Da foltern mich die sauren Blicke,
Da macht dein Eifer, daß ich zücke,
Da flieh' ich, wenn dein Donner fällt,
Als wie ein Wild vors Jägers Stimme.

25   Du sollst nur sehn, du sollst nur hören,
Ich will davor erkenntlich sein.
Mein Amor setzt sich dir zum Bürgen;
Ich will dir keine Tauben würgen,
Ich will ein besser Opfer weihn,
30 Ich will dich mit Gehorsam ehren.

Jedoch erscheint die letzte Stunde
Und ist kein Rettungsmittel hier,
So laß den Tod dem Fehler weichen,
Im Trunke will ich dich beschleichen,
35 Ersäufe mich in Malvasier, —
Ich mein' auf deinem schönen Munde.

31. An die ungetreue Leonore.

Nun hab' ich schon genug! Schweig', trauriges Gerüchte.
Das Herze sagt es mir, mein Kind sei nicht mehr mein.
Der unverhoffte Riß nimmt Regung und Gesichte
Mit stummer Ungeduld und blassem Schrecken ein.
5 Mich deucht, ich höre schon die neuen Hochzeitlieder,
Ja, ja, ich höre schon der Hoffnung Leichenklang;
Die Angst durchwandert mir das Mark der starken Glieder,
Um die sie kurz vorher die falschen Armen schlang

32. hier. Die „Nachlese", in der allein das Gedicht enthalten ist, liest „da". Der
Reim verlangte die Änderung.

Du Kind der Ewigkeit und Mutter alles Guten,
O Liebe, stehst du gern verliebten Dichtern bei,   10
So gieb, da Aug' und Herz in süßer Wehmut bluten,
Daß diese schwere Last nur noch erträglich sei!
Du weißt, ich diene dir mit unverfälschtem Herzen,
Du weißt, ich habe stets das böse Volk verflucht
Und bloß, das Elendsweh im Leben zu verschmerzen,   15
Ein Kind von frommer Art und gleicher Treu' gesucht.
Wie thust du das an mir und stürzest mein Vergnügen,
Worauf ich so viel Zeit und Müh' und Fleiß gewandt?
Warum erlaubst du nicht, an dieser Brust zu liegen,
Mit der mich deine Macht so lang und stark verband?   20
Ja, wenn mir alle Welt auf solchen Fall geschworen,
Ja, wenn ein Engel selbst dergleichen prophezeit,
So hätt' ich wohl gedacht: Sie reden wie die Thoren
Und kennen wohl noch nicht der Liebe Zärtlichkeit.
Ach allerliebstes Kind, so muß ich dir noch schreiben,   25
Indem ich doch so bald mein Herz nicht trennen kann;
Wie magst du solchen Scherz mit Eid und Schwüren treiben,
Und warum hast du so und noch an mir gethan,
An mir, an dessen Gunst dein irdisch Heil gehangen
Und der um dich sogar ein Spott der Mißgunst hieß,   30
An mir, durch welchen du so vieler Not entgangen,
An mir, der fast vor dich sein Auge nehmen ließ?
Bedenke doch nur dich, ich will von mir nichts sagen;
Wie öfters hat dein Mund (du weißt, bei welcher Gruft)
Der Eltern Asch' und Staub, auf dem wir sicher lagen,   35
Zum Zeugnis wahrer Treu' mit Thränen angeruft!
Geh in dich, falsches Kind, und frage dein Gemüte;
Dies, weiß ich, wird vor mich ein frei Bekenntnis thun,
Mit was vor Ehrlichkeit und nicht erkaufter Güte
Mein Herz allein gewünscht, in deiner Schoß zu ruhn.   40
Bedenk' auch, was wir schon zusammen ausgestanden,
Wie hart uns Neid und Gram und Eifersucht gequält.
Wie manchmal rühmtest du bei allen Unglücksbanden,
Es wäre Philimen zu deinem Trost erwählt!
Wie sauer wurd' es mir, dich anfangs zu gewinnen,   45
Wie lange wurd' ich nicht mit List herumgeführt!
So viel der Thränen sind, die jetzt aus Unmut rinnen,

So vielmal hat dir dort mein Kuß das Herz gerührt.
Ich troß' auf kein Verdienst, so gut ich troßen möchte,
Ich bringe dieses nur aus guter Meinung vor:
Wer schätzte dazumal dein Ansehn und Geschlechte,
Das vor der halben Stadt bereits sein Lob verlor?
Wer lehrte dich, dein Wohl vernünftig zu bedenken?
Wer wies dich auf den Weg, der Menschen glücklich macht?
Wer ließ sich deinen Gram bis zur Verzweiflung kränken?
Wer hat dir den Geschmack der Liebe beigebracht?
Die Krankheit warf dich hin, der Tod stund vor der Thüre,
Ich kam und hieß gesund und litt wohl mehr als du.
So oft ich mir die Zeit jetzt ins Gedächtnis führe,
So ofters hängt mir noch ein Teil der Ohnmacht zu.
Mein Helfen schlug nichts an, ich ging in meine Kammer,
Verschloß mich mit der Angst und warf mich auf die Knie
Und bat, ich weiß nicht was, vor allzu großem Jammer,
Denn eh ich mich besann, so war es wieder früh.
Nun merk' ich, daß ich dort um meine Not gebeten,
Um dich, um meine Not, die mehr als Schwefel brennt;
Ach, sollte deine Brunst so aus dem Gleise treten!
Ach, warum hab' ich dich dem Tode nicht gegönnt!
Mir wärest du getreu, dir ohne Schuld gestorben,
Mein Seufzen hätte dich in jene Welt geführt,
Es hätte deine Treu' ein ewig Lied erworben
Und selbst mein Witwenflor dein Leichenkleid geziert.
Verführteste der Welt, betrogne Leonore,
Bedenk', um was du dich mit dieser Falschheit bringst
Und ob du als ein Spott von meinem Musenchore
Nicht aus dem Paradies in Kabuls Wüste springst.
Durch Eintracht wäre dir die Eh' zum Himmel worden,
Hier hättest du das Mark der keuschen Brunst geschmeckt;
Du strahltest als ein Stern in jener Frauen Orden,
Dem unsre Poesie des Nachruhms Lorbeern steckt.
Steh nächtlich einmal auf und miß die hohe Ferne
Und sieh den Milchweg an, der ist der Helden Haus;
Dein Name mehrte da den Glanz der holden Sterne,
Ich las bereits den Platz vor dessen Bildnis aus.

---

67. Brunst, bei Günther stets noch in edlerem Sinne = Leidenschaft. Vgl. V. 78.

Die Gegner der zweiten schlesischen Schule 1.   9

Du bist vorhin gestraft, indem du mich entbehrest,
Du strafest dich noch mehr durch deine neue Wahl,
Bei der du auf der Welt schon in die Hölle fährest,
Aus welcher meine Treu' dich, so zu reden, stahl.
Mit was vor Zuversicht und Augen und Gewissen
Getraust du dich hinfort mein Antlitz anzusehn?   90
Was wirst du, sterb' ich bald, vor Larven fürchten müssen!
Geschicht's, so wisse nur, es sei durch dich geschehn.
Dein Mops, gedenk' an mich, wird mich an dir schon rächen;
Sein Kopf ist bosheitsvoll und wird dein Henker sein;
Du wirst, wenn Tag und Nacht dich unter Sorgen schwächen,   95
Dein unbesonnen Werk, doch stets zu spät, bereun.
Alsdenn besinne dich auf Gärten, Gras und Linden,
Worunter meine Schoß dein schläfrig Haupt gewiegt!
Da wirst du mich nicht mehr auf jenem Felsen finden,
Auf welchem noch von uns ein Bundeszeichen liegt.   100
Die letzte Sommernacht wird nicht mehr wieder kommen;
Spiel, Küsse, Tanz und Vers und Sträußer treuer Hand
Sind Schätze, welche dir der Raub der Schätz' genommen,
Was sag' ich? die du dir aus Falschheit selbst entwandt.
Es hat mir wohl geahnt; denn kannst du dich besinnen,   105
Bei welcher Gartenlust dein Ring den Finger band?
Mein Auge fing dort nicht ohn' Ursach' an zu rinnen,
Dir aber fiel das Blut in Tropfen auf die Hand.
Noch mehr, die nächste Nacht verlor ich dich im Traume
Und weckte mich fast selbst durch Angst und Winseln auf;   110
Der unverhoffte Bruch von deinem liebsten Baume
Wies etwan auch vorher der Liebe kurzen Lauf.
Sei da und schütze vor, man habe dich gezwungen;
Der, die wahrhaftig liebt, hat Flehn und Zwang nichts an.
Du selbst hast nicht gewollt, sonst wär' es wohl gelungen,   115
• Indem doch Weberlist viel Ausflucht machen kann.
Du daurest mich noch sehr, nicht weil du dies verdienest,
Bloß weil mich die Natur zum Mitleid aufgelegt
Und weil mein Herz das Bild, in dem du ehrlich schienest,
Aus großer Zärtlichkeit in seinem Blute trägt.   120

85. vorhin, zum voraus. — 92. Geschicht's; aus dem vorhergehenden Vers ist zu ergänzen: daß ich sterbe. — 93. Mops, verächtliche Bezeichnung des glücklichen Nebenbuhlers. — 94. dein Henker; Ausgaben: „ein Henker".

Wie wird mir doch so angst, dir gute Nacht zu geben!
Ist's möglich, liebstes Kind, so kehre noch zurück;
Ich will dir gern verzeihn und noch vertrauter leben.
Ach, wende dich nur um, hier ist der alte Blick.
125 Der Himmel sieht sich Lust, sobald wir uns vertragen,
Ich selbst berede mich, du habest nichts gethan.
Bleib, Leonore, bleib! Du spottest meiner Klagen
Und siehst mich nun nicht mehr mit deinen Augen an.

— —

32. Philimen an Selinden, als sie ihm untreu wurde.

Bleib, wer du bist und willst, Selinde!
Ich bleibe gleichfalls, wer ich bin,
Dein Herz besteht wie Rohr im Winde;
Dafür bedankt sich nun mein Sinn
5   Und wünscht dir zu der guten Zeit
Nichts weiter als Beständigkeit.

Du hängst dich, wie ich seh', an alle
Und siehst das Herze nicht mehr an;
Ich geh' und räume deinem Falle;
10   Er kommt, der Hochmut kommt voran,
Spott aber, Reue, Gram und Schmach
Folgt wie der Rauch dem Brande nach.

„Eh soll der Himmel Bäume tragen
Und unser Queis voll Flammen stehn,
15   Als jemand auf der Erde sagen:
Selinde läßt den Philimen."
Besinnst du dich noch auf die Nacht,
Die dieser Schwur vergnügt gemacht?

---

125. sieht sich Lust, erblickt das, was ihm Lust bereitet. — Philimen an Selinden ꝛc. Selinde ist natürlich (die Leipziger) Leonore. — 9. räume, weiche aus. — 14. Queis. Die Erwähnung des schlesischen Flusses an dieser Stelle macht ganz bedeutende Schwierigkeit. Einerseits wird man durch den Inhalt des Gedichts gezwungen, dasselbe auf die Leipziger Leonore zu beziehen, andererseits nötigt der Ausdruck Selindens „unser Queis" zu der Annahme, daß der Schauplatz und die Heimat der Geliebten an diesem Fluß zu suchen ist. Nun hat sich aber Günther von allen am Queis gelegenen Orten nur in Lauban aufgehalten, und daß er dort kein Liebesverhältnis anknüpfen konnte, ist nach seinen damaligen Lebensumständen ganz außer Zweifel. (Vgl. Einl. S. XXII.) Auch die Erklärung, die Leipziger Geliebte sei eine Schlesierin gewesen, ist keine befriedigende.

9*

Nun grüne, lieber Himmel, grüne
Und gieb dem Queise deine Glut,
Damit es der zur Ausflucht diene,
Die wider ihr Gesetze thut
Und, wo kein Wunderwerk geschieht,
Der Rache nimmermehr entflieht.

Mit was für Ruh' und für Gewissen
Gedenkst du, falsches Kind, der Lust
In fremden Armen zu genießen,
Wobei du allzeit fürchten mußt,
Itzt trenne Donner, Blitz und Streich
Kuß, Mund und Herzen unter euch?

Ein andrer würd' es wünschen können,
Ich aber bin nicht aufgelegt,
Den Feinden meinen Zorn zu gönnen;
Die Liebe, so mich treibt und regt,
Läßt fahren, was nicht bleiben will,
Und schweigt wie fromme Kinder still.

Genug, daß du dich selbst betrogen
Und etwas wider dich gethan!
Bedenk', ich war dir so gewogen,
Als keiner ist und werden kann;
Ich zeigte dir durch wahre Treu',
Was Leben und was Lieben sei.

Die Eintracht zwo vertrauter Herzen
Macht aus der Welt ein Himmelreich,
Ihr reiner Kuß verbeißt den Schmerzen,
Ihr Auge kommt der Sonne gleich,
Die Wolk' und Regen um sich sieht
Und doch davon nichts in sich zieht.

Den Vorschmack hast du schon genossen:
Betrachte Felsen, Bach und Wald,
Wo ich dich oft in Arm geschlossen
Und unser Scherz noch wiederschallt;
Die Vögel wurden selbst erweckt
Und durch Exempel angesteckt.

55   Du mußtest damals vor Vergnügen
     Oft selbst nicht, wo dein Herze wär';
     Du bliebest vor Entzückung liegen
     Und sagtest, deucht mich, ohngefähr:
     Kind, daß mich nicht der schöne Tag
60   An deiner Brust entseelen mag!

     Ich mag nichts mehr davon gedenken,
     Sonst leid' ich mehr dabei als du;
     Die Zeit weiß alles so zu lenken,
     Damit sie keinem Unrecht thu',
65   Und wird vielleicht zu deiner Pein
     Bald zwischen uns ein Richter sein.

     Ich übergeb' ihr meine Rache,
     Die doch nicht weiter um sich faßt,
     Als daß sie bald zu Schanden mache,
70   So viel du Schönes an dir hast,
     Bis daß Selinde nicht mehr ist,
     Was du anjetzt, Selinde, bist.

33. Die verworfne Liebe.

     Ich habe genug!
     Lust, Flammen und Küsse
     Sind giftig und süße
     Und machen nicht klug;
5   Komm, selige Freiheit, und dämpfe den Brand,
     Der meinem Gemüte die Weisheit entwandt.

     Was hab' ich gethan!
     Jetzt seh' ich die Triebe
     Der thörichten Liebe
10   Vernünftiger an;
     Ich breche die Fessel, ich löse mein Herz
     Und hasse mit Vorsatz den zärtlichen Schmerz.

Was quält mich vor Reu'?
Was stört mir vor Kummer
Den nächtlichen Schlummer?　　　　　　　　　　　　　　15
Die Zeit ist vorbei.
O köstliches Kleinod, o teurer Verlust!
O hätt' ich die Falschheit nur eher gewußt!

Geh, Schönheit, und fleuch!
Die artigsten Blicke　　　　　　　　　　　　　　20
Sind schmerzliche Stricke.
Ich merke den Streich,
Es lodern die Briefe, der Ring bricht entzwei
Und zeigt meiner Schönen: Nun leb' ich recht frei.

Nun leb' ich recht frei　　　　　　　　　　　　　　25
Und schwöre von Herzen,
Daß Küssen und Scherzen
Ein Narrenspiel sei;
Denn wer sich verliebet, der ist wohl nicht klug;
Geh, falsche Sirene, ich habe genug!　　　　　　　　30

—

34. Als sie nachgehends übel geheiratet.

Bleib nur, bleib, betrogne Schöne,
Bleib nur, bleib bei deiner neuen Lust!
Vormals traf mich dein Gehöhne
Bei den Seufzern treuer Brust;
Jetzo rächst du mich an dir,　　　　　　　　　　　　5
Jetzo klagst und weinst du mir;
Klag' und weine nur,
Falsche Kreatur!
Meine Treu' spricht: Weit von hier!

Als sie nachgehends übel geheiratet. Diese Überschrift ist ganz unrichtig; das Gedicht kann nur bei Gelegenheit ihrer Untreue entstanden sein; es ist leicht erklärlich, daß die Empörung des Dichters sich darin gefällt, Bilder ihres künftigen Unglücks aus- zumalen. Die beiden ersten Verse lassen keinen Zweifel, daß sie noch nicht verheiratet ist. In V. 51 ist demnach „zeigt" in futuraler Bedeutung zu nehmen. — Dies Gedicht auf die Schweidnitzer Leonore zu beziehen, der er selbst von Lauban aus ihr Versprechen zurückgab (vgl. Einl. S XXII), ist unmöglich.

10 Konnt' ich dir vordem nicht taugen,
    Seh' auch ich dich jetzt verächtlich an
    Und mit eben solchen Augen,
    Als du jener Zeit gethan;
    Mein Verlangen war dein Scherz,
15 Mein Vergnügen ist dein Schmerz;
    Deiner Thränen Flut
    Löscht die erste Glut
    Und erquickt mein lechzend Herz.

    Hast du doch dein Teil erwählet,
20 Küsse, was mich dich nicht küssen ließ;
    Diese Hölle, so dich quälet,
    Ist fürwahr mein Paradies.
    Deines Eh'stands Trauerspiel
    Zeiget meiner Wünsche Ziel;
25 Wirst du jetzt verlacht
    Und in Angst gebracht,
    Denke, wie es mir gefiel.

    Spare nur die späten Thränen,
    Leide, bitte, schwöre, geh und fleuch;
30 Deiner Wehmut nasses Sehnen
    Macht mein Herze nicht mehr weich.
    Was ich dir nur wohl gethan,
    Schreib' ich mir zum Fehler an;
    Zeigt doch schon das Weh
35 Deiner tollen Eh',
    Was verstoßne Liebe kann.

35. Die unschuldige Einsamkeit.

Mit der Welt und ihren Kindern
Mach' ich mich nicht gern gemein,

Weil sie mir die Ruh' verhindern
Und oft Schmach vor Dank verleihn.
Will man mich darum verdenken,　　　　5
Wird es mich so sehr nicht kränken.
In der stillen Einsamkeit
Hör' ich weder Hohn noch Neid.

Mit mir selbst und meinem Gotte
Bring' ich süße Stunden zu,　　　　10
Wo ich mit vergälltem Spotte
Keinem Menschen Unrecht thu.
In Gesellschaft lernt man Sünden
Und den Weg zur Hölle finden;
Bei Exempeln böser Art　　　　15
Wird die Unschuld schwer bewahrt.

Führen mich die besten Schwestern
Je zuweilen in ihr Haus,
Hör' ich lachen oder lästern,
Beides geht auf Thorheit aus.　　　　20
Zwo verschneiden stets die dritte,
Mienen, Worte, Kleid und Schritte,
Klein und groß und alt und jung
Müssen durch die Musterung.

Glaubt man nicht geschminkten Lügen,　　　　25
Heißt es Einfalt oder Stolz;
Kann man nicht galant betrügen,
Nennt man uns ein grobes Holz.
Sucht man ein vertraulich Herze,
So erfährt man sich zum Schmerze,　　　　30
Daß der Kuß Verräterei
Und die Freundschaft Arglist sei.

Reizt mich nicht aus meinem Zimmer
Durch die Lust der Eitelkeit;
Denn hier bleib' ich jetzt und immer　　　　35
Mit der Selbstzufriedenheit;

Hier bespricht sich mein Gemüte
Mit des Himmels Vatergüte,
Die mich leicht das Fastnachtsfest
40   Dieser Welt verlachen läßt.

36. Die Selbstzufriedenheit.

In der Ruh' vergnügter Sinnen
Steckt das höchste Gut der Welt,
Und dies Kleinod zu gewinnen,
Braucht man weder Staat noch Geld,
5   Weil ein jeder stündlich sieht,
Daß, wer heute trotzt und blüht,
Morgen oft am Ruder zieht.

Äußerliche Pracht und Güter
Sind ein Schein verdeckter List,
10   Die vor niedrige Gemüter
Ein geschmücktes Fallbrett ist;
Wer hier blind und sicher tritt,
Dessen unbedachter Schritt
Nimmt die Reu' in Abgrund mit.

15   Was uns noch bei grünen Jahren
Zärtlich und galant entzückt,
Ist ein Kram voll schöner Waren,
Die der Zeiten Flucht entrückt,
Da denn oft der beste Kuß
20   Durch des Alters Überdruß
Wein zu Essig machen muß.

Gleichwohl darf kein thöricht Grämen
Solchen Lauf verzagt beschrei'n;
Was uns Zeit und Vorsicht nehmen,
25   Bringt die Hoffnung stündlich ein;
Denn ein Herze kluger Brust
Macht, so viel du leiden mußt,
Sich bei allem eine Lust.

Mir zu Liebe fängt das Glücke
Wohl nicht erst was neues an,   3
Da kein sterblich Flehn die Tücke
Seines Eifers beugen kann;
Ob es noch so stürmisch thu',
Singt mein Geist bei stiller Ruh'   35
Doch ein höhnisch Lied dazu.

Immerhin, ihr wilden Grillen!
Nichts erwirbt euch mein Gehör.
Ihr verderbt Verstand und Willen,
Aber mir wohl nimmermehr.
Unter der Ergetzlichkeit   40
Einer Selbstzufriedenheit
Rührt mich weder Gram noch Leid.

37. Ode.

Euch, Musen, dankt mein treu Gemüte,
Wofern ich etwas gelt' und bin;
Der Lorbeer eurer reichen Güte
Grünt jetzt schon auf die Nachwelt hin.
Ihr habt mich von Geburt umfangen,   5
Gesäugt, geführt, geschützt, ernährt,
Und, wenn mir Freund und Trost entgangen,
Dem Herzen allen Gram verwehrt.

Nun mögen andre meinesgleichen
Aus Ehrgeiz mit nach Ungarn gehn   10
Und bei des Adlers Siegeszeichen
Geschlecht und Stand und Glück erhöhn;

Ode Datiert: Dresden, den 10. August 1719. Dies Gedicht, wie höchst wahrscheinlich auch die beiden vorhergehenden, entstand, nachdem Günthers Bewerbung um die Hofpoetenstelle gescheitert war. (Vgl. Einl. S. XIX.) Mehr als irgend wo anders zeigt
Günther in diesen Liedern, daß er eine echte Dichternatur ist. Das Glück, das von außen
nicht kommen will, sucht und findet er nun im eignen Innern, und der Grundton
seiner Stimmung ist: „Verhülle mir das wogende Gedränge, das wider Willen uns zum
Strudel zieht."

Ich schmeichle keiner großen Zofe,
Ich bete keinen Götzen an,
15 Der irgend Leute von dem Hofe
Nach Willkür ziehn und werfen kann.

Ein Lager an den grünen Flüssen
Ergetzt mich in gelehrter Ruh';
Hier kann ich alle Not versüßen,
20 Hier richtet niemand, was ich thu';
Hier spiel' ich zwischen Lust und Bäumen,
So oft die Sonne kommt und weicht,
Und ehre die in meinen Reimen,
Der nichts an Treu' und Schönheit gleicht.

25 Sprecht mehr, ihr hochmutsvollen Spötter,
Ich hielte nichts von Lob und Ruhm!
Mein Name dringt durch Sturm und Wetter
Der Ewigkeit ins Heiligtum.
Ihr mögt mich rühmen oder tadeln,
30 Es gilt mir beides einerlei:
Wen wahre Lieb' und Weisheit adeln,
Der ist allein vom Sterben frei.

38. An seine Schöne.

Nun, Kind, ich kann dich nicht mehr bitten:
Behalt mein Herz in treuer Brust!
Das Denkmal deiner muntern Sitten
Erweckt mir auch von weitem Lust,
5 Und wo ich reise, wohn' und bin,
Da folgt mir dein Gedächtnis hin.

An seine Schöne. Die Ausgaben datieren: Borau, den 22. August 1719; es muß
natürlich heißen: Dresden, den 22. August 1719, da Günther erst Anfang September von
Dresden abreiste. Falsch ist auch Wittigs Annahme (a. a. D. S. 216), es sei statt Borau
„Bora" zu lesen, ein kleiner Ort in Sachsen, der zu einem „Ausfluge von Dresden" doch
zu entfernt lag. — Das Gedicht ist ein letzter Versuch, sich mit seiner Leipziger Leonore
auszusöhnen. Vgl. Einl. S. XX.

Ein Waldhorn klingt bei Abendstunden
Von weitem durch die Gärten schön,
Es reizt das Blut verliebter Wunden
Und läßt die Geister flüchtig gehn;   10
Jedoch ergetzt mich das Gehör
Von deinem Wohlsein noch viel mehr.

Das Glücke spielt mir tausend Possen
Und lockt mich auf des Hofes Eis,
Ich folg' ihm klug und unverdrossen,   15
So gut ich seine Tücke weiß;
Die Vorsicht leite wie sie will,
Ich halt' in allen Wettern still.

Die Gegend, wo ich jetzund dichte,
Ist einsam, schatticht, kühl und grün;   20
Hier hör' ich bei der schlanken Fichte
Den sanften Wind nach Leipzig ziehn
Und geb' ihm allzeit brünstiglich
Viel tausend heiße Küß' an dich.

Hier kann ich mich der Zeit bequemen,   25
Hier ist mir Stell' und Ort geneigt,
Die große Rechnung vorzunehmen,
Wie viel mir Leipzig Guts erzeigt;
Doch alles, was ich schätzen kann,
Das kömmt auf deinen Umgang an.   30

Erinnre dich der ersten Küsse,
Die niemand als der Schatten sah;
Sie machten mir die Äpfel süße;
Ach, wäre doch die Zeit noch da!
Gedenk' an Pfeifers Schlafgemach   35
Und zähle dort die Wollust nach.

Der Umgang wurd' uns sonst verboten,
Wir suchten die geheimste Bahn,

35. Pfeifer, Günthers Freund; vgl. S. 112, Anm. zu B. 97.

40

    Wir riefen die verwandten Toten
    Zu Zeugen unsrer Freundschaft an
    Und ließen bei verschwiegner Pein
    Den Kirchhof unsre Freistatt sein.

39. Er erinnert sich der vorigen Zeiten und guter Freunde unter einem Schäfergedichte.

    Als Orpheus mit verliebten Thränen
    Den Abschied seiner Liebsten sang,
    Bewog des armen Dichters Sehnen
    Sogar den toten Wiederklang;

5

    Die Tiere weinten in die Saiten,
    Die Steine starrten mehr als Stein,
    Und sein Verdruß bedrängter Zeiten
    Nahm Feld und Wald mit Unmut ein.

    So sah es jetzo um Myrtillen

10

    Und um die fetten Triften aus;
    Kein Zuspruch wußt' ihn mehr zu stillen,
    Er ließ sein weites Schäferhaus,
    Begab sich taumelnd in die Heide,
    Bei der sich schon sein Vieh zerstreut,

15

    Und klagte viel von seinem Leide
    Der hier verschwiegnen Einsamkeit.

    Was muß doch mancher Mensch nicht tragen!
    Nun kommt das dritte Jahr ins Land,
    Seitdem das Wachstum meiner Plagen

20

    Mir allen Rat und Trost entwandt.
    Das Glücke greift mich allenthalben,
    Und zwar mit allen Pfeilen an;
    O, daß ich jetzt nicht mit den Schwalben
    Verschlafen oder flüchten kann!

39. die verwandten Toten, die Eltern Leonorens. Vgl. S. 125. V. 34 f. und S. 123. V. 38—40.

Ich will mein Kreuz in Rechnung bringen: 25
Die Menge läßt es nicht geschehn;
Ich will mich durch Verzweiflung zwingen:
Ja, dürft' ich keinen Himmel sehn.
Gewohnheit macht die Not erträglich,   30
Jedoch nicht mir, sie ist stets neu,
Der Himmel aber unbeweglich;
Wer sagt, wie mir zu Mute sei!

Ich weiß mir's selber nicht zu sagen;
Wer etwas davon wissen will,
Der geh' nur hin, den Wald zu fragen   35
Und steh' bei mancher Fichte still.
Mein Kummer zeigt sich an den Herden,
Man sieht ihn selbst den Triften an;
Denn daß sie beide mager werden,
Das hat mein fauler Gram gethan.   40

Ich selbst verfalle vor den Jahren
Und zehre mich fast stündlich ab
Und denke bei den grauen Haaren:
Gott geb', jetzund erscheint das Grab.
Erschein' ich einmal auf den Festen,   45
So fragt mich jede Schäferin,
Warum ich bei so schönen Gästen
Nicht aufgeräumt und munter bin.

Mich selbst verdrießt mein murrisch Wesen,
Und gleichwohl ändert mich kein Zwang;   50
Mein Glück ist einmal schon verlesen
Und weiß der Welt wohl wenig Dank.
Ich kann bei keiner Arbeit bleiben,
Die unser Feldbau mit sich bringt,
Und weiß vor Unmut nichts zu treiben,   55
Das nur so obenhin gelingt.

---

55. Unmut. So hat nur die 6. Auflage, die übrigen lesen sinnlos: Anmut; Tittmann: Armut.

Bald schnitz' ich etwan bunte Stäbe,
Da martert mich sogar der Bast,
Und wenn ich abends Futter gebe,
So wird mir oft die Hand zur Last.
Mich deucht, die liebe Morgenröte
Steht öfters aus Erbarmung still,
Wenn nun die sonst getreue Flöte
Der Kunst nicht mehr gehorchen will.

Das Unglück kommt mir in Gedanken
Ohn' Ordnung und in Menge vor,
Es heißt mich auch in Träumen zanken
Und schwächt mir täglich Aug' und Ohr;
Bald schmeißt mich Philindrenens Leiche
Mit neuer Ohnmacht in den Staub,
Da zeigt mir Roschkowitz die Eiche,
Da denk' ich an den süßen Raub.

Ach Schweidnitz, könnt' ich dich vergessen,
O was entbehrt' ich jetzt vor Gram!
Ich habe deine Milch gegessen,
Seit diesem acht' ich keinen Rahm.
Lebt wohl und grünt, ihr fetten Auen,
Und weidet Leonorens Brust;
Ich werd' euch wohl nicht wieder schauen,
Es machte denn ein Traum die Lust.

Albine war mir schlecht gewogen
Und hieß der Anfang meiner Qual,
Doch seit ich von ihr weggezogen,
Bedaur' ich sie wohl tausendmal;
Dies macht die Freundschaft zweier Hirten;
Ihr güldnen Jahre, kehrt doch um
Und biegt geschwind die schönsten Myrten
Zu Damons holder Scheitel krumm.

69. Philindrenens. Vgl. S. 113, Anm. und Einl. S. XIII. — 71. Roschkowitz.
Vgl. Einl. S. XIV. Hier zuerst erinnert er sich wieder seiner treuen Schweidnitzer Leonore,
während sich die beiden ersten Strophen noch auf die Leipziger Geliebte beziehen. —
81. Albine, Wittenberg. — 88 ff. Damon, Günthers früh verstorbener Freund Peters.
Vgl. oben S. 70, Anm. zu V. 48 und Einl. S. XVII.

Ja, Damon schläft und kommt nicht wieder;
Ach Name, der ergetzt und schreckt,   90
Ach, würdest du durch meine Lieder,
Ja, durch mein Blut nur aufgeweckt,
Ich würde beide gern verschwenden.
O Rache, nimm dies treue Blut
Von mehr als eines Enkels Händen   95
Und mache so die Blutschuld gut!

Wo wird nur jetzt mein Daphnis weiden?
Ihr Hirten um den Muldenstrand,
Erinnert ihn, jedoch bescheiden,
Er habe mich ja auch gekannt.   100
Ich rufe Mond und Stern zu Zeugen,
Wohin er erst mein Haupt erhob:
Wenn Grillen mein Gemüte beugen,
So stärkt mich sein gelehrtes Lob.

Die schön- und weltberühmten Linden,   105
Die Oder nebst der schwarzen Spree,
Und was sich sonst vor Örter finden,
Allwo ich im Gedächtnis steh',
Die darf ich jetzt nur nennen hören,
So kriegt die Schwermut Nahrungssaft,   110
Und daß sie mich zum öftern stören,
Das thut die süße Leidenschaft.

Hier seh' ich nun bei so viel Wettern
Mein armes Vieh zu Grunde gehn;
Die Ziegen klauben an den Blättern,   115
Die voller Gift und Mehltau stehn;
Die Hitze macht die Garben dünne,
Und Lab und Milch verdirbt der Blitz,
Und weil ich nirgends was gewinne,
So straft man meinen blinden Witz.   120

97. Daphnis, der andere der V. 85 erwähnten zwei Wittenberger Freunde; sein
Name ist unbekannt. — 105 f. Aus diesen beiden Versen hat Litzmann auf einen vorüber-
gehenden Aufenthalt Günthers in Berlin geschlossen (Günthers Ged. S. 13); doch mit Unrecht. Hier ist nur gesagt, daß Günther Freunde in Berlin hatte, bei denen er „im Gedächtnis" stand, keineswegs, daß er selbst dort gewesen ist.

Ach, läge doch mein Haupt im Schlummer
Nur noch in Leonorens Schoß!
Wie gern erlitt' ich allen Kummer,
Das Elend wär' auch halb so groß.
Hier miß' ich nun in fremden Grenzen
Glück, Ehre, Vaterland und Ruh';
Geht, Nymphen, geht mit euren Kränzen
Und werft mir lieber Buchsbaum zu!

Drittes Buch
1719—1720.

1. Ode an sein Lenchen.

So sollt' und mußt' es sein: die Strafe folgt der Sünde,
Und so, verführter Geist, geschieht dir eben recht;
Es läßt dich endlich auch die nette Philirinde,
Dies ist es, was dein Herz mit neuem Kummer schwächt,
Dies ist auch, was dich jetzt mit Nachdruck lehren kann,   5
Wie weh du Lenchens Brust durch Flucht und Bruch gethan.

Ach, freilich thut es weh, wenn solche Ketten springen!
Brecht, süße Fessel, brecht! Ich bin genug gedrückt!
Mich soll kein frischer Kuß in neue Bande zwingen,
Da Philirindens Zorn die letzte Glut erstickt,   10
Und da mich ihre Flucht auf Erden elend macht,
So sag' ich auf einmal der Liebe gute Nacht.

Der Liebe gute Nacht und auf einmal zu sagen,
Mein Herz, besinne dich und schätze diesen Schluß
Und wisse, daß ein Mensch bei allen Unglücksplagen   15
Durch wahre Lieb' allein den Gram versüßen muß.
Laß sein, daß dieses Kind den treuen Wunsch betrügt,
Wer weiß, wie bald dich noch was Artigers vergnügt!

Ode an sein Lenchen. Lenchen ist die Schweidnitzer Leonore. — 3. Philirinde,
die Leipziger Leonore. Den Namen bringt Litzmann (a. a. O. S. 77) mit gr. φίλυρα =
Linde zusammen; Leipzig ist die Lindenstadt.

20
Vergnügt mich diese nicht, so darf mich nichts vergnügen:
Dies ist ein blinder Wahn bethörter Weichlichkeit.
Zwei Mittel geben Rat, den Kummer zu besiegen:
Gebrauche der Vernunft, vertrau den Schmerz der Zeit!
Und willt du ja noch mehr und bald getröstet sein,
So nimm mit Buß' und Reu' die alten Flammen ein.

25
Ja, ja, ich fühle schon die Rückkunft erster Triebe,
Mein Blut erinnert sich der damals reinen Treu',
Es wallt und jauchzt vor Lust und wählt die alte Liebe,
Damit sie dermaleinst des Eh'stands Himmel sei.
Was denkst du dir, mein Herz? O gieb dir selbst Gehör:
30
Du suchest Lenchens Gunst, sie liebt dich ja nicht mehr.

Ich weiß, sie liebt mich noch und kann mich nicht verlassen;
Die Neigung gleicher Art verband uns gar zu scharf.
Komm wieder, liebster Schatz, nun will ich dich umfassen,
So lang ich nur noch hier der Lust genießen darf.
35
Ist's etwas, das uns trennt, so ist's der Leichenstein;
So stärkt der Riß das Band, so sollt' und mußt' es sein.

2. Auf der Abreise von Dresden in sein geliebtes Schlesien.

Kommt, tröstet mich, ihr alten Tage,
Und laßt euch einmal wieder sehn,
Sonst muß ich bei so scharfer Plage
Den Tod um Hülf' und Rettung flehn.
5
Ihr martert mein bedrängtes Herze,
Ihr seid es, was mein Leid verstärkt,
Denn wüßt' ich nichts von eurem Schmerze,
So hätt' ich kaum die Not gemerkt.

Ihr habt mir dort durch Lenchens Küsse
10
Mund, Sehnsucht und Geschmack verwöhnt,
Sobald mir die geneigten Schlüsse
Den Weg ins Paradies gebähnt.

Auf der Abreise von Dresden :c. Die Ausgaben datieren: den 2. September 1719. — 12. gebähnt; „bähnen" ist bei den schlesischen Dichtern die gewöhnliche Form.

Auf Zucker wächst des Wermuts Schärfe,
Wie jetzt mein Kreuz auf eurer Lust;
Denn wenn ich dies in mir entwerfe,   15
So ächzet die gedrange Brust.

Dort saß ich noch im Rosengarten,
Dort wünscht' ich nichts als Ewigkeit
Der süßen Arbeit abzuwarten,
Mit der mich Lenchens Gunst erfreut.   20
Dort spielt' ich mit dem lieben Kinde
Früh, mittags, abends, durch die Nacht
Und hielt den Augenblick vor Sünde,
Den ich und sie getrennt vollbracht.

Kein Platz war unserm Lager enge,   25
Kein Winkel unsrer Lust zu klein;
Wir hatten ganz besondre Gänge
Und nennten Glück und Angst gemein.
Viel Wächter stunden uns im Lichte,
Doch Arglist ward durch List berückt;   30
Da wurden die verbotnen Früchte
Mit größrer Sehnsucht abgepflückt.

Wie viel vergnügt- und gute Lieder
Gerieten mir an ihrer Hand!
Ich ging die Weistritz auf und nieder,   35
Bis daß ich sie am Ufer fand;
Hier scherzten wir in allem Wetter,
Oft eh der Tag die Wolken brach,
Und rauschten denn die Erlenblätter,
So ahmten unsre Küsse nach.   40

Kehrt, güldne Zeiten, kehrt zurücke
Und führt mich gleich persönlich hin,
Da, wo ich mit entferntem Blicke
Und sehnlichen Gedanken bin.

16. gebrang, bedrängt, beengt. Vgl. Schiller, Kraniche des Ibykus: „Da sperren auf gedrangem Steg zwei Mörder plötzlich seinen Weg." — 35. Die Weistritz, der Nebenfluß der Oder, an dem Schweidnitz liegt.

45 Wie? Hat mein Wunsch ein solch Vermögen?
    Ich seh', ihr kommt bereits gerannt;
    Doch nein! Ich zieh' euch selbst entgegen
    Und seh' bereits ins Vaterland.

    Dies ahnt vielleicht dem holden Kinde,
50 Weil Neigung die Gemüter zieht;
    Wer weiß, wie brünstig und geschwinde
    Ihr Blick auf alle Straßen sieht!
    Mein Engel, laß dich nicht verlangen,
    Die Freude bringt das Warten ein,
55 Es malt sich mir auf deinen Wangen
    Des bessern Glückes Morgenschein.

    Nun gute Nacht, du edles Sachsen,
    Behalt die Thränen meiner Qual!
    Wie viel davon schon Gras gewachsen,
60 Das weiß dein Speck- und Rosenthal.
    Ich will dir gern mein Leid vergeben,
    Nur gieb dem kleinen Lorchen Ruh,
    Denn weil die Sterne widerstreben,
    So sag' ich ihm nur Freundschaft zu.

65 Du aber, seliges Gefilde,
    Sei hunderttausendmal gegrüßt!
    Nun seh' ich, wie gerecht und milde
    Des Himmels weise Führung ist;
    Nunmehr erfahr' ich dessen Freude,
70 Der dort den Rauch von Ithaka
    Nach glücklich überstandnem Leide,
    Wie ich mein Striegau, wiedersah.

    Du weiß- und ewiges Erbarmen,
    Das überschwenglich ist und thut,
75 Vergnüge mich in Lenchens Armen
    Und schenk' uns nur ein kleines Gut;

---

61 ff. Versöhnt gedenkt er noch einmal der Leipziger Geliebten. Es ist festzuhalten, daß er in allen Gedichten, wo beide Leonoren erwähnt werden, sie durch verschiedene Abkürzungen des Namens unterscheidet; die Leipziger Leonore heißt dann stets Lorchen, die Schweidnitzer Leonore Lenchen.

Erhalt mir Weisheit, Kunst und Dichten
Und laß mich, wenn mein Körper fällt,
Kein blind und giftig Urteil richten:
So neid' ich keinen auf der Welt.   80

3. Ode; in einem Gespräche zwischen Damon und Lenchen.

Damon.

Als Lenchen noch mit treuem Herzen
Allein an Damons Lippen hing
Und durch kein frech und eitles Scherzen
Bei andern Buhlern naschen ging,
Da hätt' ich mit dem größten Kaiser   5
Wahrhaftig keinen Tausch gethan,
Da sah ich auch die reichsten Häuser
Ohn' Ärgernis und Sehnsucht an.

Lenchen.

So lang als Damons rein Gewissen
Mir freundlich unter Augen trat,   10
So lange noch kein andres Küssen
Dem armen Lenchen Eintrag that,
So lange machte mein Gerüchte
Bei zärtlicher Zufriedenheit
Den Ruhm Penelopens zu nichte;   15
Allein, was ändert nicht die Zeit!

Damon.

Jetzt tröst' ich mich mit Leonoren
In heiß- und angenehmer Pein;
Mein Vers ergetzt ihr Geist und Ohren
Und bringt mir manche Nachtlust ein.   20

Ode; in einem Gespräche 2c. Das Gedicht ist eine Nachbildung der berühmten Ode des Horaz: „Donec gratus eram tibi" (III, 9), die sich ziemlich treu an ihr Original anschließt, dasselbe aber auf des Dichters eigene Rückkehr von der Leipziger zur Schweidnitzer Geliebten geschickt überträgt.

Sie ist ein Kind von edlen Sitten,
Und eh ich sie verlieren kann,
Eh will ich selbst den Himmel bitten,
Er fang' an mir die Trennung an.

Lenchen.

25   Mich fesseln auch Selanders Blicke,
Und ihn entzückt mein weicher Arm,
Die Eintracht schenkt uns Ruh' und Glücke
Und macht uns unter Rosen warm.
Ich weiß, wie viel ich an ihm habe,
30   Wir sind ein Herz und auch ein Sinn;
Erlöst' ich ihn dadurch vom Grabe,
So fiel' ich selber zehnmal hin.

Damon.

Wie, wenn ich Leonoren haßte?
Wie, wenn ich dich, mein erstes Licht,
35   Mit neuer Reu' und Huld umfaßte?
Ach, alte Liebe rostet nicht!
Wie, wenn es zur Versöhnung käme
Und Lenchen vor Selanders Brust
Den treuen Damon wieder nähme?
40   Ein kurzer Krieg mehrt oft die Lust.

Lenchen.

So scharf ich gegen ihn entbrenne,
So schön, galant und treu er ist,
So gut ich deine Regung kenne
Und weiß, was vor ein Rohr du bist,
45   So wenig kann ich mich bezwingen,
Dem Damon länger gram zu sein.
Komm, laß uns mit einander singen:
Ich leb' und sterbe dir allein!

---

44. was vor ein Rohr du bist, mit diesen Worten ist das Horazische: „tu levior cortice" ganz trefflich wiedergegeben.

4. An sein Lenchen.

Nach so viel Angst und Neid und mancher trüben Nacht
Ersah ich wiederum des Glückes Morgenröte.
Auf, Musen, auf und sucht die lang entrißne Flöte,
Die uns in Schweidnitz einst den Abend kurz gemacht!
Ihr habt mit mir geweint, ihr sollt auch mit mir singen   5
Und Lenchens Gegenwart mit Treu' und Lust umringen.

Ach Kind, ach liebstes Kind, ach, könnt' es möglich sein,
Dies mein getreues Herz im Blute zu erblicken,
Sein Jauchzen müßte dich noch halb so scharf entzücken,
So viel hier Tropfen gehn, so viel auch Wünsche schrei'n,   10
Dir mit geschickter Hand und tausend Freudenzähren
Die Wollust über dir nachdrücklich zu erklären.

Ich hatte mich nunmehr des Glückes längst verziehn,
Noch einmal auf der Welt mein Lenchen zu umfangen,
Ich ward in fremder Luft von Freunden hintergangen   15
Und mußte bloß und arm bald hier= bald dorthin fliehn;
Die Trübsal machte mich durch Läng' und Größe mürbe,
So daß ich öfters sprach: Ach gäbe Gott, ich stürbe!

Es wär' auch bald geschehn: die Kräfte fielen hin,
Das Fieber griff mich an und warf mich auf das Bette;   20
Da wünscht' ich, daß ich nur dein Abschiedsmäulchen hätte,
Doch sprach ich: Da ich schon dazu versehen bin,
So laß doch nur, mein Gott, nebst viel= und wahrem Segen
Das Alter, so mir fehlt, zu Lenchens Jahren legen!

Gott hat mich noch so lieb und will dir, wertes Herz,   25
Das Leben durch mein Grab noch nicht so elend machen.
Verbanne deinen Gram, fang an, aufs neu zu lachen,
Verkläre Blick und Mund mit Freundlichkeit und Scherz,
Damit mir, wenn ich dich in nächstem Tage spreche,
Dein Unmut alle Lust nicht wider Willen schwäche.   30

---

20. Das Fieber griff mich an. Die Worte beziehen sich auf die schwere Krankheit
Günthers im Herbst 1718. Vgl. S. 108 und Einl. S. XVIII. — 22. dazu versehen,
zum Tode ausersehen.

Dies ist der vierte Herbst, seitdem ich dich entbehrt;
Was hab' ich in der Zeit vor Ungemach erlitten!
Was hat man nicht auf mich vor Kreuze zugeschnitten!
Welch' Arbeit hat mir nicht der Glieder Mark verzehrt!
35 Was hat man mir vor Schimpf statt Wohlthat zugemessen!
Gnug! Da ich Lenchen seh', sei alles gern vergessen.

Ach aber, was für Furcht verringert mir die Lust?
Ach, fräh' ich auch zu früh? Ach, werd' ich auch betrogen?
Wer weiß, ist nicht dein Schwur mit Zeit und Wind verflogen?
40 Wer weiß, steht Günther noch in jener Schwanenbrust?
Vielleicht war meine Not und langes Außenbleiben
So mächtig, Lenchens Herz in andre Brunst zu treiben.

Dies glaub' ich doch wohl nicht. Nein, falscher Argwohn, fleuch!
Sie ist mir zu genau mit Wort und Fleisch verbunden;
45 Ich habe sie geprüft und allzeit treu befunden,
Und darum hoff' ich auch ein irdisch Himmelreich,
Wenn endlich Gott und Zeit die Sehnsucht stillen wollen
Und unsre Glieder sich in Myrten paaren sollen.

Man lacht uns beiderseits, geliebter Engel, aus,
50 Warum ich armes Kind dich armes Kind erwähle;
Man meint, wo Liebe nicht die güldnen Ringe zähle,
Da komme nach und nach der Mangel in das Haus.
Doch laß dich, treues Herz, den blinden Wahn nicht irren;
Gott kann den Rechnungsschluß der Spötter leicht verwirren

55 Ich hab' es oft gesagt und sag' es noch einmal:
Ich wollte, bliebe mir kein besser Glück auf Erden,
Bei Salz und Brot mit dir in Hütten selig werden
Und halt' ein großes Gut im Lieben nur vor Qual.
Mein Fleiß wird endlich auch nach soviel nassen Tagen
60 Mit Ruhm und Anmut blühn und reife Früchte tragen.

Gedenke nur zurück und sieh die Schwester an;
So wie ich prophezeit, so ist es auch ergangen.
Was hilft ihr aller Prast von Kleidern, Perl' und Spangen,

31. Der vierte Herbst: 1715—1719. — 34. Arbeit, Mühsal, Pein. — 38. fräh'
ich auch zu früh? Vgl. S. 37, V. 95. — 61 ff. über Leonorens Schwester vgl. S. 64,
V. 77 Anm. — 63. Prast, Prunk.

Wenn kein geruhig Herz davon genießen kann?
Ihr Kuß ist lauter Gift, ihr Eh'bett eine Hölle,   65
Und wo ihr Mann nur weicht, füllt Schimpf und Groll die Stelle.

Nur bitt' ich, trau' nächst Gott sonst keiner Seel' als mir!
Du bist mein Schatz und Ruhm, dich will ich auch beschützen.
Laß fahren, was nicht bleibt, laß Tadler Pfeile schnitzen,
Kein Blutsfreund ist so nah, er schadet mir und dir;   70
Gott räche mit Geduld und Ablaß ihre Sünden,
Wir werden unsern Herd ohn' ihren Vorschuß finden.

Ach, breite zum voraus Hand, Lippen, Brust und Arm,
Ich komm' und zittre schon vor Unruh' und Verlangen,
Dich, längst erwähltes Herz, von neuem zu umfangen,   75
Und werde durch ein Bild schon in Gedanken warm.
Ach Himmel, mache bald, damit sie mich entzücke;
Vor zählt' ich Jahr und Tag, jetzt Stund' und Augenblicke.

5. Als er 1719, den 25. September wieder nach Schweidnitz kam.

Du ehmals liebster Ort der treuen Leonore,
Wie zärtlich rührt mich nicht der Anblick deiner Thore,
Wodurch ich damals oft an ihrer Hand spaziert!
Dort merk' ich schon den Raum, worauf wir uns versprochen,
Dort blickt der Altan vor, auf dem wir sechzig Wochen   5
Die Wächter hinters Licht geführt.

Seid tausendmal gegrüßt, ihr Felder, Sträuch' und Bäume;
Ihr kennt wohl diesen noch, von dem ihr soviel Reime,
So manches Lied gehört, so manchen Kuß gesehn;
Besinnt euch auf die Lust der heitern Sommernächte!   10
Was meint ihr, wenn mein Wunsch nur eine wiederbrächte?
Das wird wohl nimmermehr geschehn.

Wo find' ich aber nun mein Allerliebstes wieder?
Verrät mir gar kein Gras das Lager ihrer Glieder?

Als er 1719 ꝛc. 1. Du ehmals liebster Ort ꝛc. Leonore war nach Vorau über-
gesiedelt. Vgl. Einl. S. XX.

15 Ich spüre keinen Schritt, die Sommerstub' ist leer.
Wie traurig scheinst du mir, du nicht mehr schöner Garten!
Du hast ja zween gehabt, was soll ich einsam warten?
Ach, stell' auch beide wieder her!

Du schickst mich in die Stadt; die treff' ich desto schlimmer:
20 Der Wirt, das Volk ist neu, ein Gast entweiht das Zimmer,
Worein sonst nichts als wir und unsre Liebe kam.
Mein Gott, wie ändert sich so viel in wenig Jahren!
Was wird nicht noch geschehn? O sollt' ich dies erfahren!
Wie war mir, daß ich Abschied nahm!

25 Ich geh' den Tempel aus, ich suche durch die Gassen,
Ich such' auch, wo sie sich wohl niemals finden lassen,
Ich ruf' ihr um den Wall, der Wall hat schlecht Gehör;
Steig, Schweidnitz, steig und sei ein Phönix in den Flammen,
Bau Marmor, Erz und Gold und Schloß und Turm zusammen,
30 Mir bist du doch nicht Schweidnitz mehr.

6. An Leonoren, als er sie nach vier Jahren das erstemal wieder empfing.

Die Regung ist zu scharf, ich muß dich stumm umfangen;
Ein Blick, ein Druck, ein Kuß vertritt der Zunge Pflicht;
Ihr Jahre, die ihr spät und unter Not vergangen,
Verzeiht mir jeden Fluch, ich klag' euch weiter nicht.
5 Ach, macht das Wiedersehn dergleichen süßes Leben,
So laß dir doch, mein Kind, noch öfters Abschied geben.

7. An seine Leonore. Die immer grünende Hoffnung.

Stürmt, reißt und rast, ihr Unglückswinde,
Zeigt eure ganze Tyrannei!
Verdreht, zerschlitzt so Zweig als Rinde
Und brecht den Hoffnungsbaum entzwei!

25 ff. Die 6. Aufl. der Gedichte macht hierzu die Anmerkung: „Es war 1719 abgebrannt."

Dies Hagelwetter   5
Trifft Stamm und Blätter,
Die Wurzel bleibt,
Bis Sturm und Regen
Ihr Wüten legen,
Da sie von neuem grünt und Äste treibt.   10

Mein Herz giebt keinem Diamanten,
Mein Geist den Eichen wenig nach;
Wenn Erd' und Himmel mich verbannten,
So troß' ich doch mein Ungemach.
Schlagt, bittre Feinde,   15
Weicht, falschen Freunde!
Mein Heldenmut
Ist nicht zu dämpfen,
Drum will ich kämpfen
Und sehn, was die Geduld vor Wunder thut.   20

Die Liebe schenkt aus göldnen Schalen
Mir einen Wein zur Tapferkeit;
Sie spricht, mir guten Sold zu zahlen,
Und schickt mich in den Unglücksstreit.
Hier will ich kriegen,   25
Hier will ich siegen;
Ein grünes Feld
Dient meinem Schilde
Zum Wappenbilde,
Bei dem ein Palmenbaum zwei Anker hält.   30

Beständig soll die Losung bleiben,
Beständig lieb' ich dich, mein Kind,
Bis dermaleinst die Dichter schreiben,
Daß du und ich nicht sterblich sind.
Das Wort beständig   35
Macht alles bändig,

---

23. spricht, verspricht. — 36. Macht alles bändig, bändigt alles. Das alte
Wort ist noch erhalten in „unbändig".

Was Elend heißt;
Das stärkste Fieber
Geht bald vorüber,
40   Wenn man nur mit Geduld den Frost verbeißt.

Nur zweifle nicht an meiner Treue,
Die als ein ewig helles Licht,
Wenn ich des Lebens mich verzeihe,
Die Finsternis der Gräber bricht.
45   Kein hartes Glücke,
Ja kein Geschicke
Trennt mich von dir;
Du stirbst die Meine,
Ich bin der Deine;
50   Drum wirf den Argwohn weg und glaube mir.

8. An Leonoren bei Absterben ihres Karl Wilhelms.

Eher tot als ungetreu!
Dieser Leichentext soll zeugen,
Daß ich, wenn die Wetter steigen,
Gleichwohl Leonorens sei.

5   Eher tot als ungetreu!
Soll ich dich, mein Kind, nicht heben,
Halt' ich alle Lust im Leben
Vor des Himmels Tyrannei.

Eher tot als ungetreu!
10   Was gewinnt man auf der Erden?
Hoffnung, Kummer und Beschwerden
Und zuletzt nur späte Reu'.

Eher tot als ungetreu!
Irrtum, Sehnsucht und Gedanken
Reißen durch der Jugend Schranken   15
Unsre Freude bald vorbei.

Eher tot als ungetreu!
Treue Liebe läßt die Plagen
Böser Zeiten noch ertragen
Und erquickt in Sklaverei.   20

Eher tot als ungetreu!
Du mein Schatz und ich dein Glücke,
So verlachen wir die Stricke
Der vergällten Heuchelei.

Eher tot als ungetreu!   25
Neid und Pöbel kann nicht fassen,
Wenn wir ihm die Güter lassen,
Wie so wohl uns beiden sei.

Eher tot als ungetreu!
Tröste dich mit diesem Spruche,   30
Näh' ihn auf dem Leichentuche
Neben unser Konterfei.

Eher tot als ungetreu!
Glaube das, du treue Seele,
In der finstern Grabeshöhle   35
Schläft mir auch dein Schatten bei.

—

9. An Leonoren, als sie sich betrübte, daß Leute ihres Geschlechts des Studierens beraubt wären und dahero eine deutsch geschriebene Anleitung zu den höhern Wissenschaften von Gott und dem Weltgebäude verlangte.

Begehre nicht so viel zu hören;
Wer wenig weiß, der sündigt schlecht.
Der Umfang unsrer Weisheitslehren
Ist nicht vor jeden Kopf gerecht.

5 Die Wahrheit schadet viel Gemütern,
Wie blöden Augen scharfes Licht;
Behilf dich mit geringern Gütern,
Zu diesem Schatze kommst du nicht.

10 Du kannst gleichwohl zufrieden leben
Und einmal froh zu Grabe gehn
Und brauchst, ach glaube doch, nicht eben
Den hohen Leibniz zu verstehn.
Du hast genug vor dein Geschlechte,
Nachdem dein lobenswerter Fleiß
15 Die Wirtschaft und des Höchsten Rechte
So wie des Umgangs Regeln weist.

Verrichte nur dein Amt mit Freuden,
Mit Zuversicht auf Gottes Schutz;
Kommt ungefähr ein schweres Leiden,
20 So biet' ihm mit der Hoffnung Trutz.
Verliere nie den wahren Glauben,
Er dient dir zur Gerechtigkeit,
Und wenn dich lose Mäuler schrauben,
So siege mit Gelassenheit.

25 Ein klug= und thätiges Erbarmen
Kann wider Sünd' und Fluch bestehn;
Laß, wenn du kannst, nicht einen Armen
Betrübt und hülflos von dir gehn.
Vergieb und habe mit den Schwachen
30 So viel als mit dir selbst Geduld;
Will Glück und Wetter gar nicht lachen,
So sei dein Trost: Ich bin nicht schuld.

Ergötze dich mit Hoffnungsblicken
An jenes Lebens Lust und Pracht.
35 Dort wird dich andre Schönheit schmücken
Als die, so hier dich lieblich macht.

15. Wirtschaft, Haushaltung.

Dort wirst du nicht mehr Stückwerk wissen,
Du wirst der Wunder Ursprung sehn,
Dort werd' ich dich noch reiner küssen,
Als niemals unter uns geschehn.   40

So wird dein Wandel auf der Erden
Gott und der Welt gefällig sein.
Was nie genug gelernt kann werden,
Das prägt man nie zu häufig ein;
Darum ermahnt dich meine Liebe: 45
Gedenke fleißig an den Tod,
Empfang ihn mit gelaßnem Triebe
Und seufze dies in letzter Not:

Hier lieg' ich, großer Gott, und schwitze
Das Wasser meines Unrechts aus;   50
Ich fühle deines Eifers Hitze,
Sie kehrt den Leib in Asch' und Graus.
Es plagen Satan und Gewissen;
Herr, geh' nicht zornig ins Gericht;
Du thatest mir dein Wort zu wissen,   55
Ich glaubte; mehr vermocht' ich nicht.

Ich habe nach dem kleinen Maße
Von Geist, Erfahrung und Verstand
Den Weg der engen Himmelsstraße
So weit beschritten als erkannt.   60
Verdien' ich keine Gnadenblicke,
So sieh doch, eh du mich verbannst,
Vorher auf Golgatha zurücke
Und dann verstoß mich, wenn du kannst.

10. An Leonoren bei dem andern Abschiede.

Du daurest mich, du allerliebstes Kind!
Du fühlst mein Weh, ich leide deine Schmerzen,
Da Glück und Zeit so lange grausam sind

Und mit dem Flehn getreuer Seelen scherzen.
5   Du leidest viel, doch gieb der Treu' Gehör!
Ich leide mehr.

Ich leide mehr, als jemand kann und glaubt,
Ich muß von dir, der Riß macht schwere Plagen;
Ich seh' den Trost, den dir mein Abschied raubt,
10 So wird mein Herz auch zwiefach wund geschlagen.
Du liebest mich sowohl getreu als klug,
Das ist genug.

Das ist genug, die Unruh' zu verstehn,
Die Lorchen kränkt und mich in ihr verzehret;
15 Ach, sollt' ich bald davor zu Grabe gehn
Ich würde wohl so heftig nicht beschweret.
Wer weiß, was kommt? Vielleicht beschließt der Tod
Die lange Not.

Die lange Not ist dennoch nicht so stark,
20 Uns, werter Schatz, dem Geiste nach zu trennen.
Erwart' ich mir statt deiner Schoß den Sarg,
So soll mir doch der Neid den Nachruhm gönnen,
Daß leicht kein Mensch so rein als ich geliebt,
Obgleich betrübt.

25 Obgleich betrübt, jedennoch unverzagt!
Der Himmel zürnt; wer will mit diesem zanken?
Wohin mich auch mein hart Verhängnis jagt,
Da bleibest du ein Trostbild der Gedanken.
Wirst du mir nicht, so haß' ich Lieb' und Eh';
30 Nun, Kind, ich geh'.

Nun, Kind, ich geh'; geh auch und nimm den Kuß,
Wir martern nur einander durch dies Letzen;
Ich zwinge mich, den ungewissen Fuß,
Den du verweilst, Gott weiß wohin! zu setzen.
35 Das Unglück stürmt, die Lästrer stimmen ein;
Ergieb dich drein!

32. Letzen, zu Ende bringen, Abschied nehmen. — 34. verweilst, aufhältst.
Die Gegner der zweiten schlesischen Schule 1.   11

Ergieb dich drein! Es blitzt auch nah und fern,
Ein schneller Wind kann leicht das Wetter ändern;
Mein Vaterland versagt mir Glück und Stern,
Dies blüht vielleicht in unbekannten Ländern.   40
Mein Fleiß ist froh, nur dich noch zu erhöhn,
Viel auszustehn.

Viel auszustehn und gleichwohl froh zu sein
Vermag kein Geist, den Lieb' und Ruhm nicht stärken;
Kind, gute Nacht! Mein Anblick mehrt die Pein,   45
Ich kann die Angst an Farb' und Sprache merken.
Sieh mich noch an und lebe wohl und sprich:
Du daurest mich.

11. Als er sie seiner beständigen Liebe versicherte.

Treuer Sinn,
Wirf den falschen Kummer hin.
Laß den Zweifel der Gedanken
Nicht mit meiner Liebe zanken,
Da ich längst dein Opfer bin.   5

Glück und Zeit
Hasset die Beständigkeit;
Doch das Feuer, so ich fühle,
Hat die Ewigkeit zum Ziele
Und verblendet selbst den Neid.   10

Meine Glut
Leidet keinen Wankelmut;
Eher soll die Sonn' erfrieren,
Als die Falschheit mich verführen,
Eher löscht mein eigen Blut.   15

Grab und Stein
Adeln selbst mein Redlichsein.
Bricht mir gleich der Tod das Herze,
So behält die Liebeskerze
In der Asche doch den Schein.   20

12. An Leonoren.

Gedenk an mich und sei zufrieden
Mit dem, was Glück und Zeit beschert;
Wir werden noch einmal geschieden
Und scheinen solcher Prüfung wert.
5 Die wahre Treu' erinnert dich:
Halt an, halt aus und denk an mich!

Gedenke der vergangnen Tage,
Wie manches Kreuz, wie manche List,
Wie manche Lust, wie manche Plage
10 Bereits damit vergangen ist;
Gedenk an Altan, Hof und Herd,
Wobei sich dir mein Herz erklärt.

Gedenk an unser Abschiednehmen,
Insonders an die letzte Nacht,
15 In der wir mit Gebet und Grämen
Die kurzen Stunden hingebracht;
Gedenk auch an den treuen Schwur,
Der dort aus deinen Lippen fuhr.

Gedenk an mich an jedem Morgen
20 Und wenn die Sonne täglich weicht;
Gedenk an mich bei Fleiß und Sorgen,
Mein Bildnis macht sie süß und leicht.
Verletzt dich auch der Mißgunst Stich,
Der beste Trost: Gedenk an mich.

25 Gedenk auch an die frohen Zeiten,
Die noch in Wunsch und Zukunft sind;
Die Vorsicht wird uns glücklich leiten,
Bis Lieb' und Treu' den Kranz gewinnt.
Ein Augenblick vergnügter Eh'
30 Bezahlt ein Jahr voll Angst und Weh.

Gedenk auch an mein heutig Küssen,
Es giebt der Hoffnung frische Kraft,
Es wird dein Warten trösten müssen,
Es nährt die alte Leidenschaft;
Doch denk auch endlich, liebst du mich,   25
Allzeit und überall an dich! —

13. An Leonoren.

Gedenk an mich und meine Liebe,
Du mit Gewalt entrißnes Kind,
Und glaube, daß die reinen Triebe
Dir jetzt und allzeit dienstbar sind,
Und daß ich ewig auf der Erde   5
Sonst nichts als dich verehren werde.

Gedenk an mich in allem Leiden
Und tröste dich mit meiner Treu!
Die Luft mag jetzt empfindlich schneiden,
Die Wetter gehn doch all vorbei,   10
Und nach dem ungeheuren Knallen
Wird auch ein fruchtbar Regen fallen.

Gedenk an mich in deinem Glücke,
Und wenn es dir nach Wunsche geht,
So setze nie den Freund zurücke,   15
Der bloß um dich in Sorgen steht!
Auch mir kann bei dem besten Leben
Nichts mehr als du Entzückung geben.

Gedenk an mich in deinem Sterben;
Der Himmel halte dies noch auf;   20
Doch sollen wir uns nicht erwerben,
Und zürnt der Sterne böser Lauf,
So soll mir auch das Sterbekissen
Die Hinfahrt durch dein Bild versüßen.

An Leonoren. Das Gedicht, das sich auch in Form und Ausdruck eng an das
vorige anschließt, entstand kurz nach Günthers Abschied von Vorau auf der Reise nach
Breslau, Anfang Dezember 1719.

25 Gedenk an mich und meine Thränen,
Die dir so oft das Herz gerührt
Und die dich durch mein kräftig Sehnen
Zum ersten auf die Bahn geführt,
Wo Kuß und Liebe treuer Herzen
30 Des Lebens Ungemach verschmerzen.

Gedenk auch endlich an die Stunde,
Die mir das Herz vor Wehmut brach,
Als ich, wie du, mit schwachem Munde
Die letzten Abschiedsworte sprach);
35 Gedenk an mich und meine Plagen!
Mehr will und kann ich jetzt nicht sagen.

14. Schreiben an seine Leonore.

Ach Kind, ach liebstes Kind, was war das vor Vergnügen!
Der Himmel geb' uns doch dergleichen Nächte viel
Und laß uns so vertraut bis an das letzte Ziel
Mit Brust und Geist vermählt in Eintrachtsbanden liegen;
5 Denn außer jener Welt und ohne diese Lust
Ist doch wohl der Natur kein größrer Schatz bewußt.

Wir spielen unverstört mit Redlichkeit und Küssen,
Wir haben gleichen Sinn, wir wünschen einerlei,
Sind Sklaven süßer Macht, und niemand lebt so frei;
10 Wir schwatzen, daß uns auch die Worte mangeln müssen,
Wir schenken uns an uns und nehmen, könnt' es sein,
Als Seelen wahrer Treu' nur einen Körper ein.

Uns darf kein Modebrief kein Eheverlöbnis stiften,
Kein Kuppler und kein Geld verbindet unsre Glut,
15 Dein Mahlschatz ist mein Herz, dein Herz mein Heiratsgut

Schreiben an seine Leonore. Die Ausgaben datieren: „Von Breslau 1719, den
22. Dezember." — Der Inhalt bezieht sich nicht, wie Litzmann (zur Textkritik 2c. S. 101)
bemerkt, auf das Zusammensein in Zeblitz, welches erst Anfang 1720 stattfand (vgl. S. 172 ff.),
sondern auf das in Borau.

Und unser beider Ruhm die Dichtkunst meiner Schriften,
In welchen Lieb' und Scherz so lange Lob gewinnt,
Als Kunst und Wissenschaft in Deutschland fruchtbar sind.

Wir haben unsern Bund die Zeit bewähren lassen;
Vor dich ist auf der Welt kein beßrer Mann als ich,   20
Ich find' auch auf der Welt kein treuer Weib als dich,
Wir müßten sonder uns das beste Leben hassen.
Da, wo ich dich nicht seh', da ist mir alles leer,
Und wenn es auch der Schwarm des größten Hofes wär'.

Versuchte mich Eugen und bäte mir der Kaiser   25
Vor dich, du frommes Kind, Gold, Thron und Purpur an,
So spräch' ich, wie ich dir mit Wahrheit schwören kann:
Ich ehre, großer Held, die vielen Siegesreiser,
Ich weiß auch, großer Karl, was Macht und Kronen sind;
Behaltet, was ihr habt und laßt mir nur mein Kind!   30

Gesegnet sei der Tag, gesegnet sei die Kammer,
Der unsern Bund gesehn, die unsern Kuß gehört!
Wer jenen durch Verdruß und die mit Fluch entehrt,
Dem mach' ein böses Weib den Eh'stand voller Jammer.
Gesegnet sei auch gar der Kummer und der Neid,   35
Der wegen deiner Gunst mir manchen Stoß verleiht.

O könnt' ich doch, mein Kind, in allen Sprachen dichten,
(So wünsch' ich dann und wann wie einst Petrarchens Mund)
So thät' ich deinen Wert den meisten Ländern kund,
So ließ' ich jedes Volk von unsrer Liebe richten;   40
Die Klügsten würden sehn, wie zärtlich meine Treu',
Wie redlich meine Brust, wie rein dein Herze sei.

Ich thu', soviel ich kann, dein Denkmal auszubreiten
Und bei der späten Welt durch deinen Ruhm zu blühn;
Wie mancher wird noch Trost aus meinen Liedern ziehn,   45
Wie manchen wird mein Vers zur süßen Regung leiten!
So merk' ich, wenn mein Mund der Alten Arbeit liest,
Daß unsre Liebe schon vor dem gewesen ist.

---

25. bäte, statt „böte". Hat Günther wirklich so geschrieben, so liegt eine Vermischung der Formen von bieten und bitten zu Grund. Ein Verbum „anbitten" kommt in dieser Bedeutung nicht vor.

Was hat wohl unser Wunsch mehr auf der Welt zu suchen,
Und welches Glück ist noch wohl unsers Neides wert?
Wenn mir des Himmels Huld dich vollends ganz gewährt,
So wüte Feind und Groll, so mag der Spötter fluchen;
Drei Dinge sind mein Trost: Gott, Wissenschaft und du;
Bei diesen seh' ich stets den Stürmen ruhig zu.

15. An Marianen.

1720.

Was hilft's? Es muß gelitten sein,
So lang' uns Erd' und Luft noch tragen;
Ein jeder Mensch hat seine Pein,
Der Zehnte darf sie niemand klagen.
Wir wandern alle durch die Zeit
Ins Vaterland der Ewigkeit
Und suchen eine beßre Stätte;
Da nimmt nun auch ein jeder wahr,
Wie viel Verwirrung und Gefahr
Den Pilgern Glück und Weg vertrete.

Inzwischen nimmt ein kluger Geist
Geduld und Hoffnung zu Gefährten;
Er folgt, wohin die Schickung weist,
Und sieht nicht stets nach Rosengärten.
Bisweilen geht es ihm zwar nah,
Wenn Mißgunst hier und Freunde da
Den sauren Weg noch schwerer machen,
Doch zwingt er allzeit Fleisch und Blut,
Sucht in sich selber Trost und Mut
Und lernt die Eitelkeit verlachen.

Dein edles Herz, betrübtes Haupt,
Fühlt ja auch mehr als einen Kummer;
Du wirst verschwärzt, gedrängt, beraubt
Und hast mehr Ärgernis als Schlummer.

An Marianen. Frau von Breßler. Vgl. über sie Einl. S XXI.

Wie manchmal mag der Thränenwein   25
In Einsamkeit dein Labsal sein!
Wie vielmal magst du rückwärts denken
Und jener schon verstrichnen Zeit,
Die unsre Kinderjahr' erfreut,
Ein sehnsuchtsvolles Auge schenken!   30

Das Feld sieht jetzo traurig aus
Und giebt uns schlechten Trost und Freude;
Wie weit betrübter läßt dein Haus!
Man weint, man klagt, man geht im Leide,
Die Mißgunst wehret deiner Brust   35
Die Unschuld der gelehrten Lust,
Man will, dein Feuer soll erkalten.
O Himmel, ist ein Mensch genug,
Er sei auch noch so stark und klug,
So vielen Streichen auszuhalten?   40

Der Sturm beweist des Schiffers Kunst,
Gefahr muß Held und Stärke zeigen;
So ist des Himmels Zorn oft Gunst
Bei Herzen, die wie Palmen steigen.
Die Vorsicht liebet, wen sie schlägt,   45
Erhöht die, so sie niederlegt,
Sie mißt die Last nach unsrer Stärke.
Die Last ist deinem Geiste gleich;
Leid, Mariane, Stoß und Streich,
Damit man deine Größe merke.   50

16. An die Frau von Dreßlerin.

Nur fort, gelehrt' und muntre Dame!
Dein Fuß betritt das rechte Gleis,
Worauf dein ewig grüner Name
Den Tempel später Ehren weiß.

5   Die Tugend läßt sich nicht verschweigen,
Sie liebt so gut Gefahr als Zeugen,
Sie will durch Zeit und Länder gehn,
Sie blitzt den Neidern ins Gesichte
Und kann mit ihrem reinen Lichte
10   Ohn' Unruh' nie im Winkel stehn.

Der Trieb, vor andern groß zu werden,
Reizt edle Seelen von Natur,
Erleichtert Arbeit und Beschwerden
Und findet die geheimste Spur.
15   Ein jeder sehnt sich, viel zu gelten;
Wer will die Ehrbegierde schelten?
Sie ist so billig als gemein.
Daß Helden Blut und Kraft verschwitzen,
Gelehrte Schlaf und Ruh' versitzen,
20   Was macht's? Der Hang, berühmt zu sein.

Wer zeugt die alten Wunderwerke,
Die Kunst und Wissenschaft gebar?
Wer gab dem Alexander Stärke?
Wer hielt den Pyrrhus in Gefahr?
25   Wer macht den Curtius verwegen?
Wer schärft dem Cäsar Kiel und Degen?
Warum verlacht Eugen den Neid?
Wer gab dem Titus Lieb' und Güte,
Dem Sokrates ein fromm Gemüte?
30   Die Lust zur Unvergänglichkeit.

Zwar diese, wenn ich's recht erwäge,
Ist freilich kein so gründlich Gut;
Denn wenn ich Haupt und Füße lege,
So fühl' ich nicht, wie wohl sie thut.
35   Die Enkel kosten unsre Früchte,
Uns folgt ein blind und leer Gerüchte,
Wovon uns kein Genuß erquickt;
Doch ist ein hoher Geist zufrieden,
Wofern nur, wenn sein Leib verschieden,
40   Sein Ruhm der Nachwelt Ohr entzückt.

Der Pöbel kann es zwar nicht reimen,
Daß Nachruhm auch ein Leben sei;
Er nennt es nur ein süßes Träumen
Und kluger Thoren Phantasei.
Er liebt nur Irrtum, Nacht und Wüste,   45
Hat mit dem Vieh so Wunsch als Lüste,
Ja gar den Untergang gemein;
Man gönn' ihm dieses tote Leben
Und suche stets dahin zu streben,
Wo Fleiß und Musen Glanz verleihn.   50

Die Musen lohnen ihren Kindern
Mit innerlicher Freud' und Ruh',
Ihr Spielen kann den Gram verhindern
Und lockt Geduld und Trost herzu.
Man lernt die Eitelkeit betrachten,   55
Man lernt sie schätzen und verachten;
Man bessert Wandel und Verstand,
Man überwindet Furcht und Schrecken,
In welchen Wahn und Einfalt stecken,
Und macht sich Gott und Welt bekannt.   60

Dies ist der Vorteil rechter Dichter,
Die klug, gelehrt und redlich sind:
Sie lachen aller Splitterrichter
Und schlagen Geiz und Neid in Wind;
Sie finden sich in jedes Glücke,   65
Sie sehn das feindliche Geschicke
Vor Prüfung, nicht vor Strafen an;
Sie wollen bessern und ergetzen
Und pflegen nichts vor hoch zu schätzen,
Als was die Wahrheit leiden kann.   70

Dein Herz, gelehrte Mariane,
Ist auch ein feuerreicher Quell,
Sein Blut macht deines Adels Fahne
Zum Beispiel aller Enkel hell.
Der Ausbruch deiner klugen Sinnen   75
Vermählt dich mit den Pierinnen.

Verleugne nur nicht deinen Wert;
Er blitzt aus Stellung, Aug' und Schriften
Und wird dir noch ein Denkmal stiften,
80   Das weder Staub noch Zeit verzehrt.

Nur wuchre bald mit diesem Pfunde
Und treib das angefangne Spiel!
Der Einbruch von der letzten Stunde
Ist keinem ein bekanntes Ziel.
85   Am besten wird sich der versorgen,
Der lieber um den frühen Morgen
Als um den Mittag Blumen bricht;
Vor abends kann viel anders werden.
So geht es immer auf der Erden;
90   Wer Ruhm begehrt, der säumet nicht.

Wem aber, fragst du, zu Gefallen?
Wem nützt wohl meine Poesie?
Wer soll aus meiner Flöte schallen,
Und wessen Lob vergilt die Müh'?
95   Karl macht in Ungarn gold'ne Zeiten,
Karl ist es, dem der Ruhm der Saiten
Vor allen überhaupt gebührt;
Eugen folgt nach und denn die Liebe;
Bedenke, was dir ihre Triebe
100   An deinem Breßler zugeführt.

Nur er verdiente dich auf Erden,
Nur du verdientest den Gemahl;
Beschreib den Wohlstand der Gebärden,
Damit er dir das Herze stahl;
105   Besinge seiner Tugend Würde,
Das Heil der Stadt, der Ämter Bürde,
Den allemal gesetzten Geist,
Den steten Fleiß, das viele Wissen,
Den klugen Scherz, das treue Küssen,
110   Und was du sonst am besten weißt.

Da hast du Stoff genug zum Singen,
Stimm' an und nimm die Kunst von dir;

Ich soll dich auf den Pindus bringen;
Was denkt wohl dein Befehl von mir?
Ich küsse zwar die Huld zum Scherzen,   115
Doch hör' ich mit erschrocknem Herzen
Die Prüfung des Gehorsams an;
Versuche mich durch andre Mittel;
Ich bin nur ein Poet am Titel,
Den jeder Stümper kaufen kann.   120

Die beste Regel wohl zu dichten
Ist angeborner Fleiß und Lust;
Du brauchst dich nur nach ihr zu richten
Und hast den Phöbus in der Brust.
Dein Umgang soll mich erst entzünden   125
Und, wenn wir Vers und Reim verbinden,
Den kalten Worten Geist verleihn.
Das Glücke, dir gedient zu haben,
Wird in Ermanglung beßrer Gaben
Mein Ansehn bei der Nachwelt sein.   130

17. An seine Leonore.

Hier hast du nun den dritten Schwur,
Wodurch ich Himmel und Natur
Zu Zeugen unsers Bundes setze:
Bleib treu, getrost und achte nicht,
Wenn manche Lästerzunge sticht,   5
Der falschen Freunde Mordgeschwätze.

Das Glücke hält uns freilich auf,
Doch laß ihm nur den faulen Lauf!
Es sucht sein langsam auszurasen.
So stark der Nord sich hören läßt,   10
So zärtlich wird auch bald der West
In unsre Liebesflaggen blasen.

An seine Leonore. Das Gedicht entstand anläßlich des letzten Zusammentreffens
mit Leonore in Zedlitz, auf der Reise von Breslau nach Lauban, Anfang Februar 1720.
Vgl. Einl. S. XXII.

Die Weltlust zeigt mir nichts mehr an,
Worein ich mich verlieben kann,
15 Als dein Gesicht und meine Bahre;
Bekomm' ich nun das erste nicht,
So laß' ich freudig Tag und Licht
Auch mitten um die besten Jahre.

Ich fühl' am besten innerlich
20 So manchen tiefen Herzensstich
Und bin schon ziemlich umgetrieben;
Doch will mir Gott genädig sein,
So läßt er mich nach aller Pein
Dich einmal noch und sicher lieben.

25 Vertrau' der Vorsicht, liebster Schatz,
Sie wird uns einen Ruheplatz,
Es sei auch wo es will, bereiten;
Alsdenn belachen wir mit Lust
Aus froh= und eintrachtsvoller Brust
30 Die Thorheit unsrer bösen Zeiten.

Besinne dich, was Schweidnitz wies:
Von innen zwar ein Paradies,
Von außen Unruh', Zank und Plagen,
Und kommt dir Roschkwitz in den Sinn,
35 So denk' auch dort nach Borau hin,
Wo mich dein Abschied wund geschlagen.

Sobald des Bruders Hochzeitfest
Dich bei der Tafel lachen läßt,
So trink mein Wohlsein in Gedanken,
40 Und wenn dir der Verlobten Kuß
Zu stiller Reizung dienen muß,
So wisse: Günther kann nicht wanken.

Es hat mich innerlich ergetzt,
Daß Lorchen meine Lieder schätzt
45 Und dann und wann noch Verse fodert;

31. Roschkwitz, oder Roschkowitz. Vgl. oben S. 143, und Einl. S. XIV. — 37. des Bruders. Vgl. "Schreiben an seine Magdalis", S. 64, V. 71 f.

Dein Name soll auch ganz allein
Die Zierat meiner Reime sein,
In welchen unsre Liebe lodert.

Mein Engel, nimm es selbst aus dir,
Wie schwer, wie scharf und ängstlich mir　　　　50
Dein drittes Abschiedsküssen falle;
Jedoch Geduld, Vernunft und Zeit
Krönt endlich die Beständigkeit
Und schenkt uns Zucker auf die Galle.

Nun gute Nacht, du treues Kind!　　　　55
Es wird noch mancher saurer Wind
Mir kräftig in das Antlitz streichen;
Doch darum mache dir nicht Schmerz,
Dein Angedenken stärkt mein Herz;
Und bleibt mein festes Hoffnungszeichen.　　　　60

18. An Eleonoren.

Ach Kind, verschone mich in dir
Und laß mich unbetrübt von hier!
Was quälst du mich mit so viel Thränen?
Es sind die Kräfte meiner Brust.
Ach, hast du denn bei so viel Sehnen　　　　5
Noch gar zu meiner Ohnmacht Lust?

Ich bin wohl so genug geplagt,
Verfolgt, verleumdet und verjagt,
Und du willst noch die Angst verstärken?
Was Günther fühlt, das weiß sein Herz;　　　　10
Ich laß es kaum die Hälfte merken,
Sonst macht' ich dir noch schärfern Schmerz.

An Eleonoren. Daß dies Gedicht nicht in Vorau (November), sondern in Zeblitz (Februar) entstanden sein muß, beweist unzweifelhaft V. 43. Die V. 46 ff. erwähnten Hoch= zeitsfeierlichkeiten in Dresden, welche Litzmann (Günthers Ged. S. 91) gegen diese Datie= rung anführt, währten den ganzen Winter durch (vgl. auch Wittig a. a. O. S. 288).

Du bist ja meiner Treu' gewiß;
Dies ist ein Band vor diesen Riß,
An dem die Hoffnung auch schon heilet.
Ach, mildre doch nur den Verdruß,
Dieweil die Zeit, so jetzo teilet,
Uns endlich wieder binden muß.

Gesetzt, du würdest ungetreu,
Wovor doch Glück und Himmel sei,
Ich könnte dich unmöglich hassen;
Mir wär' es zwar die ärgste Pein.
Hat sie dich, dächt' ich doch, verlassen,
Will ich um desto treuer sein.

Ich weiß, man tadelt mich darum;
Der schilt mich weibisch, jener dumm.
Die Großmut adelt mein Gemüte,
Und daß ich zärtlich lieben kann,
Das nehm ich von des Schöpfers Güte
Wohl vor die größte Wohlthat an.

Sei arm, verlassen und veracht,
Verliere, was gefällig macht,
Laß Zahn und Farb' und Jugend schwinden,
Du bleibst in meinen Augen schön
Und sollt sie allemal entzünden,
So lange sie noch offen stehn.

Ein Augenblick der süßen Zeit,
In welchem mich dein Scherz erfreut,
Gilt mehr als alle Freudenfeste,
Wo Dresden, jetzt die halbe Welt,
Das Herz der hohen Hochzeitgäste
Mit tausend Wollust unterhält.

Der Frühling ist nun nicht mehr weit;
Spazier' in grüner Einsamkeit
In euren schönen Erlengängen
Und denk' in allem Ungemach,
So Schmerz dich, Neid und Freunde drängen,
Den oft gegebnen Lehren nach.

Dort soll der jungen Vögel Schrei'n
Die Botschaft meiner Sehnsucht sein,   50
Und scherzt der West mit Kleid und Wangen,
So wiss' und glaube sicherlich:
Er meldet dir mein heiß Verlangen
Und küßt dich tausendmal vor mich.

19. An seinen guten Freund und Bruder auf der Reise nach Jauer.

Bruder, komm und laß uns wandern,
Habe Leid und Lust gemein;
Kommt ein Wetter nach dem andern,
Hilf mir doch beständig sein.
Der Verdruß vergangner Tage   5
Zeigt viel süß' Erinnerung;
Wir erdulden schwere Plage,
Aber wir sind auch noch jung.

Gleiche Brüder, gleiche Kappen,
Einerlei Gefahr und Mut!   10
Sollt' uns auch der Feind ertappen,
Kämpfen wir vor Ruhm und Blut.
Wir sind allzeit freie Leute;
Ob uns gleich die Armut drückt,
Werden wir doch immer heute   15
Durch geschwinden Trost erquickt.

Jene, so in großen Städten
Unter Samt und Seide gehn,
Müssen, wenn sie Pflaster treten,
Voller Furcht und Sorgen stehn;   20
Ihrer Ämter Schein und Würde
Ist ein Mantel der Gefahr,
Und sie werden bei der Bürde
Ihres Lebens kaum gewahr.

An seinen guten Freund und Bruder ꝛc. Dieser ist Schubart; vgl. über ihn
Einl. S. XXI f. Jauer war eine Station auf dem Wege nach Lauban.

25 Sag es, Bruder, unverhohlen,
    Sind wir nicht weit besser dran?
    Unser Schaden sind nur Sohlen,
    Die man leicht ersetzen kann;
    Nichts verwirrt uns die Gemüter,
30 Niemand zwingt uns an das Joch;
    Raubt man uns so Ehr' als Güter,
    Bleibet unsre Hoffnung doch.

    Bei dem lustigen Erzählen
    Wird uns keine Meile lang;
35 Wenn die Federn manchen quälen,
    Ruhn wir auf der härtsten Bank.
    Wir durchgehn der meisten Stände,
    Sehn gemeiner Thorheit zu,
    Lachen heimlich in die Hände
40 Und befördern unsre Ruh'.

    Hat die Vorsicht ein Erbarmen,
    Sieht sie Treu und Weisheit an,
    O, so ist es mit uns Armen
    Noch zur Zeit nicht gar gethan.
45 Großmut macht den Neid zu Schanden,
    Naht sich doch wohl schon die Zeit,
    Da uns, was wir ausgestanden,
    Ungemeine Lust verleiht.

    Bruder, fort, es geht nach Jauer,
50 Bruder, fort, und laß uns gehn;
    Wird uns Weg und Wetter sauer,
    Soll es doch bald anders stehn.
    Fort, ich höre schon die Lieder
    Auf dem nächsten Freudenschmaus;
55 Mertschütz sehn wir wohl nicht wieder!
    Freund, wo geht der Weg hinaus?

38. gemeiner, allgemeiner. — 55. Mertschütz, ein Dorf in der Nähe von Jauer.

20. An Leonoren.

Die Trennung dient zu größrer Freude,
Drum thu doch nicht so sehr um mich!
So weit ich auch von hinnen scheide,
So nah' behalt' und küß' ich dich,
Weil Licht und Nacht in tausend Bildern   5
Dem Herzen dein Gedächtnis schildern.

Nur mir liegt etwas in Gedanken
Und martert mich so stumm als scharf:
Man kennt des Frauenzimmers Wanken;
Ich weiß nicht, ob ich hoffen darf,   10
Und ob wohl künftig dein Gemüte
Sich auch mit gleicher Sorgfalt hüte.

Der Zweifel darf dich nicht betrüben,
Er ist ein Zeichen zarter Treu';
Bisher erkenn' ich zwar dein Lieben   15
Und weiß, wie rein die Flamme sei;
Wer bürgt mir aber vor das Glücke,
Daß keine Zeit das Ziel verrücke?

Ich kann dir keinen Wächter stellen,
Es wäre denn dein eigner Geist;   20
Doch weil die Macht von manchen Fällen
Die Klügsten aus dem Zirkel reißt,
So laß dir, willst du mein verbleiben,
Die Regeln in das Herze schreiben.

Die Liebe reicht auch in die Ferne,   25
Und das heißt recht beständig sein;
Verehre die geneigten Sterne,
Und zürnt ihr abgenommner Schein,
So mußt du mehr durch Flehn als Fluchen
Den Himmel zu versöhnen suchen.   30

An Leonoren. Die Ausgaben datieren: „Lauben (Lauban), den 29. Februar 1720."
Nach Litzmanns Vorgang wurden nach einer alten Abschrift mehrere zweifellos falsche Les-
arten verbessert und zwar V. 11 (ob wohl statt obgleich), V. 15 (erkenn' statt bekenn') und
V. 59 (ihrem statt ihren).

Erwäge stündlich in der Stille
Den Anfang der Zusammenkunft;
Bedenke nur, dein eigner Wille
Beschwur das Bündnis mit Vernunft.
35 Vergiß auch nicht, was mein Verlangen,
Nur dich zu sehn, oft angefangen.

Vermeide die Gelegenheiten,
Wo viel Gesellschaft spielt und küßt.
Der Scherz kann öfters viel bedeuten,
40 Man weiß, wie stark die Reizung ist;
Und mußt du dich der Welt bequemen,
So laß dich andrer Putz beschämen.

Besuche fleißig alle Gänge,
Wodurch ich dich bisher geführt,
45 Vornehmlich, wo der Birken Menge
Das Ufer und die Wiesen ziert,
Und dorten, wo dein sachtes Küssen
Mich oft im Grünen wecken müssen.

Du weißt und kannst auch überlegen,
50 Wie kräftig mich der Mond ergetzt,
So daß ich seines Schimmers wegen
Die Nacht dem Tage vorgesetzt.
Besinne dich in solchen Schatten,
Wie viel wir sichre Zuflucht hatten.

55 Steh freudig auf, geh froh zu Bette,
Doch sieh vorher mein Bildnis an
Und nimm den Ring, die Liebeskette;
Denn ob gleich keines reden kann,
So wirst du doch bei ihrem Spielen
60 Viel Wachstum sanfter Neigung fühlen.

Dein Absehn mußt du wohl verhehlen,
Sprich jeden, der mir Gutes gönnt,
Und laß dir stets von mir erzählen
Und liebe das, was mich nur kennt;
65 Durchblättre meine Vers' und Lieder
Und sing und leg und lies sie wieder.

12*

Geh täglich in des Herren Tempel,
Die Andacht kommt der Liebe bei;
Das Altertum hat viel Exempel
Verliebter Lust und seltner Treu'.
Bemüh dich drum und lies und merke,
Wie zärtlich dich ihr Beispiel stärke.

Laß weder Post noch Boten säumen
Und miß Papier und Silben nicht,
Erzähle mir aus allen Träumen,
Ihr Schatten giebt den Klugen Licht,
Und ist dir aller Zeug benommen,
So schreib mir stets uns Wiederkommen.

Leg alles, was ich schriftlich sende,
Ohn' Argwohn auf dein Vorteil aus,
Betrachte wohl den Zug der Hände
Und suche vor das L. heraus,
Ja, halt ein jegliches Gerüchte
Von meiner Untreu vor Gedichte.

Es braucht kein häufiges Geschwätze,
Denn liebst du recht, so liebst du klug;
Ich geb' und halt' auch die Gesetze.
Kind, gute Nacht! Du hast genug.
Soll etwas mir dein Bild entführen,
So muß ich vor mein Herz verlieren.

21. Die unwiederbringliche Zeit.

Ich weiß noch wohl die liebe Zeit,
In der ich mich genug erfreut;
Was waren das vor süße Tage!
Die Schläfe trugen Blum' und Glut
Und kannten weder Wunsch noch Plage,
Noch was den Greisen bange thut.

77. aller Zeug, Stoff. — 86. so liebst du klug. Die alte Abschrift hat
"bist du klug".

Mein Sorgen ging auf Lust und Scherz,
Mein Herz war Amaranthens Herz,
Wir zählten weder Kuß noch Stunden;
10 Tanz, Schauplatz, Gärte, Spiel und Wein
Und aller Vorteil der Gesunden
Nahm Blut und Geist mit Wollust ein.

Wie? Was erzähl' ich einen Traum?
Zum wenigsten gedenkt mich's kaum.
15 Mein Gott, wie ist die Zeit entronnen!
Was hast du, Herz, von aller Lust?
Dies, daß du Reu' und Leid gewonnen
Und wissen und entbehren mußt.

Ihr, die ihr die Natur versteht
20 Und durch die Kunst oft höher geht,
Ihr könnt euch mir recht sehr verbinden:
Ach, sagt mir doch, ich fleh' euch an,
Wie soll ich die Maschine finden,
Die Zeit und Jugend hemmen kann?

22. An seine Leonore.

Bist du denn noch Leonore,
Der so manch verliebter Schwur
(Sinne nach, bei welchem Thore!)
Unter Kuß und Schmerz entfuhr,
5 Ach, so nimm die stummen Lieder
Eben noch mit dieser Hand,
Die mir ehmals Herz und Glieder
Mit der stärksten Reizung band.

Durch dein sehnliches Entbehren
10 Werd' ich vor den Jahren grau,
Und der Zufluß meiner Zähren
Mehrt schon lange Reif und Tau;

Meine Schwachheit, mein Verbleichen
Und die Brust, so stündlich lechzt,
Wird des Kummers Siegeszeichen,
Der aus unsrer Trennung wächst.   15

Lust und Mut und Geist zum Dichten,
Feuer, Jugend, Ruhm und Fleiß
Suchen mit Gewalt zu flüchten
Und verlieren ihren Preis,   20
Weil der Zunder deiner Küsse
Meinen Trieb nicht mehr erweckt
Und die Führung harter Schlüsse
Ein betrübtes Ziel gesteckt.

Alle Bilder meiner Sinnen   25
Sind mir Ekel und Verdruß,
Da sie nichts als Gram gewinnen,
Weil ich dich noch suchen muß.
Nichts ergetzt mich mehr auf Erden
Als das Weinen in der Nacht,   30
Wenn es unter viel Beschwerden
Dein Gedächtnis munter macht.

Jedes Blatt von deinen Händen
Ist ein Blatt voll Klag' und Weh,
Und ich kann es niemals wenden,   35.
Daß kein Stich ans Herze geh';
Die Versichrung leerer Zeilen
Giebt den Leibern wenig Kraft,
Welche Luft und Ort zerteilen.
O bedrängte Leidenschaft!   40

23. An seinen vertrauten Freund Haas von Augsburg, aus Lauben nach Leipzig.

Ein jung und treues Blut vergaß der Frühlingslust
Bei Schlägen um das Haupt und Pfeilen in der Brust
Und wurde, weil die Glut sein Vaterteil verschlungen,
Von Not und Blöße fast an Bettelstab gezwungen.
5   Der Wechsel that gewiß dem armen Kinde weh;
Vor diesem stieg von ihm viel Hoffnung in die Höh',
Er liebte Fleiß und Kunst noch höher als das Leben
Und hielt sich von Natur der Wissenschaft ergeben;
Doch weil man oft durch Not zur Tugend wandeln muß,
10   Begehrt' er Hülf' und Trost, doch niemals Überfluß.
Die Freundschaft, so er bat, verschloß ihm Herz und Thüren,
Die Spötter zischten nach. (Wen will der Gram nicht rühren?)
Viel Jahre gingen hin, es war ihm nicht um sich,
Nein, undankbare Welt, es war ihm bloß um dich,
15   Daß, da er dir so gern mit Weisheit dienen wollte,
Sein angelegter Fleiß so fruchtlos werden sollte.
Es schien ihm alles toll und, wie man spricht, gemacht;
Ja, was er noch so klug und sinnreich ausgedacht,
Das lief den Krebsen nach. Viel, die sein gut Gewissen
20   Durch Lehren, Müh' und Fleiß aus Unverstand gerissen,

An seinen vertrauten Freund Haas ꝛc. Johann August Haas studierte seit 1716 in Leipzig, wo Günther ihn kennen lernte. Der Originalbrief, dem eine interessante Nachschrift in lateinischer Prosa folgt, ist erhalten und von Kalbed (Neue Beiträge zur Biogr. Günthers, S. 43 ff.) vollständig zum Abdruck gebracht. Der Text desselben weicht von dem der Ausgaben (Nachlese. 1. Aufl. S. 115. 2. Aufl. S. 153) sehr wesentlich ab und zwar so, daß bald die eine, bald die andere Textredaktion den Vorzug zu verdienen scheint. Offenbar liegt beiden, wie auch Litzmann annimmt (Zur Textkr. ꝛc. S. 51), ein gemeinsames Konzept zu Grunde, von dem aus der Originalbrief die Reinschrift ist und nach welchem später die in den Ausgaben vorliegende Fassung hergestellt wurde. Wir behalten die letztere bei, geben aber sämtliche abweichende Lesarten des Originalbriefs (O) an, weil sie sowohl gleiche Berechtigung haben, als auch einen wertvollen Einblick in Günthers poetische Werkstatt gewähren.

D. 1. Ein treu und junges. — 2. Bei Wettern. — 4. Von Blöß' und Dürstigkeit zu mancher Schuld. — 5. Dem guten Menschen. — 6. blüht' er zwar an Hoffnung. — 7. so brünstig als. — 9. Und weil nunmehr die Not zur Tugend werden muß. — 10. Hülf' und Rat, doch nirgends fiel ein Schluß. — 11. Freund', Eltern, Herr und Knecht verschlossen. — 12. Jetzt mag er Hunde führen. — 13. Vier Jahre liefen hin. — 15. ob er noch so gern dem Nächsten. — 16. Sein angeführter — streben sollte. — 17. alles gram. — 18. Und was er noch so gut und reblich angebracht. — 19. dem Krebse — treu Gewissen. — 20. Mit eigner Hindernüß vorher aus Not.

Vergolten Gunst mit Schimpf, wie alle Bosheit lohnt.
Frost, Hunger klagt' er nicht, er war es schon gewohnt;
Nur klagt' er, daß ihm noch bei aller solcher Bürde
Der klugen Leute Gunst aus Neid gestohlen würde.
Die Länge brach den Mut, er fiel vor Schwachheit hin: 25
„Und wenn ich denn so gar des Glückes Stiefkind bin,
So würge mich dein Zorn nach angenommner Buße,
Du Wesen, das mich drückt an diesem Grenzenflusse,
Damit die deutsche Welt und auch mein Vaterland
Mein Grab vor Augen seh'." — Hier lag er nun und band   30
Den kranken Fuß mit Stroh und krümmte sich im Kalten,
In Hoffnung, durch den Tod Erlösung zu erhalten.
Mein Bruder, wünsch es ihm und lies den Klagebrief,
Der nächst in Austens·Hand und Menckens Hände lief,
So weißt du, was ich will, und hast vielleicht Erbarmen.   35
Ach, Bruder, könnt' ich dich doch jetzt einmal umarmen,
Was wär' es mir vor Trost! Dein treu und weises Herz
Versüßt mir dann und wann den täglich neuen Schmerz.
Ach, hätt' ich jetzt die Lust der klugen Nachtgespräche,
Ich weiß, daß mir dein Mund das halbe Joch zerbräche.   40
Das Leben hab' ich noch (wer weiß, wie lang auch dies?)
Und was ich etwan kann; sonst alles hat der Riß
Der Schickung hingerückt, es mag auch immer fahren;
Ich weiß, die Vorsicht giebt dergleichen eitle Waren
Nicht ewig zum Besitz. Es fiele mir nicht schwer,   45
Wofern nur die Natur dabei so gütig wär'
Und unsrer Menschlichkeit ein stärker Herze gönnte,
Damit man ohne Gram sich stets bezwingen könnte.

28. an diesem Grenzenflusse. Im Briefe macht Günther selbst hierzu die An=
merkung: „Lucis an Lauban". — 31. Den kranken Fuß. In der lateinischen Nach=
schrift heißt es: „Pedum tumore hic Laubani gravissimo decumbo." — 34. Austens.
Austen, ein Freund des Leipziger Kreises, ist der Adressat eines Gedichtes (Nachl.
1. Aufl. S. 44. 2. Aufl. S. 40), wo er Kandidat der Philosophie und Jurisprudenz genannt wird.
Über Mende vgl. Einl. S. XVIII. Doch ist „Menckens" wohl nur aus „Mardarbé" ver=
lesen. Vgl. S. 200, Anm.

L. 21. Huld mit Spott. — 22. ihn schon. — 23. solcher schweren. — 24. Gelehrter
Männer Schutz. — 25. aus Schwachheit. — 26. dein letztes Stiefkind. — 28. Du Wesen
in der Höh', bei. — 29. das böse Volk. — 30. Mein Grab ihr Unrecht seh'. — 32. durch
den Blitz. — 34. in Austens Haus und Mardarbé. — 35. So siehst du. — 36. küßt' ich
dich nur einmal in den Armen. — 37. rein und weises. — 38. oftermals die Wunden und
ben. — 40. Ich glaubte, daß ich so von Ebens Äpfeln bräche. — 42. was ich irgend weiß.
— 43. hingerafft, es möcht' auch gerne. — 44. Die Erde giebt uns doch zu ihren eitlen. —
45. Kein ewig Erbgangsrecht. Ich seh' es ohngefähr. — 46. Doch wenn nur. — 47. ein
fester Herze. — 48. ohne Zwang der Lust entbehren.

Allein wo lebet wohl so gar ein weiser Mann,
50 Der stets und überall die Regung dämpfen kann?
Das Fleisch beschwert den Geist, und Adams alte Tücke,
Man kämpfe noch so gut, schlägt dennoch oft zurücke.
Manch Kummer hat zwar Grund. Erwäge, teurer Freund,
Die Redlichkeit denkt oft, sie hab' es gut gemeint;
55 Man thut, so viel man kann, den Übelstand zu mindern,
Des Glückes Eigensinn ist dennoch nicht zu hindern
Und braucht zum öftern das, was unsre Sorgfalt thut,
Zu Waffen auf uns selbst. Es ärgert bis aufs Blut,
Wenn Prahler ohne Witz, die noch so thöricht leben
60 Und aller Feinde sind, sich hoch ans Brett erheben.
Dies wird am Pindus klar; da sitzt ein reicher Geck
Und macht gelehrten Wind und sticht die Demut weg,
Die mehr verhält als zeigt. Auch offenbare Thoren,
Die einem Junker nächst das Kutschenpferd geschoren,
65 Regieren Volk und Staat und pressen jeden Stand.
Die Weisheit geht geheim und bettelt um das Land.
Gott schütze seinen Ruhm; mir will das Ohr noch gellen,
Seitdem ich nächst gehört, welch Mißbrauch, welch Verstellen
Das Heiligtum entweih'. Wie mancher Simon lauscht
70 Um Hallen und Altar, bis daß der Steifrock rauscht,
Und streckt der großen Frau den Beutel nach der Seite,
Damit der Zuspruch ihm zwo Stimmen mehr bereite.
Man hält nicht Priesterwahl, man hält nur Auktion:
Sechshundert; hundert mehr; die giebt der Nachbar schon.
75 Noch tausend oben drauf, zum erst= und letzten Male;
Zweitausend voll; schlag zu; der Herr behalt's und zahle.
Hier ist's: den Leibrock her. Stimmt das Te Deum ein.
Die Glocken schlagen an; indessen wird der Wein,

V. 49. wo ist doch — tapfrer Mann. — 50. sich überwinden kann. — 51. verführt. — 52. Schlägt, kämpft man gleich aufs Blut, oft unversehns zurücke. — 53. Die Unruh hat wohl — Erwäg' es. — 54. Man stellt sich vielmals vor, es sei recht wohl. — 55. Und thut — das Elend zu ermüden. — 56. ist gleichwohl nicht zufrieden. — 57. gar, das was man weislich thut. — 58. wider uns. Die Galle geht ins. — 59. Wenn die, so Schaden thun, blind, thöricht sein und. — 60. In sichrer Schwelgerei, uns Armen Streiche geben. — 61. Wie steht's am Helicon? Da kommt. — 62. Mit Latten an das Brot und stößt. — 63. mehr verdient. — 64. noch vor kurzer Zeit des Müllers Esel gescheren. — 65. Verrupfen jetzt ein Dorf und drucken manchen. — 66. sieht's und weint — durch das Land. — 67. Mein wundervolles Ohr hört noch nicht auf zu. — 68. es selbst erfährt, wie Mißbrauch und. — 69. den höchsten Ruhm entweicht. — 70. Hall' und Sakristei. — 71. reicht hernach der Frau — an der Seite. — 72. ihr Vorspruch ihm. — 74. zwölfhundert; funfzig mehr; das hat. — 75. Noch hundert; sechzig drauf. — 76. Der Herr bekommt's. — 77. und stimmt Te Deum.

Das Salböl heimgebracht; die Väter gehn nach Hause
Und ziehn den Gottesmann zum teuererkauften Schmause.   80
O herrlicher Beruf! Mein Freund, was sagst denn du?
Sprich ja bei Leibe nicht, es geh' nicht richtig zu;
Die Ordnung ist ja schön; was will man besser haben?
Die Väter sind getreu und sehn auf gute Gaben.
Genug, mein Freund, hiervon; das Urteil steht dir frei. —   85
Noch weiter in die Schrift: Ich kenn' die Barbarei
An wahrer Wissenschaft und kann sie dir beschreiben.
Man fragt nur: Bringt sie Geld? Nicht viel. So laß sie bleiben
Und nimm die Brotkunst vor. Kein gründlicher Beweis,
Kein klug, kein sinnreich Wort, kein netter Dichterfleiß   90
Noch angenehmer Scherz wird (wenig ausgenommen)
Im Umgang, Kirch' und Tisch auf Mund und Zunge kommen.
Beweist man aus Vernunft, so heißt es Grillenfang,
Erzählt man, was geschieht, so macht man Groll und Zank,
Gedenkt man nett und scharf und sucht man rein zu sprechen,   95
So lobt es kein Geschmack; ein Sauflied aus den Zechen
Erhält mehr Lohn und Gunst als das, was Flaccus singt
Und was auch noch so schön aus Neukirchs Flöte klingt.
Ja, wollt' auch Naso selbst die Mägdchen deutsch verehren,
Ich schwör' auf seine Flucht, sie würden ihn nicht hören   100
Und in die Schenke gehn. Was kommt denn aufs Tapet?
Pferd, Jahrmarkt, Conto, Wein, Prozesse, Ball, Piquet,
Flachs, Erbsen, Kompliment, Accis, gedruckte Lügen,
Fluch, Moden, Frikassee, Schuh, Haarzopf und Betrügen
Und alles, was sich sonst in meinen Reim nicht schickt,   105
Und das so ordentlich wie hier dein Aug' erblickt,
Und das noch überdies bei Männern, die sich brüsten,

---

98. Neukirch, hier direkt neben Horaz gestellt, galt der Zeit für einen der größten
Dichter. Vgl. Gedichte S. 385. 387. Nachlese, 2. Aufl. S. 148 und unten S. 201, V. 51.

---

* D. 79. heimgeschafft. — 80. hochbezahlten. — 81—84 fehlen. — 85. So geht's, gelehrter
Freund. — 86. Noch weiter thut mir weh: Die nahe. — 87. In rechter — ist wohl
nicht abzutreiben. — 88. fraget — Wo nicht, so laß es. — 90. klug und nützlich —
schön und reifer Fleiß. — 91. Ich hab' es wenigstens bei Vielen wahrgenommen. — 92.
Pflegt oft den ganzen Tag im Reden vorzukommen. — 93. Beruft man sich auf Grund. —
94. so wird ein starker Zank. — 95. Versucht man — und sinnreich wohlzusprechen. —
97. Bekommt weit mehr Verdrang. — 98. Und Neukirchs Zärtlichkeit der milden Liebsten
bringt. — 99. käm' Ovidius, den Hof und Mägdchen ehren. — 100. kaum hören. — 101. Ich
schweige, Klugerstehn. — nun aufs Tapet. — 102. Post, Prozeß, Accis, Label. — 103.
Neib, Nachred', Erbsen, Stoff, Ball, Komplimente, Lügen. — 104. Fluch, Zeitung, Alma-
nach; ach seht, es giebt schon Fliegen. — 105. Schuh, Moden, Fricassee und was den Reim
nicht schmückt. — 107. Ja, was am ärgsten ist.

Als ob nur sie allein die Kunst zu leben wüßten.
Die Sachen wären gut, nur besser angewandt;

110 Allein so schwatzt man stets ohn' Absicht und Verstand,
Nicht so, wie ich und du bei klein- und schlechten Dingen
Vernünftig stille stehn und Nutzen draus erzwingen.
O allerliebster Freund, wie sehnlich wünsch' ich mir
Zeitlebens so ein Herz, (ich wünsch' es gleichfalls dir)

115 Mit dem ich fähig sei, den Lauf der eitlen Sachen,
Von Welt und Staat entfernt, vernünftig zu verlachen
Und in mich selbst zu gehn! Gott weiß, wohin ich geh',
Damit nur einst mein Fuß im Alter sicher steh'.
Des Pöbels Raserei hört doch nicht auf zu schlagen;

120 Drum hab' ich mich erbost, durchaus nicht mehr zu klagen.
Ich liege, wo ich kann, und leide, wo ich muß;
Verzehr' ich Käs' und Brot, so nenn' ich's Überfluß
Und denke, wie schon längst der Epikur gedachte,
Der schon aus solcher Kost ein Leckerbißchen machte,

125 Und wenn mir dann und wann was bessers widerfährt,
(Die seltne Kleinigkeit ist kaum der Rede wert)
So folg' ich meiner Lust, verbanne Gram und Sorgen
Und küsse halb berauscht und traue keinem Morgen.
Weißt du, was besser sei, so teil' es freundlich mit,

130 Wo nicht, so thu wie ich. Sobald mein Schenkel tritt,
Besuch' ich dich gewiß, du magst nur Fieckchen pfeifen
Und auf ein gutes Glas nach alten Klippen greifen.

113—117. Goethe hat diesem Gedanken den klassischen Ausdruck gegeben: „Selig, wer sich vor der Welt Ohne Haß verschließt, Einen Freund am Busen hält Und mit dem ge= nießt 2c."

D. 108. Als wenn nur sie allein Gelehrte schätzen müßten. — 109. Es wär auch alles gut. — 110. So aber. — 111. Du weißt — auch oft bei schlechten Dingen. — 112. und Gold aus Schlacken zwingen. — 113. Du Himmel hörst es oft — wünsch' ich. — 114. einen Freund (jetzt hab' ich ihn an dir). — 116. In sicher Niedrigkeit verständig zu belachen. — Hier folgen vier Verse, die im Druck fehlen: Zorn (vgl. S. 243, Anm. zu B. 112), Austen, Baro, Vogt, du, Birnbaum, Marckard, Hahn, Ihr seid es, deren Bund mein Herz er= frischen kann, Und welcher wegen ich, so viel mich Stürme fassen, Mich noch nicht zwingen kann, das Leben gar zu hassen. — (Günther macht hierzu die Anmerkungen: „Baro doctor juris in Breslau, artiger, ingeniöser und gelehrter Mann." „Vogt, junger Advokat in Breslau, geschickter Mensch.") — 117. Sonst hätt' ich Recht genug. — 118. mein Wohlergehn — grüner steh'. — 119. Ich seh', des Himmels Grimm. — 121. was ich muß. — 122. Ist Manßner Gut noch da. — (Günther macht hierzu die Anm.: „Manßen, ein Flecken bei Breslau, wo viel Tabak wächst. Sechs Ellen um einen Dreier.") — 123. Und bin wie Epicur, der, wenn man Käse brachte. — 124. Nicht jeden schlechten Tag mit solchem herrlich machte. — 125. unverhofft, was Gutes. — 127. So mach' ich mich vergnügt, so schimpf' ich alle Sorgen. — 128. Und denke, was es heißt: Der Tod hält nichts vom Borgen. — 129. Siehst du, was klüger sei. — 130. so folge nach. — 131. euch geheim; schweif' aus und räume Pfeifen. — 132. Und laß auch Brummers Frau den besten Packt ergreifen.

Aus Dresden hör' ich gern, daß dies, wornach ich stand,
Auf Hamburgs Dichter fällt; der Mann ist schon gewandt
Und läßt den Pegasus nach Hofart glücklich traben;   135
Ein König wie August muß solchen König haben.
Es freut mich, daß ich nun so schön gerochen bin,
Da jener Wassermann, der Dichter obenhin,
Der mich vor dem verschnitt, den reich- und fetten Bissen,
Wie dort Äsopus' Hund, begierig darben müssen.   140
Die Rache bleibt nicht aus; bedächt' es Chörilus,
Auf den ich mit Gewalt die Striegel schärfen muß,
So läg' er wie ein Dachs dort im Gebürge stille
Und reizte meinen Kiel mit keinem Reimpasquille.
So glücklich bin ich stets, ich sang' auch ungestellt,   145
Und ob mein Satyr gleich die Hasen öfters prellt,
So stehn sie doch nicht ab, mit Schimpf und Spott zu scherzen;
Doch warum wundert's mich? Wir leben itzt im Märzen.
Du fragest, wen ich zieh'? Die Antwort steht mir frei:
Von Goldberg Meister Fritsch', ein Maul voll Milch und Brei   150
Und dessen Lästerblatt mich noch im Zweifel wäget,
Ob Bosheit oder Wurm mehr Hand ans Werk geleget.
Die Zeit sucht alles auf; er paart sich zum Crispin;
Das Joch ist stark genug, den Satyr fortzuziehn,
Der dieses feine Paar mit Stock und Geißeln plaget   155
Und künftig im Triumph durch Welt und Jahre jaget.
Vermag ich sonst gleich nichts, so herrscht vielleicht mein Kiel;
Er macht aus Feind und Neid ein ernstlich Possenspiel,
Schreibt hoher Seelen Ruhm, besinget kluge Brüder
Und setzt der Tugend Lob in dauerhafte Lieder;   160

---

133. dies, wornach ich stand, die Hofpoetenstelle. (Vgl. Einl. S. XIX.) — 134. Hamburgs Dichter; Johann Ulrich König (1688—1744), geboren zu Eßlingen, lebte lang in Hamburg. — 138. jener Wassermann. Der Name desselben, der nach dieser Stelle an Günthers Dresdener Mißerfolg mitschuldig war, ist nicht bekannt. — 141. Chörilus, Magister Fritsche zu Goldberg, der 1720 ein albernes Schmähgedicht in Alexandrinern gegen Günther losließ. (Vgl. V. 150 ff.) — 153. Crispin, Theodor Krause in Schweidnitz. Vgl. Einl. S. XII f., und das Gedicht „An einen guten Freund", S. 74, V. 102 ff. — 158. Feind; „Nachlese" fehlerhaft: „Freund".

D. 133. stund. — 134. hat Geist und Grund. — 137. Dabei ergötzt sich auch mein innerlicher Sinn. — 138. Daß. — 139. den schon gehofften. — 140. mit Recht verlieren. — 141. stellt sich ein. — 143. säß' er als ein Fuchs. — 144. Zorn. — 145. Und ob gleich manches Blatt die Geden-Hasen. — 147. auf späte Reu' zu scherzen. — 148. Jetzt wundert's mich zwar nicht, sie mehren sich im Märzen. — 149. Zerbrich dir nicht den Kopf, wer hier begriffen sei. — 151. Lästerschrift. — 153. muß alles auf. — 155. Als der sie im Triumph — Geißel. — 156. Und unter Not' und Schimpf durch Zeit und Länder. — 157. doch wohl mein Kiel. — 158. der Welt ein Possenspiel. — 159. Und schreibt auch gegenteils die Namen kluger. — 160. Mit Ruhm und Dankbarkeit.

Hier, Bruder, stehst auch du; o nimm damit vorlieb.
Du weißt, was uns verknüpft, der innerliche Trieb
Gelehrter Redlichkeit; vergieb den andern Grillen;
Ich könnte, thät' es Not, ein Buch damit erfüllen.

165 Ich habe viel mit-dir, der Bogen wird zu knapp,
Mir brech' ich nicht zur Lust, doch dir zum Besten ab.
Erwarte mich nur bald mit tausend andern Schwänken,
Die teils das Herz erfreun, zum Teil auch etwas kränken.
Indessen schlaf vor aus. Mein Postgeld ist nicht gut.

170 So wohl ein grünes Tuch geschwächten Augen thut,
So kräftig wird dein Blatt mein sehnlich Herz erquicken;
Du mußt es nur sein voll und augenblicklich schicken.

---

24. Die großmütige Gelassenheit.

Ich hab' es längst gesagt:
So sehr mich alles plagt,
So wenig fällt mein Mut vor Kummer hin;
Die Hoffnung ist mein Schild,
5 Und wenn die Mißgunst billt,
So such' ich Trost bei mir und bleibe, wie ich bin.

Mein Glücke schläft zwar stark,
Das Weh frißt Blut und Mark,
Und was mich sieht, das greift mich feindlich an.
10 Wie? Sollt' ich ängstlich schrei'n:
Verzweifle nur? O nein!
Es lebt ja noch die Zeit, die alles ändern kann.

Ich hab' es oft gesehn,
Daß die, so heute stehn,

---

161. Hier, d. h. in den „dauerhaften Liedern". — „Nachlese" sinnlos: „Herr". — 166. brech'. „bräch'" in der „Nachlese" ist Druckfehler. — Die großmütige Gelassenheit. 5. billt, bellt.

D. 161. Mein Bruder, bleib auch mein und. — 162. Verbindet uns kein Blut, vermählt uns doch der Trieb. — 163. und gleicher Unglücksgrillen. — 164. Nur daß die letzten mir das Maß gehäufter füllen. — 167. Nur nichts von alter Treu, doch viel von. — 168. einsam kränken. — 169. voraus.

Der Morgenröte Glanz mit Trost erquickt,   15
Und mancher, dessen List
Den Purpur nächst geküßt,
Durch einen jähen Fall dem Glück im Schoß erstickt.

Ihr Herzen, derer Not
Mit langer Marter droht,   20
Vertraut doch nur dem Himmel und der Zeit!
Bedenkt, daß Last und Weh
Die Großmut stets erhöh',
So wie Gefahr und Kampf den Helden Palmen beut.

Komm, Hoffnung, küsse mich,   25
Mein Geist umarmet dich
Und trifft in dir den Himmel auf der Welt.
Du sollt mein Leichenstein
Sowie mein Brautkleid sein
Und bleibst mein letzter Trost, wenn alles bricht und fällt. 30

25. Er klaget gegen seinen Freund.

O laß dich doch nur nicht die kleine Müh' verdrießen;
Die Zeilen, so von mir durch deine Feder fließen,
Verhindern den Begriff der allzuschweren Not.
  Sonst kann ich doch nichts thun als Klagelieder schreiben,
Und sonsten stillt mich auch kein ander Zeitvertreiben,   5
Es wäre denn der Tod.

Ich bin schon reif dazu, sowohl an Kreuz als Jahren,
Und kaum der zehnte Greis kann so viel Müh' erfahren,
Als mir schon um den Lenz des Lebens Haß gebiert.
  Ich leugne nicht die Schuld der oft verdienten Schläge;   10
Jedoch wo lebt ein Mensch, den auf dem Tugendwege
Nicht Fleisch und Blut verführt?

.

  Er klaget gegen seinen Freund. Der Freund ist natürlich Schubart (S. XXI),
dem er, wie aus V. 1 ff. hervorgeht, während seiner langwierigen Krankheit in Lauban
seine Gedichte diktierte.

Ein jeder, heißt's, vermag sein Glücke selbst zu machen,
Wer Welt und Ursprung kennt, der wird des Sprichworts lachen.
15 Die Ordnung der Natur setzt jedem Maß und Zeit,
Sie lenkt Gemüt und Herz sowie Verstand und Wollen
Und macht, wenn Glück und Fall das Schauspiel ändern sollen,
Der Sitten Unterscheid.

Drum, Thoren, hört doch auf, mein Leben zu verhöhnen;
20 Ich such' an mir ja nicht die Fehler zu beschönen,
Sie bleiben, was sie sind, an allen wie an mir;
Nur dies verlangt mein Herz: Ihr sollt nicht spöttisch richten
Und über meinen Schmerz ein höhnisch Liedchen dichten;
Ich bin ein Mensch wie ihr.

25 Mein Hoffen hat nunmehr nicht einen Funken Zunder,
Und was mich retten soll, das braucht kein schlechtes Wunder;
Hier ist kein Weg zur Flucht, es sei denn, aus der Welt.
Wer noch was ändern kann, der mag die Großmut nützen;
Sind Arm' und Hände weg, den Körper zu beschützen,
30 So gilt nunmehr kein Held.

Ich weiche von der Last der äußersten Beschwerden
Und müh' mich auch nicht mehr um Mittel, los zu werden,
Indem ich wie ein Schiff mir selbst gefährlich bin;
So wirft ein Steuermann, weil Mast und Anker springet
35 Und Salz und Schaum bereits durch tausend Spalten dringet,
Kompaß und Hoffnung hin.

Verübelt mir mein Freund die Zagheit blöder Sinnen,
So such' er einen Trost, mein Herze zu gewinnen;
Die Unruh', so es fühlt, ist fast nicht auszustehn.
40 Ich wäre seiner Kunst, ich weiß nicht was, verbunden,
Bered't er mich nur dies von diesen bösen Stunden:
Sie werden auch vergehn.

34. weil, temporal: während.

26. Die seufzende Geduld.

Morgen wird es besser werden,
Also seufzt mein schwacher Geist,
Den die Menge der Beschwerden
Über allen Abgrund reißt.

Aber ach, wenn bricht der Morgen　　　　5
Und das Licht der Hoffnung an,
Da ich die so langen Sorgen
Nach und nach vergessen kann?

Sklaven auf den Ruderbänken
Wechseln doch mit Müh' und Ruh',　　　10
Dies mein unaufhörlich Kränken
Läßt mir keinen Schlummer zu.

Niemand klagt mein schweres Leiden,
Dies vergrößert Last und Pein.
Himmel, laß mich doch verscheiden,　　　15
Oder gieb mir Sonnenschein!

Will ich mich doch gerne fassen,
Wenn mich nur der Trost erquickt,
Daß dein ewiges Verlassen
Mich nicht in die Grube schickt.　　　20

27. Als er beinahe ungeduldig werden wollte.

Der Mensch ist nicht von Stahl, und Fleisch und Blut muß sinken,
Wenn Unruh' und Gefahr uns auf die Länge stäupt;
Ich seh' die Ungeduld auf allen Seiten winken,
Ich merke, daß der Trost auf ewig außen bleibt.
Ihr Seufzer macht vergebens　　　　5
Mund, Herz und Glieder matt;
Ich bin des armen Lebens
Sowie der Wünsche satt.

Und was erwart' ich hier? Fast stündlich neue Sorgen;

10 Denn redlich gilt nicht mehr, die Welt ist schlimm und roh,
Der Reiche schwelgt und trotzt, der Arme schwitzt vom Morgen
Bis in die späte Nacht und wird es doch nicht froh.
Viel wuchern mit den Sünden
Und haben Lob davon,

15 Ich mag mich drehn und winden,
Der Undank bleibt mein Lohn.

Doch halt, besorgtes Herz! Den feigen Fluch zurücke!
Die Kleinmut stellt dir nur das Unglück größer vor;
Es hat ein jeder Mensch sein eignes Kreuz und Glücke,

20 Wer seins am größten schätzt, der handelt als ein Thor.
Der Vorsicht weises Fügen
Betrübet und ergötzt;
Wohl dem, der sein Vergnügen
In ihren Ratschluß setzt.

25 So lang ein Puls noch schlägt, ist Hoffnung zum Genesen,
Wer niederträchtig weint, ist keiner Hülfe wert;
Geduld läßt mit der Zeit von Dornen Feigen lesen
Und mindert nach und nach, was Seel' und Leib beschwert.
Der Abend aller Tage

30 Bricht wohl noch nicht herein;
Jetzt rase Sturm und Plage,
Es wird nicht stets so sein.

Du Himmel kennst mein Herz, es liebt dich auch im Strafen,
Schlag, nimm mir alles weg und wirf mich hin und her!

35 Nach Arbeit, Müh' und Schmerz erfolgt ein süßes Schlafen,
Und wenn es eher nicht als in dem Sarge wär'.
Dein Wille ist mein Glücke,
Die Hoffnung meine Ruh';
Der Erdkreis brech' in Stücke,

40 Ich seh' mit Großmut zu.

12. es, Genitiv.
Die Gegner der zweiten schlesischen Schule 1. 13

28. Als er zu sterben wünschte.

Schreib an und laß dir dieses Licht
Von nun an zum Gedächtnis dienen!
Ich bin ein Mensch und weiß es nicht,
Wo Kräuter meines Grabes grünen;
Auch weiß ich nicht den Augenblick,   5
An dem mein Kreuz und Ungelück
Sich mit einander schließen sollen;
Drum sprech' ich dich noch, weil ich kann,
Um dieses Freundschaftszeichen an:
Erzähl einmal der Welt, wie viel wir leisten wollen.   10

Mein treu Gemüte nehm' ich aus,
Sonst bin ich nicht mehr Ich zu nennen;
Nun mag ich keinen Lorbeerstrauß,
Als den mir Bahr' und Freundschaft gönnen.
Es komme, was die Schickung will,   15
Ich halte wie ein Kranker still
Und weiß nichts mehr in meinem Leben;
Die Seelenruh', der Weisheit Frucht,
So ich in Wissenschaft gesucht,
Die, sag' ich, laß' ich mir von der Verzweiflung geben.   20

Dich und noch wenig, ja kaum drei
Bedaur' ich mit betrübtem Herzen;
Sonst breche Mond und Erd' entzwei,
Es dienet mir zum bittern Scherzen;
Und wie ein großes Teil der Welt   25
Mich unwert, toll und schimpflich hält,
So lach' ich nunmehr aller Sachen,
Sie sei'n auch noch so klug, gelehrt,
Schön, weise, reich und hochgeehrt,
Und nichts als Spott und Haß weiß meine Lust zu machen.   30

Als er zu sterben wünschte. Die Ausgaben datieren: „17. Juli 1726", die
C. Aufl. „An einen Freund, 1726 Lauban". — 1. Schreib an; auch dies Gedicht diktierte
er Schubart, an den es auch gerichtet ist.

Auch diese Zeilen ärgern mich;
O könnt' ich doch nur nichts gedenken!
Mein eignes Wesen martert sich.
Ist Gott zu schwach, mir Trost zu schenken,
35   O warum hat er mir ein Pfand
Von Kunst und Weisheit zugewandt?
Ich kann es doch zu nichts gebrauchen.
Hör, ewige Gerechtigkeit!
Verdient mein Herz nicht gute Zeit,
40   So laß es auf einmal in Rauch und Glut verrauchen!

Weißt du noch was von Fried' und Ruh',
So mach es dir bei Zeiten nütze;
Das Glücke fährt oft blindlings zu
Und raubt uns mit geschwindem Blitze.
45   Es geh' auch, kann's nicht anders sein,
Mein Segen und Gedächtnis ein;
Ich wünsche ganz und gar zu sterben.
Folgt dir nur, was mir hier gebrach,
Von nun an zweifach glücklich nach,
50   So tröstet noch mein Freund mein gänzliches Verderben.

29. Er tröstet sich und seinen Freund.

Gottlob, ich merk' es innerlich,
Des Höchsten Eifer lindert sich,
Es rafft sich mein bedrängtes Herze,
Und sieht es gleich noch nicht, woher,
5   So meint's doch mitten in dem Schmerze,
Als wenn gleichwohl ein Hang zur Hoffnung übrig wär'.

Was war das nicht vor Bangigkeit!
Durch meine ganze Lebenszeit

Er tröstet sich und seinen Freund. Die „Nachlese" datiert: Den 20. Juli 1720.
Das Gedicht entstand also nur einige Tage nach dem vorigen und ist ebenfalls an
Schubart gerichtet.

Befind' ich nichts von ihresgleichen;
Kein Zuspruch konnte meinen Gram,   10
Kein Trost den Eigensinn erweichen,
Der immer von sich selbst mehr Kraft und Nahrung nahm.

Ach allerliebster Herzensfreund,
Bei dem mein Elend größer scheint,
Indem du in Gesellschaft leidest,   15
Ach, glaube, daß die große Treu',
Wodurch du dich in Not bescheidest,
Mir noch die letzte Lust zu diesem Leben sei.

So sehnlich ein noch zartes Kind
Auf Brüste, Milch und Docken sinnt,   20
So sehnlich brennt auch mein Verlangen,
Dich einmal in vergnügter Zeit
Und in dem Alter zu umfangen,
Wo viel Erinnerung vergangner Not erfreut.

Die Welt soll kein Exempel sehn,   25
Das wohl auch so noch nicht geschehn,
Das unsrer Treu' die Palmen raube;
Die Frauenbrunst wirkt sonderlich;
Doch bist du Jonathan, so glaube,
Dein David fühlt sie auch, doch überhaupt vor dich.   30

Es mag uns ein Prophetengeist,
So klug und weis' er immer heißt,
Auf Erden wenig Guts versprechen;
Wir wollen durch Vernunft und Fleiß
Die Schlüsse böser Schickung brechen;   35
Ich trotze drauf, weil Gott den frommen Vorsatz weiß.

Du siehst allhier, der Abendtau
Macht Gräser, Laub und Kräuter grau
Und stärkt sie nach der Mittagshitze.
Ach, lerne Trost und klage nicht,   40
Daß unser Herz zu lange schwitze;
Wer weiß, wo uns ein Quell auch aus dem Felsen bricht?

20. Docken, oder Docken = Puppen.

Das schön= und wundervolle Licht
Entführt uns jetzt sein Angesicht
45 Und denkt gleichwohl aufs Wiederkommen;
Es bringt auch sein verjüngter Schritt
Dies, was es uns anitzt genommen,
Glanz, Farben, Wärm' und Lust vielleicht noch reicher mit.

Es darf dich kein Verlust gereu'n;
50 Die Zukunft wird des Glückes Schein
Mit reichem Wucher wieder senden;
Wir kehren wieder in die Stadt
Zur alten Not mit leeren Händen;
Jedoch wer weiß, wo Gott vor uns gesorget hat?

30. Er klaget in der Einsamkeit.

Hier, wo mich niemand weiß
Als Gott und meine Not,
Vergieß' ich Blut vor Schweiß
Und esse Kraut vor Brot
5 Und denke bei dem Schmerzen
Mit höchst betrübtem Herzen
An meine Vaterstadt,
Die unter Asch' und Kohlen
Mir alles Gut gestohlen
10 Und mich, ihr Kind, dazu noch gar verworfen hat.

Ich denk' auch wohl an dich,
Du allerliebstes Kind!
Die Zeiten ändern sich,
Ach, aber zu geschwind;
15 Wie schlecht ist unserm Lieben
Der Abschiedswunsch beklieben,

---

52. in die Stadt, Breslau. — Er klaget in der Einsamkeit. Die Ausgaben
datieren: Den 21. Juli 1720. — 7f. Vgl. Einl. S. XX. — 16. beklieben, part. von
„bekleiben", Wurzel fassen.

Der Gott so zärtlich bat!
Du weintest vor Vergnügen,
Durch mich bald Ruhm zu kriegen;
Hier liegt nun meine Kunst und weiß vor sich kaum Rat.   20

Die fünfte Sommerlust
Führt jetzt die Garben ein,
So lang ist meine Brust
Ein Schauplatz vieler Pein;
Doch was ich sonst ertragen,   25
Ist gegen diese Plagen
Fürwahr nur Spiel und Scherz;
Kein Ansehn, mich zu heben,
Und nichts als Müh' im Leben!
O Gott, wie dauret mich mein allzuredlich Herz!   30

Mich wundert, daß mir noch
Der Stock ein Lager gönnt,
Denn sonst verfolgt mich doch,
Was mich nur sieht und kennt.
Vor leichte Jugendsünden,   35
Die doch die meisten binden,
Trifft mich allein die Last,
Die Last zu schwerer Strafen,
Da viel in Fülle schlafen,
Die Bosheit und Betrug an güldne Stricke faßt.   40

O Phöbus, leidest du,
Daß deine Kinder schrei'n
Und doch bei wenig Ruh'
Den Helden dienstbar sei'n?
Wie kommt's, daß unsre Gaben   45
Fast nichts zum Vorteil haben,
Als Armut und Verdruß?
Ein Hofnarr lebt ja besser
Und lacht mit fettem Messer,
Wenn unsre Hand nur Rüben schälen muß.   50

32. Stock, Gefängnis.

Im Reimen steckt wohl auch
Mein ganzes Wissen nicht;
Ich sorge vor den Bauch,
Doch hat mein Kopf auch Licht.
55 Was fehlt mir denn? Die Mode.
Es heißt, ich läg' im Sode
Und wäre nicht gewandt.
O, reißt mich aus dem Mittel
Und gebt Erhöhungsmittel
60 Und seht mich wieder an; was gilt's? Ich bin galant.

Dir, Vater, der du liebst
Das, was es redlich meint,
Dir, der du jedem giebst,
So viel ihm nötig scheint,
65 Dir küß' ich Hand und Rute
Und bitte bei dem Blute,
Das aller Heil gebiert,
Befrei stets mein Gewissen
Und laß mich nichts beschließen,
70 Als was mich auf den Zweck von deiner Ordnung führt.

Thu Wunder vor der Welt
Und bringe mich empor;
Ich wünsche Ruhm und Geld,
Jedoch Verstand zuvor.
75 Ich steh' nach kleinen Gütern,
Um ehrlichen Gemütern
Auch einmal Guts zu thun.
Hier ist mein Freund zur Stelle;
Wird unser Glücksstern helle,
80 Soll manches Armen Trost auf unsrer Pflicht beruhn.

56. Sod (zu: sieden), Pfahl.

31. An Herrn M. von R. I. V. C.

Gesundheit, Glück und Trost und alles ist nun hin;
Mich wundert, daß ich noch der Feder mächtig bin,
Allein sie merkt es fast, wer da, nicht ich, geschrieben.
Der Himmel sei verehrt, der, da mich vieles preßt,
Mir gleichwohl noch den Schatz von wenig Freunden läßt,　　　5
Die nicht aus Eigennutz noch blinder Einfalt lieben.

Du bist, ich rühme mich auch bei der Spötter Hohn,
Von meiner Poesie der erstgeborne Sohn
Und krönst dadurch mein Haupt mit neuen Lorbeerzweigen;
Mein Herz ist von Natur so gut und treu gesinnt;　　　10
Sobald ein Mensch nur Lust zur Wissenschaft gewinnt,
So wallt es vor Begier, ihm Rat und Weg zu zeigen.

Ich hab' ein kleines Pfund an Weisheit und Verstand;
Es würde dann und wann mit Nutzen angewandt,
Wofern nur Feind und Not den Vorsatz nicht betrögen;　　　15
Jedennoch wenn auch nur ein einzig Wort bekleibt
Und mancher, der mir buhlt, dem Zwecke näher treibt,
So tröstet sich mein Geist, er wuchre nach Vermögen.

Ein grob- und rauher Stein macht Eisen blank und scharf,
Dies Gleichnis zieh auf mich; wofern ich raten darf,　　　20
So folge, werter Freund, dem aufgegangnen Lichte,
Bau' eifrig auf den Grund, den Wolf und Leibniz legt,
Lies, prüfe, denk' und schreib; was eigner Fleiß nicht regt,
Das, wär' es noch so gut, kriegt selten reife Früchte.

---

* An Herrn M. v. R. J. V. C. (Juris Utriusque Cultor). In dem Adressaten hat
man bisher Günthers Schulfreund und Gönner, Herrn von Leibnitz, vermutet. Diese Annahme läßt mindestens Zweifel zu. Leibnitz ließ Georg Wilhelm und man müßte demnach
das M. der Überschrift für irrtümlich statt W. halten. Wahrscheinlicher ist, daß M. einen
Nachnamen und R. die Heimatstabt des betreffenden Freundes bedeuten soll; wir würden
dann das Gedicht als an den Leipziger Freund Mardard gerichtet betrachten, über den
sonst nichts näheres bekannt ist. Da aber in der lateinischen Nachschrift zu dem Brief an
Haas (vgl. eben S. 183, Anm.) dieser wiederholt gebeten wird, für die Aufbewahrung
der Briefe an Austen und Mardard Sorge zu tragen und da wir das Gedicht an Austen
besitzen (vgl. S. 184, Anm. zu V. 34.), so wäre es leicht möglich, daß uns hier das-
jenige an Mardard vorliegt; es würde dann allerdings chronologisch vor den Brief an
Haas zu setzen sein, wogegen nichts Zwingendes spricht.

25 Erkennest du auch dich und vieles, was die Welt
Der forschenden Vernunft zur Übung vorgestellt,
So fang behutsam an, dein Glücke festzusetzen,
Versorge Seel' und Leib und setz ihr Heil in Ruh';
Haßt außen Neid und Sturm, so sieh mit Großmut zu
30 Und lerne Farben, Schein, Beweis und Wahrheit schätzen.

Bewirb dich um den Kranz der wahren Dichterkunst;
Sie ist der Weisheit Schmuck und bringt der Nachwelt Gunst.
Wir leben, stirbt das Fleisch, im klugen Angedenken;
Sie weckt, besänftigt, straft, erbaut, ergötzt und nützt,
35 Giebt Enkeln Lust und Mut und macht den Geist erhitzt,
Der Wahrheit, die man haßt, ein gütig Ohr zu schenken.

Die Alten gehn dir vor, die nimm und lies mit Fleiß;
Ihr Vorzug kostet sie viel Nächte, Kunst und Schweiß;
Virgil beschreibt genau, Homer bewegt und lobert,
40 Anakreon macht voll, Catull kann zärtlich sein,
Horaz ist reich und hoch, der Schwan von Sulmo rein,
Und, was der Sappho fehlt, ist, daß man mehrers fodert.

Der Neuen Kunst fällt ab; doch geht Petrarcha mit,
Der nebst noch wenigen die rechte Straße tritt;
45 Sonst haß' ich insgemein der Welschen hohe Grillen.
Was Ludwigs Gnadenglanz in Frankreich aufgeweckt,
Im Boileau, Racin' und Moliere steckt,
Das kann ja auch die Lust gelehrter Sehnsucht stillen.

Der Deutsche kommt sein spät. Vom Opitz halt' ich viel;
50 Der Geist des alten Gryph und Flemmings gründlich Spiel
Verdient die Ewigkeit so gut als Neukirchs Flöte;
Im Canitz find' ich Gold; die edle Lindenstadt
Versteht nicht, was sie schon an Rabners Satyr hat,
Und manchem fehlt August, sonst würd' er ein Poete.

---

41. Sulmo, Geburtsort Ovids. — 51. Neukirch. Vgl. S. 186 Anm. zu V. 98. —
52. Canitz. Vgl. Einl. S. V. Lindenstadt = Leipzig. — 53. Rabners Satyr.
Justus Gottfried Rabener (165?—1699), der Großvater des berühmten Satirikers G. W.
Rabener, schrieb „Nützliche Lehrgedichte" (1691).

Verdirb dein Urteil nicht durch vielerlei Geschmack,　　　　　　55
Hab einen weisen Freund, der scharf erinnern mag,
Schreib wenig, aber gut, und schreite nicht auf Stelzen,
Und da der Phöbus stets dem Volke, das er liebt,
So wie auch Helden, nichts als Ruhm und Lorbeer giebt,
So halt es dir vor Schimpf, mit Reimen Geld zu schmelzen.　　　60

Du willst nunmehr Bericht. So bald ich Dresden ließ,
Beweint' ich brünstiglich der Sachsen Paradies;
Bis Hirschberg hielt der Fuß; drauf hinkt' er, doch mit Freuden,
In Meinung, sich davor in Striegau Guts zu thun;
Hier dacht' ich mir, einmal mit Frieden auszuruhn　　　　　　65
Und in der Eltern Schoß der Lästrer Pfeil zu meiden.

Ich ging, ich kam und sah, ach, leider nichts als Leid,
Kein Vater ließ mich vor; so viel vermag der Neid
Und List und Eigensinn und Haß und Aberglauben.
Die treue Mutter lag, die Schwester weint' und schwieg,　　　　70
Ich zog mit Wehmut aus; lieg, armes Striegau, lieg,
Ich mag schon keinen Scherf aus deiner Asche klauben.

Zwo Meilen führten mich nach Schweidnitz bei der Nacht,
Die Ankunft ward sogleich der Mißgunst zugebracht,
Der Mißgunst, der ich dort viel Hecheln angehangen;　　　　　75
Die Feinde drohten Lärm und schritten schon zur That.
Bleib, Schweidnitz, was du bist! Ich kenne deinen Rat
Und habe schon in dir mein Gutes längst empfangen.

Mit Sorgen, ohne Geld und durch die krümmste Bahn
Gelangt' ich wunderlich im großen Breslau an.　　　　　　　80
Ich zecht' auf Kreide los; was hilft's? Die Not lehrt beten.
Man sperrte mir das Maul mit viel Beförderung auf,
Der Wind kam hinten nach und trieb mich hintern Lauf,
Eh Waffen, Feind und Schuld den kurzen Paß vertreten.

Zwei Stücke rühm' ich noch. Des klugen Breßlers Haus　　　85
Gewann mein Dichten lieb; hier wurden Schlaf und Schmaus

Mit Luftgesprächen, Wein und Versen aufgezogen;
Voraus entzückte mich der schönen Wirtin Geist,
Die Salz und Feuer führt und in der Feder weist,
90 Es hab' ihr die Natur viel Pfunde zugewogen.

Mit was vor Lust und Schmerz gedenk' ich noch an dich,
Du ruhiges Kamin! Bei dir ergötzten mich
Ein Baro in der That und einer nach dem Namen;
Der letzte scherzt galant, der erste spricht gelehrt,
95 Kennt Wirtschaft, Hof und Vers; was ward da nicht gehört,
Wenn Thor und böse Zeit uns auf die Zunge kamen!

Noch jenseit blickt ein Schloß auf unsern Oderstrand;
(Die Spötter suchen hier das Besenbinderland)
Auf diesem lernt' ich auch, daß alte Gunst nicht roste.
100 Was thut nicht, denke nach, Trunk, Freiheit, Liebe, Nacht?
Sobald der zwölfte Schlag das Volk zur Ruh' gebracht,
Vergaßen wir der Not bei selbst gewürztem Moste.

Ein traurig Lebewohl beschloß die keusche Lust.
O Himmel, daß du stets so grausam wechseln mußt!
105 Ich riß mich brünstig los, sie sah betrübt zurücke;
Verstehst du, wie man liebt, so bild es dir nur ein,
Was Thränen solcher Angst vor Scheidewasser sein;
Ich fühl' es, wenn ich nur das Abschiedslied erblicke.

Es geht auf Lauban zu: Ich messe Thal und Höh'
110 Durch Graben, Regen, Wind, Frost, Unruh', Angst und Schnee;
Wie manches Nachtquartier beschwert mir Kopf und Lenden!
In Jauer stärkt mich Gorn, ein alt= und treuer Freund,
Mit Bette, Tisch und Rat und dem, was trostreich scheint,
Von Leuten meiner Qual Verzweiflung abzuwenden.

115 Mit Not erreich' ich noch die Grenzstadt um den Queis,
Um den sich jetzt das Volk wohl kaum zu nähren weiß;

87. aufgezogen, hinausgezogen. — 93. Baro, doctor iuris (vgl. S. 187, C. 116); baro mittellateinisch = Baron, womit Herr von Preßler (B. 85, vgl. Einl. S. XXI) gemeint ist. — 97 ff. Diese Verse beziehen sich auf das Zusammentreffen mit Leonore in Zeblitz. — 98. Das Besenbinderland. In einem von Malbed mitgeteilten Volkslied (a. a. O. S. 37) heißt es von dieser Gegend: „Wer sich da will ernähren, Muß suchen Pilz' und Beeren; Wer diese nicht kann finden, Der muß Besen binden." — 108. Das Abschieds= lied. An Eleonoren, S. 174 ff. — 112. Christian Adam Gorn aus Jauer, ein Leipziger Universitätsfreund, promovierte 1718 in Halle und ließ sich als Arzt in seiner Vaterstadt nieder. (Vgl. S. 187, C. 116.) — 115. Die Grenzstadt um den Queis, Lauban.

Die Armut henkt sich auf, der Reiche will verzagen,
Der Hunger speist mit Lust von Eicheln, Wind und Stroh,
Kein Gleichnis gleicht der Not; in Kabul war es so
Und dort, wo Mosis Stab den dürren Fels geschlagen. 120

So komm' ich überall dem Elend eben recht;
Hier lieg' ich nun gestreckt, die Kräfte sind geschwächt,
Den Schenkel will der Fluß, der Gram das Herze fressen,
Der Nordwind deckt mich oft mit Flocken durch das Dach,
Kein Freund, kein Mensch, kein Hund erfährt mein Ungemach; 125
Dies kann ich auch sogar im Schlafe nicht vergessen

Muß ist ein schwerer Trost, doch ist's ein Trost vor den,
Der, was er mit Vernunft zuvor schon übersehn,
Auch durch Erfahrung lernt: die Vorsicht kann nicht wanken.
Wer ist ein Thor und flucht auf Wetter, Zeit und Ort? 130
Der Schickung starker Trieb geht ungehindert fort
Ohn' Absicht auf den Wunsch verdrießlicher Gedanken.

Gott lege, was er will und was mir zukommt, auf,
Er wird und darf auch nicht den wohlbestellten Lauf
Der großen Kreatur erst mir zu Liebe stören; 135
Sein Zweck ist überhaupt des Weltgebäudes Heil,
Wir, ich und auch mein Kreuz sind davon nur ein Teil
Und müssen auch den Schmuck der ganzen Ordnung mehren.

Dies merke, werter Freund; es drückt auch dich ein Joch,
So schlepp es freudig mit. Mein Herz empfindet noch; 140
Die Seele der Geduld will ich die Hoffnung nennen.
Das Glücke schläft recht aus, wofern ich scherzen mag,
Damit, wenn einmal kommt sein Auferstehungstag,
Wir desto muntrer sein und länger wachen können.

Das Ansehn unsrer Zeit droht Ländern hier und dar, 145
Man braucht nicht weit zu sehn, viel Jammer und Gefahr.
Ach, armes Schlesien, du liegst zu nah an Polen!
Gewiß, wir haben viel und große Ding' erlebt;
Laß sein, daß alles bricht und Erd' und Abgrund bebt,
Ein Weiser weiß den Trost bloß in sich selbst zu holen. 150

Karl hat Verdienst und Macht, der Herr ist Tempel wert,
Er siegt in West und Ost und giebt auf Blut und Schwert
(Was könnt' er größers thun?) den Völkern Schutz und Friede.
Wer weiß, wie unverhofft sein Arm in deutscher Luft
155 Der Musen göldne Zeit aus ihren Winkeln ruft?
Europa, mache nur der Feinde Thorheit müde!

Der Herr, der Kronen nimmt, auch Kronen giebt und hält,
Erhalte Rudolfs Stamm, das Wunder unsrer Welt,
Und mehre durch sein Blut den Samen der Gerechten!
160 So lange Karl noch lebt und Sachsens Raute blüht,
So lange fürcht' ich nicht, so schlecht es immer sieht,
Daß Neid und Barbarei in Deutschland siegen möchten.

Was etwan übrig ist (die Tinte wird fast hart),
Das haßt der Reime Zwang und will nur Gegenwart;
165 Ich habe viel mit dir, es wird sich ehstens schicken.
Schreib, eile, sei nicht kurz; ein Säugling sucht die Brust,
Die Sehnsucht, edler Freund, hat auch nur halbe Lust,
Den Kuß, der dir gehört, auf kalt Papier zu drücken.

---

32. Als er sich über seinen unglückseligen Zustand beklagte.

Alles eilt zum Untergange,
Nur mein hart Verhängnis nicht.
Harter Himmel, ach, wie lange
Zeigst du sein erschrecklich Licht!
5 Soll es mir jetzund erscheinen,
O so gieb ihm bald sein Amt,
Eh mich ein verzweiflend Weinen
Noch zu größrer Not verdammt.

Ich, ein Mensch von schlechtem Zeuge,
10 Kann mir selbst nicht widerstehn,
Daß ich kaum gelassen schweige,
Wenn die Wellen höher gehn.

160. Sachsens Raute; das sächs. Wappen zeigt eine Raute.

Fleisch und Blut behält im Schmerzen
Oder die Vernunft das Feld,
Und die Hoffnung steckt im Herzen,   15
Welches keinen Wunsch erhält.

Hätt' ich Bosheit im Gemüte
Oder an den Lastern Lust,
So verzieh' ich mich der Güte
Deiner treuen Vaterbrust;   20
Aber ach, so wirst du finden,
Prüfe Mienen, Herz und Sinn,
Daß ich bei den Schwachheitssünden
Doch nicht sonder Buße bin.

Zwar sind, die noch ärger leben   25
Und mit Lastern Schaden thun;
Die läßt du im Glücke schweben
Und in ihrem Schoße ruhn.
Sie verschwenden deinen Segen
Nur zu Trotz auf meinen Fall,   30
Handeln, wie die Thoren pflegen,
Doch gerät es überall.

Ich bezwinge mich hingegen,
Brauche des Verstandes Kraft
Und bemüh' mich nach Vermögen   35
Um Geduld und Wissenschaft;
Gleichwohl ist in allen Sachen
Auch mein bester Ratschluß blind,
Daß sich's die zu Nutze machen,
Die mir feind und schädlich sind.   40

33. An Leonoren.

Mein Kummer weint allein um dich,
Mit mir ist's so verloren;

---

16. erhält, dem (d. h. obgleich ihm) kein Wunsch befriedigt wird. — 19. verzieh'
ich mich, verzichtete ich. — An Leonoren. Über die Bedeutung des Gedichts vgl.
Einl. S. XXII.

Die Umständ' überweisen mich,
Ich sei zur Not geboren.
Ach, spare Seufzer, Wunsch und Flehn,
Du wirst mich wohl nicht wieder sehn,
Als etwan in den Auen,
Die Glaub' und Hoffnung schauen.

Vor diesem, da mir Fleiß und Kunst
Auf künftig Glücke blühte
Und mancher sich um Günthers Gunst
Schon zum voraus bemühte,
Da dacht' ich wider Feind und Neid
Die Palmen der Beständigkeit
Mit selbsterworbnem Segen
Dir noch in Schoß zu legen.

Der gute Vorsatz geht in Wind;
Ich soll im Staube liegen
Und als das ärmste Findelkind
Mich unter Leuten schmiegen.
Man läßt mich nicht, man stößt mich gar
Noch stündlich tiefer in Gefahr
Und sucht mein schönstes Leben
Der Marter preis zu geben.

So wird auch wohl mein Alter sein;
Ich bin des Klagens müde
Und mag nichts mehr gen Himmel schrei'n
Als: Herr, nun laß im Friede!
Kraft, Mut und Jugend sind fast hin,
Daher ich nicht mehr fähig bin,
Durch auserles'ne Sachen
Mir Gut und Ruhm zu machen.

Nimm also, liebstes Kind, dein Herz,
O schweres Wort, zurücke
Und kehre dich an keinen Schmerz,
Womit ich's wieder schicke;

Es ist zu edel und zu treu,
Als daß es mein Gefährte sei
Und wegen fremder Plage
Sein eignes Heil verschlage.   40

Du kannst dir durch dies teure Pfand
Was Köstlichers erwerben,
Mir mehrt es nur den Jammerstand
Und läßt mich schwerer sterben;
Denn weil du mich so zärtlich liebst   45
Und alles vor mein Wohlsein giebst,
So fühl' ich halbe Leiche
Auch zweifach scharfe Streiche.

Ich schwur vor diesem: Nur der Tod,
Sonst soll uns wohl nichts trennen!   50
Verzeih es jetzo meiner Not,
Die kann ich dir nicht gönnen;
Ich liebe dich zu rein und scharf,
Als daß ich noch begehren darf,
Daß Lorchen auf der Erde   55
Durch mich zur Witwen werde.

So brich nur Bild und Ring entzwei
Und laß die Briefe lodern;
Ich gebe dich dem ersten frei
Und habe nichts zu fodern.   60
Es küsse dich ein andrer Mann,
Der zwar nicht treuer küssen kann,
Jedoch mit größerm Glücke
Dein würdig Brautbett schmücke.

Vergiß mich stets und schlag mein Bild   65
Von nun an aus dem Sinne;
Mein letztes Wünschen ist erfüllt,
Wofern ich dies gewinne,
Daß mit der Zeit noch jemand spricht:
Wenn Philimen die Ketten bricht,   70
So sind's nicht Falschheitstriebe,
Er haßt sie nur aus Liebe.

34. Leonorens Antwort.

Ach, liebster Schatz, verdient mein Herz
So hart versucht zu werden?
Es leidet ja wohl anderwärts
Vorhin genug Beschwerden,
5   Und dennoch fehlt ihm niemals Lust;
Erlaub ihm nur in deiner Brust
Auf kurz genoßne Freuden
Die Ehre, mit zu leiden.

Ich hab' es ja nur dir geschenkt,
10   Nicht aber deinem Glücke;
Du irrst dich, wo dein Argwohn denkt,
Ich fluche dem Geschicke.
Ich weine zwar, doch bloß um dich,
Der Trost ist stark genug vor mich,
15   Wenn Philimen erkennet,
Wie rein die Flamme brennet.

Auch mir hat ja wohl die Natur
Kein Holz für Fleisch gegeben;
Dein Umgang half mir auf die Spur.
20   Der Weisheit nachzustreben.
Du hältst mich schwächer, als ich bin;
Ich schleiche zwar in Einfalt hin,
Doch weiß ich Lust und Plagen
Schon mit Vernunft zu tragen.

25   Ich bin auch zärtlich, wie du weißt,
Ich zittre bei den Schlägen;
Besinnt sich aber nur mein Geist,
Ich leide deinetwegen,
So bin ich tapfrer als ein Weib;
30   Es koste Güter, Ruh' und Leib,
Ich will mich allen Fällen
Beherzt entgegen stellen.

Leonorens Antwort. Das Gedicht, welches man lange Zeit für die wirkliche Antwort Leonorens hielt, rührt von Günther selbst her, dessen rege Phantasie sich kurz nach der Absendung des verhängnisvollen Briefes die Wirkung desselben auf Leonore deutlich ausmalen mußte. Vgl. Einl. S. XXII.

Kein andrer traut mir freilich zu,
Du kannst und mußt es glauben,
Nichts soll mir meine Seelenruh'
In deiner Liebe rauben.　　　　　　　　35
Bedenk' es selbst, was macht ein Kuß,
Den oft die Unschuld leiden muß?
Ich kann's gleichwohl nicht wagen,
Dir einen zu vertragen.　　　　　　　　40

Bleib wo, wie lang und wer du willst,
Nur lieb' und bleib mein eigen;
So wenig du auch jetzo giltst,
So plötzlich kannst du steigen.
Gesetzt, es sei dir nichts beschert,　　　45
Ach, halt mich deines Elends wert;
Ich will mit viel Vergnügen
Bei dir in Hütten liegen.

Der Geiz besitzt nicht, was er hat
Und läßt die Armut lachen,　　　　　　50
Die Liebe weiß die Lagerstatt
Auf Rasen weich zu machen.
Mein Herz sucht manches zu verstehn,
Da will ich erst zur Schule gehn
Und unter deinen Lehren　　　　　　　55
Viel fremde Wunder hören.

Da soll mir dein beredter Fleiß
Mit untermengten Küssen,
Mit Sachen, die er meint und weiß,
So Tisch als Traum versüßen.　　　　　60
Da werd' ich viel, was längst geschehn,
Mit lüstern Ohren wieder sehn
Und auch wohl an den Sternen
Des Schöpfers Allmacht lernen.

40. vertragen, eigentlich an die unrechte Stelle tragen; hier: um eines andern
willen entziehen.

65 Geht hin, ihr Docken stolzer Welt,
Macht höhnische Gesichter,
Erfreut euch unter Stand und Geld:
Ich habe meinen Dichter.
Er liebt wie ich, und ich wie er,
70 Was macht mir mehr das Leben schwer?
Die Möglichkeit, das Leben
Nach ihm erst aufzugeben.

35. Als ihm seine Liebste ein andrer entführte.

Will ich dich doch gerne meiden,
Gieb mir nur noch einen Kuß,
Eh ich sonst das letzte leiden
Und den Ring zerbrechen muß.
5 Fühle doch die starken Triebe
Und des Herzens bange Qual!
Also bitter schmeckt der Liebe
So ein schönes Henkermahl.

Laß dich etwas bessers küssen!
10 Alles gönn' und wünsch' ich dir;
Aber frag auch dein Gewissen,
Dieser Zeuge bleibet mir.
Lerne doch nur weiter denken,
Dürst' es dich auch einmal reu'n?
15 Dürst' auch mein verstoßnes Kränken
Deines Eh'stands Hölle sein?

Sieh, die Tropfen an den Birken
Thun dir selbst ihr Mitleid kund;
Weil verliebte Thränen wirken,
20 Weinen sie um unsern Bund.

---

65. Docken, Puppen. — 72. Obwohl das Gedicht hier einen genügenden Abschluß findet, lag es in des Dichters Absicht, dasselbe noch weiter zu führen. In der „Nachlese" steht noch folgende unvollständige Strophe: „Verdien' ich ja noch diese Qual Mit unerkannten Silben, So soll die Welt im Hospital Mich wohl nicht weiter finden; Da soll mein Herz dein Leichenstein . . . .''

Diese zährenvolle Rinden
Nitzt die Unschuld und mein Flehn,
Denn sie haben dem Verbinden
Und der Trennung zugesehn.

Dieses rührt die toten Bäume,   25
Dich, mein Kind, ach, rührt es nicht;
Aber daß ich mich noch säume,
Da dein Scheiden gar nichts spricht,
Gönnt mir doch, ihr holden Lippen,
Eine kurze gute Nacht,   30
Eh der Raum an solchen Klippen
Mein Gemüte scheiternd macht.

Gute Nacht, ihr liebsten Armen!
Meiner Glieder Müdigkeit
Wird nicht mehr in euch erwarmen;   35
Ach, wie quält die alte Zeit!
Gute Nacht, ihr schönsten Brüste!
Macht nun andre Hände voll;
Jetzo geh' ich in die Wüste,
Wo mein Elend schlafen soll.   40

In den Wäldern will ich irren,
Vor den Menschen will ich fliehn,
Mit verwaisten Tauben girren,
Mit verscheuchtem Wilde ziehn,
Bis der Gram mein Leben raube,   45
Bis die Kräfte sich verschrei'n,
Und da soll ein Grab vom Laube
Milder als dein Herze sein.

Kann ich dich an Treu' beschämen,
Will ich noch dein Konterfei   50
In dem Tod ans Herze nehmen,
Daß er recht beweglich sei;
Sieht es niemand von den Leuten,
Sieht es doch der Himmel an,
Der dich bei gelegnen Zeiten   55
Wohl damit noch strafen kann.

Wirst du einmal durch die Sträuche
Halb verirrt spazieren gehn,
Ei, so bleib bei meiner Leiche
60   Nur mit andern Augen stehn.
Zeige sie dem neuen Schatze,
Der dir das Geleite giebt,
Und vermeld ihm auf dem Platze:
Dieser hat mich auch geliebt.

65   Ach, wo bleibt ihr teuren Schwüre?
Ach, wo ist ein treuer Sinn,
Den ich schmerzlicher verliere,
Als ich selbst geboren bin?
Nimm das letzte Sehnsuchtszeichen;
70   Nun, mein Kind, besinne dich!
Dieses kann dich nicht erweichen,
Nimm es und gedenk an mich.

36. Die verliebte Geduld.
Kantate.

Sei immerhin der Hand entrissen,
Im Herzen bleibst du dennoch mein.
Das Glücke mag das Bündnis brechen,
Die Schickung mag mir widersprechen,
5   Ich trotze doch ihr künftig Nein
Und will dich stets im Bilde küssen.

Ach Kind!
Ach, frage nur den Wind,
Wie viel und nasse Klagen
10   Sein müder Flug nach Anklam hingetragen,
Seitdem ein harter Schluß
Dich anderwärts verbunden.
Dies ist der Brunnquell tiefer Wunden,
Woran ich Kranker seufzen muß,

Die verliebte Geduld. 10. nach Anklam, dem Aufenthaltsort der nunmehr
verheirateten Leonore.

So lang ich Blut und Adern fühle. 15
Ja, wäre hier
Die Vorsicht nicht im Spiele,
So würd' ich dir,
So würd' ich deiner Untreu' fluchen
Und etwan so die Rache suchen: 20

    Erzürnt euch, ihr Geister der höllischen Klüfte,
    Eröffnet den Abgrund und schwefelt die Lüfte
    Und zündet die Fackeln der Eifersucht an!
    Bestraft nur die Falsche und weckt ihr Gewissen
    Und laßt sie durch Feuer und Peinigung wissen, 25
    Es werde kein Meineid vergebens gethan.

Dergleichen Hochzeitsegen
Begrüßte deinen Wankelmut,
Verstünd' ich nicht, was Gottes Finger thut.
Allein der Liebe wegen, 30
Womit du mich so hoch geschätzt,
Womit du mich so oft ergetzt,
Erlaß' ich dir die Schuld,
Worein dich das Verhängnis führet.
Ich werde zärtlich scharf regieret; 35
Doch leid' ich mit Geduld
Und stelle mir die alten Zeiten
Zum Troste dieses Kummers vor.
Mich deucht, es hört mein Ohr
Die angenehme Stimme rufen, 40
Mich deucht, ich sehe deine Stufen
Mit mir spazieren gehn.
Du bist mir jetzt noch schön,
Du strahlst mir noch entfernt ins Auge,
So daß ich frischen Zunder sauge, 45
Wenn Schlaf und Nacht
Gedanken zollfrei macht
Und Träume deinen Abriß bringen,
Mit dem ich bis am Morgen ringen
Und sicher spielen kann, 50
So daß dein neuer Mann

Kein Wort von unsrer Lust erfährt;
Gewiß, die Lust ist schlafenswert.

    Dies Betrügen
55   Zeugt Vergnügen
Und erhält den ersten Trieb;
Kann ich dich nicht wirklich küssen,
Muß ich Mund und Wahrheit missen,
Hab' ich auch den Schatten lieb.

60 So bleiben Funken in der Asche,
So rostet alte Liebe nicht;
Denn daß ich mein Gesicht
So oft mit Thränen wasche,
Das macht dein köstlicher Verlust.
65 Vertragen sich drei fromme Herzen
In einer Brust, ·
So mindre meine Schmerzen
Und laß mir jetzt zur Ruh'
Auch dort ein Räumchen zu,
70 Wo jetzt dein Liebster Platz genommen;
Ich will ihm nicht zu nahe kommen.
Die Hälfte mag sein eigen sein,
Ich nehme nur das Drittel ein,
Und dies mit gutem Rechte,
75 Dieweil mein Fuß zu deiner Lagerstatt
Den nächsten Anspruch hat,
Und weil ich hier schon Rosen abgelesen,
Eh seiner noch gedacht gewesen.
Es trifft mich, wie gesagt, zwar scharf,
80 Doch mag ich deine Ruh' nicht stören,
Und was ich nicht besitzen darf,
Das will ich still und ewig ehren.

    Bis die schwere Zunge stammlet,
    Bis mich ein gedrungnes Haus
85   Zu der Väter Beinen sammlet,
    Sprech' ich deinen Namen aus.
    Deine Schönheit, dein Gemüte,
    Deine Tugend, deine Güte

Soll mit mir zu Grabe gehn.
Dich nur wieder zu umfangen,　　　　　　　　　90
Will ich, wenn die Welt vergangen,
Noch so rüstig auferstehn.

Was fang' ich an, wo soll ich hin?
Wo ist mein Trost, wer ist mein Retter?
Kein Mensch, kein Himmel, keine Götter　　　　95
Erfreun den unvergnügten Sinn.
O daß ich doch geboren bin! —
Ach Gott, mein Gott, erbarme dich!
Was Gott? was mein? und was Erbarmen?
Die Schickung peitscht die ausgestreckten Armen,　100
Und über mich
Und über mich allein
Kommt weder Tau noch Sonnenschein,
Der doch sonst auf der Erden
Auf Gut' und Böse fällt.　　　　　　　　　105
Die ganze Welt
Bemüht sich, meine Last zu werden.
Von außen drängt mich Haß und Wut,
Von innen Angst und Blut,
Und dieses soll kein Ende nehmen.　　　　　110
Ich will mich oft zu Tode grämen,
Und wenn ich will, so kann ich nicht,
Dieweil mir das Verhängnis
In allen Wünschen widerspricht.
Verdammter Schluß,　　　　　　　　　　115
Durch den ich leben soll und muß,
Wo dieses ja ein Leben ist,
Wenn Sturm und Not
Uns täglich schärfer droht
Und Schmach und Schmerz das Herze frißt.　　120

<hr>

93. Vor diesem Vers macht die 6. Auflage die Anmerkung: „Hier ist der Zusammen=
hang unterbrochen, und es fehlt entweder etwas, oder das folgende gehört gar zu einem
andern Gedichte." Dies ist nicht der Fall; allerdings ist der Übergang schroff und un=
vermittelt, aber es liegt ganz im Wesen von Günthers äußerst lebhafter Phantasie, daß
ihm mitten in dem Streben nach Resignation die ganze Tiefe seines Unglücks deutlich
wird. — 94. Wo ist mein Trost; so hat nur die 6. Auflage; die übrigen sinnlos: „Was
ist die Kost?"

Ihr Flüche, ruft den Donnerwettern
Und zündet Gottes Eifer an!
Flieht, flieht und reizt die starken Keile,
Damit ihr Schlag mein Elend heile,
125 Damit sie dies mein Haupt zerschmettern,
Das doch nicht eher ruhen kann.

Wie? Ist die Allmacht nicht so stark,
Mich schwachen Wurm zu töten?
So mag ihr Blitz vor Scham erröten,
130 So fresse mir die Gift das Mark!
So müsse Flut und Eisen
Den Weg zur Freiheit weisen,
So breche Stein und Blei
Den Kerker meiner Not entzwei!
135 Wer widerrät mir dieses Glücke?
O freundliche Gelassenheit,
Bist du es? Ja!
Du kommst zu rechter Zeit;
O komm doch noch!
140 Ich hielt dich lange gnug verloren;
Es ist, als wär' ich neu geboren.
Wie Öl in Wunden thut,
So stärkt dein Trost mein Blut
Mit frischen Balsamkräften.
145 Nun leid' ich gern,
Da so ein süßer Kern
In bittern Schalen keimet;
Nun trag' ich trotz der schweren Zeit
Ein Herze voll Vergnüglichkeit.

150 Nun faßt sich, nun setzt sich mein stilles Gemüte,
Nun glaubt es der Vorsicht der ewigen Güte,
Die dieser Zufriedenheit Vorschub gethan.
O ruhige Seele, behalt dir das Glücke,
Und fiel' auch so Himmel als Erde in Stücke,
155 So bleib in dir selber und sieh es mit an.

37. Der klagende Liebhaber.

Damit genug, es ist vergebens!
In Einsamkeit
Begehrt mein Leid
Den Schluß des schweren Lebens.
Mein treues Lieben
Bringt nur Betrüben
Und schließt mich mit der stummen Pein
Hier zwischen Berg und Thäler ein.

Den sanften West bewegt mein Klagen,
Es rauscht die Bach
Den Seufzern nach
Aus Mitleid meiner Plagen.
Die Vögel schweigen,
Um nur zu zeigen,
Daß deine schöne Tyrannei
Auch Tieren überlegen sei.

Was soll ich thun, was soll ich bitten?
Um Hülf' in Not?
Nein, um den Tod;
Den hab' ich längst gelitten,
Denn bei dem Triebe
Verworfner Liebe
Stirbt jeder mit vermehrter Qual
Des Tages mehr als tausendmal.

So sterb' auch ich; ja, wenn ich stürbe,
So wüßt' ich doch,
Daß dies mein Joch
Zugleich mit mir verdürbe;
Ich läg' und schliefe
In jener Tiefe,
Wo keine Last, die mich bedeckt,
Das ungeborne Volk erschreckt.

Wer sagt mir, ob und wo ich lebe?
Mein Kind, in dir,
35 Um das ich hier
Mein Blut dem Kummer gebe,
Mein Blut vom Herzen,
Das in den Schmerzen,
Die dein verstockter Sinn ernährt,
40 Sich durch und in sich selbst verzehrt.

Ich sage viel; doch, Engel, wisse,
Ich denke mehr.
Gieb noch Gehör
Und stärke mich durch Küsse!
45 Sonst bringt mein Sterben
Auch dein Verderben
Durch dieses tief geholte Weh,
Mit dem ich gleich zur Grube geh'.

38. Er muntert sein Gemüte auf.

Du wirst noch wohl, verzagtes Herz,
Vor Unmut in die Erde sinken;
Was helfen Thränen vor den Schmerz?
Du mußt ganz andern Julep trinken.
5 Wo ist dein großmutsvoller Sinn
Mit samt dem tapfern Vorsatz hin,
Durch Fels und Müh' emporzubrechen?
Betrachte doch den Unterscheid
Der Lieder alt= und neuer Zeit!
10 Was wird die Nachwelt von dir sprechen?

Erweck einmal den faulen Mut,
Den Trunk und Wollust eingenommen!
Du brauchst fürwahr nicht schlechte Glut,
Berühmten Seelen nachzukommen.

Er muntert sein Gemüte auf. 4. Julep, kühlender Trank. Aus dem persischen gul-ab (Rosenwasser).

Hier setzt es Schweiß, hier kostet's Müh';					15
Du willst ja, daß dein Name blüh',
Der Gram verspricht dir schlechte Titel;
Er ist ein Kind der Weichlichkeit
Und ist bei dem, den Ruhm erfreut,
Das schädlichste Verhindrungsmittel.					20

Du weißt vor Unglück nicht wonaus;
Geduld, die Vorsicht sinnt auf Wege.
Du bist nur selbst dein Marterhaus
Und machst dich selbst zum Guten träge.
Ja, sprichst du, mein Gewissen beißt,					25
Indem es mir die Fehler weist,
Wodurch ich fast schon gar verdorben;
O halt es nur noch künftig rein,
Die Hoffnung wird bald grüner sein,
Du bist ja wohl noch nicht gestorben.					30

Der Ernst kommt nimmermehr zu spät,
Bereute Sünde lehrt sich hüten,
Die Mißgunst, so dich jetzo schmäht,
Muß endlich in sich selber wüten,
Sobald du nämlich klüger gehst					35
Und mit geschickter Art verstehst,
Die alten Scharten auszuwetzen;
Dies kann nun anders nicht geschehn,
Als derer Beispiel anzusehn,
Die Kunst und Weisheit höher setzen.					40

Der Schatten macht die Farben schön,
So wird der Fehler deiner Jugend
Des reifen Alters Glanz erhöhn;
Bekleid es nur mit wahrer Tugend.
Kein Vorwurf hat bei Leuten statt,					45
Die Straf' und Zeit gebessert hat;
Verschiebe nur den Ernst nicht länger.
Ein guter Anfang kürzt das Ziel,
Und wer im Laufen säumen will,
Dem macht die Furcht den Raum gedränger.					50

34. in sich selber, gegen sich. — 50. gedränger, beengter. (Vgl. S. 148 Anm. zu V. 16.)

Erhitze dich durch andrer Ruhm,
Betrachte, sag' ich, deinesgleichen;
Wie mancher Musen Heiligtum
Glänzt schon von ihren Ehrenzeichen!
55 Den ziert Asträens Sternenkranz,
Der heißt der Kanzel Licht und Glanz,
Den führt der Kranken Heil zum Glücke,
Drei zieren schon des Fürsten Stand,
Und zweien schickt Bellonens Hand
60 In Ost und Westen holde Blicke.

Dies sind jetzt die, bedenk es recht,
Die noch mit dir vor wenig Jahren
Da, wo man lernt und scherzt und zecht,
Vertraut' und gleiche Brüder waren.
65 Wie mancher ist darunter stolz,
Der damals als ein grobes Holz
Dir auf den Schulen schmeicheln mußte,
Wenn ungefähr der Prüfungstag
Ihm nächtlich in Gedanken lag
70 Und nichts, als dich, zum Helfer wußte.

Jetzt wird er als ein großes Tier
Dir kaum noch über Achsel danken.
Ach, faules Herz, wo bleiben wir?
So brich doch mit Gewalt den Schranken!
75 Es reizt dich selber deine Not,
Greif an und adle deinen Tod;
Wer kehrt sich an die schlechte Wiege?
Ich weiß, der Himmel hilft dir nach
Und will nicht, daß dir Kreuz und Schmach
80 Bis in das Grab zur Seiten liege.

Der Aberglauben soll sich nicht
Vor unsrer Bischofsmütze bücken;
Ich mag durch Urteil und Gericht
Mir weder Sack noch Küche spicken.
85 Es bete, wer da will und kann,
Der Höfe Pracht und Abgott an,

Mein Fuß erspart mir Pferd und Wagen;
Mein Körper ist auch nicht geübt,
Die Arbeit, so Messina giebt,
Im nassen Lager zu vertragen.   90

Die Musen kennen bloß mein Pfund,
Dem Phöbus schenk' ich Fleiß und Leben;
Er hat mir den beredten Mund,
Ich aber ihm das Herz gegeben;
Und steht mir Meditrinens Treu'   95
Mit allzeit frischen Kräften bei,
So soll mein Nachruhm ewig grünen;
Ich aber will nach meiner Kraft
Mit Redlichkeit und Wissenschaft
Der Welt zu Gottes Ehren dienen.   100

———————•———————

89 f. d. h. Kriegsdienste zur See zu thun. Man erwartete damals einen Krieg gegen
Spanien, welches Sardinien und Sizilien besetzt hatte. Vgl. auch S. 97. V. 358 ff. —
95. Meditrine, die Göttin der Medizin.

Viertes Buch.
1720–1722.

1. An Herrn Schubart von Laubau.

Komm, Bruder, auf mein Wort und folg auch mir einmal;
Wir wollen in der Angst das beste Teil erwählen.
Ertrag die Gegenwart der ziemlich langen Qual,
Wer nichts begehrt und hofft, dem kann es nirgends fehlen.
5   Das Unglück ist ja auch ein Spiel der Eitelkeit,
Dies giebt den Kranken Trost und läßt die Hoffnung leben;
Ja, hübe Gram und Klag' ein Quintchen Herzeleid,
So wollt' ich heute noch mit Fluchen widerstreben.
Es geht nicht, wie man meint, die Vorsicht schließt und spricht,
10   Und was sie winkt, geschieht auch wider unsern Dünkel;
Indem sie dort den Stuhl des höchsten Reiches bricht,
So holt sie anderwärts den König aus dem Winkel.
Die Not, der Tugend Sporn, ist, wer es recht beherzt,
Vor Wohlthat, nicht vor Zorn vom Himmel anzunehmen;
15   Sie lehrt uns, ob es gleich dem schwachen Fleische schmerzt,
Durch Vorsicht, Fleiß und Kunst den Neid zuletzt beschämen.
Betrüg dich ja nicht selbst mit Ärgernis und Groll
An Leuten, welche stets dem Glück im Schoße sitzen,
Und halt nicht irgend die vor fried- und segensvoll,
20   Die unter Gold und Wein und weichen Kleidern schwitzen.
Es ist geschminkte Lust und übertünchte Last,
Ihr Kreuz und auch ihr Schmuck sind einerlei Gewichte;
Die Ruhe, so du jetzt bei allem Mangel hast,
Kommt jenen nicht einmal in Träumen zu Gesichte.

9. schließt, beschließt.

Ja, sprichst du, sieh doch recht und prüf es ganz genau,   25
Ob sie nicht glücklich sind; sie schwärmen in der Fülle,
Die Wollust macht sie mehr als Sorg' und Kummer grau,
Und was das Herz begehrt, bekommt ihr starker Wille.
O Bruder, bleib nur stehn, was meinst du, daß es sei?   30
Ein Blendwerk, ein Betrug der äußerlichen Sinnen.
O stünde dir einmal ein Blick ins Herze frei,
Ihr Ansehn sollte bald ein ander Bild gewinnen.
Was würdest du allda vor Unruh', Angst und Pein,
Begierden, Schweiß und Last und Sklaverei entdecken,   35
Der Anblick nähme dich mit Reu' und Ekel ein,
Du würdest nur vom Sehn vor ihrer Furcht erschrecken.
Es foltert sie der Traum, es martert sie der Tag
Mit scheußlicher Gestalt und zagenden Gedanken,
So daß wohl ihre Brust die Walstatt heißen mag,   40
Worauf sich Thorheit, Grimm und Geiz und Zweifel zanken.
Sie heißen Herr und groß und sind doch unterthan
Den Lüsten, der Gefahr, dem Pöbel und der Mode,
Und giebt sich ohngefähr ein kleines Fieber an,
So sterben sie vor Furcht noch früher als vom Tode.   45
Geh, beßre Schluß und Wunsch, doch nein, komm rüstig her
Und suche noch mit mir das Glück am rechten Orte;
Die Weisheit ruft und winkt, ihr Weg ist schmal und schwer,
Doch führt er auch zuletzt zur rechten Ehrenpforte.
Folg eifrig, werter Freund, und fang zu leben an,   50
Denn was ihr Geist nicht treibt, das ist ein totes Wesen;
So viel ich dir nur kurz von Mitteln raten kann,
Sind: In sich selber gehn, bedenken, sehn und lesen.
Die Bücher der Natur, die groß' und kleine Welt,
Verdienen überhaupt viel Sorgfalt und Betrachten;   55
Schau, wie ein jedes Ding Zeit, Ziel und Ordnung hält,
Und lerne, so wie ich, die Eitelkeit verachten.
Zeuch jetzt, wohin du willt, und höre da und dort,
So hörst du über Not und schwere Zeiten klagen,
Die Teurung frißt das Land, der Krieg reißt Länder fort,   60
Und beides, Mensch und Vieh, will jämmerlich verzagen.
Dem allen muß und kann ein Weiser leicht entgehn;

---

53. die groß' und kleine Welt. Vgl. Goethe, Faust (I, V. 1658): „Ihr durch=
studiert die groß' und kleine Welt."

Ihm waffnet die Vernunft Leib, Großmut, Geist und Herze,
Und sollt' auch Erd' und Luft in Fall und Flammen stehn,
So bleibt er unbewegt, ihn rührt nicht Furcht noch Schmerze.
65 Folg eifrig, werter Freund! Ich wiederhol' es noch
Und werd' es dir noch oft zum Besten wiederholen,
Die Weisheit beut sich an, ach, nimm ihr süßes Joch!
Ihr Schatz macht ewig reich und wird dir nie gestohlen.
Mein Beispiel giebt Beweis, du wirst an ihrer Brust
70 Tod, Satan, Höll' und Welt und Neid und Hohn verlachen
Und zur Vollkommenheit der wahren Seelenlust
Ohn' allen Widerstand stets leichtre Schritte machen.

2. Bei einer vertrauten Compagnie in Brieg.

Drei gelehrt' und treue Brüder
Hielten ein Kollegium,
Sungen frohe Jugendlieder,
Gaben Hand und Glas herum
5 Und beklagten ungefähr,
Wie vergänglich alles wär'.

Was sonst auf den hohen Schulen
Fleiß und Müh' und Ernst versüßt
Und bei Schwärmen, Trunk und Buhlen
10 Freier Geister Handwerk ist,
Überlegen sie mit Gram,
Weil die Zeit nicht wieder kam.

Brüder, sagte darauf einer,
Was verloren ist, sei hin!
15 Ist gleich jetzt die Freiheit kleiner,
Bleibt uns dennoch der Gewinn,
Daß man ihr beliebt Konfekt
Durch drei Jahre schon geschmeckt.

Bei einer vertrauten Compagnie ꝛc. In Brieg war Günther im Herbst 1720,
auf der Reise nach Creuzburg. Vgl. Einl. S. XXIII.

Freilich beißt es in dem Herzen,
Daß uns Zwang und Pöbel quält,
Daß die Thoren mit uns scherzen
Und das Unglück Pfeile stählt,
Ja daß unsre Treu' und Fleiß
Nirgends Brot zu finden weiß.

20

Aber ach, was will man machen?
Das Verhängnis hat hier Schuld;
Laßt die Ignoranten lachen,
Schmiert die Wünsche mit Geduld
Und erwartet von der Zeit
Wohlstand und Zufriedenheit.

25

30

Unterdes thut der am besten,
Wer zu Trotz der tollen Welt
Bei vergnügt- und klugen Gästen
Lustig mit den Fingern schnellt
Und sich vor der letzten Nacht
Selber gute Tage macht.

35

Haben wir doch nichts zu hoffen
Als den Tod, das Vaterteil;
Unser Grab steht allzeit offen
Und entreißt uns oft in Eil',
Und hier sieht man, lernt's verstehn,
Keine Stufe rückwärts gehn.

40

Selten bleibt man stets beisammen,
Und wir werden auch zerstreut;
Niemand wird die Lust verdammen,
Die uns dieser Abend beut.
Singt und raucht und denkt daran,
Was uns Brieg wohl Guts gethan.

45

3. Als er sich über die Hartnäckigkeit des Glückes beschwerte.

Sage doch, verstocktes Glücke,
Was dir wohl mein Herz gethan!
Ist es Schlummer oder Tücke,
Daß ich dich nicht wecken kann?
5   Sind die Thränen zu geringe,
Die ich dir zum Opfer bringe,
Wenn das Leid
Und der Neid
Meinem Lager Dornen streut?

10   Himmel, willst du mich versorgen,
O so bitt' ich, eil einmal!
Meines Lebens Lenz und Morgen
Stirbt mir unter Gram und Qual.
Daß ich vor der Welt nicht klage,
15   Zeigt die Größe meiner Plage.
Rette du
Meine Ruh'
Oder schleuß die Augen zu!

Schweigt nur, schweigt, ihr müden Sinnen
20   Und besucht die Einsamkeit;
Wenn die Zähren heimlich rinnen,
Bringt der Schmerz Zufriedenheit.
Eure Sehnsucht nach Vergnügen
Wird schon noch das ihre kriegen;
25   Ungeduld
Häuft die Schuld
Und verweilt des Himmels Huld.

Als er sich über die Hartnädigkeit ꝛc. Das Originalmanuskript des Gedichtes
ist mit mehreren andern von dem Pfarrer Schlipalius aufbewahrt worden, mit dem Günther
während seines Creuzburger Aufenthalts verkehrte; das Gedicht stammt demnach aus der
Creuzburger Zeit.

4. Auf seine Phillis.

1721.

So wißt einmal, ich bin verliebt,
Und zwar in so ein Kind,
Das mir erst Lust zu leben giebt,
So schwer die Zeiten sind.
Sein Kuß ist meiner Seelen Kraft   5
Und hat an süßer Glut
Fast aller Schönen Eigenschaft,
Nur nicht den Wankelmut.

Es schwächt mir weder Geist noch Leib,
Was denen sonst geschieht,   10
Die Amors stiller Zeitvertreib
Am Narrenseile zieht;
Es redet mir in Lust und Leid
So klug als freundlich ein
Und läßt mich in der nächsten Zeit   15
Des Unsterns Meister sein.

Weicht, Eltern, Gönner, Glück und Freund,
Weicht, sag' ich, immerhin;
Ihr habt es nie so treu gemeint,
Als ich euch itzt noch bin;   20
Indessen da euch vor mir graut,
So lern' ich euch verschmähn
Und denke mit der neuen Braut
Mich besser zu versehn.

Ach Hoffnung, ach du Engelsbild   25
Und meiner Güter Rest,
Ach, komm und küß und bleib mein Schild,
Da alles schlägt und preßt.

Auf seine Phillis. Über Phillis (Eva Christina Littmann) und ihr Verhältnis zu Günther vgl. Einl. S. XXIII. Wenn irgend ein Gedicht Günthers ein Vorklang zu Goethes Leipziger Liederbuch genannt werden darf, so ist es dies, besonders in seiner ersten Strophe.

Komm, flicht uns unsern Hochzeitschmuck
Von deinem Wintergrün;
Der Tod, sonst nichts, ist stark genug,
Ihn wieder aufzuziehn.

5. An seine Geliebte.

Mehr sag' ich jetzo nicht, galant= und kluges Kind,
Als daß die Redlichkeit, die stets den Preis gewinnt,
Mir jetzt und allemal so Kiel als Zunge rühre,
So oft ich deinen Ruhm der Welt vor Augen führe.
Drum glaube, was du willt, ich sage, was ich muß,
Und wollte glücklich sein, wofern des Himmels Schluß
Mir, der ich auf der Welt nach Ruh' und Frieden strebe,
Ein Kind von deiner Art in Herz und Armen gäbe.
Wo Reiz und Zärtlichkeit in netten Gliedern sitzt,
Wo Feuer und Verstand die volle Brust erhitzt
Und Übung und Natur die edle Seele zwingen,
Die angenehme Treu' ins Heiratsblut zu bringen,
Da fällt allein die Wahl von meiner Sehnsucht hin,
Da hängt, da bleibt und schwört mein unverfälschter Sinn,
Die Fessel keuscher Glut bis an das Grab zu tragen.
O höchst vergnügte Last! Man flucht in unsern Tagen
Auf lauter schwere Zeit und rühmt die alte Welt
Bloß darum, weil man dort noch sonder Neid und Geld
Den Gram der Eitelkeit bei süßer Ruh' verwunden
Und in vergnügter Eh' das Paradies gefunden.
Die Klagen haben recht; allein wo kommt es her?
Was macht denn uns die Frucht der wahren Liebe schwer?
Das macht, wir lieben jetzt aus Hochmut, Geiz und Mode
Und fälschen jeden Kuß mit bitterm Narrensode.
Wo findet man wohl jetzt, man geh' auch weit und breit,
Ein Paar, das mit Vernunft und nach der Neigung freit?
Viel laufen wie das Vieh von ungefähr zusammen,
Noch mehr verbrennen sich in unversuchten Flammen,
Die meisten aber sehn auf Niederträchtigkeit,
Auf das, was ihrer Hand gemünztes Blech verleiht.

O schade vor die Lust, die, wenn das Silber klinget,
Den Nachklang später Reu' bei Zank und Untreu' bringet.
Ich hab' es oft gesagt und sag' es allemal,
Verdient mein redlich Herz nur einen Gnadenstrahl
Des Auges in der Höh', so ist mein Wunsch auf Erden,   35
Bloß durch ein kluges Weib des Lebens froh zu werden.
Ich rede fast zu viel und freier, als ich soll;
Darüber lacht mein Feind, die Mißgunst nennt mich toll.
Er kann, sie mag es thun; genung, daß mein Gemüte
Mit Ernst und Unschuld liebt und daß mir deine Güte,   40
Du schön= und kluges Kind, die Kühnheit nicht verwehrt,
Mit welcher dir mein Kiel den stummen Trieb erklärt,
Den stumm= und starken Trieb, der, seit ich dich erblicket,
Dein Bildnis allzutief ins Herz mir hat gedrücket.
Du hast Vernunft und Geist, lies, prüfe dieses Blatt,   45
Und wo ein einzig Wort ein Falschheitszeichen hat,
So reiß es gleich entzwei und sende mir die Stücke
In Körben voller Fluch, wie deinen Zorn zurücke.
Doch nein, ich merk' es dir an Wort und Mienen an,
Daß der, so dich verehrt, was Bessers hoffen kann.   50
Die Zeit, so alles lehrt, wird dich auch endlich lehren,
Mit was vor Eifer dich die treuen Seufzer ehren.
Nimm dies papierne Pfand auf künftigen Beweis;
Die Neigung gegen dich bleibt im Verborgnen heiß
Und brennt in meiner Brust so heimlich als verschwiegen,   55
Den Vorwitz böser Welt vernünftig zu betrügen.
Erlangt mein Wunsch bei dir kein vorgestecktes Ziel,
So denke dermaleinst, wenn dich der Liebe Spiel
In fremden Armen wiegt und nachmals doch betrübet,
Mit was vor Redlichkeit dich bloß um dich geliebet   60

6. Als sie sich so kaltsinnig gegen ihn bezeigte.

Ich weiß nicht, was dir ahnt, du kalt= und loses Kind,
Daß meine Lieb' und Treu' so gar nicht fähig sind,

60. Hier folgte im Originalbrief die Unterschrift, die in den Ausgaben fehlt.

Die Güte deiner Brust auch in geringen Sachen
Mir zur Ergetzlichkeit recht offenbar zu machen.
5 Du sagest alles zu und hältst doch keinmal Wort;
Wir gehn mit Lust zu dir und ziehn so traurig fort,
Als ob dein Herz noch nichts von meiner Liebe wüßte
Und ich erst vierzehn Jahr wie Jakob dienen müßte.
Ich weiß nicht, welcher Fall dir das Gehirn verrückt
10 Und deinen muntern Geist in Eigensinn erstickt.
Bald geh' ich mit der Furcht im Zimmer auf und nieder,
Als kämen jetzt bei dir viel alte Funken wieder,
Womit ein falsches M., das letzt auch außen blieb,
Den ersten Liebeszug dir in das Herze schrieb.
15 Bald aber mach' ich mir von neuem Trostgedanken,
Als würd' ich nur probiert und durch verstelltes Wanken
In meiner Treu' geübt; bald fällt was Ärgers ein;
Weil meiner Feind' jetzt viel und zwar auch große sein,
Die, da ich nie geschont, die Wahrheit frei zu sagen,
20 Mich stets auch überall mit Lästerworten schlagen,
So risse mir vielleicht ihr grob= und böser Sinn
Die Früchte deiner Gunst noch in den Blüten hin
Und dürfte mir, anstatt dein Herze zuzuneigen,
Den Ekel gegen mich in deiner Seele zeugen.
25 Ich weiß wohl, daß dein Geist, du halb verwirrtes Kind,
Fast all= und jedesmal den besten Fund ersinnt,
Wenn du beschuldigt wirst, die Ohnmacht vorzuschützen;
Ich stell' es auch dahin, doch ob es dir auch nützen
Und immer gelten wird, das lehrt einmal die Zeit.
30 Ich kann zum wenigsten mit meiner Redlichkeit,
Die du so schlecht erkennst, dem Himmel wohl gefallen,
Der meine Fehler trägt und mir auch noch bei allen,
Die Kunst und Ehrlichkeit und Wissenschaft ergetzt,
Den angenehmsten Lohn der besten Freundschaft setzt,
35 Und wird dich einer so wie Günther lieben können,
So will ich deiner Gunst mich gleich nicht würdig nennen.

—

13. M., Anfangsbuchstabe des Namens ihres ersten Verlobten. Vgl. Einl. S. XXV.

7. Der Unterscheid jetziger Zeit und der Jugend.

Vor diesem dacht' ich mit der Zeit
Ein groß und vornehm Tier zu werden,
Ich sucht' in Kleidung und Gebärden
Vor allen einen Unterscheid;
Ich sann viel Staatsstreich' auszuführen,   5
Vergaffte mich am Mazarin
Und griff mit feurigem Studieren
Nach Palmen, die den Klügsten blühn.

Inmittelst nahm mein Alter zu,
Die Jugend gab mir viel zu wissen,   10
Ich ward durch manchen Fall gerissen
Und sucht' ein Leben ohne Ruh'.
Ich sah in klein= und großen Ständen
Viel Kummer, Thorheit, Pein und Neid
Und griff nunmehr mit beiden Händen   15
Das Gaukelspiel der Eitelkeit.

Wo ist denn nun mein Ehrgeiz hin?
Wo sind die flüchtigen Gedanken,
Womit ich oftmals aus den Schranken
Gemeines Glücks geflogen bin?   20
Es reizt mich kein berühmter Titel,
Es rührt mich weder Hof noch Pracht,
Ich finde, deucht mich, viel im Kittel,
Was kluge Seelen glücklich macht.

Dies, große Weisheit, dank' ich dir,   25
Dies dank' ich dir, du süße Liebe;
Durch eure Lust, durch eure Triebe
Erfind' ich selbst mein Glück in mir.
Bleibt Phillis mir nur treu ergeben,
So ficht mich wohl kein Wunsch mehr an,   30
Als daß ich mit ihr ruhig leben
Und einmal freudig sterben kann.

8. An die Phillis.

Erröte nur nicht erst, du wohlgezognes Kind,
Wenn jetzo Mund und Kiel aus Liebe kühner sind
Und, da dein Wesen mir bereits das Herz genommen,
Mit Ernst und Redlichkeit nach deinem Herzen kommen.
5 Es ist kein blinder Schluß noch leichter Eigensinn;
Der Himmel führt mich selbst zu deiner Tugend hin
Und bringt uns auf der Welt kaum einmal recht zusammen,
So fühl' ich alsobald die rein- und edlen Flammen
Der Liebe gegen dich, die ohne Falschheit brennt
10 Und jedem auf der Welt das größte Glücke gönnt,
Wenn mich nur Gott und Zeit bald so geneigt bedenken
Und meiner treuen Brust dein Herz zum Lohne schenken,
Zum Lohne vor den Fleiß und vor so manche Nacht,
Die mein Studieren oft mit Wachen zugebracht,
15 Um dermaleinst an Kunst und Wissenschaft zu grünen
Und als ein nützlich Glied der Republik zu dienen.
Der, so im Himmel wohnt und ins Verborgne sieht,
Mag selber Zeuge sein, wie stark mein Eifer glüht,
Ein gleich gesinntes Herz und treues Weib zu finden,
20 Bei der sich Tugend, Witz und Zärtlichkeit verbinden.
So weit nun mein Verstand Gemüter prüfen kann,
So freudig seh' ich dich vor meinesgleichen an
Und finde, wie mich dünkt, an deinen edlen Gaben
Was mehr, als insgemein des Landes Töchter haben,
25 Und darum hofft mein Geist, wofern er dich erhält,
In recht vergnügter Eh' den Himmel auf der Welt.
Die Eintracht soll bei uns in Bett und Tische lachen
Und unsern Lebenslauf voll güldner Stunden machen.
Ich rühme nichts von mir als unverfälschte Treu'
30 Und stelle dir hiermit die Wahl in Demut frei:
Getraust du dich mit mir vergnügt und wohl zu leben,
So säume länger nicht dein Herz an Tag zu geben.
Dein Vater, dessen Geist und Klugheit und Verstand
Ich nur die kurze Zeit zur Gnüge schon erkannt,
35 Wird schon so gütig sein und unter Wunsch und Segen
Sein Jawort nebst der Hand auf unser Bündnis legen,

Das bloß vom Himmel kommt. Ich nenne dich schon mein,
Und du kannst gegenteils gewiß versichert sein,
Daß, ob ich mich gleich nicht mit Blute hoch verschwöre,
Ich dennoch mit Vernunft mich bloß vor dein erkläre.   40
Die Allmacht segne dich in deines Vaters Haus
Und führe dich zu mir mit Wunsch und Heil heraus
Und kröne den Beruf, worein er mich gesetzet,
Mit allem, was ein Mensch vor gut und glücklich schätzet.
Du aber, wertes Kind, sei immer unbetrübt   45
Und glaube, daß der Herr, der fromme Seelen liebt,
Uns als ein treues Paar auch hier noch auf der Erde
Den Neidern zum Verdruß mit Wollust tränken werde.
Was willst du doch wohl mehr in dieser eitlen Welt,
Wo Kreuz und Unbestand das Bürgerrecht behält,   50
Was willst du, sag' ich, mehr in dieser Welt erwerben,
Als bloß mit mir vergnügt zu leben und zu sterben?

9. Als Phillis zu Wasser verreisen wollte.

Du hast mich klug genug probiert
Und kennst, mein Kind, mein zärtlich Lieben;
So scharf du mich herum geführt,
So fest ist Wunsch und Treu' verblieben,
Da nichts als Phillis in der Welt   5
Mir noch die Sterbenslust vergällt.

Aus dieser süßen Redlichkeit
Entspringt nunmehr mein traurig Wesen;
Du fühlst ja wohl mein zitternd Leid
Und kannst es aus der Stirne lesen.   10
Was macht es? Dein verwegner Schritt,
Der hurtig an das Ufer tritt.

Dein Abschied lockt dich auf das Meer;
Ich dörfte dich bald thöricht nennen.
Wo nimmst du das Vertrauen her?   15
Du mußt das Wasser noch nicht kennen;

Ach, hat man dir noch nicht erzählt,
Was Hero vor ein Grab gewählt?

2.
Die Trennung thut mir freilich weh;
Doch fürcht' ich mehr um deinetwegen.
Was wird dir nicht die wilde See
Vor Ekel, Schmerz und Angst erregen,
Wenn Wetter, Sturm und Blitz und Nacht
Kompaß und Mast zu Schanden macht!

25
Geh in dich, allerliebster Schatz,
Und untersuche dein Gewissen.
Hier ist der Rache Richterplatz,
Hier muß der kleinste Meineid büßen.
Wer weiß, wie oft auch meine Treu'
30
Von dir bisher beleidigt sei!

Ist aber ja kein Halten mehr,
So segle mit geneigten Winden!
Der Himmel giebt auch mir Gehör,
Du wirst den Hafen glücklich finden;
35
Doch, Engel, denk auch stets an den,
Den Stern und Ufer warten sehn.

10. Auf die Phillis.

Liebe, mindre doch die Plagen,
Denn ich kann sie kaum mehr tragen,
Und die Kräfte treuer Brust
Schwinden unter Schmerz und Lust;
5
Oder binde mir so lange
Durch den Schlummer Geist und Sinn,
Bis ich meinen Schatz umfange,
Dem ich längst versehen bin.

Auf die Phillis. Die 6. Auflage datiert: 1721, April.

Jetzo lern' ich erst empfinden,
Was dein heimliches Entzünden
Bei so schwerer Sklaverei
Vor ein grausam Leiden sei.
Vormals dacht' ich auch im Herzen,
Ich erkannte deine Macht,
Aber dies' und jene Schmerzen
Sind fürwahr wie Tag und Nacht.

Philindrene war mir günstig,
Leonore gut und brünstig,
Und von beiden litt ich viel;
Jetzo nenn' ich's Kinderspiel.
Philindrenens frühe Leiche
Lockten mir bei Sarg und Grab,
Wie der andern falsche Streiche,
Manchen Fluch und Thränen ab.

Phillis läßt mich kaum drei Morgen
Zwischen Hoffnung, Furcht und Sorgen,
Und ich schleiche durch den Tau
Schon vor Unmut bleich und grau;
Garten, Wald, Kamin und Linde,
Alles macht mich noch betrübt,
Was mir von dem lieben Kinde
Ein Erinnrungszeichen giebt.

Ist mir doch die Welt zu enge,
Macht mir doch das Feld gedränge,
Und mein mürrisch Angesicht
Lacht dem besten Freunde nicht.
Unser Südwind hat die Stärke
Von den Seufzern meiner Angst,
Die du, Phillis, wie ich merke,
Noch mit Fleiß von mir verlangst.

Phillis, Phillis, komm doch wieder,
Sonst verlieren Geist und Lieder

10

15

20

25

30

35

40

34. gedränge. Einem gedränge machen = einen beengen. Vgl. Grimm, Wb. 4, I, 1,
2035. Die Ausgaben schreiben fehlerhaft „Gedränge".

Das Vermögen und die Kraft,
Die dir viel Ergetzung schafft.

45 Licht und Schatten macht die Farben
Und dein Blick mein Wohlergehn;
Muß ich dessen Einfluß darben,
Kann ich nimmermehr bestehn.

Meine Kunst ist hier nichts nütze;
50 Ob ich bei dem Fieber schwitze
Oder mich des Rats verzeih',
Beides ist mir einerlei.
Sollt' ich dich nur sehn und rühren,
Und erwärmte mich dein Mund,
55 Würd' ich ohne Zeitverlieren
Auf den ersten Kuß gesund.

11. Als er beim Frauenzimmer in Compagnie war.

Mag es doch die Welt verdrießen,
Wenn mein ungebundner Geist
Sich mit unschuldsvollen Küssen
Bei galanten Mägdchen speist;
5 Denn dergleichen schöne Sünden,
Die der Pöbel hoch verflucht,
Werden da wohl Ablaß finden,
Wo die Treu' ein Urteil sucht.

Freilich weiß ich, daß viel Leuten
10 Solche Mode nicht gefällt,
Weil man doch auf allen Seiten
Auch der Unschuld Netze stellt;
Unterdessen wird mein Herze
Doch die Thorheit nicht begehn,
15 Von dem unschuldvollen Scherze
Treuer Seelen abzustehn.

---

44. Meine Kunst, die Medizin. — 51. mich des Rats verzeih', auf (ärztlichen) Rat verzichte.

Ist doch noch kein Mensch geboren,
Der es allen recht gemacht;
Werd' ich nur von Blind= und Thoren
Und der Mißgunst ausgelacht,
O so schlag' ich alle Grillen
Ihrer Läst'rung in den Wind,
Wenn mein Geist nur stets im Stillen
Seine Selbstvergnügung find't.

Mag sich doch ein jeder wählen,
Was ihm Aug' und Herz entzückt!
Wird er treffen oder fehlen,
Werd' ich dadurch nicht gedrückt.
Drum begehr' ich auch mit Rechte,
Daß man mir die Lust vergönnt,
Die das zärtliche Geschlechte
Für ihr höchstes Gut erkennt.

Also setz' ich mein Vergnügen
Ohne Gram und Zweifel fort;
Will es nun der Himmel fügen,
Find' ich auch den rechten Ort,
Wo die Klugheit, wie die Liebe
Mir bereits zu schmeicheln scheint
Und auf hoffnungssüße Triebe
Mich wohl nicht zu täuschen meint.

Täuschen mich die holden Blicke
Und des Mundes Höflichkeit,
Halt' ich dies schon für ein Glücke,
Wenn mich auch dein Scherz erfreut.
Weiß ich doch nicht, wen ich nenne!
Doch genug, es ist ein Bild,
Das, so lang ich leb' und brenne,
Mir allein das Herze stillt.

12. Daß man im Lieben nicht auf Reichtum, sondern auf die Vergnügung sehen müsse.

Ich liebe nur, was mich vergnügt,
Nicht was nach Gelde kirrt;
Mein freies Herz wird nicht besiegt,
Wenn gleich der Beutel schwirrt.
5 Kein goldner Strick fängt meinen Fuß, kein heller Klang mein Ohr;
Die Redlichkeit
Geht allezeit
Bei mir dem Nutzen vor.

Was hilft es, wenn das Silber blitzt
10 Und doch der Bräut'gam schielt?
Ein Mann, der stets beim Kasten sitzt
Und in dem Sacke wühlt,
Teilt mit dem Mammon seine Gunst, die bloß der Frau gehört;
Sein Zeitvertreib
15 Macht, daß das Weib
Oft fremde Götter ehrt.

Kein Reichtum überwiegt das Weh,
Kein Thaler hilft der Braut,
Wenn ihr die Zwietracht in der Eh'
20 Zuletzt ein Zuchthaus baut.
Das Ungewitter ist nicht weit, wo gelbe Raben schrei'n;
Wer wollte nun
So thöricht thun
Und ihm zum Schaden frei'n?

25 Bethörter Mund, ach spare doch
Der Worte frechen Stolz!
Dein Umgang ist mir stets ein Joch,
Du selbst ein Marterholz!

Daß man im Lieben ꝛc. Die geschmacklose Überschrift wurde in der 5. Auflage in die einfachere „An Phillis“ verwandelt; aber diese ist falsch, weil das ganze Gedicht der Phillis selbst in den Mund gelegt ist. — 24. ihm, reflexiv.

Dies Wörtchen bringt mir deinen Haß, der ficht mich wenig an;
Wie bald stößt mir   30
Was bessers für,
Das mich vergnügen kann!

Du aber, den des Himmels Schluß
Dereinst vor mich bestimmt,
Magst glauben, daß mein reiner Kuß   35
Von keiner Geldsucht glimmt.
Nimm also meinen ganzen Schatz, die reine Hand voll Blut.
Ein treues Herz
Ist sonder Scherz
Das beste Heiratsgut.   40

13. An seine Braut.

Deine Schönheit, kluges Herze,
Ist kein schlecht und flüchtig Gut,
Das uns mit verbotnem Scherze
Zu den Sünden Vorschub thut,
Wenn sich unsrer Lüste Kraft   5
An geschminkter Haut vergafft.

Da ich dich recht kennen lerne,
Klag' ich meine Thorheit an,
Die bei manchem Unglückssterne
Mir die Augen aufgethan   10
Und die Blüten junger Zeit
Mancher Delila geweiht.

Deine rein' und wahre Liebe
Macht den Anfang meiner Reu'.
Packt euch fort, ihr bösen Triebe   15
Der verbuhlten Tyrannei!
Marianens Tugendglanz
Windet mir den Unschuldskranz.

Dies Gemüte soll auf Erden
20 Meines Eh'stands Himmel sein
Und mir unter viel Beschwerden
Zuflucht, Rat und Trost verleihn,
Bis ihr treuer Abschiedskuß
Auch den Tod erleichtern muß.

25 Ach, was blüht mir vor ein Glücke,
Da mich so ein ehrlich Kind
Unter Feinden, Gram und Tücke
Sonder Eigennutz gewinnt!
Da sie mir den Schwur gethan,
30 Fang' ich erst zu leben an.

Nehmt, ihr Stunden, nehmt doch Flügel,
Nähert mir das holde Licht,
Das mir auf der Lippen Ziegel
Völligen Besitz verspricht;
35 Melde dich, gewünschter Tag,
Da die Keuschheit scherzen mag.

Warte nur, du schöner Engel,
Mit gelaßner Zuversicht!
Hab' ich als ein Mensch gleich Mängel,
40 Hab' ich doch die Falschheit nicht;
Gottes Aug' und meine Hand
Bürgen vor den Unbestand.

Sollt' ich auch in schlechten Hütten
Mich um Salz und Brot bemühn,
45 Wird der Umgang deiner Sitten
Dennoch mich zur Wollust ziehn;
Die Gesellschaft deiner Brust
Macht die größte Not zur Lust.

---

ständige Name der Phillis war Eva Rosina Christine. Vgl. Einl. S. XXIII. Es ist hier
ein Fehler der Ausgaben zu vermuten, der etwa so entstanden sein kann, daß im Manuskript „Meiner Phillis" oder „Meiner Eva" stand, der Name aber nur durch Striche oder
einen Buchstaben angedeutet war. Um so eher konnte ein solches Versehen stattfinden, als
Günthers Handschrift ziemlich schlecht leserlich ist und eine Reihe von Gedichten an Mariane
(Frau von Breßler) vorlag.

Meine Freundin, meine Taube,
Meine Schwester, ja mein Ich,
Liebe, leide, schweig und glaube,
Das Verhängnis bessert sich,
Und sein Ratschluß krönt forthin
Kurze Qual mit viel Gewinn.

———

14. An die Phillis.

Ich verschmachte vor Verlangen,
Meine Phillis zu umfangen.
Harter Himmel, zürnst du noch?
Faule Stunden, eilet doch,
Eilet doch, ihr faulen Stunden
Und erbarmt euch meiner Not!
Wird der Riß nicht bald verbunden,
Blutet sich mein Herze tot.

Liebste Seele, laß dich finden!
Ich spaziere durch die Linden,
Durch die Thäler, durch den Hain
In Begleitung süßer Pein;
Ich durchkrieche Strauch und Höhlen,
Such' in Wäldern weit und nah
Die Vertraute meiner Seelen,
Dennoch ist sie nirgends da.

Ich beschwöre selbst die Hirten
Bei den Herden, bei den Myrten,
Die vielleicht der Liebe Pflicht
Um die bunten Stöcke flicht:
Wißt ihr nicht der Phillis Spuren?
Habt ihr nicht mein Kind erblickt?
Kommt sie nicht mehr auf die Fluren,
Wo wir manchen Strauß gepflückt?

Die ihr alles hört und saget,
Luft und Frost und Meer durchjaget,

Echo, Sonne, Mond und Wind,
Sagt mir doch, wo steckt mein Kind?
Soll sie schon vergöttert werden?

30 Bet' ich sie vielleicht herab?
Oder ziert sie noch die Erden?
O so reif' ich bis ans Grab.

Sage selbst, entrißne Seele,
Welcher Weinberg, welche Höhle,

35 Welcher unbekannte Wald
Ist anjetzt dein Aufenthalt?
Sage mir, damit ich folge,
Wär' es auch des Nilus Strand,
Wär' es auch die kalte Wolge,

40 Zög' ich gern durch Eis und Sand.

Weiß mir nichts Bericht zu geben?
O, was ist das vor ein Leben,
Das ich jetzo ohne sie
Als mein Joch zur Bahre zieh'!

45 Himmel, laß dir nicht erst fluchen,
Ich begehre sie von dir —
Bin ich nicht ein Thor im Suchen?
Phillis lebt ja selbst in mir.

15. Als er der Phillis einen Ring mit einem Totenkopfe überreichte.

Erschrick nicht vor dem Liebeszeichen,
Es träget unser künftig Bild,
Vor dem nur die allein erbleichen,
Bei welchen die Vernunft nichts gilt.

5 Wie schickt sich aber Eis und Flammen?
Wie reimt sich Lieb' und Tod zusammen?
Es schickt und reimt sich gar zu schön,
Denn beide sind von gleicher Stärke
Und spielen ihre Wunderwerke

10 Mit allen, die auf Erden gehn.

---

39. Wolge, Wolga. — Als er der Phillis rc. Die 6. Auflage datiert: 1721, April.

Ich gebe dir dies Pfand zur Lehre:
Das Gold bedeutet feste Treu',
Der Ring, daß uns die Zeit verehre,
Die Täubchen, wie vergnügt man sei;
Der Kopf erinnert dich des Lebens;   15
Im Grab ist aller Wunsch vergebens,
Drum lieb und lebe, weil man kann;
Wer weiß, wie bald wir wandern müssen!
Das Leben steckt im treuen Küssen,
Ach, fang den Augenblick noch an.   20

16. Als er ihrentwegen viel leiden mußte, doch dabei nicht verzagte.

Mein Herz, verzage nicht!
Die Liebe macht's mit allen so;
Ein Herz voll treuer Pflicht
Wird ohne Gram nicht froh.
Es fällt zwar ziemlich schwer,   5
Eh uns das Kummermeer
Zum sichern Friedenshafen bringt;
Man zittert, seufzt und sinkt
An Mut und Sinn
In Stürmen hin,   10
Der Anker reißt die Hand,
Doch wer sich zwingt und hofft, der kommt gleichwohl aus Land.

Was leid' ich nicht um dich,
Du mir ins Herz geprägtes Bild!
Die Sehnsucht jaget mich   15
So wie ein schüchtern Wild;
Mein Schlaf ist nur ein Qualm,
Mein Lied ein Klagepsalm;
Die Angst der bangen Einsamkeit
Begräbt mich vor der Zeit,   20

13. verehre, d. h. nicht angreife, nicht trenne. „verhere" in der 6. Auflage ist wohl nur Druckfehler. — Als er ihrentwegen ꝛc. Gewiß mit Recht bezieht Wittig (a. a. O. S. 288) das Gedicht gegen Tittmann und Litzmann, die es unter die Leonorenlieder setzen, auf Phillis.

Weil ich den Kuß
Entbehren muß,
Der so viel Lust verspricht;
Doch hoff' ich alles auszustehn, verlaß nur du mich nicht!

25　Verlaß nur du mich nicht,
Du Engel, dessen treuer Geist
Und holdes Angesicht
Mir noch den Troststern weist;
Der Himmel wird einmal
30　Uns nach so vieler Qual
Der Hoffnung Siegeskranz verleihn
Und mich durch dich erfreun;
Drum liebe still,
Wie ich auch will,
35　Und sieh geduldig zu;
Die Straße, so uns jetzo trennt, führt unvermerkt zur Ruh'.

Ich liebe meinen Schmerz,
Weil du, mein Engel, Ursach bist;
Du hast mein ganzes Herz,
40　Dies raubt dir keine List.
Was hilft's uns, daß man weint?
Was jetzt unmöglich scheint,
Das ist gewiß ein Übergang;
Der Grillenfang macht krank.
45　Es rühret mich
Schon innerlich
Ein Trieb der Zärtlichkeit,
Die mir dein künftiger Besitz sowie dein Name beut.

48. dein Name, Eva, der Name der ersten liebenden Gattin. Wittigs Deutung
(a. a. O. S. 288 f.), dies gehe auf den Familiennamen der Phillis, Littmann oder Lüttemann
(= kleiner Mann) und beziehe sich auf künftige Vaterfreuden, ist geschmacklos. — beut,
so liest die 6. Auflage, die übrigen „deut", was zwar zu „dein Name" paßt, aber gar
nicht zu „dein künftiger Besitz".

17. Auf die Verlobung mit seiner Phillis.

Du Engel, den mir Gott so unverhofft gesandt,
Die Lust der Ewigkeit schon in der Welt zu schmecken,
Nimm hin den Abschiedskuß noch einmal von der Hand,
Da Nerven, Zung' und Mund vor Wehmut stehn und stecken,
Und glaube, daß mein Herz in heißem Blute schwimmt,   5
Da unsers Umgangs Scherz so früh ein Ende nimmt.

Du weißt, wie kläglich man bei diesem Risse thu',
Du siehst mich weinend an und willst und kannst nichts sagen;
Dir schließt mein heißer Kuß die matten Augen zu,
Mir suchst du deinen Geist in Mund und Brust zu jagen.   10
Du wirfst mir Küsse nach, ich geh' wohl zehnmal fort
Und kehre zehnmal um und mache doch kein Wort.

Dies alles sahest du, dies aber siehst du nicht,
Mit was für Unruh' jetzt mein treu Gemüte ringe;
Denn welcher Freund mich nur bei meiner Rückkunft spricht,   15
Der fragt, warum ich nicht mein Leben wieder bringe.
Mein Zimmer ist nicht groß, doch ohne dich zu weit,
Und was ich hör' und seh', das dient zur Bangigkeit.

Gesellschaft, Trunk und Spiel gebiert mir jetzt nur Groll,
Die Bücher haben Ruh', kein Reim will fast mehr fließen;   20
Ja, wem auch meine Kunst mit Rate dienen soll,
Der muß verwirrtes Zeug aus meiner Antwort schließen.
Mein Schlaf ist nur ein Qualm, mein Bett ein kalter Raum,
Mein Wachen aber stets ein wandelbarer Traum.

So stark ein jährig Kind sich nach der Mutter sehnt,   25
So heftig brennt nach dir mein äußerstes Verlangen;
Dies macht dein kluger Kuß, der hat mich so verwöhnt,
Sobald sein süßer Hauch die Freiheit weggefangen;
Dies macht dein Schönethun und ungemeiner Geist,
Als dessen Engelbrot auf größern Hunger speist.   30

Auf die Verlobung ꝛc. Die Überschrift ist ungenau. Das Gedicht bezieht sich auf
den Abschied von Phillis, der allerdings bald nach der Verlobung stattfand. Vgl. Einl.
S. XXIII. — Die 6. Auflage datiert: 1721, im April. — 30. Als, in Hinsicht darauf, daß.
— auf größern Hunger speist, durch Speisen größeren Hunger erweckt. Vgl. unten
S. 46 auf eignen Schaden ringen.

Zeit, Hoffnung und Geduld besänftigt mich zuletzt
Und giebt mir jetzt ein Bild im Schatten zu betrachten;
Ich scheine bei mir selbst ins Paradies versetzt
Und weiß des Glückes Gunst nach Würden kaum zu achten,
35   Da ein von Gott und Welt so wertgeschätztes Kind
Mich unversehnen Gast auf ewig lieb gewinnt.

Ein Weib, das klug, getreu und doch auch zärtlich liebt,
Vernunft und Tugend ehrt, galant und sittsam wandelt
Und, wenn ihm die Natur ein gutes Ansehn giebt,
40   Der Glieder Artigkeit nicht erst vom Schneider handelt,
Ein Weib von solcher Art ist wahrlich nicht gemein,
Doch wo sie hin gerät, da kehrt der Himmel ein.

An dir versprech' ich mir den Himmel auf der Welt,
Die Eintracht unter uns soll Lebensfrüchte bringen;
45   Dein Wandel ist genug und mehr als Stand und Geld,
Wornach die Buhler sonst auf eignen Schaden ringen.
Dem, der dich erst geliebt und doch hernach verschmäht,
Hat wahrlich Gottes Zorn Vernunft und Sinn verdreht.

Darum ist nichts so schlimm, es wird zu etwas gut:
50   Der Meineid läßt dich gehn, daß ich nur glücklich werde;
Erwäge, was dabei des Höchsten Finger thut:
Wir sahn das erstemal einander auf der Erde,
Ich reichte dir die Hand, du drückst sie ganz gemach
Und ziehst sogleich mein Herz dir und den Schritten nach.

55   Ein Abend war genug, Gemüter gleicher Art
Ohn' äußerlichen Staat empfindlich zu verbinden;
Wir suchten uns durch uns und nicht nach derer Art,
Die Kuppler, Mode, Geld und Eigennutz entzünden.
Ach, mein Herz — seufztest du; — ist mein Herz, fiel ich ein;
60   Ja, nun wohlan, mein Kind, so soll es ewig sein.

Und so verfährt auch stets die Liebe treuer Brust,
Sie hält sich außer Gott an keinen Heiratszeugen;
Ach Phillis, schätze doch die Zukunft unsrer Lust,
Ich seh' sie schon voraus und muß vor Freuden schweigen.

47. Dem, der dich erst geliebt, ihrem ersten Verlobten. Vgl. das Gedicht: „Als
sie sich so kaltsinnig gegen ihn bezeigte". S. 231, B. 13 f. — 51. dir und den Schritten,
d. h. deinen Schritten.

Die Seele wird entzünd't, der ganze Körper brennt   65
Vor Hoffnung und Begier, so oft man dich nur nennt.

Die Sprache wird fast arm, die Worte fehlen mir,
Die Neigung gegen dich natürlich auszudrücken;
Mein lechzend Herze wallt und reißt mit Macht zu dir
Und läßt sich einen Kuß bis auf die Zunge rücken;   70
Ich bin mehr dein als mein und seh' mein Heil nicht an,
Als insofern ich dich dadurch ergetzen kann.

Aus Ehrfurcht sag' ich dies: du bist vor mich zu viel
Und solltest wohl vor mich gar weit was Bessers haben;
Die Schickung lacht mich an und legt die Hand ins Spiel   75
Und würdigt meine Schoß der Fülle solcher Gaben,
Von deren Kostbarkeit die Wahrheit selber spricht:
Was dieser plötzlich fängt, erjagen hundert nicht.

Den meisten blendet wohl der Anstrich die Vernunft,
Doch meine Liebe sieht auf etwas mehr als Farben;   80
Die Klugheit zeichnet dich in ihrer Töchter Zunft,
Die reife Jugend blüht und zielt auf volle Garben.
Dein Geist, der Feuer führt, hat nötigen Verstand,
Liebt ernstlich, kennt die Welt und spricht und scherzt galant.

Die Länge der Person gehört der Majestät,   85
Die Augen reizen mich, sie tausendmal zu küssen,
Und wenn sich Ros' und Schnee in vollem Busen bläht,
Bekäm' auch Sokrates ein schlüpfriges Gewissen;
Ja, wenn dein Freundlichthun mit Druck und Mäulchen spielt,
So schwör' ich, daß das Mark die sanfte Wirkung fühlt.   90

Was um und an dir ist, ja was du hast und thust,
Das zaubert, zieht und zeugt Verwundrung und Ergetzen;
So oft du Haus und Hof und Volk versorgen mußt,
Bekomm' ich einen Trieb, die Wirtschaft hoch zu schätzen.
Wohin auch nur dein Fuß in Leid und Freude tritt,   95
Da schleicht die Augenlust sowie der Wohlstand mit.

85. gehört der Majestät, ist majestätisch. — 92. Das zaubert, zieht und zeugt. Man beachte die offenbar beabsichtigte Alliteration, die sonst bei Günther sehr selten ist, um so häufiger aber bei seinem Vorbild Fleming.

Dein Polnisch, das mir sonst so rauh und widrig klingt,
Beschämt durch deinen Mund den Wohllaut welscher Zungen,
Indem es seine Kunst so rein und lieblich zwingt,
100 Als kein verliebtes Lied in Griechenland geklungen.
Wie artig stimmt bei dir nicht jede Tugend ein!
Du hast Beredsamkeit und kannst verschwiegen sein.

Gesegnet sei forthin der Augenblick, der Ort,
An welchem mir dein Bild das erste Mal erschienen;
105 Im Geiste bin ich noch fast jede Stunde dort
Und überlege mir die Macht der ersten Mienen,
Die Macht, die stumme Macht, die dort auch auf einmal
Frost, Unruh', bange Zeit, ja gar das Herze stahl.

Behalt den schlechten Raub, ich nehm' es nicht mehr an
110 Und habe schon dafür ein Gegenpfand bekommen;
Bewundre nur mit mir die seltne Führungsbahn,
Die unsrer Liebe Zug so wunderlich genommen.
Vielleicht wird bald der Satz aus unserm Glücke wahr:
Wo Gott vermählt, da bringt kein jäher Sprung Gefahr.

115 Du bist vor meinen Fleiß der angenehmste Lohn;
Nun würd' ich Unrecht thun, das Glücke mehr zu schelten.
Ich spreche neben dir den frechen Spöttern Hohn,
Und mancher soll es mir noch in der That entgelten.
Ihr Stunden, flieht und eilt und holt die goldne Zeit,
120 Aus welcher meine Treu' der Phillis Myrten streut.

Ich als ein junger Mensch, den Blut und Feuer treibt,
Gesteh' es, daß ich mich auch dann und wann vergessen;
Doch wo die Billigkeit ein wahres Urteil schreibt,
So ist mein Fehltritt oft den Feinden beizumessen.
125 Dein Zuspruch, liebstes Kind, und freundliches Bemühn
Soll künftig noch aus mir viel gute Früchte ziehn.

Du hast ja etwas mehr als schlechten Weiberwitz
Und läßt auch manchen Trieb der Ruhmbegierde blicken;
Mir zeigt die Poesie bereits den Ehrensitz,
130 Und darum soll ihr Kranz auch deine Scheitel schmücken,
Und wo die späte Welt von meinen Liedern hört,
Da wird auch dermaleinst dein treu Verdienst geehrt.

Zwei Herzen hab' ich schon, doch nicht wie dich, geliebt,
Zwei Herzen haben auch mein Hoffnungsziel betrogen;
Das erste, dem man noch ein rühmlich Zeugnis giebt,   135
Hat Philindrenens Fall mit in die Gruft gezogen.
Das andre wurde mir von Leonorens Hand
Durch Falschheit und Betrug, wie dir dein M., entwandt.

Anjetzt vergeß' ich leicht den doppelten Verdruß,
Die dritte, so du bist, soll auch die letzte bleiben,   140
Und weil dies letzte Pfand das beste werden muß,
So will ich dem davor ein ewig Danklied schreiben,
Dem, dessen weiser Schluß mein Glücke so gefügt,
Daß keine mich so rein als du, mein Kind, vergnügt.

Ach Phillis, lies dies Blatt nicht etwan obenhin,   145
Es ist nicht schlecht Papier, es ist mein ganz Gemüte
Und dies dein Eigentum; wenn ich zu wenig bin,
So nehm' ich allen Wert von deiner Lieb' und Güte.
Du hast dich mir vertraut, du hast dich mir verschenkt,
Doch du nicht, sondern der, der dieses Ganze lenkt.   150

Was giebt uns wohl die Welt vor Frieden und Gewinn?
Ein Leben voller Müh' und täglich neue Sorgen;
Der Jugend Frühlingslust flieht als ein Traum dahin,
Und ist man endlich groß, so plagt uns jeder Morgen.
Furcht, Hoffnung, Wünsche, Gram, Fall, Feindschaft, Reu'   155
                    und Not,
Dies alles giebt die Welt und dann zuletzt den Tod.

Die Liebe rechter Art versüßt noch Kreuz und Gram,
Womit die Eitelkeit der Leute Seufzer mehret,
Sie ist der güldne Rest, der mit aus Eden kam,
Sie ward im Heidentum am herrlichsten verehret,   160
Sie kocht aus Thränen Wein, aus Schlehen Malvasier
Und jaget überall den Kummer vor die Thür.

---

136. Philindrenens. Vgl. oben S. 113, Anm. und S. 143, V. 69. — 137 f. Diese ganze Stelle ist von erheblicher Schwierigkeit. Rechnet er es wirklich auch jetzt noch Leonore als Untreue an, wie er im ersten Schmerz verzeihlicher Weise that (vgl. das Gedicht: „Die verliebte Geduld" S. 213), daß sie sich bald, nachdem er selbst ihr das Wort zurückgegeben hatte („An Leonoren" S. 206), mit einem andern vermählte? Oder ist hier die Leipziger Leonore gemeint, und hält ihn sein schlechtes Gewissen ab, der Braut auch diejenige frühere Geliebte zu nennen, die er am heißesten geliebt hatte und insgeheim noch immer liebte?

Kind, bilde dir einmal zwo fromme Seelen ein,
Die sich recht inniglich und wie die Kinder lieben;
165 Sie sind ein Herz, ein Sinn, sie singen in der Pein,
Erleichtern sich die Last, verscherzen das Betrüben;
Das Elend rührt sie nicht, viel minder Geiz und Neid,
Und wo sie gehn und stehn, da lacht Zufriedenheit.

Was meinst du zu der Eh', die solche Früchte bringt?
170 Nicht wahr, die Lebensart ist besser als drei Kronen?
Was hilft der güldne Strick, der viel zusammen zwingt,
Wenn er und sie hernach bei Basilisken wohnen?
Was hilft nun jenen Freund zehntausend Schürzen Geld,
Wovon sein dummes Weib ein Dutzend Schwäger hält?

175 Vergiß nun, liebster Schatz, den schändlichen Betrug,
Der ehmals deiner Brust, wie billig, nah gegangen;
Der durch dies Herzeleid erfüllte Thränenkrug
Wird von des Himmels Tau Vergnügungsperlen fangen.
Du sollt den Unterscheid von Treu' und Falschheit sehn,
180 Und darum ließ der Herr den ersten Riß geschehn.

So lange nur mein Blut und deine Treu' noch lebt,
So lange soll uns wohl kein hart Verhängnis trennen,
Und wer aus Eifersucht der Liebe widerstrebt,
Dem müsse die Natur kein ruhig Alter gönnen.
185 Ich weiß, ich dringe durch, so sehr die Mißgunst kämpft,
Weil Lieb' und Wachsamkeit die stärksten Feinde dämpft.

Da niemand auf der Welt sein Ende finden darf,
So muß ich, wenn es kommt, mich auch getrost bequemen;
Verführe nun, mein Kind, die Schickung gar zu scharf,
190 Mir, eh ich dich erlangt, den Geist zurück zu nehmen,
So machte mir sonst nichts das Sterben hart und schwer,
Als weil ich weiß, wie mir bei deiner Leiche wär'.

Inzwischen soll dies Blatt ein frei Bekenntnis thun:
Ich sterbe, wie und wo und wenn es Gott beschlossen,
195 So sterb' ich dir getreu und will noch sanfter ruhn,
Da ich der erste bin, der deiner recht genossen.

187. finden giebt keinen rechten Sinn und scheint fehlerhaft. Als richtige Lesart
wäre etwa zu vermuten: „fliehen".

Dein Herze wäre mir der schönste Leichenstein,
Die Aufschrift dieser Spruch: Auch noch im Grabe dein.

Und wo hernach dein Geist in neue Flammen brennt,
So thu dir selbst so wohl und wähle meinesgleichen,
Ich meine so ein Herz, das dein Verdienst erkennt,   200
Vor dessen Tugenden des Landes Töchter weichen,
Und glaube, daß sich auch, lebst du nur friedensvoll,
Die Asche meiner Gruft vor Freuden regen soll.

Doch sollte mir dein Grab (der Himmel sei davor!)   205
Den völligen Besitz der liebsten Braut entwenden,
So trüg' ich ganz gewiß nicht lange Witwerflor,
Es würde selbst der Schmerz mich bald zu Grabe senden,
Und eh noch dies geschäh', so müßt' ich einsam gehn,
Und wie verscheuchtes Wild in Klüften ächzend stehn.   210

Ich trau' es dir nicht zu, doch brächest du den Bund
Aus Wankelmut und Lust, was neues zu erwählen,
So schlügst du dich gewiß durch eigne Nachreu' wund,
Mein Schatten würde dich sogar im Schlummer quälen,
Und gleichwohl blieb' ich noch der Falschheit so getreu   215
Und bäte durch mein Flehn dich von der Rache frei.

Was aber thu ich dir aus blinder Furcht so weh?
Was red' ich von Betrug, von Moder, Furcht und Bahre?
Vergieb mir, daß ich mich aus Zärtlichkeit vergeh';
Der Himmel ist dir hold, drum schenkt er uns noch Jahre.   220
Er droht mir zwar das Grab, doch wo? in deiner Schoß;
Was fällt wohl lieblicher als so ein Gnadenlos?

Ach, freue dich, mein Kind, zum voraus auf den Tag,
Von dem ich künftighin des Lebens Anfang zähle;
Ach, daß ich dich doch nicht sogleich umfangen mag!   225
Du glaubst nicht, wie mich schon die treue Sehnsucht quäle.
Alsdann, gedenk' an mich, wird Phillis erst gestehn:
Wo jemand küssen kann, so küßt wohl Philimen.

208. selbst ist zu „mich" zu ziehen.

Kind, Engel, Schwester, Schatz, Braut, Taube, Freundin, Licht,

230 Mein Stern, mein Trost, mein Herz, mein Anker und mein Leben,
Ach, sage doch, wie man recht nett und zierlich spricht,
Die Liebe will dir gern den besten Titul geben,
Die Liebe, so nach dir, was schön ist, prüft und schätzt
Und deines Namens Ruhm mit Freudenthränen netzt.

235 O was für Inbrunst, Scherz, o welch entzückend Spiel
Wird um und zwischen uns die vollen Mäulchen würzen!
Die Liebe thut ohndem des Guten nicht zu viel
Und kann die edle Zeit am nützlichsten verkürzen,
Und wie man vom Gebet und von der Arbeit spricht,
240 So hindert Lieben auch Amt, Fleiß und Sorgen nicht.

Ich will mich als dein Mann nach Buhlerart bemühn,
Dir täglich größre Gunst und Neigung abzuheucheln;
Die Stunden sollen uns wie Augenblicke fliehn,
Mit Klugheit will ich dir, du mir mit Demut schmeicheln,
245 Und werden wir dereinst beisammen schwach und grau,
So wird der Leiber Blut, doch nicht die Regung lau.

Wie freudig will ich dann nach vielen in der Welt
Mit dir, geliebtes Kind, vollbrachten Friedensjahren,
Sobald das letzte Korn durch meinen Seiger fällt,
250 An deiner treuen Brust zu meinen Vätern fahren;
Alsdann versüße mir den Gang zur letzten Ruh'
Und drücke durch den Kuß mein brechend Auge zu.

Doch nein, den letzten Dienst von so betrübter Pflicht
Vermag dir meine Treu' unmöglich zuzumuten;
255 Du liebst mich gar zu sehr, und darum will ich nicht,
Daß deine Kräfte sich bei meiner Gruft verbluten;
Denn gönnte dir mein Herz im Leben keine Pein,
So soll mein Leichnam auch daran nicht Ursach' sein.

Der, so die Liebe selbst und aller Vater ist,
260 Beweis' einmal an uns ein Wunder vom Erbarmen
Und hole, wenn du nun der Erde müde bist,
Uns beiderseits zugleich einander aus den Armen,
Damit nur nicht die Angst getrennter Raserei
An dem, was übrig bleibt, der Liebe schimpflich sei.

Damit sei unbetrübt und nimm dich wohl in acht,   265
Erkenne, wie du thust, des weisen Schöpfers Willen;
Er hat uns unverhofft einander zugebracht,
Er wird auch sonst sein Werk an unserm Glück erfüllen;
Auch lerne, daß nur der die reichsten Schätze gräbt,
Der Gott und Nächsten liebt und stets zufrieden lebt.   270

Inzwischen schleuß mich stets in Andacht und Gebet;
Ich opfre vor dein Heil mit früh- und späten Zähren.
Verliebten geht es zwar des Anfangs sehr verdreht,
Doch muß der Übergang der Tugend Lust gebären,
So wie nach Frost und Eis, das jetzt die Saaten drückt,   275
Ein grünes Frühlingskleid die Felder wieder schmückt.

Ich küsse durch die Luft Mund, Auge, Brust und Hand
So zärtlich, als mich nächst dein stiller Schenkel drückte,
Als unsre Liebe sonst kein Redezeichen fand,
Weil mancher neben uns mit Vorwitz hört' und blickte.   280
Jetzt, da mir Schlaf und Frost die Finger müde macht,
So wünsch' ich weiter nichts als eine gute Nacht. —

18. Als er von seiner Phillis Abschied nahm.

Willst du mir dein Angedenken
Nur noch mit zur Reise schenken,
Geh' ich auf ein schweres Wort
Noch einmal so freudig fort.

Solche Wunden müssen schmerzen,   5
Wenn die Qual zerrißner Herzen
Mit der letzten guten Nacht
Aus den Küssen Seufzer macht.

Daß ich dich ins Blut geschrieben,
Das bezeugt mein treues Lieben,   10
Dessen angenehmer List
Deine Freiheit dienstbar ist.

Deiner Augen scharfe Blicke
Sind die unsichtbaren Stricke,
15   Die du mir ans Herz gelegt,
Das mir jetzt vor Wehmut schlägt.

Zung' und Sprache stockt im Munde,
Da des Abschieds schwere Stunde
Wie ein Schlag vom Donner klingt
20   Und mich mit Verdruß umringt.

Ach, was werden meine Sinnen
Vor Gefahr und Angst gewinnen,
Wenn mich dein entfernter Geist
Nur mit bloßen Träumen speist.

25   Unterdessen muß ich leiden,
Was mir Glück und Zeit bescheiden;
Dieser Schmerzen und Verdruß
Hat den ganzen Trost: Ich muß.

Ja, ich muß, doch wider Willen,
30   Halt dich also nur im Stillen
Und erwarte, bis ein Tag
Unsre Liebe krönen mag.

Bis mich Sarg und Staub umfangen,
Bleibt nur Phillis mein Verlangen,
35   Und die Dauer meiner Treu'
Schläft mir noch im Grabe bei.

Läßt auch du dich nicht verführen,
Soll mich diese Grabschrift zieren:
Dieses hier verscharrte Blut
40   Hegt noch in der Asche Glut.

19. Als er sie seiner beständigen Treue versicherte.

Weine nicht, mein Kind, ich bleibe
Dir bis in den Tod getreu.
Glaube, was ich denk' und schreibe,
Ist und heißt stets einerlei,
Weil die Redlichkeit zum Lieben   5
Mir Gesetze vorgeschrieben.

Gott und Himmel können zeugen,
Daß ich dir beständig bin;
Eher wird die Wahrheit schweigen,
Als mein falsch- und leichter Sinn   10
Das geknüpfte Band zerreißen
Und des Meineids schuldig heißen.

Laß die Wetter unterdessen
Über unsrer Unschuld stehn.
Mußt du bittre Mandeln essen   15
Und vorjetzt auf Dornen gehn,
So bedenke, das Vergnügen
Wird uns einst zusammenfügen.

Warte mit Geduld der Freude
Und der ungemeinen Lust,   20
Welche du mit diesem Leide
Dir zuvor verdienen mußt.
Endlich werden deine Thränen
Dir den Weg zur Wolluft bähnen.

Jetzo geb' ich deinem Kusse   25
Eine kurze gute Nacht
Und gehorche diesem Schlusse,
Welchen das Verhängnis macht;
Doch will ich in wenig Tagen
Dir die Ankunft wieder sagen.   30

Lebe wohl! Die Zunge stammlet,
Und der Augen nasses Heer,
Das die Wehmut schon versammlet,
Macht so Hand als Feder schwer
35 Und verbietet meinem Willen,
Diesen Bogen anzufüllen.

20. An die Frau von Breßlerin.

Dein Feuer und dein Geist, galant= und muntres Weib,
Sind Kennern rechter Kunst ein süßer Zeitvertreib
Und haben neulich erst ein Meisterstück erwiesen,
Das zwar den Fürsten ehrt, doch dich selbst mehr gepriesen.
5 So fahre munter fort und laß der Mißgunst Schrei'n
Dein nettes Lautenspiel nur immerhin entweihn;
Der Nachruhm ist ein Schatz, den hohe Seelen finden
Und kluge Dichter stets um ihren Lorbeer winden.
Ich, den zum Teil der Neid, zum Teil auch Schwachheitsschuld
10 Ins Labyrinth gebracht, geh' jetzo mit Geduld,
Wohin die Schickung winkt, und will mit Sehn und Schweigen
Dem Glücke, das mich äfft, ein stark Gemüte zeigen.
Ich sehe so vorlängst, was man nicht ändern kann,
Wie alles in der Welt, mit gleichen Augen an,
15 Da Leute beßrer Kunst und von weit reichern Gaben
Vor diesem noch wohl mehr als ich gelitten haben.
Daß mancher unsrer Zeit so groß als altklug scheint
Und, weil ihm alles geht, aus tollem Wahne meint,
Es könn' ein jeder Mensch sein eigen Glücke machen,
20 Darüber muß ich so als wie die Wahrheit lachen.
Die pol'sche Barbarei hat mich ganz fremden Gast
Mit äußerlicher Gunst drei Vierteil Jahr umfaßt
Und will mich durch das Joch verliebter Possen zwingen,
Den unruhvollen Stand bald an das Ziel zu bringen.

An die Frau von Breßlerin. Das Gedicht entstand während der Reise von
Creuzburg in die Heimat, bei der Günther wieder durch Breßlau kam (Frühjahr 1721).
— 3. ein Meisterstück, Gedicht der Frau von Breßler zum Namensfest Karl Friedrichs,
Erbe zu Norwegen, Herzog zu Schleswig=Holstein (28. Januar 1721). Vgl Herrn von
Hofmannswaldau und anderer Deutschen Gedichte, VII, 211. — 21. pol'sche, polnische.

Gott weiß, wie lang es währt; löscht meiner Eltern Haus,   25
Wohin ich jetzo geh', des Feuers Ursprung aus,
So hoff' ich hier noch Trost, wo nicht, so soll mein Leben
In weit entfernter Luft nach beßrem Glücke streben.
Von dir, gelehrte Frau, verlang' ich weiter nichts,
Als nur noch diesen Strahl des holden Gnadenlichts,   30
Die Fehler junger Zeit mit Großmut zu ertragen
Und meiner Musenschar bisweilen Trost zu sagen.

— —

21. Als er insgeheim liebte.

Was ich in Gedanken küsse,
Macht mir Müh' und Leben süße
Und vertreibt so Gram als Zeit;
Niemand soll es auch erfahren,
Niemand will ich's offenbaren   5
Als der stummen Einsamkeit.

Ob ich gleich nun, schöne Seele,
Namen, Brand und Schmerz verhehle,
Würd' es doch mein Glücke sein,
Wenn du doch erraten solltest   10
Und nur einmal forschen wolltest,
Wem sich meine Flammen weihn.

Merkst du nichts aus Wort und Blicken,
Die viel Sehnsuchtszeichen schicken?
Siehst du mir kein Feuer an,   15
Wenn mein zärtliches Gemüte
Bei der Wallung im Geblüte
Diesen Trieb nicht bergen kann?

Freilich mach' ich öfters Grillen,
Aber alles doch im Stillen   20

Als er insgeheim liebte. Eine alte Abschrift des Gedichtes enthält die Bezeichnung: „Auf ein gewisses Frauenzimmer in Sauer." Günther hielt sich im Sommer 1721
eine Zeitlang in Sauer auf; es ist aber anzunehmen, daß das Gedicht in fremdem Namen
verfaßt ist.

Und dabei nicht ohne Lust,
Weil du allzeit meine Sinnen
Durch dein artiges Beginnen
Auch entfernt ergetzen mußt.

25 Will ich mich gleich selber zwingen,
Dein Gedächtnis wegzubringen,
Fühl' ich in mir Widerstand;
Denn ich glaube, dich zu lieben
War mir schon ins Blut geschrieben,
30 Eh ich noch die Wiege fand.

Doch was hilft ins Blut geschrieben,
Wenn mir dies getreue Lieben
Weder Frucht noch Hoffnung zieht?
Kranke mögen sich beklagen,
35 Nur mein Herz soll gar nichts sagen,
Ob es noch so heftig glüht.

O du ungemeines Leiden,
Schöne Früchte sehn und meiden
Und bei Quellen dürsten stehn!
40 Wenn die Hauptperson nur wüßte,
Was für Seufzer sanfter Lüste
Ihrer Schönheit opfern gehn!

Doch du ungemeines Leiden
Bist auch wahrlich zu beneiden,
45 Weil dich die Person erweckt,
Die vom Schönsten auf der Erden
Selbst verdient geehrt zu werden
Und schon manchen angesteckt.

Durch ein ehrerbietig Schweigen
50 Will ich mich gelassen zeigen,
Bis vielleicht ein Tag erscheint,
Da die Flammen heller brennen
Und der Welt entdecken können,
Wie ich es so treu gemeint.

17*

Sollt' auch dieser Wunsch betrügen,   55
Find' ich dennoch mein Vergnügen
Und die größte Lust daran,
Daß ich nach der klugen Lehre
Dieses Bild geheim verehre,
Was ich nicht besitzen kann.   60

22. An die Gelegenheit.

O Göttin, die du in der Welt
Die meisten Wünsche kriegst und zeugest,
An Nachdruck, Wahrheit, Lieb' und Geld,
An Lust die Hoffnung übersteigest,
Du, deren Huld der Klügsten List   5
So angenehm als nötig ist,
Wo soll ich deinen Tempel finden?
Wo steht dein Bild, wo raucht dein Herd,
Dir, wenn man Hülf' und Trost begehrt,
Ein kräftig Opfer anzuzünden?   10

Ich kenn' und ehre deine Macht,
Sie trotzt Gefahr, Vernunft und Stärke,
Sie leitet uns durch Fall und Nacht
Und thut verliebte Wunderwerke;
Sie stürzt und mehrt der Reiche Staat,   15
Ihr Wort kommt mit in Kriegesrat
Und hat den Rang in allen Fällen;
Sie macht auch Sklaven endlich frei
Und spricht gar oft zur Tyrannei:
Hier lege deine stolzen Wellen.   20

Was kann wohl Größers als Eugen
Den Nachruhm unsrer Zeit erheben?
Und gleichwohl wird der Held gestehn,
Dein Vorschub hab' ihm Glanz gegeben.
Mit was vor Sorgfalt, Müh' und Kunst   25
Bedient' er sich nicht deiner Gunst

Zu Frankreichs Hohn und Stambols Falle!
Er zieht, er schlägt, er siegt durch dich,
Cremona schämt sich ewiglich,
30 Dies seltne Beispiel steht vor alle.

Nun, mächtige Gelegenheit,
Nun komm und gieb mir holde Mienen;
Du wirst dir von der Dankbarkeit
Manch hohes Ehrenlied verdienen.
35 Du hast dich mich, so lang ich bin,
Aus Eifer oder Eigensinn
Oft sehn, doch niemals halten lassen;
So nah mir auch dein flüchtig Haar
In Dresden und in Breslau war,
40 So schamrot kriegt' ich Wind zu fassen.

Ich zürne, wenn der Pöbel spricht,
Du seist die Mutter aller Diebe;
Nur täusche mich vor diesmal nicht
Und thu mir einmal was zu Liebe;
45 Du sollt, wo nicht in Gold und Stein,
Davor in Wachs mein Hausgott sein.
Ich bitte ja nicht hohe Sachen;
Was denn? Um Mittel, jeden Feind,
Der jetzt mein ärgstes Unglück meint,
50 Durch Hülf' und Wohlthun fromm zu machen.

——— ———

23. An das Glück.

Hat das ungetreue Glück
Sich auf meinen Kopf verschworen?
Hat mich denn das Mißgeschick
Stets zum Fangeball erkoren?
5 Ei, so wünsch' ich tausendmal
Lieber meinen Geist zu lassen,
Als in einer solchen Qual
Mich aus Überdruß zu hassen.

29. Cremona, das die Franzosen im spanischen Erbfolgekrieg besetzt hatten, wurde von Prinz Eugen anfang 1702 erobert. — 49. meint, beabsichtigt.

Läßt sich's gleich bisweilen an,
Als wenn alles herrlich schiene,   10
Und ist auf des Glückes Bahn
Alles wohl gebähnt und grüne,
Ach, so kömmt doch allzu oft
Ein erzürntes Unglückswetter
Und zerschlägt mir unverhofft   15
Die gehofften Lorbeerblätter.

Wie, wenn zu der Sommerszeit
Phöbus uns zu schmeicheln pfleget,
Jupiter ein dunkles Kleid
Um die blauen Schultern leget,   20
Also macht's das Glück mit mir;
Erstlich reicht es süße Freuden,
Kurz darauf muß ich dafür
Einen schweren Donner leiden.

Hier erscheint ein falscher Freund   25
Und bestellt mir Fall und Netze,
Dort betrübet mich ein Feind,
Den ich zwar nicht wichtig schätze,
Doch hernach erfahren muß,
Daß die allerkleinsten Fliegen   30
Sich nicht nur an unsern Fuß,
Sondern auch ans Haupt verfügen.

Denen ich viel zugetraut,
Diese lassen mich jetzt stecken,
Und für welchen mir gegraut,   35
Diese lassen sich erwecken
Und erteilen Rat und That,
Den mir nicht ein andrer giebet,
Der nur leere Worte hat
Und um seinen Vorteil liebet.   40

Falsches Glücke, sieh auf mich,
Schwinge nicht stets dein Gefieder,
Steh einmal und lasse dich
Von der glatten Kugel nieder!

45   Bleib doch nur ein wenig stehn!
Halt, halt an, du mußt mich küssen!
Halt! Ich laß' dich eh nicht gehn,
Bis du mich der Not entrissen.

---

24. Abschiedsgedanken bei Gelegenheit einiger schweren Leibeszufälle.

1722.

Bei so nahen Todeszeichen
Zittert meine Schwachheit nicht;
An den Seiten kalter Leichen
Weiß ich, daß mein Joch zerbricht.
5   Andre mögen schwitzen liegen
Und für Zagheit nur nicht schrei'n,
Ich erblicke mit Vergnügen
Den erwünschten Abendschein.

Müder Geist, hör' auf zu klagen;
10   Kampf und Lauf sind bald vollbracht,
Die Empfindung aller Plagen
Schwindet in der letzten Nacht,
Wo mich kein Verfolger dränget,
Wo mich keine Furcht mehr schreckt,
15   Die sich hier in alles menget
Und oft Überdruß erweckt.

Strebe nur nicht mehr nach Dingen,
Die ein eitler Wunsch begehrt;
Was wir außer uns erschwingen,
20   Ist fürwahr der Müh' nicht wert.
Laß die Sehnsucht, viel zu wissen,
Nebst der Ruhmbegierde fliehn;
Die Gewalt von höhern Schlüssen
Läßt dadurch dein Glück nicht blühn.

Abschiedsgedanken 2c. Das Gedicht, in seiner Form eines der reifsten, fällt, wie
Kalbeck überzeugend nachgewiesen hat (a. a. O. S. 8 f.), in das Frühjahr 1722. Vgl. die
Anmerkungen zu V. 129 und 158. Wir besitzen von diesem Gedicht drei alte Abschriften,
ein deutlicher Beweis seiner Beliebtheit.

Glaube nur, auf deine Bitte   25
Wird kein Zeiger rückwärts gehn,
Und des morschen Leibes Hütte
Kann so lange nicht mehr stehn;
Feuer, Mut und Kraft verrauchen,
Und indem ich klüger bin,   30
Zeit und Jugend erst zu brauchen,
Sind sie wie ein Schatten hin.

Was verzögerst du so lange?
Reiß dich doch mit Großmut los!
Macht dir so ein Wechsel bange?   35
Die Veränderung ist zwar groß;
Doch beherzt! Aus diesem Leben
Ist in jenes nur ein Schritt,
Und du kannst dich froh erheben,
Weil die Weisheit mit dir tritt.   40

Diese ließ dich oftmals hören,
Wie man ruhig sterben kann;
Dir gefielen ihre Lehren,
Wende sie zum Vorteil an!
Zeige, wie vorhin im Leide,   45
Daß dein unerschrockner Mut
Dich vom Pöbel unterscheide,
Der am Ende kläglich thut.

Wohl, mein Geist, ich seh' und merke
Deines Glaubens Zuversicht   50
Nebst der ungemeinen Stärke,
Die schon aus dem Kerker bricht.
O welch innerlich Ergetzen
Macht mich erst im Tode reich!
Der Genuß von allen Schätzen   55
Kommt der Wollust wohl nicht gleich.

Fleuch, mein Geist! Nein, bleib und säume,
Bis noch eine Lebenspflicht
Durch den Abschied kurzer Reime
Von dem letzten Willen spricht!   60

Ihr Verleumder dörft nicht lachen,
Daß mein Hausrat Armut ist;
Günther kann noch was vermachen,
Warum wär' er sonst ein Christ?

65 Schöpfer, nimm mein Blut und Leben,
Nimm das anvertraute Pfund,
So du mir an Witz gegeben,
Und gedenk' an deinen Bund!
Wuchert gleich mein Fleiß im Kleinen,
70 Ist er dennoch hoch gebracht,
Wenn sein Beispiel auch nur Einen
In der Wahrheit fest gemacht.

Held, auf den ich mich verlasse,
Richter, Schatz und Seelenfreund,
75 Den ich brünstiger umfasse,
Als wohl jemand denkt und meint,
Nimm, was du dir selbst erlesen,
Nimm und heb mein Schuldbuch auf;
Will es ja die Rache lesen,
80 O, so blute vor darauf!

Geist des Trostes und der Gnade,
Der mir liebreich nachgeeilt
Und im ersten Sündenbade
Schon die Seligkeit erteilt,
85 Lege meines Glaubens Siegel,
Leg es zur Verwahrung bei,
Bis es dort auf Salems Hügel
Meiner Stirne Brautschmuck sei.

Buße, fang die milden Thränen,
90 So mir jetzt in Augen stehn
Und mit wehmutvollem Sehnen
Zur Erbarmung opfern gehn.
Kann sie deine Hand nicht fassen,
Suche des Erlösers Grab,
95 Der sein Schweißtuch hinterlassen;
Dieses trocknet alles ab.

Euch, ihr Sünden meiner Jugend,
Ohne die so leicht kein Mann
Weder zu Verstand noch Tugend
Auf der Welt gelangen kann,   100
Euch Gefährten grüner Jahre,
Schenk' ich der Vergessenheit,
Die mit euch in Abgrund fahre;
Ach, wie dauret mich die Zeit!

Feinden, welche meinem Schmerze   105
Mit Gespötte zugesehn,
Laß' ich mein versöhnlich Herze
Statt der Rache vor ihr Schmähn;
Freunden, die sich nur so schreiben
Und von Joabs Brüdern sind,   110
Soll mein Kreuz und Kummer bleiben,
Bis die Beßrung Kraft gewinnt.

Herz und Adern wollen springen,
Da ich halb verzweiflungsvoll
Durch kein Flehn noch Händeringen   115
Dich, mein Vater, rühren soll,
Dich, mein Vater, dessen Güte
Durch des Aberglaubens List
An dem redlichsten Gemüte
Zur Tyrannin worden ist.   120

Unterdessen will ich schweigen
Und nach meinen Pflichten thun;
Läßt mich dein erhitzt Bezeigen
Auch nicht in der Grube ruhn,
So erwart' ich deine Liebe   125
In der Ewigkeit aufs neu
Mit dem Wunsche reiner Triebe,
Daß dein Tod ohn' Unruh' sei.

110. Joabs. Vgl. S 16, Anm. zu V. 22.

Breßler, Kluge, Scharf und Mencke
130 Haben mehr an mir gethan,
Als ich kaum, wie weit ich denke,
Ihrem Lob erwidern kann.
Väter armer Pierinnen,
Seid zufrieden, wenn mein Geist,
135 Euer Mitleid zu gewinnen,
Einen Blick voll Ehrfurcht weist.

Du mein Unglück auf der Erden,
Allerliebste Redlichkeit,
Die du mich bei viel Beschwerden
140 Gleichwohl als mein Schatz erfreut,
Geh nur aus der Marterkammer,
Aus der Höhle meiner Brust,
Da du dir zum größten Jammer
Allzeit selber schaden mußt.

145 Geh und suche besser Glücke
Und ein würdig Haus vor dich!
Sieh nur, was ich schon erblicke:
Beuchels Herz eröffnet sich.
Zeuch allhier mit meinem Segen
150 Und mit der Versicherung ein,
Günther hoffe deinetwegen
Seiner Freundschaft wert zu sein

Treuer Candor in der Ferne,
Der du mich zuerst gelehrt,
155 Was zur Wissenschaft der Sterne
Und zur Seelenruh' gehört,
Dir bescheidet meine Bahre,
Die kaum sechsundzwanzig zählt,

---

129. Breßler. Vgl. Einl. S. XXI. Breßler starb bereits im Herbst 1722, daß er hier noch als lebend erwähnt wird, ist ein wichtiges Kriterium für die Datierung des Gedichts. Kluge, Schwager Hans Gottfried von Beuchels in Landshut. Scharf, Gottfried Balthasar (1676—1744), Pfarrer in Schweidnitz. Mencke Vgl. Einl. S. XVIII. — 149. meinem lesen die drei Abschriften und der erste Druck; spätere Ausgaben: „einem". — 153. Candor; eine der Abschriften versteht darunter den Leipziger Freund Birnbaum. Vgl. S. 109 Anm. zu Nr. 23. — 158. sechsundzwanzig; es ist nicht nötig, diese Zahl mit Kalbeck für eine poetische Licenz statt siebenundzwanzig zu betrachten. Wenn das Gedicht vor dem 8. April 1722 entstand, wogegen nichts spricht, so war Günther wirklich 26 Jahre alt, und „kaum" bedeutet hier: „wenig mehr, als".

Jenen Rest der Lebensjahre,
Der mir noch zum Alter fehlt.   160

Was ich etwan noch vor Gaben
In der Armut übrig weiß,
Sollt ihr zwei Vertrauten haben,
Hoffnung und Geduld und Fleiß.
Brüder, laßt euch diese führen   165
Und erhebt euch in die Welt,
Bis dadurch auch mein Studieren
Erst in euch den Lohn behält.

Aber ach, welch zärtlich Weinen
Zieht mir jetzt das Herz empor!   170
Kommen Seufzer aus den Steinen,
Oder täuscht ein Traum mein Ohr?
Phillis schwebt mir in Gedanken,
Phillis, das getreue Kind;
Jetzund will die Großmut wanken,   175
O was Hoffnung geht in Wind!

Phillis, die mich lieben würde,
Wenn mein Elend noch so schwer
Und die ärmste Schäferhürde
Ihre Morgengabe wär',   180
Phillis, die an Geist und Gliedern
Gleiche Kraft und Schönheit trägt
Und, die Treue zu erwidern,
Sich schon krank darnieder legt.

Holde Liebe, sei gesegnet!   185
Geh zur Phillis, sprich ihr zu,
Daß sie, wenn ihr Antlitz regnet,
Nur nicht gar zu heftig thu'.
Sprich, ihr Herz und Angedenken
Hab' ein großes Teil von mir;   190
Wird man denn auch sie versenken,
Sterb' ich noch einmal in ihr.

163. zwei Vertrauten, Beuchel und „Cander". „Zwei" liest nur eine der Ab=
schriften (eine andere „zween"); Ausgaben: drei.

Sage, du begriffne Leier,
Wem ich dich vermachen darf;
195   Tausend wünschen dich ins Feuer,
Denn du rasselst allzuscharf.
Soll ich dich nun lodern lassen?
Nein, dein niemals fauler Klang
Ließ mich oft ein Herze fassen
200   Und verdienet bessern Dank.

Soll ich dich dem Phöbus schenken?
Nein, du bist ein schlechter Schmuck
Und, an Helikon zu henken,
Noch nicht ausgespielt genug;
205   Opitz würde dich beschämen,
Flemming möchte widerstehn.
Mag dich doch die Wahrheit nehmen
Und mit dir hausieren gehn.

Auf, mein Geist! Nun fällt der Kummer
210   Eher, als du selbst geglaubt.
O was vor ein sanfter Schlummer
Wartet auf mein müdes Haupt!
Stolzer Neid, hör' auf zu pochen,
Oder, bist du noch nicht satt,
215   O so friß an meinen Knochen
Und verschone dieses Blatt!

———————•———————

Fünftes Buch.

(1722—1723).

1. An Herrn von Beuchel.

Wie ist's, Kalliope? Wie? Sind wir nicht mehr Freunde,
Und greift mich irgend auch die Arglist meiner Feinde,
Die Günthern auf der Welt nicht ruhig leiden kann,
Nunmehr zu guter letzt mit deiner Trennung an?
Dies hätte noch gefehlt, mein Elend voll zu machen;   5
Der achte Lenz rückt an, seitdem ich wie ein Nachen
Auf ungestümer See bald hier= bald dorthin flieh',
Verachtung und Gefahr und Kummer nach mir zieh',
Des Leibes starken Bau durch Sturm und Wetter breche
Und, was mein Unglück ist, des Geistes Freiheit schwäche.   10
Was hab' ich nicht gewünscht, erduldet und gefühlt,
Verändert, gut gemeint, geseufzt, gewagt, verspielt,
Versucht, gehofft, geharrt und eifrig unternommen!
Wie mancher ist ein Narr, schimpft Kluge, lacht der Frommen,
Verläßt sich auf Betrug, lebt in den Tag hinein,   15
Läßt Gott den besten Mann und fünf gerade sein
Und kommt gleichwohl ans Brett, so dumm er angefangen;
Zum Haben braucht er nichts als Kühnheit und Verlangen

An Herrn von Beuchel. Hans Gottfried von Beuchel, Handelsherr in Landshut
(1696—1727). Vgl. Einl. S. XXVI. — In einem Briefe an ihn vom 28. Februar 1722
(mitgeteilt von Kalbeck, a. a. O. S. 75 f.) schreibt Günther: „Sie werden innerhalb zehn
bis zwölf Tagen in einem vor Sie verfertigten geschriebenen Getichte meinen ehrlichen Vor=
satz weitläuftiger lesen und dabei genau erwägen können, ob und inwieweit ich würdig
wäre nur in etliche vergnügtere Umstände zu kommen." Das hier erwähnte Gedicht ist das
vorliegende. — 6. Der achte Lenz, genauer der siebente; denn im Frühjahr 1715 war
er noch auf der Schule zu Schweidnitz.

Und Grobheit vor Verstand. Nur mir (das ist zu viel)
20 Erwirbt der beste Fleiß das schlimmste Widerspiel,
Als wär' ich schon versehn, durch ein so mühsam Leben
Vom Eigensinn des Glücks ein Muster abzugeben.
Und sollt' auch bloß darum ein Wunderwerk geschehn,
So muß der Dinge Lauf sich mir zuwider drehn,
25 Bis alles, was ich thu und noch so furchtsam wage,
Die Hoffnung, die mich lockt, auf einmal niederschlage.
In solchem Ärgernis und so viel langer Qual
Bist du, Kalliope, gleichwohl noch allemal
Nach dem, der oben herrscht, mein Arzt und Trost gewesen,
30 Du, die ich als ein Kind mir schon zur Braut erlesen
Und ganz entzückt geküßt, eh noch mein Witz erriet,
Warum ich Flavien so gern ein Hühnchen briet;
Was litt ich dort nicht schon um deiner Liebe willen!
Der Vater zog mich ab, verwarf mein Spiel als Grillen
35 Und sprach (ich hör' es noch): Sohn, wirf den Bettel hin
Und häng den Brotkorb an; kein Reimen bringt Gewinn,
Und wenn die Kranken uns den fetten Zins entrichten,
So müßt ihr faules Volk von magern Kühen dichten.
So pfiff, so schwatzt' er mir, doch stets vergebens, vor;
40 Natur ging über Zwang, ich nahm dein Lautenchor,
Kroch hinter Holz und Herd, in Winkel, in den Garten
Und ließ dabei umsonst Schlaf, Tisch und Kegel warten.
Dies sahst, dies merktest du, und weil, wo nicht mein Kiel,
Dir doch zum wenigsten die Lust darzu gefiel,
45 So gabst du dich mir gern und willig zu erkennen,
Da wurden wir vertraut, mein Herz fing an zu brennen
Und lernte nach und nach, zuerst von ohngefähr,
Daß zweierlei Geschlecht und Lieben Leben wär'.
Jetzt kam mir der Besitz von deiner Gunst zu statten
50 Dort, wo mir Roschkowitz im kühlen Lindenschatten
Durch Philindrenens Kuß den ersten Wunsch entführt,
Und wo ihr Name noch viel glatte Birken ziert.

---

32. Flavien, die früh verstorbene Jugendgeliebte. (Vgl. Einl. S. XIII.) — 51. Philindrenens. Diesen Namen braucht Günther sonst als identisch mit Flavia (vgl. oben S. 250, V. 136). Litzmann hat an dieser Identität auch hier festgehalten und daraus geschlossen (Günthers Ged. S. 11), daß das Verhältnis zu Flavia sich ebenfalls in Roschkowitz abgespielt habe. Wahrscheinlicher ist es, daß hier unter Philindrene Leonore zu verstehen ist, schon deshalb, weil der Dichter sonst niemals innerhalb weniger Verse ein und dieselbe Person mit verschiedenen Namen bezeichnet hat.

Du weißt, Kalliope, die Nachtluft im Gefilde,
Den nahen Aufenthalt von klein= und großem Wilde,
Die Gegend, so den Blick durch Wiesen, Wald und Feld 55
Von weitem und auch nah mit Wollust unterhält,
Dort, wo die faule Loh' durch Forst und Thäler schleichet,
Wo unser Schlesien sich selbst an Schönheit weichet,
Und wo der heil'ge Stamm der großen Eiche steht,
Die Logau, Lohenstein und unser Gryph erhöht. 60
O allerliebster Ort, wie sollt' es mich ergetzen,
Noch einmal meinen Fuß auf deine Trift zu setzen!
Ach, kleines Roschkowitz, wie wohl gefällst du mir!
Mein Ruhplatz ist noch fern; ach, wär' er doch in dir!
Ach, käm' es mir so gut, mit Büchern und mit Singen 65
Nach überstandner Angst mein Leben hinzubringen!
Doch was der Himmel will und was sein Schluß versehn,
Das will ich ohne Zwang, das mag, das muß geschehn.
Du weißt, Kalliope, dergleichen Sehnsuchtslieder
Bewegten dort herum das Echo hin und wieder; 70
Da lebte Günther wohl, da war noch gute Zeit,
Da wußten wir noch nichts von Not und Dürftigkeit,
Von Spott und Heuchelei, die bald mit Haufen kamen
Und Glücke, Gönner, Freund und Mut und alles nahmen.
Mit Wehmut ließ ich dich, geliebtes Vaterland, 75
Mit Klagen schlug ich dort den grünen Oderstrand,
Mit Thränen gab ich oft Albinens Brot vom Tische,
Und mit Verzweiflungsangst erfüllt' ich das Gebüsche
Der schönen Philyris, die dennoch meiner Not
(Gott schütze sie davor!) fast Mutterhände bot 80
Und, wenn es nah und fern auf meine Scheitel krachte,
Empfindung, Furcht und Last ein gut Teil leichter machte,
Doch niemals so geschickt, als du, Kalliope.
Dies ist und bleibt mein Ruhm, an dem ich nichts erhöh',
Als was die Wahrheit hebt. Die Treu' von Leonoren, 85
Die ihrem Besser mehr gehalten als geschworen,

---

57. die Lohe, Nebenfluß der Oder. — 60. Gryph, Andreas Gryphius. — 77.
Albinens, Wittenberg. — 79. Philyris, Lindenstadt = Leipzig. Vgl. S. 116, Anm.
— 85 f. Unzweifelhaft ist hier der Dichter Johann von Besser (vgl. Einl. S. V) gemeint.
An einer andern Stelle (in einem Trostgedicht. Ged. S. 620) heißt es: „Du übernimmst
dich mit so verrückten Sinnen, Als Besser, da sein Herz den halben Teil verlor." — Bessers
Gemahlin († 1688) hieß aber Katharina Elisabeth, und es ist daher ganz unklar, wer hier

Die Treu', die Zärtlichkeit, die Neigung und die Luft
Erhielt ich auch von dir, du stärktest meine Bruft,
Du littest freudig mit, erzeigtest dich gelassen,
90 Bewiesest, mit Vernunft ein tapfers Herz zu fassen
Und botest mir den Arm zur sichern Stütze dar.
So scheinbar und so groß mein täglich Unglück war,
So wenig konnt' es dich von meiner Seite bringen;
Die Feinde brachen ein, du fingest an zu singen,
95 Da mich, wie dort bei Saul, der Geist der Traurigkeit,
Ein Wink war schon genug, so sah ich dich bereit,
Mein staubicht Instrument dem Hiob nach zu stimmen,
Und fühlte gleich in mir dein hülfreich Feuer glimmen.
Wie aber hält es jetzt so gar erbärmlich fest?
100 Was ahnt dir, sprödes Kind? Was ist dir, das dich preßt,
Und warum maulst du doch? Ach, laß dich doch bedeuten
Und spanne nicht zu hoch, sonst reißt mein Zorn die Saiten
Und greift, verstocktes Kind, wie du schon oft gethan,
Dich mit der Stachelschrift so scharf und höhnisch an,
105 Daß, wenn auch Phöbus selbst dir nicht zuwider wollte,
Mein Eifer dennoch mehr als Phöbus gelten sollte.
Bin ich dir nicht mehr lieb, so sei doch nicht so grob
Und wegre nicht die Hand vor dessen wahres Lob,
Der dir so gut als mir ein Herz voll Liebe schenket
110 Und besser als wir selbst auf unsre Kinder denket.
Geh in dich, hartes Kind, und laß den tollen Sinn;
Nun wohl, ich seh', du kommst; komm her, setz an, schreib hin
Und rede dies vor mich: Freund, dessen Geist und Mienen
Auch selbst den Gratien zum Anmutspiegel dienen,
115 Freund, dessen Lieb' und Huld dem, der sie einmal fängt,
Den Zweifel, los zu sein, bis an das Herz verschränkt,
Nimm, ist es deiner wert, ein unverfälscht Gemüte
Vor Hekatomben an; die unverdiente Güte
Verdient ein Widergeld; mehr kann die Armut nicht,
120 Die allzeit ihren Dorn in unsern Lorbeer flicht.

mit Leonore gemeint ist. In Beßers Gedichten (ed. J. U. König, Leipzig, 1732) kommt
der Name nur einmal vor, in „Celadons Abschied und Eleonorens Wehklage, aus einem
alten teutschen Liede verbessert" (S. 742).
    101. maulst du doch; so liest eine alte Abschrift und der erste Druck, die späteren
Ausgaben: „maulst du dich". maulen = unwillig sein. — 108. wegre, niederdeutsche
Form statt „weigre".
    Die Gegner der zweiten schlesischen Schule I.   18

Und glaube nur dabei ohn' alle Flüch' und Schwüre,
Im Fall mir auch von dir nichts Gutes widerführe,
Daß dessen ungeacht (dies schreibt die Wahrheit her)
Mein Herze gegen dich ein Herz voll Ehrfurcht wär'.
Mein Herz, das fromme Schaf, nicht vom gemeinen Haufen,   125
Läßt niemals seinen Trieb durch Mammons Blech erkaufen,
Es sieht auf Redlichkeit, es schätzt den treuen Sinn,
Und wo es diese trifft, da läuft es willig hin,
Da bleibt, da läßt es sich zum Freundschaftsopfer schlachten;
Du wirst es, edler Freund, des Dienstes würdig achten.   130
Ist deiner Redlichkeit mit Redlichkeit gedient,
So setzle dieses Pfand; es hat sich viel erkühnt
Und öfters ziemlich stark auf deine Gunst verlassen;
Doch weil du Beuchel bist, so weiß es Trost zu fassen
Und traut dir alles zu, was edle Seelen ziert.   135
Ich bin so wunderlich viel Schulen durchgeführt;
Du kennst das Herzeleid, womit mich Feinde sichten
Und bist allein geschickt, mich endlich aufzurichten.
Dies kommt nun darauf an, daß so ein Freund wie du
Mit Sanftmut und Vernunft den Fehlern Einhalt thu',   140
Die Schwachheit übersch', die böse Zeit beklage
Und alles so zu mir, wie zu sich selber, sage.
Dies unterlaß doch nicht an mir, mein Jonathan!
Schau, wie die Liebe sich so wenig bergen kann;
Ich weiß, ich bin ein Mensch, der leichtlich fällt und gleitet,   145
Wenn inn= und äußerlich die Not das Fleisch bestreitet.
Erinnre, stelle vor, schreib, rede kräftig ein;
Ein Scheltwort soll von dir mir allzeit lieber sein
Als andrer blinde Gunst und noch so reiches Schmeicheln.
Wer Glück und Beßrung wünscht, der muß sich selbst nicht heucheln,   150
Sonst kommt er um die Frucht, worauf die Strafe zielt.
Ich habe von Geburt den edlen Trieb gefühlt,
Die an Verstand und Witz mir anvertrauten Gaben
Nicht wie der Knecht sein Pfund aus Faulheit zu vergraben;
Ich bin der Wissenschaft begierig nachgeeilt,   155
Ich habe meine Zeit in vielen Fleiß geteilt
Und schon, so jung ich bin (ohn' eigen Lob zu dichten),

---

146. inn= und äußerlich. Ähnlich Goethe, Faust (Herenküche): „Damit die Kraft
durch Inn= und Äußres dringt." (Kürschners deut. Nat.=Litter. Bd. 93, S. 112, V. 2216.)

Manch lehrbegierig Herz; durch stilles Unterrichten
Zur Wahrheit angeführt, zur Weisheit aufgeweckt;
160 Ich hab' auch jedermann die Neigung frei entdeckt,
Wie gern ich, wenn es mir die Ohnmacht nicht verwehrte,
Vor andrer Wohlergehn mein eigen Blut verzehrte,
Und damit geht auch wohl die rechte Weisheit um,
Und darauf gründet sich das wahre Christentum;
165 Allein was ist der Dank, so recht und gut ich's meine?
Verfolgung, Dürftigkeit, Gram, Mißgunst, Lästersteine
Und Lügen obendrauf. So schmerzlich frißt kein Schwert,
Als dieses Ärgernis durch Mark und Beine fährt.
Dies macht den Geist verzagt, dies macht den Körper mürbe,
170 So daß ich seufzen muß: Ach, daß ich doch nur stürbe,
Da endlich auch sogar mein eigen Fleisch und Blut
Den Feinden wider mich aus Blindheit Vorschub thut
Und der auch dem — ach Gott, hier kann ich nichts als schweigen;
Wer recht, wer unrecht sei, mag deine Vorsicht zeigen.
175 Indessen fällt der Mut, der Körper nützt sich ab,
Und beide, wie gesagt, begehren Ruh' und Grab.
Du siehest Tag vor Tag, du Ursprung aller Dinge,
Mit was vor Ungeduld die müde Seele ringe,
Du zählst die Thränen ab, du wägst mein schweres Ach,
180 Bist gütig, voller Macht, siehst größern Sündern nach,
Erkennst mein ehrlich Herz und ernstliches Gebete,
Womit ich insgeheim vor deine Gnade trete;
Wie aber kannst du mich von denen, die dich schmähn,
Ohn' alle Hülf' und Rat so lange martern sehn?
185 Es reißt ja Neid und Groll die Stärke meiner Glieder
So wie ein hungrig Tier verirrte Pilger nieder.
Ich fleh' und winde mich, umsonst! Dein Ohr ist taub,
Das Leben meine Last und ich der Feinde Raub.
Bin ich nun schuld daran, so reiß mich von der Erden;
190 Was ist dir denn gedient, noch mehr erzürnt zu werden?
Macht aber fremder Fluch mein Leben unruhvoll,
Wo bleibt die Billigkeit, die jeder ehren soll?
Du bist ja Gott; ist's wahr, so wie ich weiß und glaube,

---

158. lehrbegierig, nach Lehre (Belehrung) begierig. — 171. mein eigen Fleisch
und Blut, der unversöhnliche Vater. — 183. dich schmähn. Lesart der alten Abschrift
des Gedichts; die Ausgaben lesen: „mich schmähn".

So wälze doch nur nicht den armen Wurm im Staube,
Der, wenn ihn auch dein Zorn, dein Eifer ganz zerschmeißt,   195
Ein schlechtes Heldenwerk der höchsten Allmacht heißt.
So ängstlich, werter Freund, schreit oft mein Widerwillen,
Wenn Schatten, Stern und Schlaf Welt, Luft und Auge füllen,
Und wenn die Einsamkeit der kummervollen Nacht
Den Zustand meiner Not im Finstern klärer macht.   200
Da setzet sich mein Geist im Umsehn keine Schranken,
Da sinnt er hin und her, da spielt er mit Gedanken,
Da seh' ich selbst in mir die Händel dieser Welt,
Den bösen Lauf der Zeit im Spiegel vorgestellt,
Da find' ich nichts als List und weder Treu' noch Glauben,   205
Da seh' ich Narren blühn und kluge Leute schrauben,
Da schreckt mich hier und dort Krieg, Hunger, Pest und Brand,
In Ehen Zank und Haß, in Freundschaft Unbestand,
Im Tempel Hochmut, Geiz, Verleumdung, Wechselbänke,
In Schulen Finsternis und leeres Wortgezänke,   210
In Themis' Heiligtum ein goldnes Spinnennest,
Das magre Fliegen fängt und Hummeln schwärmen läßt,
Im reichsten Comptoir viel Fluch an schönen Wänden
Und endlich überhaupt in groß= und kleinen Ständen
Das Leben und die Zeit der hundertzwanzig Jahr,   215
Eh Noah mit dem Bau des Kastens fertig war.
Ein solches Ärgernis von allgemeinem Jammer
Verjagt mir oft den Schlaf aus Auge, Bett und Kammer,
Bis daß zuletzt mein Geist auf dich, mein Beuchel, fällt
Und, weil ihn sonst kein Bild vergnügter unterhält,   220
Licht, Blatt und Feder sucht, ein Trostlied aufzusetzen.
Vergönne mir die Lust, denn da mir das Ergetzen
Der Unterredung fehlt, so sprech' ich stumm mit dir
Und meine dich zu sehn und seh' doch nur Papier.
Daraus entwirf dir nun der wahren Liebe Stärke;   225
Sie thut bei Freunden stets dergleichen Wunderwerke.
Mein Kreuz sei noch so schwer, ich schleppe, weil es geht;
Wer weiß, was noch vor mich im Vorsichtsbuche steht,
Und ob ich nicht vielleicht, des Alters zu genießen,
Das, was ich leiden soll, auf einmal leiden müssen.   230
Erscheint kein holder Stern, so ist es eben das;

227. weil, so lange.

Gewohnheit schwächt das Gift; ich will ohn' Unterlaß
Nichts minder eifrig thun und auf die Ruh' studieren.
Wer nichts mehr übrig hat, der kann nichts mehr verlieren;
235   Entkräftet mich die Müh', im Grabe schläft man aus,
Die Nacht ist lang genung. Beschließt kein eigen Haus
Mich und ein dienstbar Volk, ist doch die Welt nicht enge.
Betrübt mich dann und wann der Feinde Macht und Menge,
Gott stirbt, Gott ändert nicht. Sechs Kluge sind mir hold,
240   Und Beuchel ist mein Freund. Entbehr' ich Geld und Gold,
Entbehr' ich vieler Furcht; mein Schatz ist ohne Bürde:
Die Selbstzufriedenheit. Erhöht mich keine Würde,
So stört kein Modegruß die süße Morgenruh';
Regier' ich keinen Staat, so seh' ich sicher zu,
245   Und wird mein siecher Leib von Arbeit mitgenommen,
So bleibt der Witz gesund. Will niemand zu mir kommen,
So redet mein Verstand mit Leuten, die nicht sind,
Durch deren Beispiel auch mein Elend Trost gewinnt.
Ja, schadet noch zuletzt die Mißgunst meiner Ehre,
250   So weiß ich, daß sie teils zur Eitelkeit gehöre,
Teils in mir selbst besteh'; auch geht's vielleicht noch an,
Daß meine Ruhmbegier ihr Futter finden kann.
Die Hoffnung speist sie schon, man werde von mir lesen,
Daß Günther und sein Fleiß nicht gar umsonst gewesen. --
255   Verhängnis, wo ich dich noch etwas bitten darf,
Ach, so verfahre doch dein Ratschluß nicht so scharf!
Ich bitte nur zehn Jahr nebst einem Mäcenaten;
Dich kommt es nicht schwer an, und mir ist viel geraten;
Ich will gewiß davon den vierten Teil kaum ruhn,
260   Ich will damit der Welt noch manche Dienste thun
Und in der Poesie durch unermüdet Wachen
Verdienter Männer Ruhm in Deutschland ewig machen;
Denn was an Menschen lebt, ist Tugend und Verstand
Und Kunst und Wissenschaft, das andre deckt der Sand.
265   Mein Beuchel, hilf mir auf und gieb mir jetzt das Leben,
Ich will und werd' es dir bis auf die Nachwelt geben,
Und daß mein Tod dein Lob nicht übereilen soll,
So heft' ich schon damit der Zeit den Flügel voll.

---

255. Vor diesem Vers steht in den Ausgaben P. S (postscriptum).

2. Der ohne Mitleiden Leidende in einem Traume vorgestellt.

Ich warf mich nächtlich in dem Bette
Und dachte traurig hin und her,
Woran ich mich versündigt hätte,
Und was doch mein Verhängnis wär'.
Ich sah den Trotz der reichen Thoren,　　5
Ihr Sauflied fiel mir in die Ohren,
Sie schlugen Sorg' und Gott in Wind;
Ich ließ den Glauben ziemlich wanken
Und kam auf artige Gedanken,
Die klüger bleiben, was sie sind.　　10

Darüber zeigte mir der Schlummer
Ein ungewöhnlich Traumgesicht:
Ein Weibsbild lief vor Neid und Kummer
Und schien erbärmlich zugericht;
Sie dachte sich mit Schrei'n und Zähren　　15
Des nahen Elends zu erwehren,
Das Schrecken gab ihr Kraft zur Flucht,
Allein die Armut hielt sie wieder
Und riß sie bei der Hecke nieder,
In der sie Hülf' und Rat gesucht.　　20

Der Hunger fraß in Fleisch und Beine,
Die Lügen sogen Mark und Blut,
Die Laster warfen Pfeil' und Steine,
Die Thorheit sprach den Frevel gut;
Die Unschuld sah die Angst von weiten　　25
Und wollt'　und ward auf allen Seiten
Vom Aberglauben weggejagt;
Die Zeit kam auch mit ihrer Länge
Und sprach: O halt nur im Gedränge;
Du bist noch nicht genug geplagt.　　30

Die Gegend vor dem Trauerspiele
Wies in der Näh' ein lustig Feld;

---

10. bleiben, was sie sind, Gedanken bleiben, d. h. nicht ausgesprochen werden.

Auf diesem lacht= und scherzten viele,
Wie wenn man etwan Hochzeit hält.
35   Es waren Freund' und Anverwandten,
Die unsrer Ärmsten Not wohl kannten.
Sie rief, sie schrie, sie weint' und bat
Und streckte die zerfleischten Armen;
Nicht einer war, der aus Erbarmen
40   Nur wenig Schritte näher trat.

Drauf ächzte sie zum letzten Male:
Ach Himmel, hilf mir aus der Not!
Er that es mit dem schärfsten Strahle,
Sein Mitleid war ihr schneller Tod;
45   Die Feinde schleppten ihre Leiche
Durch Wege, Sand, Morast und Sträuche,
Ihr Grabmal war ein wüster Ort. —
Mein Aug' erschrack vor solchem Grimme
Und wachte gleich von dieser Stimme:
50   So schickt man deine Jugend fort!

3. Als er das, was er liebte, entbehren mußte.

Etwas lieben und entbehren
Ist ein Schmerz, der heimlich quält;
Wenn die Blicke Zungen wären,
Hätten sie dir längst erzählt,
5   Was dein Wesen, kluges Kind,
Über mich vor Macht gewinnt.

Denke, wie es martern müsse,
Wenn ein müder Pilgersmann
Von dem Ufer tiefer Flüsse
10 Keinen Trunk erreichen kann
Und mit Sehnsucht und Verdruß
Wasser sehn und dursten muß.

Als er das, was er liebte ꝛc. Das Gedicht bezieht sich wahrscheinlich auf dieselbe Frau D. in Landshut, an welche auch das folgende Gedicht gerichtet ist. (Vgl. dies.)

Deiner Schönheit reife Früchte
Martern mich ja auch zu scharf,
Denn sie sind nur Schaugerichte,   15
Die mein Mund nicht kosten darf.
O betrübter Appetit,
Der verbotne Früchte sieht!

Schilt dein zorniges Empfinden
Mein verwegen Lüsternsein,   20
So vergieb den schönen Sünden,
Denn sie sind hauptsächlich dein,
Weil du gar so reizend bist,
Daß man sich aus Lust vergißt.

So ein feuerreich Gemüte,   25
Das die netten Glieder lenkt
Und sowohl Verstand als Güte
Unter Blick' und Küsse mengt,
Solches, sag' ich, läßt nicht zu,
Daß man unempfindlich thu'.   30

Gleichwohl lern' ich mich bescheiden
Und begnüge mich daran,
Wenn dein Bild mein stummes Leiden
Nur im Traume lindern kann,
Und ich nachmals auf den Tag   35
Dir die Ehrfurcht zeigen mag.

4. An eine gute Bekannte in Landshut.

Gedenke von mir, was du willst;
So sehr du mich verwegen schiltst,

An eine gute Bekannte ꝛc. Das erhaltene Originalmanuskript betitelt das Gedicht „An die Frau D. in Landshut". Über ihre Persönlichkeit ist näheres nicht bekannt; daß sie verheiratet war und ihr Mann zu dieser Zeit noch lebte, folgt aus V. 14 f. Eine ernste Leidenschaft läßt weder dieses, noch das vorige Gedicht erkennen, wohl aber den Ton der damals herrschenden Galanterie, die freilich nicht nach unseren gesellschaftlichen Begriffen zu messen ist.

So wenig kann ich mich entbrechen,
Jetzt, da mein ungewisser Fuß
5 Den Abschied nehmen soll und muß,
Mit dir, galantes Weib, ein redlich Wort zu sprechen.

Ich habe von Natur ein Herz,
Das sonder Eigenlob und Scherz
Die Wahrheit mehr als Reichtum schätzet,
10 Ein Herz, das Gott und Weisheit liebt,
Mit Wissen keinen Mensch betrübt
Und das sich überall an Redlichkeit ergötzet.

Dies Herze bleibt nun dir geweiht,
Ob gleich Verhängnis, Glück und Zeit
15 Dich an ein ander Herz gebunden.
Verfluche mein Bekenntnis nicht;
Ich habe noch kein Angesicht
Und nichts so schön vor mich als deinen Wert gefunden.

Mein Vers verletzt dein keusches Ohr;
20 Indessen kann denn ich davor,
Dir, was ich fühle, frei zu sagen,
Daß nämlich, da ich bei dir saß,
Dein reizend Ein ich weiß nicht was
Mit seiner Artigkeit mein Herze wund geschlagen?

25 Dies schwör' ich bei der Augen Macht,
Wodurch dein Geist gefährlich lacht,
Daß, wenn ich mich vermählen wollte,
Daß, sag' ich, könnt' es nur geschehn,
Mein Herz und Mund und heißes Flehn
30 Kein ander Weib als dich vom Himmel bitten sollte.

O was vor Eintracht, Scherz und Lust
Verspräch' ich mir an deiner Brust,
Dem Tempel unverfälschter Liebe!
Wie zärtlich wollt' ich mit dir thun,
35 Wie sanfte dächt' ich nicht zu ruhn,
Wenn dein Besitz der Lohn von meinem Fleiße bliebe!

19. dein keusches Ohr, Lesart des Manuskripts. Die „Nachlese" hat „kein keusches Ohr".

Ich such' und finde dich in mir,
Ich seh' und finde mich in dir,
Wir haben einerlei Gemüte;
Ein Paar von solcher Ähnlichkeit　　　　　　40
Ist wohl von größrer Seltenheit
Als Freunde wahrer Treu' und schwarze Pfirschkenblüte.

Die Fruchtbarkeit von deiner Schoß
Ist wahrlich nicht so reich und groß,
Als deiner Mienen Geist und Stärke.　　　　　　45
Auch keine Stunde geht dahin,
In der ich, wenn ich bei dir bin,
An dir kein neues Bild der höchsten Tugend merke.

Mit Schmeicheleien red' ich nicht,
Weil dieses selbst die Wahrheit spricht:　　　　　　50
Du bist so artig als bescheiden
Und kannst den wohlverdienten Ruhm
(Dies ist der Wahrheit Eigentum)
So wenig als mein Vers das Lob des Pöbels leiden.

Die Selbstverleugnung hilft dich nichts;　　　　　　55
Die Schönheit hat die Art des Lichts
Und läßt sich nimmermehr verstecken:
Je mehr sich dein Verdienst verhüllt,
Je besser wird sich auch ihr Bild,
So wie bei Nacht der Mondenschein, entdecken.　　　　　　60

Du brauchst auch weder Putz noch Kleid,
Viel minder die Beredsamkeit,
Bei aller Welt beliebt zu werden.
Ein obenhin bewegtes Glied
Ergötzt, entzündet, reizt und zieht　　　　　　65
Viel Sehnsucht aus der Brust und fängt uns mit Gebärden.

Die Nachwelt soll nach langer Zeit
Durch meiner Lieder Ewigkeit

59f. sich entdecken, sich offenbaren.

Auch deines Namens Denkmal lesen
70 Und über das Verhängnis schrei'n
Und mir zu Liebe zornig sein,
Daß du, galantes Kind, mir nicht beschert gewesen.

Ich denke, weil ich leb', an dich;
Gehab dich wohl, gedenk' an mich,
75 Es geh' dir ewig nach Vergnügen.
Viel Stürme melden sich schon an,
Nachdem ich dich nicht küssen kann;
Drum laß mir dann und wann ein Blatt zu Hülfe fliegen.

5. Zuruf eines seligen Kindes aus der Ewigkeit an seine hochbetrübten Eltern.

Krönt, werten Eltern, meine Leiche
Mit Myrten, Rosen und Jesmin
Und laßt die schönsten Blumensträuche
Auf meiner frühen Bahre blühn,
5 Nachdem der Engel Siegeswagen
Mich ins gelobte Land getragen.

An mir ersaht ihr mit Erbarmen
Den schwersten Kampf der letzten Not,
Es rungen die geschwächten Armen
10 Mit Jammer, Unruh', Angst und Tod,
Und durch die abgezehrten Glieder
Lief Schmerz und Elend hin und wieder.

Riß damals euer Herz in Stücken,
Und wollt' euch aller Trost entfliehn,
15 Da meiner Finger scharfes Zücken
Der Ewigkeit zu winken schien,
So gebt euch jetzo nur zufrieden,
Das Elend ist mit mir verschieden.

Zuruf eines seligen Kindes 2c. Die Anfangsbuchstaben der Strophen ergeben
den Namen „Karl Wilhelm". — Das Gedicht bezieht sich, wie das folgende, auf den Tod
des Kindes seiner noch immer geliebten Leonore Beide entstanden im Juni 1722 kurz
vor Günthers Abreise von Landshut; sie sind in einem ganz von Günthers Hand her-
rührenden Hefte handschriftlich erhalten, welches das Datum: „21. Juni 1722" trägt.
Vgl. Einl. S. XXII f. — 16. Ewigkeit, hat Günthers Manuskript: Ausgaben: „Excellen".

Laßt Perlen statt der Thränen fallen,
Die Unschuld braucht sie in mein Kleid.   20
Ach, hörtet ihr die Lieder schallen,
Woran sich jetzt mein Ohr erfreut,
Ihr würdet euch des Klagens schämen
Und um mein Glücke wohl nicht grämen.

Was hätt' ich euch für Müh' und Kummer   25
Vielleicht auf Erden noch gemacht,
Wofern mich nicht der letzte Schlummer
So zeitig in die Ruh' gebracht!
Wie mancher Sorgen und Beschwerden
Entladet euch mein Grab auf Erden!   30

Jetzt bin ich der Gefahr entflogen,
Womit die List der bösen Welt
So wie des wilden Meeres Wogen
Die Jugend oft in Abgrund schnellt.
Jetzt kann mich weiter nichts verführen,   35
Ihr aber mich nicht mehr verlieren.

Legt also dem entseelten Leibe
Das Kleid der grünen Hoffnung an;
Denn weil ich euch zum Zeitvertreibe
Auf Erden nicht mehr dienen kann,   40
So werd' ich hier bei Salems Schätzen
Euch einmal desto mehr ergetzen.

Liegt irgend wo in eurer Kammer
Ein Spielwerk oder Kleid von mir,
So denkt dabei an meinen Jammer   45
Mit diesem Troste: Weit von hier!
Dahin, wo Herrlichkeit und Leben
Mein nicht mehr schwaches Haupt umgeben.

Hier wird die eingefallne Scheitel
Mit Glanz und Klarheit angefüllt;   50
Bei euch ist aller Reichtum eitel,
Da hier mein Wechsel ewig gilt,
Mein Wechsel, der nach wenig Tagen
Den besten Wucher eingetragen.

55 Es rührt mich weder Qual noch Schrecken
In Gottes weiser Allmachtshand;
Was wir hier hören, sehn und schmecken,
Ist euren Sinnen unbekannt.
Ach, gönnt doch eurem lieben Sohne
60 Die Freiheit vor des Lammes Throne!

Lobt den, durch dessen Vatergüte
Mein zeitlich Kreuz so bald vergeht,
Und glaubt, daß mein getreu Gemüte
Vor Gott auch euer Lob erhöht.
65 Hier rühm' ich aus dem reinsten Triebe
Die Sorgfalt mir erwiesner Liebe.

Mit diesem Danke nehmt für Willen
Und seht mir in den Himmel nach,
So wird sich alle Wehmut stillen,
70 Womit ich euch das Herze brach;
Lebt wohl, und wünscht ihr mehr zu hören,
So kommt sein bald zu unsern Chören.

6. An Leonoren bei Absterben ihres Karl Wilhelms.

Mein Mitleid, glaub' es mir, betrübte Leonore,
Weint gleichfalls insgeheim bei deinem Trauerflore,
Und da dein zärtlich Herz vor Angst und Wehmut schlägt,
Wird auch mein treues Blut, ich weiß nicht wie, bewegt.
5 Du grämst dich um dein Kind und hast auch recht zum Grämen;
Es läßt doch Fleisch und Blut sich nicht die Regung nehmen,
Und was von Herzen kommt, das muß zu Herzen gehn,
Wenn Kummer und Verlust aus seiner Flucht entstehn.
Dein Herz ist von Natur zu zärtlich im Empfinden,
10 Du kannst den schnellen Riß nicht allzu bald verbinden;
Ein Tuch, ein Kleid, ein Ort bringt jetzt mit großer Pein
Den Jammer deines Sohns oft ins Gedächtnis ein.

65. aus Ausgaben: „mit"; Günther selbst hat im Manuskript „mit" durchgestrichen und durch „aus" ersetzt. — 67. für Willen = fürlieb. — An Leonoren x. Das Gedicht schließt sich nach Zeit und Inhalt eng an das vorige an. Vgl. Anmerkung dazu.

Nun, weil du Mutter bist, so setze dich und weine,
Doch so, daß auch dein Schmerz nicht gar Verzweiflung scheine;
Verscharre deine Qual sowie den Sarg ins Grab   15
Und brich doch nicht so viel von deinen Kräften ab.
Du hast ja mehr Vernunft als andre deinesgleichen,
Ach, laß dir doch von ihr ein heilsam Pflaster reichen.
Du kennst, du siehst und weißt den Grund im Christentum,
Ach, sieh dich in der Schrift nach Ruh' und Tröstung um.   20
Dein Karl ist wohl versorgt, was sollt' er auf der Erden?
Je mehr man Jahre zählt, je mehr der Sünden werden;
Er stirbt in Unschuld hin und läßt die böse Welt,
Bevor ihr falscher Schein ihm Netz und Angel stellt.
Ach, wolltest du ihm wohl des Lebens Elend gönnen?   25
Wie leichtlich hätt' er dich nicht mehr betrüben können,
Wenn irgend mit der Zeit die wohlgeratne Zucht,
Durch fremde Schuld verführt, dein Herz mit Angst versucht!
Betrachte doch einmal den Lauf von unsern Zeiten,
Wo Laster und Gefahr die Frömmigkeit bestreiten,   30
Wo Recht und Billigkeit nur Hohn und Haß erwirbt
Und, wer es ehrlich meint, in Not und Staub verdirbt.
Je mehr das Alter wächst, je schwerer wird das Sorgen;
Auf eine stille Nacht, auf einen guten Morgen
Folgt oft ein Jahr voll Qual, voll Unruh', voll Verdruß,   35
So daß man sich den Tod vergebens wünschen muß.
Du sprichst: Ach, wenn mein Kind nur nicht so viel gelitten;
Sein allzugroßer Schmerz, der Bein und Mark durchschnitten,
Durchdringt mein Mutterherz so wie ein schneidend Schwert
Und stört mich, wenn der Leib im Bette Ruh' begehrt.   40
Schweig, Leonore, schweig und laß dich dies nicht plagen;
Der Herr legt nicht mehr auf, als unsre Kräfte tragen.
Dein allerliebster Sohn ward durch den Kampf geübt,
Wovor ihm jetzt der Sieg die reichste Krone giebt.
Ach, sollt' er dir anjetzt in seiner Pracht erscheinen,   45
Ich weiß, du würdest selbst vor Lust und Freuden weinen;
Er spielt und jauchzt und singt im auserwählten Chor
Und stellt in weißer Tracht den schönsten Engel vor.
Schweig, Leonore, schweig und laß ihm sein Ergetzen;

21. Schein, so steht in Günthers Manustript und im ältesten Druck; die späteren
Ausgaben: „Sinn".

⁵⁰ Du bringst ihn nicht zurück und hast hier zu versetzen
Und wirst auch künftighin noch manchmal freudig schaun,
Was die vor Segen krönt, die Gott in Not vertraun.
Ist auf der Welt ein Weib, an dem mir unter allen
Witz, Tugend und Person im Herzen wohl gefallen,
⁵⁵ So ist es, laß mir hier ein frei Bekenntnis zu,
Ein Bild von seltner Art, und welche sonst als du?
Dies sag' ich ohne List und ohne geiles Schmeicheln;
Mein Geist ist von Natur ein Feind von Brunst und Heucheln
Und will kein fremdes Schaf und ehrt und liebet dich,
⁶⁰ Der Herr mag Zeuge sein, nur keusch und brüderlich.
Ich merk' an dir und mir viel Gleichheit am Gemüte,
Und darum bitt' ich auch von Gottes Rat und Güte,
Daß, wo ich auf der Welt mich einst vermählen soll,
So mach' ein Weib wie du mir Bett und Armen voll.
⁶⁵ Geh du auch selbst in dich und frage dein Gewissen,
Ich weiß, es wird mir jetzt ein Zeugnis geben müssen,
Daß manch verborgner Trieb, man weiß oft selbst nicht wie,
Zwo Seelen unverhofft geheim zusammen zieh'.
Dies ist der stumme Bund, den niemand wehrt und hindert,
⁷⁰ Und dessen starke Glut Gesetz und Macht nicht mindert,
Dies ist der schönste Zug, der schon im Blute steckt
Und der sich alsobald durch Aug' und Mund entdeckt.
Bekäm' ich dermaleinst ein solches Kind zu küssen,
Wie zärtlich sollt' es mir des Lebens Angst versüßen,
⁷⁵ Wie zärtlich wollt' ich nicht mit solchem Schatze thun
Und unter aller Last auf Glück und Rosen ruhn! —
Indessen wirst du mir dein ehrlich Angedenken
So gern als dir mein Wunsch den reichsten Segen schenken;
Die Freundschaft unter uns soll ohne Fleck und Schein
⁸⁰ Und du von nun an mir die liebste Schwester sein.
Wir wollen unter uns ein Seelenbündnis machen,
Dein Leiden sei mein Leid, dein Scherzen sei mein Lachen.
Geht es dir stets nach Wunsch und blüht dein zeitlich Heil,
So nehm' ich stets daran mein höchst vergnügtes Teil;
⁸⁵ Der Neid, so nichts verschont, soll nichts davon erfahren.
Der Himmel gebe dir von meinen Lebensjahren,
Er stürze deinen Feind, er segne dein Geschlecht
Und hemme, was dein Herz mit Last und Unruh' schwächt.

Das Glücke treibt mich jetzt aus meinem Vaterlande
Und bringt mich wunderlich, wer weiß zu welchem Stande; 90
Drum sag' ich gute Nacht, gedenk' an einen Freund,
Der auf der Welt mit dir es wohl am besten meint.

———

7. Abschiedsschreiben an Herrn Dreßler.

In Eil' muß auch noch, werter Freund,
Mein Pegasus vor dir erscheinen;
Du hast es allzeit wohl gemeint,
Ich will es allzeit ehrlich meinen.
Die Abendstunde, da wir oft　　　　　　　　　　5
Bei Büchern und Tobak gesessen,
Bleibt, wie mein schlechter Phöbus hofft,
Bei dir auch künftig unvergessen.

Wer weiß, wo wir noch in der Welt
Einander wieder sehn und küssen?　　　　　　　10
Da will ich, wenn es Gott gefällt,
Mit dir die Freundschaft näher schließen.
Jetzt habe Dank vor deine Gunst,
Die mich in Armut oft erhoben;
Erhebt mich einmal meine Kunst,　　　　　　　15
So geb' ich dir auch gleiche Proben.

———

8. Als er sich seiner ehemaligen Jugendjahre mit Schmerzen erinnerte.

Wo ist die Zeit, die goldne Zeit,
Wo sind die süßen Stunden,
Worin ich von der Eitelkeit
Noch wenig Gram empfunden?

Abschiedsschreiben an Herrn Dreßler. Der Originalbrief trägt die Adresse:
A Monsieur Monsieur Dressler, mon très estimé ami à Schmiedeberg, und das
Datum, welches auch in die Ausgaben überging: Landshut, den 23. Juni 1722. Eine ge=
naue Nachbildung desselben bringt unsere Einleitung (S. XXIV f.).

  5

Ich war ein Kind, ich trieb mein Spiel,
Das selbst der Unschuld wohl gefiel,
Und durft' an keinem Morgen
Vor Kleid und Nahrung sorgen.

  10

Die Einfalt gab mir Fried' und Ruh',
Der Unverstand viel Glücke,
Es satzte mir kein Zweifel zu,
Viel minder Neid und Tücke.
Kein Ehrgeiz plagte Geist und Sinn,
Ich lebt' in aller Hoffnung hin

  15

Und fühlte kein Entzünden,
Noch unbekannte Sünden.

Ich schwör' es, die Zufriedenheit
Der armen Christtagsbürde
War dort von größrer Zärtlichkeit,

  20

Als wenn ich Domherr würde.
Der Eindruck von derselben Lust
Erwacht mir noch in Mark und Brust,
So oft ich nur die Lehre
Des Weihnachttextes höre.

  25

Von Fabeln bei der Rockenzunft
Empfand ich mehr Vergnügen,
Als jetzt von Schlüssen der Vernunft,
In welchen Knoten liegen.
Ja, wenn mir auf der Ofenbank

  30

Ein Lied vom deutschen Kriege klang,
So schien die alte Grete
Mein künstlichster Poete.

Ein Garten, den des Vaters Schweiß
Stets vor der Tauzeit netzte,

  35

Versüßte mir den Bücherfleiß,
Womit er mich ergötzte.
Oft war ein Nest voll Vögel da,
Da klang ein froher εὕρηκα.

---

11. satzte. Vgl. S. 70, Anm. zu V. 32. — 33. εὕρηκα „ich habe es gefunden".
der angebliche Ausruf des Archimedes, als er im Bad (vgl. V. 40) das Gesetz vom
spezifischen Gewicht entdeckte. Auch dem Pythagoras wird er manchmal zugeschrieben.

Als dessen kaum geklungen,
Der aus dem Bad entsprungen.   40

Die Nachbarskinder ließen mir
Die Ehre, sie zu lenken;
Da spielt= und lacht= und sprungen wir
Auf Rasen, Berg= und Bänken.
Was dieser hört' und jener sah,   45
Das in der großen Welt geschah,
Das sucht' auch ich mit vielen
Im kleinen nachzuspielen.

Der Schweden Beispiel weckt' einmal
In uns viel Andachtsflammen,   50
Wir knieten in gehäufter Zahl
Auch öffentlich zusammen.
Der Eifer war mehr Ernst als Schein,
Und unser täglich Himmelschrei'n
Hat etwan auch viel Plagen   55
Des Vaterlands verschlagen.

Wie ernstlich war ich dort ein Christ!
Wie brannt' oft mein Verlangen,
Dich, der du unser Heiland bist,
Persönlich zu umfangen!   60
Wie freudig dacht' ich an den Tod!
Ach Gott, gedenk' einmal der Not,
Vor die ich als ein Knabe
Voraus gebetet habe!

Mit was vor Liebe, Trost und Treu'   65
Kommt' eins das andre klagen,
Wenn etwan blinde Tyrannei
Das Stiefkind hart geschlagen!
Wir stritten leicht, doch aller Streit
War stündliche Versöhnlichkeit,   70
Und von der Eltern Gaben
Mußt' jeder etwas haben.

49 f. Karl XII. zog 1706 durch Schlesien. „Bekanntlich ließ der König jeden Morgen und Abend im Lager gemeinsame Betstunde halten." Litzmann. — 66. klagen, beklagen.

Jetzt lern' ich leider allzufrüh
Des Lebens Elend kennen;
75   Es ist doch nichts als Wind und Müh',
Wornach wir sehnlich rennen.
Es gaukeln Reichtum, Stand und Kunst,
Die Wollust macht nur blauen Dunst,
Und was wir so begehren,
80   Muß allzeit Reu' gebären.

Mein eignes Kreuz ist überhaupt
Ein Bündnis aller Schmerzen
Und geht mir, weil es niemand glaubt,
Empfindlich tief zu Herzen.
85   Ach Himmel, mindre meine Qual!
Wo nicht, so laß mich doch einmal
Nur eine Gunst erwerben
Und mehre sie zum Sterben.

9. Auf das Geburtsfest der Jungfer Regina Dammin.

Schönen Kindern Lieder singen
Ist das Amt der Poesie,
Und vor sie die Laute zwingen
Nichts als angenehme Müh',
5   Denn der Strahl von ihren Kerzen
Zündet Blut und Geister an,
Daß man bei galantem Scherzen
Desto netter spielen kann.

Jetzt erweckst du meine Flöten,
10   Du, o hoffnungsvolles Kind;
Spötter sprechen, daß Poeten
Nur galante Lügner sind.

Auf das Geburtsfest der Jungfer Regina Dammin, aus Hirschberg. Die Ausgaben datieren: 1722, den 8. August. — 6. Blut, Lesart des erhaltenen Güntherschen Konzeptes; Ausgaben: Glut.

Diesen Satz zu widerlegen,
Braucht es nichts als dieses Blatt,
Welches bloß der Wahrheit wegen   15
Seine Schönheit von dir hat.

Wie an schlanken Cederstämmen
Zweig' und Gipfel munter stehn
Und, die Kiefern zu verdämmen,
Täglich stärk= und höher gehn,   20
So erhebt dich in der Menge
Vieler Schönen unsrer Zeit
Die so wohl gestalte Länge
Und der Glieder Artigkeit.

Wie der Sonnen frühes Blitzen,   25
Wenn der Tau das Erdreich kühlt,
Auf den halb gebrochnen Spitzen
Junger Rosenknöpfe spielt,
Also spielt auf Stirn und Wangen
Eine blumenreiche Pracht,   30
Die schon manchem ein Verlangen
Wie den Eltern Freude macht.

In der Augen Farb' und Flammen
Spiegelt sich des Himmels Bild,
Milch und Blut fließt da zusammen,   35
Wo der Küsse Nektar quillt.
Fessel an das Herz zu legen,
Brauchst du nur ein einzig Glied,
Das durch artiges Bewegen
Aller Neigung an sich zieht.   40

Bäume ziert so Laub als Blüte,
Doch dies ist nur halber Schein;
Von der innerlichen Güte
Müssen Früchte Zeugen sein.
Deines Leibes holde Gaben   45
Lehren in des Alters Mai,
Daß ein Geist, den wenig haben,
Seiner Schönheit Schönheit sei.

Sitten, Mienen, Wort' und Blicke
50   Zeigen Sanftmut, Witz und Kunst;
Drum verspricht dir auch das Glücke
Den Bestand von seiner Gunst.
Laß viel stolze Mägdchen höhnen
Und aus blinder Mißgunst schmähn,
55   Dir verbleibt der Ruhm der Schönen,
Die auf guten Wandel sehn.

O welch zärtliches Entzücken,
O welch sanfter Keuschheitszoll
Wird einmal den Mund erquicken,
60   Dem dein Erstling werden soll!
O, was wird der Mutter Liebe
Vor vergnügte Stunden sehn,
Wenn so manches Freiers Triebe
Nach der liebsten Tochter flehn!

65   Dieser Tag, der dich der Erden
Als ein Kleinod erst geschenkt,
Soll so lang ein Festtag werden,
Als er auf dein Wohlsein denkt.
Kummer, Unruh', Wolken, Regen,
70   Schrecken, Bahre, Blitz und Nacht
Schonen seiner deinetwegen,
Bis der letzte Morgen lacht.

Wachse nun an Glück und Jahren
So wie an Gefälligkeit!
75   Gott und Himmel wird nicht sparen,
Was dir Lob und Lust verleiht.
Der Genuß von diesem Lichte
Sei dir noch so oft bestimmt,
Als dir Anmut im Gesichte
80   Und im Herzen Tugend glimmt.

10. Als er im Lieben unglücklich war.

O, welch ängstliches Betrüben
Bringt ein Lieben
Sonder Hoffnung schöner Gunst!
O, wie taumeln Witz und Sinnen,
Wenn die Seufzer stummer Pein   5
Keinen holden Blick gewinnen
Und vergebens Feuer schrei'n!

Amaranthis, schau die Thränen
Und das Sehnen
Einer dir geweihten Brust!   10
Schau die Blässe meiner Wangen
Und die häßliche Gestalt!
Deine Flucht und mein Verlangen
Macht mich vor den Jahren alt.

Nächtlich seh' ich tausend Sterne   15
In der Ferne,
Die mein Geist zu Hülfe ruft;
Alle sehn mich, alle lachen,
Und nicht einer will noch kann
Mein Verhängnis besser machen;   20
Ach, wen ruf' ich sonst noch an?

Hartes Kind, gedenke weiter!
Jetzt ist's heiter,
Bald versteckt die Sonn' ihr Licht;
Nimm dies Gleichnis wohl zu Herzen,   25
Lege doch den hohen Geist,
Eh des falschen Glückes Scherzen
Etwan seinen Grund zerschmeißt.

Als er im Lieben unglücklich war. Die Ausgaben datieren: Den 8. August
1722. Das Gedicht schließt die lange und mannigfaltige Reihe Günther'scher Liebeslieder
ab. Wer Amaranthis war, ist unbekannt; wenn das Gedicht wirklich am selben Tag ent=
standen ist, wie das vorige, so ist es vielleicht auf die dort besungene Jungfer Dammin
zu beziehen.

Aus dem blumenreichen Prangen

30 Junger Wangen

Stiehlt ein jeder Tag ein Blatt.

O wie bald sind Blut und Farben

Durch ein schleunig Gift verzehrt!

Hat der Spiegel einmal Narben,

35 So verringert sich der Wert.

Leichtlich wirst du keinen finden

Noch entzünden,

Der es besser meint als ich.

Koste doch nur meine Küsse,

4 Prüfe die Beständigkeit!

Jene schmecken rein und süße,

Diese trotzt den Sturm der Zeit.

Meine Liebe, meine Jahre

Bis zur Bahre

45 Sind ein Opfer deiner Lust.

Himmel, hast du ein Erbarmen,

So beweis es meiner Not!

Bloß in Amaranthis' Armen

Wünsch' ich Leben oder Tod.

11. Schweigen und Hoffen.

Ich will schweigen, mag's doch sein,

Mag's doch biegen oder brechen!

Mitleid oder Tyrannei,

Beides gilt mir einerlei;

5 Laß die Lästerzungen stechen,

Laß die Mißgunst Zeter schrei'n:

Ich will schweigen, mag's doch sein.

Schweigen und Hoffen. In den Ausgaben mit dem Zusatz: „als die beste Panacee in Widerwärtigkeit, bei Erwägung des Symboli (Wahlspruchs) Herrn D. Jacobi: Spe et silentio". Jacobi war ein Freund Günthers in Hirschberg, wo dieser sich im Herbst 1722 einige Zeit aufhielt.

Ich will schweigen, immerhin!
Immerhin, ihr falschen Freunde,
Laßt mich stecken, flieht und lacht,   10
Geht geheim, verstärkt die Macht
Meiner abgesagten Feinde,
Eure Flucht ist mein Gewinn.
Ich will schweigen, immerhin!

Ich will schweigen, rast nur fort,   15
Rast nur fort, ihr groben Spötter,
Helft dem Glücke, das mich drückt,
Drängt die Unschuld, die sich bückt,
Und erregt noch größre Wetter;
Manchmal bringt ein Sturm an Port.   20
Ich will schweigen, rast nur fort.

Ich will hoffen, Hoffnung siegt.
Die Geduld ist meine Stärke,
Die Gelassenheit mein Schwert;
Wer sich mit Verachtung wehrt,   25
Thut im Streiten Wunderwerke,
Bis Gewalt und Bosheit liegt.
Ich will hoffen, Hoffnung siegt.

Ich will hoffen als ein Mann,
Ob ich mich auch jetzo schmiege,   30
Ob gleich niemand nach mir fragt
Oder mich nur treu beklagt;
O, wer weiß, wie bald sich's füge,
Daß ich andre retten kann!
Ich will hoffen als ein Mann.   35

Ich will hoffen, unverzagt!
Mischt das Glücke gleich die Karten
Jetzo ziemlich schlimm vor mich,
Nur getrost, der beste Stich
Kommt aufs Stillesein und Warten.   40
Falschheit, Glück und Feinde plagt!
Ich will hoffen, unverzagt!

12. Den Unwillen eines redlichen und getreuen Vaters suchte durch
diese Vorstellung bei dem Abschiede aus seinem Vaterlande
zu besänftigen ein gehorsamer Sohn.

„Quid feci? Quid commerui aut peccavi, pater?

Und wie lange soll ich noch dich, mein Vater, selbst zu sprechen,
Mit vergeblichem Bemühn Hoffnung, Glück und Kräfte schwächen?
Macht mein Schmerz dein Blut nicht rege, o so rühre dich dies Blatt,
Das nunmehr die letzte Stärke kindlicher Empfindung hat!
5 Fünfmal hab' ich schon versucht, nur dein Antlitz zu gewinnen,
Fünfmal hast du mich verschmäht; o was sind denn dies vor Sinnen!
Denke nach, wie scharf es beiße, denke doch, wie nah es geh',
Daß ein Sohn durch seinen Vater zwischen Furcht und Unruh' steh'!
Hab' ich dich nicht überall treu gerühmt und froh gepriesen?
10 Hat sich ein verstockter Sinn gegen deine Zucht gewiesen?
Hab' ich nicht mit Lust studieret, dich nur einmal zu erfreun
Und mit wohl geratnen Früchten deines Kummers Trost zu sein?
Such' ich auf der Erden mehr als ein still- und weises Leben?
Wollt' ich nicht sogar mein Blut vor des Nächsten Wohlsein geben?
15 Stedt mir Bosheit in der Seele, brennt mir Rachgier in der Brust,
Oder hat mein freches Spotten an des Feindes Schaden Lust?
Ja, verführt die Heuchelei mein entschuldigtes Gewissen,
Dich allhier um neue Gunst bloß aus Eigennutz zu küssen,
O so werden meine Glieder mit der Hiobsqual geplagt
20 Und mein Fuß mit Kains Schrecken in der Welt herum gejagt!
Adams Erbschuld nehm' ich aus; Mängel sind uns angeboren,
Und ich habe tausendmal mich auch außer mir verloren.
Schlüge Gott mit Blitz und Keilen gleich auf solchen Fehltritt zu,
O wie wenig würden Greise, und wo blieben ich und du?
25 Daß du mich gezeugt, genährt, unterrichtet und geführet,
Ist ein Lorbeer, der dein Haupt auch noch auf der Bahre zieret;
Ich erkenn' es in der Stille, obgleich ängstlich und betrübt,

Den Unwillen eines redlichen ꝛc. In einem von Landshut, 8. April 1722
datierten lateinischen Brief schreibt Günther über dies Gedicht: „Ad molliendam parentis
iram exaravi carmen longius typis proxime tradendum. Si scopum attingo, bene,
sin minus, nihilo secius jucundior patriae valedico, posteaquam nempe omnia
fecerim, quae filium decet et publice contestatus fuerim, qualis sit animus, quae
causae ac circumstantiae tam diuturnae meae afflictionis et quomodo se habeat
contracta exinde vitae minus recte institutae labes." Die Absicht, das Gedicht als
öffentliche Rechtfertigung drucken zu lassen, gab er wieder auf; in seiner jetzigen Gestalt
wurde es wohl erst im Herbst 1722 vollendet. — 14. werden, Konjunktiv.

Weil mir weder Zeit noch Glücke Mittel zur Vergeltung giebt.
Wenn der Morgenröte Glanz an dem blauen Himmel blickte
Und der frühe Gartenbau dir so Herz als Aug' entzückte, 30
Machte mir dein muntres Scherzen Federn und Papier bequem
Und dein rüstiges Exempel Kiel und Bücher angenehm.
O wie mancher Abendstern sah mich unter deinen Lehren!
Damals lernt' ich als ein Kind Rom und Griechenland verehren,
Wenn mein Ohr an deinem Munde mit erhitzter Sehnsucht hing 35
Und der Nachdruck beider Sprachen lustig ins Gedächtnis ging.
Alles konnt' ich nach und nach, so zu reden, spielend fassen,
Was die Knaben sonst bewegt, daß sie Buch und Feder hassen,
Weil der Schulfuchs Lust und Liebe mit der Rute niederschlägt
Und durch so viel tolle Regeln auf die strengste Folter legt. 40
Um nur hinter den Bestand meiner Neigung recht zu kommen,
Hast du mir oft selbst das Buch als zur Strafe weggenommen.
Diese wohlgemeinte Klugheit mehrte sonderlich in mir
(Kinder thun verbotne Sachen) Fleiß und Eifer und Begier.
Laß doch nun nicht erst den Neid dich in mir so arg verlachen, 45
Laß dir doch nicht so viel Müh' durch sein Maul zu Schanden machen!
Trau doch deinem Fleisch und Blute, gönne mir Geduld und Ohr;
Bin ich ja mit Recht verklaget, warum läßt man mich nicht vor?
Was ich dann und wann versehn, ist die Hitze junger Jahre;
Denn wo wird wohl einer alt, der nicht oft den Fall erfahre? 50
O, warum bestraft die Länge meine Menschlichkeit so scharf?
Welcher Richter ist so grausam, daß man gar nicht bitten darf?
Muß man doch wohl oft aus Not wider Willen was beschließen,
Was wir ohne starken Zwang oftmals unterwegens ließen.
Schwachheit lauft gar gern mit unter, und der Mangel nebst der Schmach, 55
Die man unverdient erduldet, zieht viel schlimme Folgen nach.
Beßrung, Buße, Fleiß und Ernst weiß viel Scharten auszuwetzen,
Die mich bei den Redlichen ohne Grund in Argwohn setzen.
Läßt man doch verdorrten Bäumen zum Erholen etwas Zeit;
Gilt ein Mensch nicht mehr als Bäume, noch ein Kind als fremder Neid? 60
Und was sind es denn auch nun vor so grob' und schwere Sünden,
Die so mühsam und so spät Ablaß und Errettung finden?
Sagt, was sind sie? Meistens Lügen, junge Thorheit, viel Verdacht

39. Schulfuchs, jetzt mein vom übereifrigen Schüler gebraucht, bezeichnet hier, wie ursprünglich, den pedantischen Schulmeister. Über den vermutlichen Ursprung des Worts vgl. Herrigs Archiv, 58, 223.

Und mit einem Worte Mücken, die man zu Kamelen macht.
65 Sieht man etwan darum scheel, daß mein aufgeräumt Gemüte
Andern wie sich selbst getraut und nach angeborner Güte
Sich zum öftern bloß gegeben? Freunde, schaut, es ist geschehn;
Dieses Laster, ist's ein Laster, sollt ihr nicht mehr von mir sehn.
Die so groß und altklug thun und viel von Erfahrung sprechen,
70 Wollen durch den Poltergeist meinen Sinn zur Unzeit brechen;
Aber allzu scharf macht schärtig, und Affekten bei der Zucht
Reizen feurige Gemüter und erhalten schlechte Frucht.
Einmal ist und bleibt mein Zweck, bloß der Wahrheit nachzustreben
Und, so viel nur an mir ist, als ein nützlich Glied zu leben.
75 Drum verehrt mein Geist die Lehrer, die in unsern Tagen blühn
Und das Licht der rechten Weisheit endlich aus dem Nebel ziehn.
Daß mich Haß und Pöbel schilt, als vertieft' ich mich in Grillen,
Die den Beutel und den Kopf mit gelehrtem Winde füllen,
Das verzeih' ich seiner Einfalt, die im Aberglauben steckt
80 Und die Wissenschaft verachtet, weil sie ihren Kern nicht schmeckt.
Daß Verleumder böser Art auch mein Christentum vernichten,
Mag der Herr, der alles sieht, doch nur mit Erbarmung richten!
Mich befestigt bei den Stürmen die gewisse Zuversicht,
Daß die Liebe des Erlösers ganz was anders von mir spricht.
85 Dies gesteh' ich ohne Furcht, daß ich manch verwirrt Geschwätze,
Das in Glaubenssachen schwärmt, vor geringe Possen schätze;
Ich gesteh' auch, daß mich's ärgert, wenn Alazon schreit und kracht
Und sein Jahrgang oft mehr Ketzer als bekehrte Sünder macht.
Wär' es mir nicht selbst geschehn, wollt' ich hier kein Wort verlieren;
90 Aber da er mich verdammt, hab' ich recht, es anzuführen,
Weil er aus dem Leichenreime, der von Gottes Liebe singt,
Eine Gift der Pietisten und, ich weiß nicht was, erzwingt
Und wieso? Man höre nur, wie genau sein Vorwurf schließe:
Weil ich damals mich erklärt, daß den Tod nichts mehr versüße
95 Als die Liebe vor den Heiland, die das letzte Schrecken schwächt,
Soll ich dies geleugnet haben: Nur der Glaube macht gerecht.
Sagt mir, wo die Folge steckt! Nirgends, als im blinden Dunkel;
Ist das nicht ein schöner Schluß von dem Prügel auf den Winkel?

68. ist's ein Laster, konditional. — 87. Alazon, der Prahler, der Aufschneider.
Wer gemeint sei, geht aus der Überschrift eines im Originalmanuskript erhaltenen Epigrammes hervor, welche lautet: „Auf Lachmann, Prediger in Brieg, sonst Alazon genannt". Lachmann wird auch als Bav verspottet: vgl. oben S. 57 „Auf den Bav".

Wenn ich ohngefähr nun spräche: Unser Nachbar baut ein Haus,
Schlöß' ich denn darum den Meister und den Werkgesellen aus? 100
Etwas muß ich doch noch hier bei Gelegenheit erwägen:
Mancher meint, ich sollte mich auf die Brotkunst besser legen,
Und beredet dich, mein Vater, viel Verachtung sei daher,
Weil ich nicht mit rechtem Eifer Meditrinen dienstbar wär'.
Glaube, da du mich so früh zu der edlen Kunst erzogen,   105
Da ich auch nicht ohne Furcht deine Warnung eingesogen,
Da ich sie von dir schon kenne, da ich ihren Vorzug weiß,
Geb' ich ihr vor andern Künsten Neigung, Herze, Kranz und Preis.
So viel übersch' ich auch, daß wir, etwas recht zu wissen
Und von Grund aus zu verstehn, keine Sprünge machen müssen; 110
Laß mich also kürzlich merken, was des Arztes Pflichten sein,
Denn der Umfang seines Amtes schließt fürwahr nicht wenig ein.
Mit dem Doktor kaum zwei Jahr flüchtig durch den Sennert laufen,
Hunde würgen, Feuer sehn, Pillen drechseln, Kräuter raufen,
Auf geratewohl verschreiben, andre neben sich verschmähn   115
Und sich bei dem Sterbebette in der Staatsperücke blähn,
Ist so thöricht als gemein, thut auch selten große Wunder.
Bücher, Tiegel, Glas und Ring sind zusammen nichts als Plunder,
Wenn man die Gesundheitsregeln nicht vorher in Kopf gebracht,
Noch auch durch vernünftig Schließen die Erfahrung brauchbar macht. 120
Will man nun den Stümpern gleich nicht an jeder Klippe scheitern,
So bemüh' man sich zuerst, Sinnen und Verstand zu läutern;
Man erforsche die Gesetze, die der Bauherr schöner Welt
Ehmals zwischen Geist und Körper ewiglich und fest gestellt.
Dies erfordert etwas mehr, als in alten Scharten wühlen   125
Und mit Knochen, Stein und Kraut oder heißem Erze spielen.
Wer die Wissenschaft der Größe und der Kräfte nicht versteht,
Kann den Leib unmöglich kennen, der wie Wasseruhren geht.
Was vor Klugheit, was vor Müh' fließet nicht aus diesen Gründen,
Eh wir jedes Körpers Art, den wir vor uns haben, finden,   130
Eh man Neigung und Gewohnheit, Krankheit, Sitz und Ursach' trifft!
Unzeit, Ekel, Ort und Menge macht auch Mithridat zu Gift.
Inwieweit ich nun gedacht, dieser Vorschrift nachzuleben,
Davon mag die Zeit einmal ein gerechtes Urteil geben;

---

113. Sennert, Daniel, Arzt und Naturforscher des 17. Jahrhunderts. Opera
omnia, 6 voll. 1676. — 132. Mithridat, Arzneimittel, das man früher als Gegengift
anwandte.

135 Bin ich nur bei mir versichert, daß ich nach Vernunft gethan,
Hör' ich andrer stolzes Bellen mit gelaßner Demut an.
Was die Poesie betrifft, muß ich frei heraus bekennen:
Ich empfand schon als ein Kind ihren Trieb im Herzen brennen.
Da mich nun die blinde Neigung ihr schon damals zugeführt,
140 Schenk' ich ihr auch noch die Liebe, die anjetzt Vernunft regiert.
Will man sie nur obenhin nach gemeiner Art betrachten,
Hat man freilich den Parnaß vor ein Grillennest zu achten;
Hochzeitreime, Totenstücke und ein buntes Quodlibet
Nebst erfrornen Buhlerflammen heißen zwar galant und nett,
145 Doch ein solcher Reimenspruch, den die Namen erst verbrämen,
Den auch Klingsor, Frauenlob und Hans Sachsens Kunst beschämen,
Schickt sich wohl dahin am besten, wo man Schöps und Kovent schenkt,
Oder auf den Musentrödel, wo Theranders Leier hängt.
Dichter, sind sie, was sie sind, müssen feuerreiche Gaben,
150 Witz, Verstand, Gelehrsamkeit, Tugend und Erfahrung haben
Und die Menschen, deren Augen die entblößte Wahrheit fliehn,
Durch die Weisheit in den Bildern nur mit Lust zum Guten ziehn.
Was Homer und Maro schreibt, was auch Fenelon gesungen,
Ist ein Muster, dessen Werk die Vergänglichkeit bezwungen.
155 Dies versteht kein Phöbuspeitscher, der nur an den Schalen klaubt
Und der Schönheit durch Erklären allen Geist und Nachdruck raubt.
Doch damit vorjetzt genug! Du, mein Vater, magst nun schätzen,
Ob und was und auch wieviel meinen Musen auszusetzen.
Scheint dir auch die Art und Weise meines Lebens wunderlich,
160 Ach, dem ist bald abgeholfen, und womit? Versöhne dich!
Denke, was der Unmut thu', wenn uns Freund' und Feinde kränken,
Wenn sie uns den nahen Weg zu der Gönner Herz verschränken,
Wenn man krank und in der Fremde bei Verfolgung und Verdruß
Wegen andrer Groll und Zwietracht alles Unrecht leiden muß,
165 Wenn uns innerliche Reu', äußerlicher Mangel dränget,
Wenn sich anverwandter Haß unter unsre Feinde menget,

135. nur; Ausgaben: „nun". Die Änderung schien durch den Sinn geboten. —
146. Klingsor und Frauenlob waren dem 17. Jahrhundert teils durch die Traditionen
der Meistersinger, teils durch die Auffindung der bedeutendsten Handschriften, besonders
der sogenannten Manessischen Liederhandschrift, bekannt. Der sagenhafte Klingsor, den man
aus dem Gedicht vom Wartburgkrieg kannte, galt der Zeit allgemein für einen der größten
Dichter des Mittelalters. — Hans Sachs wird von Günther gemäß dem Vorurteil des
Jahrhunderts stets in verächtlichem Sinn erwähnt. (Vgl. Geb. S. 310; 759; Nachl. S. 73.)
— 147. Schöps, eine Art Bier. — Kovent (aus Konvent), eigentlich: Klosterbier;
Dünnbier. — 148. Theranders. Unter diesem Namen schrieb Johann Sommer aus
Zwickau eine mehrbändige Ethographie und einige Schauspiele. — 153. Maro, Vergil.

Wenn der Schmerz getreuer Eltern in der Güter Asche sitzt,
Wenn ein Bruder vom Gemüte ohne Schuld sein Blut verspritzt,
Wenn die Buße nichts erhält, wenn die besten Stützen weichen,
Wenn ein unverhoffter Freund nach viel seltnen Gnadenzeichen   170
Unser Glück im Lieben gründet, und gleichwohl des Vaters Geist
Uns aus Eifer dahin bringet, daß man untreu scheint und heißt.
Da verliert sich die Geduld, da vergißt man sich und alles,
Läßt es durch einander gehn, strauchelt oft aus Furcht des Falles;
Man getraut sich nichts zu wagen, man verfällt von Zeit zu Zeit   175
Und gewöhnt sich ganz gelassen zu der Niederträchtigkeit.
O wie oft hat Fleisch und Blut durch ein ungeduldig Schmollen,
Weil kein Retter kommen will, der Verzweiflung rufen wollen!
Doch ein Strahl von höherm Lichte und die kämpfende Vernunft
Stärkten mich im größten Wetter mit des Trostes Wiederkunft.   180
Strafe nehm' ich willig an; man erinnre nur bescheiden
Und so redlich als geheim. Dies Volk kann ich nur nicht leiden,
Das uns fast auf alle Mienen eine Sittenpredigt hält
Und alsdann am ärgsten denket, wenn es sich am frömmsten stellt.
Jene sind es, die da stracks Donner, Blitz und Höll' erwecken,   185
Die, so ein verirrtes Schaf mit der gröbsten Keule schrecken,
Jene sind es, die den Mägdchen, die nur einen Blick versehn,
Alle Schlüssel zu dem Himmel ohne den Beruf verdrehn,
Jene sind es, die sich selbst vor gerecht und heilig halten,
Mit Verachtung andrer stehn, die befleckten Hände falten,   190
Mit den kläglichsten Gebärden aller Augen an sich ziehn,
Mit Gebeten Wucher treiben und nur Schein, nicht Sünde fliehn.
Gott, du kennst und zeichnest sie, untersuchest Herz und Werke;
Stummer Hochmut, Geiz und Neid ist der ganzen Andacht Stärke;
Kommt es zu der Nächstenliebe, zum Vergessen, zum Verzeihn,   195
Oder soll man Schwache tragen, wird kein Christ zu Hause sein.
Zorn, Lust, Haß und Eigensinn soll aus keiner Zucht erscheinen,
Und die Rute, so da schlägt, muß der Kinder Bestes meinen;

167. der Güter Asche, nach dem großen Brande von Striegau, am 13. März 1718.
Vgl. oben S. 109, V. 42 und Einl. S. XX. — 168. ein Bruder vom Gemüte. „Im
Jahre 1711 trug sich auch der traurige Fall in Schweidnitz zu, daß ein Schulpursche
Prätorius mit einem andern, namens Kühn, beide außer Landes gebürtig, schlechter Ur-
sachen wegen in Streit geriet, in welchem der erste dem andern einen so tödlichen Stich
beibrachte, daran er seinen Geist aufgeben mußte." (Steinbach, S. 12 f.) Wie nahe Kühns
Tod Günther damals ging, zeigt ein darauf bezügliches Sonett. (Ged. S. 564.) —
170. ein unverhoffter Freund, Herr von Nimptsch in Bischdorf, der Günthers Verlobung mit Phillis einleitete und befürwortete. (Vgl. Einl. S. XXV.)

Wo hingegen Straf' und Schärfe das Verbrechen übersteigt,
200 Wird das edelste Gemüte mehr gebrochen als gebeugt.
Wilder Frevel ist es wert, daß ihn Draht und Geißel schwäche,
Und die Bosheit braucht Gewalt, daß man ihr den Starrkopf breche;
Aber Irrtum, Fall und Schwachheit, fällt ein Mensch auch noch so oft,
Fordert billig nichts als Liebe, die auch stets das Beste hofft.
205 Sucht' ich mich auch noch so wohl unter Leuten aufzuführen,
Muß ich dennoch überall Glauben, Müh' und Freund verlieren,
Wenn man hört, daß selbst der Vater, den ein gut Gerüchte schmückt,
Mich, sein Kind, nicht hören wolle. Sieh, mein Vater, was mich drückt!
Dadurch fällt mein zeitlich Wohl und das Heil des ganzen Lebens;
210 Alles, was ich denk' und thu, wird durch deinen Zorn vergebens;
Sage mir, wem soll mein Herze auf der Welt wohl weiter traun?
Bin ich meiner Eltern Greuel, muß auch Fremden vor mir graun.
Stünd' es mir auch zehnmal frei, einen Vater zu erwählen,
Würd' ich dich doch in der Wahl alle zehnmal nicht verfehlen;
215 Würdest du mir auch im Kittel vom Verhängnis vorgestellt,
Käm' ich doch aus deinen Lenden mit Vergnügung auf die Welt.
Daraus stelle dir nun vor, welche Not mich nächtlich presse,
Wenn ich deinen harten Sinn und des Kummers Angst ermesse,
Der dir jetzo meinetwegen Herz und Mark und Bein zerfrißt,
220 Weil mein Bild mit falschen Farben dir so schlimm geschildert ist.
Wenn du ja nicht anders willst, will ich mich gern schuldig nennen;
Dir zu Liebe will ich mehr, als ich selber weiß, bekennen;
Aber gehe doch zurücke und erinnre dich der Zeit,
Da ich als ein Kind voll Hoffnung dein und vieler Aug' erfreut.
225 Mein Gehorsam, wie du weißt, hat dir zwanzig Jahr gefallen;
Was ich dann und wann verbrach, das geschieht von mir und allen.
Furcht, Gesellschaft, Übereilung und des grünen Alters Glut
Machen, daß man unterweilen wider besser Wissen thut.
Bin ich doch gestraft genung, daß der Zorn von höhern Schlüssen
230 Unter so viel Ungemach meiner Jugend Blüt' entrissen,
Daß mir so viel Gram und Wachen Kraft und Leben abgekürzt
Und der Lästrer bittres Schäumen jeden Bissen Brot verwürzt.
Stieß mir oft ein Glücke vor, konnt' ich solches doch nicht fassen,
Weil die Not kaum einen Tag mein Gemüte frei gelassen,

---

214. in der Wahl; so übereinstimmend eine alte Abschrift und der erste Druck; die späteren Ausgaben lesen: „in der That".

Und der äußerliche Mangel, den ein schlechtes Kleid bewies, ₂₃₅
Bei der Mode Wind zu machen, mich beschämt enteilen ließ.
Was ich in das sechste Jahr überstanden und gelitten,
Wie ich oft mit Wind und Schnee, Hunger, Hitz' und Frost gestritten,
Das wird der am besten wissen, dessen reiche Vaterhand
Mir noch immer einen Segen unvermutet zugewandt. ₂₄₀
Alles Schadens ungeacht, den dadurch mein Leib bekommen,
Hab' ich, ohne Ruhm gesagt, an Erfahrung zugenommen.
So viel Kreuze, so viel Schulen, die mich wahrlich mehr gelehrt,
Als man im Pedantenstaube von den Maulgelehrten hört.
Darum dank' ich vor den Haß, den mir Freund und Feind erzeiget, ₂₄₅
Denn er hat den Mut gestählt und der Jugend Stolz gebeuget.
Doch ihr Väter, du im Himmel und auch du in dieser Welt,
Schont doch endlich, weil mein Alter noch in etwas Kraft behält!
Jetzo bet' ich Tag vor Tag bei so überhäufter Plage:
Nimm mich doch, mein Gott, nicht weg in der Hälfte meiner Tage! ₂₅₀
Führe mich durch Kreuz zur Weisheit, gieb mir aber auch dabei,
Daß ich klug, getreu, geduldig und der Welt noch nützlich sei.
Welchen meine Stachelschrift ohne Grund zu nah getreten,
Denen sei es öffentlich und von Herzen abgebeten;
Scherz und Feuer und Exempel bringen oft den freien Kiel ₂₅₅
Durch den Ehrgeiz, zu gefallen, auf ein kühnes Dichterspiel.
Andre, die mir hier und dar nur vom Hörensagen fluchen,
Werden so vernünftig sein und es besser untersuchen,
Eh sie einen Mensch verdammen, welcher das, was er begehrt
Nämlich Mitleid, Wunsch und Liebe jedem, der sie braucht, gewährt. ₂₆₀
Ihr hingegen, die ihr euch in verborgnen Lastern wälzet,
Ruhm in fremder Schande sucht und aus Unrecht Silber schmelzet,
Die ihr Arglist, Geiz und Feindschaft so abscheulich schön versteckt
Und die Angeln eurer Bosheit stets mit Blumen überdeckt,
Mögt die Unart eurer Brust noch so fein und künstlich schmücken ₂₆₅
Und mich, der ich liegen muß, noch so klug und sinnreich drücken,
Nur, damit nicht eure Schande, käm' ich etwan in die Höh',
Aus den mir bekannten Winkeln einmal auf den Schauplatz geh'.
Thut es, aber wißt zugleich, daß die Billigkeit der Rache,
Die sich niemals spotten läßt, schon die Striegel schärfer mache, ₂₇₀
Die euch einmal zum Gelächter den verlarvten Kopf zerreißt,
Ob mich gleich die Zeit noch warten und die Klugheit schweigen heißt.
Trotzt nur auf mein Ungemach, seid ihr doch noch nicht hinüber!

Hat euch gleich dem Ansehn nach Stern und Glücke fast noch lieber
275 Als den samischen Tyrannen, der den Ring umsonst verschmiß,
So versetzt euch doch noch endlich seines Bades ganz gewiß! —
Du bescheidnes Vaterherz, zwinge dich, noch dies zu hören:
Nicht, weil du mein Vater bist, nein, der Wahrheit bloß zu Ehren
Thu' ich hier ein frei Bekenntnis, daß das Kleinod deiner Treu'
280 Und der längst erkannten Liebe auf der Welt mein Glücke sei.
Ja, ich setze dies noch zu: Wüßt' ich dir durch holdes Schmeicheln
Auch das reichste Vaterteil noch im Leben abzuheucheln,
Wäre deine zarte Regung gegen mich auch noch so groß,
Gäbst du sie mir zum Verschwenden in gemünzter Menge bloß,
285 Wär' es alles doch zu schwach, meinen Mund dahin zu bringen,
Dir ein unverdientes Lob eigennützig abzusingen.
Wie ich mich und andre strafe, also stäch' ich dir den Schwär,
Wenn dein Herz, wie manches Vaters, voller Tük' und Bosheit wär'.
Aber so getrau' ich mir ohne Selbstbetrug zu glauben,
290 Daß, wofern mir Zeit und Kunst auf dem Pindus Platz erlauben,
Einst die Wahrheit deines Ruhmes (mach' ihn durch Versöhnung voll!)
Unter allen meinen Liedern noch am schönsten klingen soll.
Sonder Hochmut sag' ich noch: Was ich ja noch auf der Erde
An Verdienst, Gefährlichkeit und am Glück erhalten werde,
295 Das verdank' ich deinem Segen und der Sorgfalt im Erziehn,
Die mir zu dergleichen Früchten vollen Samen dargeliehn.
Deiner Eltern Dürftigkeit lehrte dich bei Zeiten darben;
Was sie ehrlich, ob gleich schwer und mit Sparsamkeit erwarben,
Warf dir bei so viel Geschwistern wenig zum Studieren ab,
300 Dem gleichwohl dein Wohlverhalten nicht geringes Wachstum gab.
Was vor Kummer hatte nicht dich, mein Vater, stets gebunden,
Bis du unverhofft den Sitz in der armen Stadt gefunden,
Die dich nun bei dreißig Jahren in der Stille müßig nährt
Und dir bei so schweren Zeiten, was du nötig brauchst, beschert.
305 Hätten Ehrsucht, Geiz und List die Begierden eingenommen,
Vor wie vielen wärest du da und dort ans Brett gekommen;
Hättest du mit krummen Ränken nach des Nachbars Gut geschnappt.

275. den samischen Tyrannen, Polykrates. — 281 f. Wüßt' ich dir — noch
lesen die alte Abschrift und die ersten Drucke; spätere Auszgaben: „Wißte ich — dir". —
291. Gefährlichkeit, Schätzung. — 301 f. dich, mein Vater — Bis du, so ver-
besserte schon Steinbach (S 105) den Text der Ausgaben: „deinen Vater — Bis er".
Der alte Günther stammte aus Aschersleben und kam erst kurz vor des Dichters Geburt
nach Striegau, wie aus V. 303 hervorgeht. — 305. ans Brett kommen, einen Ehrenplatz einnehmen.

Hätteſt du wohl auch, wie mancher, Raboths Weinberg leicht ertappt.
Deine Kunſt thut in der Still' mit geringem größre Kuren,
Als ein Prahler öffentlich, der mit teuren Goldtinkturen   310
Und berühmten Polychreſten Gruft und Beutel täglich füllt
Und bei denen, die bald glauben, mehr als Paracelſus gilt.
Aber ach, was haſt du viel von der Ehrlichkeit im Heilen?
Pflegt man ſonſt zur Perlenmilch ganze Schnuren mitzuteilen?
Bringen deine ſchwarze Tropfen, ob ſie noch ſo kräftig ſind,   315
Dir wie andern gelbe Raben? Nein! Was fehlt? Du machſt nicht Wind.
Mache Wind und ſchwöre drauf, ſchneide, weil das Fieber währet,
Gieb den Bademüttern recht, tröſte, bis die Seel' entfähret,
Koche fremde Tränk' und Säfte, koſtet's auch die letzte Ruh',
Röchelt ſchon der Tod im Munde, ſetz' ihm nur mit Julep zu.   320
Säume, daß ſich die Gefahr nur ſo ſpät als möglich lege;
Iſt ſie aber noch nicht da, gut, ſo bringe ſie zuwege.
Schreib den Bezoar von Eiern vor ein Wunderpulver an
Und verſprich der jungen Frauen ehſtens einen beſſern Mann.
Dieſe gölde Practica baut auch Pfuſchern Haus und Wagen,   325
Dieſe macht, daß jung und alt nach dem großen Doktor fragen,
Welcher in dem naſſen Zeichen Lung' und Leber ſchwimmen ſieht
Und mit ſeinem Bracatabra Würmer aus den Nieren zieht.
Nein, dein allzu ehrlich Herz flucht auf ſolche Klugheitsſtreiche
Und begehrt nur, daß ſein Brot ohne Schulden täglich reiche.   330
Haſt du doch wohl eh den Armen, die dein Fleiß umſonſt geheilt,
Nicht mit Phariſäerhänden Brot und Waſſer mitgeteilt.
Friede, Demut, Nüchternheit ſind dir angeborne Gaben;
Wenn der Magen und der Soff manchen in die Federn graben,
Stehſt du ſchon bei deinen Bäumen mit geſund- und ſtarker Luſt,   335
Bis du dann die Patienten auch noch früh beſuchen mußt.
Und da ſinkt dein müder Kopf niemals bei dem Krankenbette,
Wie ich weiß, daß Calidor noch bis heut zu laufen hätte,
Wenn er nicht mit trunknen Händen vor den Puls das Kinn berührt,
Noch des Apothekers Unſchuld mit berauſchter Schrift verführt.   340
Dein Verſtand, dein Chriſtentum und dein unverletzt Gewiſſen
Werden dich zwar ohne mich in dem Jammer tröſten müſſen;

---

320. Julep. Vgl. oben S. 219, Anm. zu V. 4. — 323. Bezoar, der Bezoarſtein,
ein Gebild im Magen verſchiedener Tiere, wurde früher als Heilmittel benutzt. — 328.
Bracatabra, Zauberformel. — 338. Calidor, unbekannt. — zu laufen hätte, d. h.
Praxis hätte.

Dennoch kann dir mein Erinnern auch wohl etwas Trost verleihn;
Fällt doch oft den größten Weisen in der Angst nicht alles ein.
345 Da du stets und überall recht geglaubt und wohl gehandelt
Und, so viel ein Mensch vermag, dem Gesetze nachgewandelt,
Kann der Vorwitz nicht begreifen, welcher Grund des Höchsten Macht,
Der doch stets die Seinen schützet, wider dich in Zorn gebracht.
Vor so viel getreuen Fleiß, den du allzeit angewendet,
350 Da du oft den besten Schlaf auf so vieler Ruh' verschwendet,
Ist der Vorteil ziemlich mager und der Arbeit selten gleich.
Unterdessen schien der Schickung dies dein Armut noch zu reich;
Den durch einunddreißig Jahr schlecht genug erworbnen Segen
Mußte kaum ein halber Tag plötzlich in die Asche legen,
355 Da doch wohl kein Scherf mit Unrecht Kalk und Stein zusammenhielt,
Welche die geschwinde Flamme fast bis auf den Grund durchwühlt.
Hebe dein betrübtes Haupt und ermuntre das Gesichte
Und vertiefe dich nur nicht in die heimlichen Gerichte,
Die der Rat der heil'gen Wächter täglich zu bewundern giebt,
360 Sondern laß es dir gefallen, weil Gott auch in Schlägen liebt.
Das Verhängnis ist ja nichts als der Schluß vom höchsten Wesen,
Der die Fälle wirklich macht, die die Weisheit schon erlesen,
Als sie unter allen Dingen durch den ewigen Verstand
Diesen Weltbau, den wir schauen, überhaupt vor gut befand.
365 Freilich sah Gott auch vorher, was für Schmerzen, Last und Bürden,
Elend, Sünden, Wunsch und Flehn in die Reiche kommen würden,
Freilich sah er dieses alles und erwog sogleich dabei,
Daß der Mangel in den Teilen zu dem Ganzen nötig sei,
Und so hat er auch dein Kreuz vorgesehn und zugelassen
370 Nach der weisen Gütigkeit, die gewiß nicht alle fassen.
Durch dergleichen scharfe Proben, die er nur den Frommen gönnt,
Macht er, daß die Liebesflamme nach dem Himmel stärker brennt.
Laß die Spötter immerhin deine Gottesfurcht verlachen,
Laß sie sich vollauf erfreun und in Sodom lustig machen,
375 Die Gefahr verfolgt ihr Schwelgen, Fall und Tod sind ihr Gewinn,
Und mit diesen Wollustknochen ist ihr ganzer Lohn dahin.
Naht sich doch das Ende schon, und dies nehmen sie mit Schrecken.
Gott, was wird dein großer Tag dort vor Unterschied entdecken!

---

350. auf so vieler Ruh', für die Ruhe von so vielen. — 353 ff. Vgl. V. 167. — 355. Scherf, kleine Münze. Heut ist nur noch das Deminutiv „Scherflein" gebräuchlich. — 361 ff. Die ganze Stelle zeigt deutlich Beeinflussung durch die Leibnizische Lehre von der besten Welt.

Gott, was wird bei solchen Thoren, die so blind in Abgrund gehn,
Vor Verwundrung, Angst und Zagen und verlorne Reu' entstehn! 380
Des Gerechten Freudigkeit, den sie hier so grausam plagen,
Wird ihr höhnisch Angesicht wie der Blitz zur Erde schlagen,
Und die Seligkeit der Frommen nebst der Klarheit um ihr Haupt
Wird den Narren endlich zeigen, was sie nimmermehr geglaubt.
Freue dich der Herrlichkeit, die den auserwählten Seelen 385
Glanz und Unschuld wieder giebt, wenn sie in den Marterhöhlen
Die Geduld genug bewiesen und mit viel Gebet und Flehn
Hier aus Babels Sklavenhause dort nach Salem hin gesehn.
Dorthin, treues Vaterherz, spart mein unverfälscht Gemüte
Das verdiente Widergeld vor die Treue, vor die Güte, 390
Vor Ermahnung, Rat und Strafe, vor Geduld, vor manche Nacht,
Die ich auch der lieben Mutter in der Kindheit lang gemacht.
Ach, mit was vor Zärtlichkeit, Ehrfurcht, Jauchzen und Verlangen
Will ich dort euch beiderseits vor des Lammes Stuhl empfangen
Und im Chore vieler Tausend, die in weißen Kleidern stehn, 395
Als der Erstling eurer Liebe Gottes Lob an euch erhöhn!
Kümmre dich nun weiter nicht, wenn mich Haß und Reid verschwärzen;
Mein Gemüte bleibet stark und behält die Ruh' im Herzen,
Weil es auf die Wissenschaften mehr als Stand und Reichtum hält,
Und ihm nichts als Gott und Wahrheit und des Nächsten Wohl gefällt. 400
Vater, willt du noch an mir deines Alters Stab zerbrechen?
Vater, ach bedenk' es doch! Ach, was wird die Langmut sprechen?
Vater, denkt denn deine Liebe gar an keine Wiederkehr?
Ach, ich bitte deinetwegen, mach' uns nicht das Sterben schwer!
Laß den demutsvollen Kuß die Versöhnung wieder bringen; 405
Denn darauf, ich weiß gewiß, wird mir alles wohl gelingen.
Ich verspreche dir die Freude, die der Eltern Kreuz versüßt,
Wenn das Wachstum guter Kinder ihres Nachruhms Spiegel ist.
Deinen Segen, dein Gebet schätz' ich über große Güter;
Dieser Beifall, dieser Ruhm, den die ehrlichsten Gemüter 410
Deiner Frömmigkeit erteilen, ist ein Vorzug, der dich ehrt
Und auch mir als deinem Sohne durch das Erbgangsrecht gehört.
Es ist niemals mein Gebrauch, große Dinge zu begehren,
Noch des Himmels mildes Ohr mit viel Wünschen zu beschweren.
Weiß doch dieser selbst am besten, was die Notdurft haben will: 415
Giebt er mir dein Herz bald wieder, schweig' ich gern zu allem still.

13. Nach der Beichte an seinen Vater.

Mit dem im Himmel wär' es gut,
Ach, wer versöhnt mir den auf Erden?
Wofern es nicht die Liebe thut,
Wird alles blind und fruchtlos werden.
5   Wer glaubt wohl, hartes Vaterherz,
Daß so viel Unglück, Flehn und Schmerz
Der Eltern Blut nicht rühren sollen?
Ich dächt', ich hätt' in kurzer Zeit
Die allerhärtste Grausamkeit
10   Bloß durch mein Elend beugen wollen.

Ich bin und bin auch nicht verwaist,
Dies Rätsel kostet mich viel Thränen;
Ach, Vater, bist du, was du heißt,
So höre mein gerechtes Sehnen!
15   Ich küsse dich mit Mund und Hand,
Du kannst ja wohl dies Ehrfurchtspfand
Nicht ganz und gar zurücke schlagen.
Verschmähst auch du dies Lösegeld,
Zu welchem soll ich auf der Welt
20   Mehr Neigung, Herz und Zuflucht tragen?

Ich bitte, prüfe Straf' und Schuld;
Dein Eifer streckt sich in die Länge,
Er stiehlt mir aller Gönner Huld,
Er mehrt der Feinde Spott und Menge.
25   Mein künftig Wohlsein geht in Grund;
Verleumdet uns der Eltern Mund,
Was wollen Fremde thun und glauben?
Behält dein Herz noch eine Spur
Der ehmals gütigen Natur,
30   So mußt du mir die Frag' erlauben:

Nach der Beichte ꝛc. Das Gedicht, welches den Inhalt des vorigen kurz zusammenfaßt, ist wahrscheinlich bald nach demselben entstanden, vielleicht um in seiner wirkungs-
volleren Knappheit an dessen Stelle zu treten, vielleicht auch, um noch einen letzten Versuch
zu wagen, nachdem auch das große Terretationsgedicht erfolglos geblieben war.

Wer sündigt mit Entschuldigung,
Der alle Rechte Statt vergönnen?
Die Strafe dient zur Besserung;
Ja, wenn wir sie gebrauchen können;
Allein, wer gar zu Boden liegt   35
Und nirgends Rat noch Hülfe kriegt,
Der ist den Kranken beizuzählen
Die, wenn der Brand das Haupt gewinnt,
Ohn' eigne Schuld vernunftlos sind
Und Gift vor Mithridat erwählen.   40

Was bringen dich vor Laster auf,
Und was vor Bosheit reizt die Rache?
Was ist, wodurch mein Lebenslauf
Der Eltern Zucht zu Schanden mache?
Ich falle; ja, wie jeder fällt,   45
Dem Fleisch und Jugend Netze stellt,
Und hätt' ich etwas Grobs begangen,
So würde nach bewiesner That
Ein Steckbrief und geheimer Rat
Viel mehr als Fluch und Schimpf verfangen.   50

Was zwischen uns vor Streit geschehn,
Was darf denn dies die Mißgunst hören?
Sie wird sich desto stolzer blähn.
Auch dir gereicht es nicht zu Ehren;
Sie mißbraucht deinen frommen Sinn   55
Und schwärzt mich anders als ich bin.
Ach, schone doch dein eignes Herze!
Der Himmel weiß, ich klage dich,
Du weinst und traurest über mich
Und machst dir Lüg' und List zum Schmerze.   60

Sieh endlich, wenn du ja so willst,
So will ich mich verloren nennen
Und, weil du mich in Larven hüllst,
Auch mehrers, als ich weiß, bekennen.

10. Mithridat. Vgl. oben S. 309, Anm. zu V. 132.

65 Hält Demut oft die Tyrannei,
Und macht die Buße Sklaven frei,
So muß auch dir das Herze brechen;
Ich falle dir in Zorn und Arm;
Ach Vater, Vater, ach, erbarm
70 Und laß die Thränen weiter sprechen.

Du hast mit großer Lieb' und Müh'
Gezeugt, ernährt, gelehrt, gezogen,
Und daß ich schon an Künsten blüh',
Das zeigt, dein Fleiß sei nicht betrogen.
75 Verwirfst du jetzo deinen Sohn,
So kommst du endlich um den Lohn;
Wer wird dein Trost im Alter bleiben?
Wer wird dein Frommsein und dein Leid,
Dein Wohlthun, deine Redlichkeit
80 Der Nachwelt zum Exempel schreiben?

Ach, mach' uns nicht das Ende schwer!
Ich will mit Lust noch größre Plagen,
Und wenn es selbst dein Sterben wär',
Als solchen Haß noch länger tragen;
85 Der Notzwang lehrt uns freilich viel.
Versöhnt dich weder Mund noch Kiel,
So ist doch nichts umsonst geschrieben;
Die Welt erfährt den treuen Sinn,
Womit ich dir ergeben bin,
90 Du magst mich hassen oder lieben.

14. An sein Vaterland.

So lebe wohl, mit allen Spöttern,
Du ehmals wertes Vaterland!
Du trotzest bei so nahen Wettern,
Ich wünsche dir nur auch Bestand.

An sein Vaterland. Die Abreise, und somit das Gedicht, fällt Ende 1722 Vgl.
Einl. S. XXVI.

Was hat dir wohl mein Geist zu danken?　　　　　5
Verfolgung, Schande, Neid und Zanken
Und Freunde, die kein Flehn gewinnt.
Ja, müßt' ich heute bei den Drachen
Gefährliche Gesellschaft machen,
Sie wären gütiger gesinnt.　　　　　　　　　　10

Ich komme durch dein scheinbar Lügen
Um Gönner, Glauben, Ehr' und Freund;
Mein Seufzen kann dich nicht vergnügen,
So lang es auch erbärmlich weint.
Ha, unbarmherzige Leäne,　　　　　　　　　　15
Belohnst du so den Fleiß der Söhne?
Ist dieses die Erkenntlichkeit
Vor soviel Wachen und Studieren,
Nur dich mit Ruhm und Nutz zu zieren?
O falsche Welt, o grobe Zeit!　　　　　　　　20

Gesetzt, ich hätte mich vergangen,
Wo läßt die Mutter so ein Kind,
Das endlich mit bethränten Wangen
Die rechte Straße wieder sind't?
Es sei dein Irrtum oder Tücke,　　　　　　　　25
Gnug, daß dein Zorn mein künftig Glücke
Durch solchen Grund zu Schanden macht;
Du schmähst mich nicht allein im Staube,
Du hast auch gar von meinem Raube
Den Frevlern Vorschub zugebracht.　　　　　　30

Wohlan, so reize selbst die Waffen,
Die Wahrheit und Verdruß regiert!
Wer sind die meisten deiner Pfaffen,
Von welchen all mein Unglück rührt?
Wer sind sie? Lästrer, faule Bäuche,　　　　　35
Tartuffen, Zänker, böse Schläuche
Und Schwätzer, so die Wahrheit fliehn,
Beruf und Gott im Beutel tragen,
Sich täglich um die Kappe schlagen
Und Weib und Pöbel an sich ziehn.　　　　　　40

---

11. scheinbar, „das den Anschein der Wahrheit hat". Tittmann. — 15. Leäne
(gr. λέαινα), Löwin

Du hegst Betrug und Aberglauben,
Den aller Weisen Freiheit haßt;
Der Rabe jauchzt, man würgt die Tauben,
Der Reiche spott't der Armen Last.
45 Was thun die unbeschnittnen Juden?
Sie brüsten sich in teuren Buden
Und schielen höhnisch in die Quer,
Als wenn, Gott geb', ein Bursch ihr Diener,
Der Mauerpfeffer aber grüner
50 Als unser Musenlorbeer wär'.

Die Klügsten sitzen an dem Zolle,
Verrechnen Leben und Vernunft;
Was kost't das Heu? Was gilt die Wolle?
So spricht man in Zusammenkunft.
55 Was sag' ich von dem Frauenzimmer?
Ihr Schönsein ist nur Farbenschimmer;
Sie heißen keusch, sie sind nur dumm,
Und die noch etwas Grütze führen,
Die kehren stets vor fremden Thüren
60 Und nehmen alles blind herum.

Dies seh' ich vor gewisse Zeichen
Von Greuel und Verwüstung an;
Wo Kunst und Weisheit einmal weichen,
Da ist's um aller Heil gethan.
65 Ja, steckten nur nicht hin und wieder
Noch wenig treu' und kluge Brüder,
So spräch' ich: Land, du bist nicht wert,
Daß so ein Karl dein Glück erhebet,
Und daß du einen Kopf erlebet,
70 Der dich durch unsre Kunst verklärt.

Ich fürcht', ich fürcht', es blitzt von Westen,
Und Norden droht schon über dich;
Du pflügst vielleicht nur fremden Gästen,
Ich wünsch' es nicht. Gedenk' an mich!

68. Karl, Kaiser Karl VI. — 71 ff. Eine merkwürdige Prophezeiung der 18 Jahre später beginnenden schlesischen Kriege.

Du magst mich jagen und verdammen,   75
Ich steh' wie Bias bei den Flammen
Und geh', wohin die Schickung ruft.
Hier fliegt dein Staub von meinen Füßen;
Ich mag von dir nichts mehr genießen,
Sogar nicht diesen Mund voll Luft!   80

15. Auf die Tadler.
1723.

Wer kehrt sich an die dumme Welt?
Sie kann doch nichts als tadeln;
Wem Treu' und Wahrheit nur gefällt,
Der kann sich selber adeln
Und überwindet nach und nach   5
Die ohne Schuld erlittne Schmach.

Kein Handwerk geht doch jetzt so gut
Als bloß das Hechelmachen;
Ein Narr, der sonst nichts kann und thut,
Der legt sich aufs Verlachen;   10
Da ist kein Ding so schlecht und klein,
Ein loses Maul muß drüber sein.

Die Unschuld geht nicht ledig aus,
Der Spott trifft auch den Besten;
Ein Brautgelag, ein Kindelschmaus   15
Schwärmt überall von Gästen,
Bei welchen jeder in der Stadt
Sein Urteil zu gewarten hat.

Die Straße sei, so breit sie will,
Man geht nicht ungestoßen;   20
Da hör' ich oftmals in der Still'
Von kleinen und von großen,

---

76. Bias, von Priene, einer der sieben Weisen. — Auf die Tadler. Äußere An-
haltspunkte für die Datierung des Gedichts sind nicht vorhanden; aber Stimmung, Ton
und Sprache lassen es außer Zweifel, daß es in dieselbe Zeit fällt, wie das vorhergehende,
also Ende 1722 oder Anfang 1723. Die außerordentliche Leichtigkeit der Form zeigt bereits
eine hohe Stufe der Entwicklung.

Wie da und dort ein Völkchen sitzt,
Das Mienen, Kleid und Gang beschmitzt.

25 Die Brüder bei dem Aquavit
Sind Meister in dem Klügeln
Und wissen alles, was geschieht,
So unverschämt zu striegeln,
Daß einer, der den Nächsten liebt,
30 Sich schon vom Hören übergiebt.

Ich habe meine Richterbank
An mehr als tausend Orten;
Da zieht man mich so kurz als lang
Mit Mienen und mit Worten;
35 Doch werd' ich dadurch schlecht bewegt.
Wer zürnt wohl, den ein Esel schlägt?

Man spricht: Es ist die Mode so,
Man muß es mit ihr halten;
Ein geistlich dulci jubilo
40 Gehört den dummen Alten.
Der neuen Zeiten beßrer Ton
Klingt recht galant und schön nach Hohn.

Herodes dank' euch vor dies Lied!
Ich mag's so leicht nicht singen;
45 Doch wo mich eure Fistel zieht,
So lernt vorher gut springen,
Sonst heult mein Satyr und sein Chor
Euch ganz gewiß erschrecklich vor.

Denn seid ihr gar so schlimm und grob,
50 Mich ohne Not zu stören,
So sollt auch ihr dies schöne Lob
Von eurem Wandel hören;
Denn dieser geht so rein und nett,
Als kaum ein Lumpenquodlibet.

24. beschmitzt, befleckt. — 25. Aquavit, Branntwein, Likör.

Da soll Magister Lobesan   55
Mit samt den klugen Schwestern
Und mancher bunte Rotgalan
Bloß in den Schubsack lästern;
Denn scheren sie nur offenbar,
So kommen sie gewiß uns Haar.   60

Ein Kluger schnitzt und hobelt zwar
Am ersten seinen Balken,
Doch schändet man ihn ganz und gar,
So kann er auch den Falken,
Die jedes Nächsten Splitter sehn,   65
Mit Recht die Spitz' entgegen drehn.

16. Als er sich über den Lauf der jetzigen Welt beklagte.

Wem die Welt von allen Seiten
Und der Lauf der letzten Zeiten
Täglich in die Augen fällt,
Diesem kann man nicht verdenken,
Wenn ihm Ärgernis und Kränken   5
Alles Lebens Lust vergällt.

Soll man ja die Wahrheit sagen,
Hat man in den Kindheitstagen
Freilich noch die göldne Zeit;
Schlafen, Spielen, Scherz und Lachen   10
Und kein Kummer toller Sachen
Geben uns Zufriedenheit.

Aber diese kurze Freude
Wird hernach zu größerm Leide
Und vergeht auch wie ein Traum;   15
Denn sobald die Jugend blühet
Und uns unter Umgang ziehet,
Finden schon die Sorgen Raum.

Als er sich über den Lauf ꝛc. Bei der Datierung des Gedichtes waren dieselben
Gründe wie bei dem vorhergehenden maßgebend.

20
Laßt den Hochmut hitzig rennen
Und nach hohem Range brennen;
Was gewinnt er? Furcht und Last.
Unruh' liegt im Ehrenbette,
Und der Sorgen Sklavenkette
Hält auch Fürsten oft umfaßt.

25
Schätze, die man sich erschwitzet,
Bringen den, der sie besitzet,
Oft um manche gute Nacht;
Lehnt man sie der Welt zum Besten,
Wird man von des Undanks Gästen
30
Noch mit Schaden ausgelacht.

Täglich in Gesellschaft leben
Heißt, sich auf ein Meer begeben,
Wo ein steter Sturm regiert;
Wer nur etwan halb geglitten,
35
Wird beredt, verhöhnt, verschnitten,
Ja wohl gröber abgeführt.

Die uns vorwärts freundlich küssen,
Reißen mit Verleumdungsbissen
Heimlich unser Ehrenkleid;
40
Schätzt und ehrt man uns vor andern,
Muß man gleich auf Dörnern wandern,
Die der Feind verdeckt gestreut.

Auch die allerbesten Schwestern
Schämen sich nicht, die zu lästern,
45
Der sie sich sonst selbst vertraun;
Mienen, Kleider und Gebärden
Müssen arme Sünder werden,
Welchen viel den Richtplatz baun.

Schweigt man still, so heißt's gezwungen,
50
Giebt man zu, so sind die Zungen
Der Verleumder noch so scharf,
Daß sie mehr zur Rache lügen,
Bis wir Zank und Händel kriegen,
Die man auch nicht ahnden darf.

Schonen uns auch fremde Glossen,   55
Geben gar die Hausgenossen
Unsern Feinden Zung' und Wind,
Bis die Lehrer eingenommen
Und wir auf den Holzstoß kommen,
Wo die Flüche Flammen sind.   60

Wär' auch alles zu verschmerzen,
So ist dies ein Stein im Herzen,
Daß auch ehrlich nicht mehr gilt;
Hat man noch so treue Sinnen,
Wird man doch nur Spott gewinnen,   65
Wo man nicht wie andre schilt.

Freunde, die uns Farbe halten,
Schlafen längst mit unsern Alten
Und sind jetzo nur verstellt;
Bei dergleichen eitlen Sachen   70
Dürft' ich fast den Ausspruch machen:
Einsam, oder von der Welt!

Doch was einsam? Mißgunstsblicke
Schleichen sich mit Gift und Tücke
In den tiefsten Winkel ein;   75
Soll uns nun kein Neid entdecken,
Muß man sich wohin verstecken?
Unter einen Leichenstein.

Sichre Freiheit vor den Jammer,
Holde Gruft, Vergnügungskammer,   80
Sanftes Lager letzter Ruh'!
Deine Gegend bald zu füllen
Eilt mein Geist mit Lust im Stillen
Schon in Hoffnung freudig zu.

Dieser Raum von wenig Ellen   85
Schützt mich vor den bös'ten Fällen,
Die im Leben weh gethan;
Hier verstummt des Neides Toben,
Und da fängt er an zu loben,
Was er nicht mehr drücken kann.   90

17. Die großmütige Geduld.

Nur Geduld, ihr schwachen Sinnen!
Zittern hilft nicht vor den Tod;
Feige Seelen müssen passen
Und die Palmen überlassen,
5   Denn sie sterben vor der Not.
Nur Geduld, ihr schwachen Sinnen!
Zittern hilft nicht vor den Tod.

Nur Geduld! Wenn Spötter rasen,
Ist die Drohung oft nur Wind.
10   Eichen wachsen oft aus Steinen;
Vor dergleichen Ruten weinen
Zeigt ein unbesonnen Kind.
Nur Geduld! Wenn Spötter rasen,
Ist die Drohung oft nur Wind.

15   Nur Geduld! Das falsche Glücke
Prüft die Helden durch den Streit;
Ohne Blut ist wohl kein Siegen,
Und ein wahres Selbstvergnügen
Kommt nicht ohne Kampf und Leid.
20   Nur Geduld! Das falsche Glücke
Prüft die Helden durch den Streit.

Nur Geduld, wenn Neider prahlen,
Denn es ist ein Übergang;
Eh wir oft die Hand verkehren,
25   Wird ihr Lachen schon zu Zähren
Und die Lust ein Mordgesang.
Nur Geduld, wenn Neider prahlen,
Denn es ist ein Übergang.

Nur Geduld! Die rechte Liebe
30   Grünet auf Beständigkeit;
Läßt uns manche Schönheit warten,
Giebt uns endlich doch ihr Garten

Blumen der Zufriedenheit.
Nur Geduld! Die rechte Liebe
Grünet auf Beständigkeit.   35

Nur Geduld! Auf Sturm und Blitzen
Wird die Luft so rein als klar;
Wetter, Feind und Neid und Glücke
Machen mir nicht nasse Blicke;
Darum sing' ich in Gefahr: 40
Nur Geduld! Auf Sturm und Blitzen
Wird die Luft so rein als klar.

—   ——

18. Bußgedanken.

Mein Gott, wo ist denn schon der Lenz von meinen Jahren
So still, so unvermerkt, so zeitig hingefahren?
So schnell fleugt nimmermehr ein Segel durch das Meer,
So flüchtig dringt wohl kaum ein heißes Blei zum Ziele.
Es dünkt mich ja noch gut der ersten Kinderspiele;   5
Wo kommt denn aber schon des Körpers Schwachheit her?

Mein Alter ist ja erst der Anfang, recht zu leben,
Indem mir Raum und Zeit noch manchen Scherz kann geben.
Wie? Überspringt dies nun die Staffeln der Natur?
Mein Geist, der wie die Glut in fetten Cedern brannte,   10
Verdruß und Traurigkeit aus allen Winkeln bannte
Und wie der Blitz bei Nacht aus Mund und Antlitz fuhr?

Ich hatte von Geburt viel Ansehn auf der Erden,
Nach meiner Väter Art ein starker Geist zu werden;
Der Eltern kluge Gunst erzog Gemüt und Leib   15
Durch Übung, Schweiß und Kunst zu wichtigen Geschäften;
Was andern sauer ward, das war schon meinen Kräften
Ein lustiges Bemühn und froher Zeitvertreib.

Kein Ekel, keine Furcht, kein abergläubig Schrecken
Vermochte mir das Herz mit Unruh' anzustecken.   20

13. Ansehn, Ausficht, Hoffnung.

Die Glieder fluchten nicht auf Hitze, Frost und Stein;
Verfolgung, Mangel, Haß, Neid, Lügen, Schimpf und Zanken
Erstickten mir keinmal den Ehrgeiz der Gedanken,
Der Welt durch Wissenschaft ein nützlich Glied zu sein.

25 Ich sah mich als ein Kind der Wahrheit Trieb schon leiten,
Ich schwatzte durch die Nacht bei Schriften alter Zeiten,
Die Musen nahmen mich der Mutter von der Hand;
Ich lernte nach und nach den Wert des Maro schätzen
Und fraß fast vor Begier, was Wolf und Leibniz setzen,
30 Bei welchen ich den Kern der frommen Weisheit fand.

Dabei verschmäht' ich auch kein äußerlich Vergnügen;
Die Liebe wußte mich recht künstlich zu besiegen,
Sobald Anakreon in meinen Zunder blies;
Ich dacht', es zöge mich nur bloß ein nettes Singen,
35 Und war doch in der That ein zärtliches Bezwingen
Der süßen Eitelkeit, die ihre Macht bewies.

Bei vielem Ärgernis und unter allen Sorgen,
Die mir noch ziemlich jung den Abend wie den Morgen
Mit Drohung und Gefahr empfindlich zugesetzt,
40 Verdarb ich gleichwohl nicht Gesellschaft, Scherz und Küssen,
Und manch vertrauter Freund wird oft noch sagen müssen,
Wie freudig ihm mein Trost die Grillen ausgeschwatzt.

Allein es ändert sich die Scene meines Lebens.
Ach Gott, wie ist es jetzt mit mir so gar vergebens!
45 Was seh' ich zwischen mir und mir für Unterscheid!
Mein junges Feldgeschrei bringt stumme Klagelieder,
Es keimt, es gärt bereits durch alle meine Glieder
Der Same und das Gift geerbter Sterblichkeit.

Die Geister sind verraucht, die Nerven leer und trocken,
50 Die Luft will in der Brust, das Blut in Adern stocken,
Das Auge thränt und zieht die scharfen Strahlen ein;
Das Ohr klingt fort und für und läutet mir zu Grabe,

28. Maro, Vergil, jener Zeit der angesehenste antike Dichter neben Homer; Günther
rühmt ihn an nicht weniger als 27 Stellen. — 39. zugesetzt; vgl. „getrannt“ S. 61,
V. 30, „satzten“ S. 70, V. 32 und „faßte“ S. 230, V. 11. — 52. für, weiter Die alte
Bedeutung nur noch erhalten in „für und für“.

Und da ich überall viel Todeszeichen habe,
So zagt dabei mein Herz in ungemeiner Pein.

Nicht etwan daß mein Fleisch, die abgelegte Bürde,
Aus Abscheu vor der Gruft zuletzt noch weibisch würde:
Dies hab' ich mir vorlängst bekannt und leicht gemacht;
Nur darum, daß mein Fleisch sich in der Blüte neiget
Und nicht der Welt vorher durch seine Früchte zeiget,
Zu was mich die Natur an dieses Licht gebracht.

Allein wer hat hier Schuld? Ich leider wohl am meisten,
Ich, welchen Glück und Wahn mit süßen Träumen speisten,
Als würd' es stets so sein und niemals anders gehn,
Ich, der ich so viel Zeit nicht klüger angewendet,
Gesundheit, Stärk' und Kraft so liederlich verschwendet.
Ach Gott, verzeih es doch dem redlichen Gestehn!

Nun ist auch dies wohl wahr, der Himmel wird es zeugen,
Daß Neid und Unglück oft die besten Köpfe beugen,
Und daß ich wider mich gar viel aus Not gethan.
O, hätte mich die Pflicht des Nächsten oft gerettet
Und mancher Blutsfreund selbst mir nicht den Fall gebettet,
Vielleicht — jedoch genug! Ich klage niemand an.

Ich klage niemand an aus redlichem Gemüte
Und wünsche mir vielmehr nach angeborner Güte
Nur so viel Glück und Zeit, den Freunden Guts zu thun,
Und da es in der Welt nicht weiter möglich scheinet,
So thu' es der für mich, vor dem mein Herze weinet,
Und lasse Neid und Groll mit mir im Grabe ruhn!

Nur mich verklag' ich selbst vor dir, gerechter Richter.
So viel mein Scheitel Haar, so viel der Milchweg* Lichter,
So viel die Erde Gras, das Weltmeer Schuppen trägt,
So zahlreich und so groß ist auch der Sünden Menge,
Die mich durch mich erdrückt und immer in die Länge
Mehr Holz und Unterhalt zum letzten Feuer legt.

Das ärgste wäre noch, mich hier vor dir zu schämen;
Hier steh' ich, großer Gott! Du magst die Rechnung nehmen.

*o. Milchweg, Milchstraße.

Ich hör', obgleich bestürzt, das Urteil mit Geduld.
Wie hab' ich nicht in mich so lang und grob gestürmet
Und Fluch auf Fluch gehäuft und Last auf Last geturmet!
90 Schlag, wirf mich, töte mich! Es ist verdiente Schuld.

Dein Zorn brennt nicht so sehr die bösen Sodomskinder,
Die Hölle scheint noch kalt und plaget viel gelinder,
Als mich die Qual und Reu', die in der Seele schmerzt.
95 Ist's möglich, ach, so gieb, du ewiges Geschicke,
Mir auch jetzund für Blut ein Teil der Zeit zurücke,
Mit der sein Selbstbetrug mein zeitlich Wohl verscherzt.

Wie besser wollt' ich jetzt das teure Kleinod schätzen!
Wie ruhig sollte sich hernach mein Alter setzen
Und, wenn denn meine Pflicht der Welt genug gedient,
100 Mit Fried' und Freudigkeit und als im Rosengarten
Den Tag und auf den Tod den Nachruf still erwarten:
Ich sei als wie ein Baum nach vieler Frucht vergrünt.

Mein Gott, es ist geschehn, mehr kann ich nun nicht sagen;
Stimmt deine Vorsicht bei, so setze meinen Tagen
105 (Hiskias weint in mir) nur wenig Stufen zu.
Ich will den kurzen Rest in tausend Sorgen teilen,
Durch That und Besserung das Zeugnis zu ereilen,
Daß ich anjetzo nicht mit Heucheln Buße thu'.

Der Ernst macht alles gut; was hin ist, sei vergessen;
110 Kein Kraut ist ja so welk, man weiß noch Saft zu pressen,
Der, kommt gleich jenes um, den Kranken Heil gewährt.
Manasses mehrt zuletzt die Anzahl frommer Fürsten,
Und Saul kann nicht so stark nach Blut und Unschuld dürsten,
Als eifrig und geschickt hernach sein Geist bekehrt.

115 Ist deiner Ordnung ja mein längres Ziel zuwider,
So rette, treuer Gott, doch alle meine Brüder,
Die voller Irrtum sind und noch an Jahren blühn,
Und laß sich ihren Geist an meinen Thränen spiegeln,

96. sein Selbstbetrug; die 6. Auflage ändert in „mein", weil sie den Bezug auf
„Blut" nicht verstand. — 105. Hiskias (Ezechia), König von Juda 725—697 v. Chr —
112. Manasses. Vgl. S. 12, Anm. zu V. 20. — 113. Saul, Paulus

Eh Ohnmacht, Schwäch' und Zeit die Gnadenthür verriegeln,
Damit sie mehr Gewinn von ihrem Pfunde ziehn.   120

Von nun an will ich mich dir gänzlich überlassen
Und um den letzten Sturm den stärksten Anker fassen,
Den uns auf Golgatha der Christen Hoffnung reicht.
Dein Wort, dein Sohn, dein Geist befriedigt mein Gewissen
Und lehrt mich hier getrost der Jugend Fehler büßen,   125
Bis ihrer Strafen Schmerz mit Wärm' und Atem weicht.

Komm nun und wie du willst, die Erbschuld abzufodern;
Der Leib, das schwere Kleid, mag reißen und vermodern,
Weil dies Verwesen ihn mit neuer Klarheit schmückt.
Ich will ihm zum voraus mit freudenreichem Sehnen   130
Auf Gräbern nach und nach den Schimmer angewöhnen,
In welchem ihn hinfort kein eitler Traum mehr rückt.

O sanfte Lagerstatt, o seliges Gefilde!
Du trägst, du zeigest mir das Paradies im Bilde;
Ich steh', ich weiß nicht wie, recht innerlich gerührt.   135
Wie sanfte wird sich hier Neid, Gram und Angst verschlafen,
Bis einst der große Tag die Böcke von den Schafen,
Die in die Marter jagt und die zur Freude führt.

Mein Schatz, Immanuel, mein Heiland, meine Liebe!
Verleih doch, daß ich mich in deinem Wandel übe,   140
Verdirb mir alle Kost, die nach der Erde schmeckt,
Verbittre mir die Welt durch deines Kreuzes Frieden,
Vertreib, was mich und dich durch mein Versehn geschieden
Und hüll in dein Verdienst, was Zorn und Rache weckt.

Soll je mein jäher Fall den Körper niederstürzen,   145
So laß mir Zeit und Schmerz auf deine Brust verkürzen
Und nimm den freien Geist mit Arm und Mitleid auf!
Wem irgend noch von mir ein Ärgernis geblieben,
Dem sei der Spruch ans Herz, wie mir an Sarg geschrieben:
Oft ist ein guter Tod der beste Lebenslauf.   150

—•—

132. rückt = berückt. So übereinstimmend die Ausgaben. Tittmann und Litzmann
ändern in „drückt"; der Grund ist nicht ersichtlich. — 139. Immanuel, vgl. Jes. 7, 15. 8, 8.
— 146. Schmerz auf = schmerzvolle Sehnsucht nach.

Inhalt.

Register
der geistlichen und weltlichen Gedichte.

Nachstehend sind die Anfänge sämtlicher in diesem Bande enthaltenen Gedichte alphabetisch untereinander gesetzt, um denen das Nachschlagen zu erleichtern, die den Titel nicht gegenwärtig haben.